THE AUTOBIOGRAPHY OF

MARTIN LUTHER KING, JR.

马丁·路德·金自传

[美]克莱伯恩·卡森 / 编著
Clayborne Carson
徐 菡 / 译

中国人民大学出版社
·北京·

“我以前也曾多次使用过‘我有一个梦想’这个句子，我忽然觉得，我想在这里再次用上它。”1963 年 8 月，金在华盛顿“为了工作与自由”集会上。（档案照片）

看到我丈夫的文字终于以自传的形式发表，我欣喜不已。在民权运动期间，一些出版社和新闻机构秉持着非凡的勇气，将马丁的观点公之于世。如果没有这些媒体，让这部自传得以成书的许多片段和章节也许早已湮没无闻。因此，我向以下机构致以深深的谢意：哈珀·柯林斯出版社（Harper Collins）、威廉·莫罗出版社（William Morrow）、袖珍丛书出版社（Pocket Books）、亨利·霍尔特出版社（Henry Holt）、皮特曼出版社（Pitman）、加利福尼亚大学出版社（University of California Press）、哈珀与罗伊出版社（Harper & Row）、兰登书屋（Random House）、新美国图书馆（New American Library）、肯尼迪总统图书馆（Kennedy Presidential Library）、《奥尔巴尼先驱报》（*Albany Herald*）、《亚特兰大日报》（*Atlanta Journal*）、《基督世纪》（*Christian Century*）、《乌木》杂志（*Ebony*）、《印度斯坦时报》（*Hindustan Times*）、《喷气机》杂志（*Jet*）、《瞭望》杂志（*Look*）、《马萨诸塞评论》（*Massachusetts Review*）、《麦考尔》杂志（*McCall's*）、《蒙哥马利顾问报》（*Montgomery Adviser*）、《田纳西州纳什维尔报》（*Nashville Tennessean*）、《国家》杂志（*The Nation*）、《纽约阿姆斯特丹新闻报》（*New York Amsterdam News*）、《纽约邮报》（*New York Post*）、《纽约时报》（*New York Times*）、《花花公子》杂志（*Playboy*）、《进步报》（*Progressive*）、《红书》杂志（*Redbook*）、《星期六评论》（*Saturday Review*）、《南方信使报》（*Southern Courier*）、《时代周刊》（*TIME*）、美国广播公司（ABC）、英国广播公司（BBC）、加拿大广播公司（CBC）、默夫·格里芬电视访谈节目（*The Merv Griffin Show*）、全国广播公司（NBC），以及 WAII-TV 电视台。除此之外，另有一些媒体曾提供帮助，恕无法在此一一提及。

知识产权管理委员会（Intellectual Properties Management，IPM）为这本自传做了大量工作，以确保书中使用的材料来源无误，并尽力获得使用许可。但无论如何努力，错误仍在所难免。如果您发现书中有任何疏忽之处，请与知识产权管理委员会取得联系，以便在未来出版中做出适当修正。

柯丽塔·斯科特·金

于 1998 年 9 月

编者前言

我至今仍然记得第一次看到马丁·路德·金（Martin Luther King）的情形。那是在1963年3月的“为了工作和自由”华盛顿游行集会中，他作为总结发言人，远远地站在林肯纪念堂前的讲坛上。我是聚集在倒影池周围的数十万民众中的一员，一名19岁的大学生。这也是我第一次参加民权运动集会。后来，他成为年度人物，荣膺诺贝尔和平奖，成了一个国家的偶像；而我则是他所领导的民权运动中的普通一员，并且享受到了这次运动造就的各种机会。

20多年后，我成了斯坦福大学历史学学者。有一天，我很意外地接到了马丁·路德·金的遗孀柯丽塔·斯科特·金（Coretta Scott King）夫人的电话，她请我编辑她已故丈夫的文稿。自从接受了她的邀请，来主持这个“马丁·路德·金博士文稿项目”（King Papers Project），我全心沉浸在这些记录了他生平行迹的文稿之中，逐渐了解了这个未曾相识的男人。对于金的研究已经成为我学术生涯的重点，而这一项目助我达到了文献编辑事业的巅峰。1963年3月在华盛顿举行的那个民权运动，开启了我通往《马丁·路德·金自传》的道路。这本书是马丁·路德·金那启智的精神遗产的结晶，而我是他着力构建的这个社会公平体系的受益者。

下文有关金的生涯的叙述，完全是以他自己的文字叙述为基础的，集合了他在不同场合、以不同的方式表达出的对某些事件的看法。虽然金自己从来没有写过一部全面详尽的自传，但是围绕着其一生中的某些特定时期，他出版过三部主要著作，发表过众多文章和论说文；除此之外，他的许多演讲、布道、信件和未经发表的手稿也提供了很多信息。总而言之，如果金没有英年早逝，并且亲自动笔书写自传的话，那么成书应该与我们基于这些材料而写成的这本书相当接近。

viii 本书的大部分内容都是金生前发表的自传性材料，也是经他亲自编辑审定的。由于金经常与他人合著作品，所以在很多情况下，他的作品都得到了他人的协助，然而，我们有充分的证据表明，金本人积极地参与了他那些最有意义的出版物的编辑过程。确实，在这本自传的准备阶段，我们仔细审读了许多金已经出版著作的初稿（即几部手写稿），以期探寻作者的写作意图。如果这些手稿中有某些内情或信息没有出现在后来的出版物中的话，我就会将它们涵盖进本书。

虽然马丁·路德·金那些已经出版的自传材料为本书提供了基本框架，但它们并没有形成一个完整的叙述体系。为了补充和扩展叙述，也为了将金的未曾发表的思想表达出来，我在本书中兼收了从成百份文稿与记录中总结出的一些段落，其中也包括许多原本无意发表，甚至不打算使用在自传中的陈述和声明等。这些内容极大地丰富了那些已发表的文章，也成了深度叙述之间的过渡性材料。在某些情况下，为了构建一个可读性更强、更容易被理解的叙述结构，我也做了一些编辑方面的加工；有关这一点，我会在下面给予更多解释。这种编辑技巧可以让读者便捷地掌握金的文稿与言论的精华所在，否则，这些精华只有少数几个金学研究者能够领会。

我相信读者可能会意识到，本书永远不会达到如若金自己执笔的生平自传的那种连贯性和综合性。本书对金的家庭对他的重要影响，给予了弱化处理。虽然金在不同的场合，经常感谢妻子柯丽塔·斯科特·金在他的公众生活和个人生活中发挥的重要作用，但他现存的文稿很少反映出她在各种抗议游行和公众运动中的参与程度；同样，金与他的父亲母亲、孩子们、姐姐克莉丝汀·金·法里斯（Christine King Farris）和弟弟阿尔弗雷德·丹尼尔·金（A. D. King）的亲密联系，在他的现存文稿中都没有得到充分体现，虽然这些亲密关系在他一生中确实起到了至关重要的作用。

因而，《马丁·路德·金自传》在很大程度上是一本有关宗教 ix
和政治的自传，而不是对他的个人生活经历的探索。本书必须尊重金本人在文稿中选择反映的生活内容，因为他并不曾喋喋不休于自己的个人生活，故而，本书也不能借自传之名来揭露其个人生活的私密细节。然而，金在他的个人文稿中，有时也会打破沉默，将个人感情暴露于公众视野中。读者可以借这些文稿背后隐藏着的从来不曾发表过的信息，来总体定义他的性格。虽然金选择和使用这些材料的方式可能会与我不同，但是他（或者研究者和合著者）一定已经意识到，这些材料是理解其生平的必要起点。

这本自传是我所负责的收集、整理与编辑金的文稿之职责的延伸。本书受益于数十名工作人员和学生研究者长期的集体努力，他们协助我从“马丁·路德·金博士文稿项目”确定的数十万份与金有关的文件中，搜寻出与该自传相关的片段文献（详见“致谢”部分），由此可见，《马丁·路德·金自传》是“马丁·路德·金博士文稿项目”的一个副产品。“马丁·路德·金博士文稿项目”的最终目的是出版一部最完整可靠的、带有批注的 14 卷本的学术著作《马丁·路德·金文稿》。

这本《马丁·路德·金自传》整理和汇编于马丁·路德·金逝世之后，因而有必要解释清楚它的编纂方法。事实上，世界上的很多自传都是由编著人员协助编纂完成的。他们所涉足的工作小到审稿，大到对传主提供的原始信息（多指录音材料）的深度加工，然而读者一般很少意识到这种编著协助的重要性。美国作家亚历克斯·哈利（Alex Haley）在《马尔科姆·X 自传》一书中所发挥的作用，就是编著协助的幕后作用的很好明证。这种编著协助的方式，非常适合于那种缺乏时间或写作能力的传主，这种协助能够让他们的自传读起来更加引人入胜，更加具有文学价值。如果一部编著协助的自传能够让读者相信，它确实准确地传达了传主的思想，那么这就是一部成功的作品。

这本《马丁·路德·金自传》的真实性体现在，我在忠实于金 x

的陈述和文稿的完整性的同时，将这些文字融入了一个整体叙述之中。尽管我们在有关金的生涯叙述方面，尽量采用了他本人自述的口吻，但仍有一些叙述基于编辑判断，这无疑是一项很有挑战性的工作。我们决定，把他生命中不同阶段的主要素材结合在一起，构建出一个可以追溯他一生主要行迹的叙述结构。这一叙述结构意图达到的综合效果是：马丁·路德·金在生命的最后阶段，在编辑和研究者的大力协助下，自己写作完成了这部自传。虽然本书选用的很多素材反映的是金在早期对一些问题的态度和看法，然而，他在主要问题上的看法在其成年后一直相对稳定，因此，我有理由相信，金在生命的最后阶段对信仰的叙述，应该与其早年的记忆没有什么重大不同。

本书用以构建这一叙述的材料，都是金本人（或合著者）在准备写作一部自传时必然要查询的记录材料。构成本书的素材包括从以下材料中提取的章节和片段：

● 主要自传性书籍（与手稿）——《迈向自由》（*Stride Toward Freedom*）（1958）、《我们为何不能再等待》（*Why We Can't Wait*）（1964）和《我们去往何方：混乱还是和谐?》（*Where Do We Go from Here：Chaos or Community?*）（1967）；

● 针对特定时期与特定事件的文章和论说文（包括已发表的和未发表的）；

● 演讲、布道与其他公开声明，包括自传性段落文字；

● 马丁·路德·金的书信；

● 在政府文件、会议文稿与各种音像材料中出现的马丁·路德·金所做的评论。

在使用这些材料时，我都尽力追溯到最初出版者，但仍有几例情况无法实现这一愿望。

xi 为了确保本书的叙述能够准确地反映出金本人的自传思想，编辑干涉与加工的痕迹都尽量保持在最低限度之内，其目标是只要生成一个可读性强、文理贯通且明白易懂的叙述文本即可。为了保证金本人的某些文段的忠实与直观，我采用了斜体字[1]的方式，将它们一字不差地插入本书正文中；而那些从与金相关的文稿中引用的其他材料，在叙述正文中一般被置于方框之内加以标识。

与其他任何自传写作一样，金对自己生平某些阶段的回忆，也常因时间过于久远或者记忆模糊而失真。在处理这些情况时，我并没有试图去纠正他叙述中的历史不确之处；然而，如果某一具体事件中应用到了几个表述不同的材料，那么我就不得不做出判断，哪个材料真正反映了金的清晰可靠的记忆。而这些材料的最终确定，也建立在几个考量因素基础之上。比如，选择距离事件时间较近的叙述，而不是后来的回忆；选择具有较多细节的叙述，而不是一般性的梗概叙述。

素材选择完毕，按照编年顺序准备就绪后，我将这些材料以章节提纲挈领，构建全书脉络，深入叙述金的一生。在此过程中，我通过删减某些繁冗词汇或多余细节等方式，浓缩了金的某些材料。除此之外，编辑加工活动还主要体现在以下几个方面：完成时态变化（通常为将现在时转化为过去时或过去完成时）；增加某些词语或短语来表明时间、地点或名字（比如，“在六月份”）；必要时增加某些连词与其他过渡性词汇；根据语境需要，将某些代词在所指不明的情况下替换为相应的专有名词（比如，用具体人名“拉尔夫·阿伯内西”来代替原文中的代词“他”）或相反；将词汇拼写标准化；为了明确含义和提高可读性，调整句子结构和标点符号。

克莱伯恩·卡森
加利福尼亚州斯坦福大学
1998 年 8 月 1 日

① 中译本中用仿宋体字。——译者注（本书脚注全部为译者注，正文中不再标注）

目　录

第 1 章

早年时代

我当然信仰宗教。我在教堂中长大，我的父亲是牧师，外祖父 *1*
是牧师，曾祖父是牧师，我唯一的弟弟是牧师，我父亲的兄弟也是牧师，所以，我没有多少选择的余地。

1926 年 11 月 25 日

老马丁（原名为迈克尔）·路德·金（Martin/Michael Luther King，Sr.）与埃比尼泽浸信会教会（Ebenezer Baptist Church）牧师亚当·丹尼尔·威廉姆斯（A. D. Williams）之女艾尔伯塔·威廉姆斯（Alberta Williams）结婚

1929 年 1 月 15 日

小马丁（原名为迈克尔）·路德·金（Martin/Michael Luther King，Jr.）出生在亚特兰大奥本大道 501 号

1931 年 3 月 21 日

亚当·丹尼尔·威廉姆斯逝世，老迈克尔·路德·金继任埃比尼泽浸信会教会牧师

1941 年 5 月 18 日

小马丁·路德·金的外祖母珍妮·赛莱斯特·威廉姆斯（Jennie Celeste Williams）逝世，金全家迁往亚特兰大 193 号大街

1944 年 4 月 17 日

小马丁·路德·金前往佐治亚州的都柏林（Dublin），在演讲比赛中发表题目为《黑人与宪法》的演讲

我出生于20世纪20年代晚期，正赶上大萧条[1]爆发的前夕。这场经济衰退的灾难在美国上下的各个角落逡巡了长达十多年之久。大萧条开始时，我还不记事，但我确实记得在大约5岁的时候，我问过父母为什么在赈救施食处总是有那么多人在排队。我可以清楚地看到这种童年早期的经历对我后来反资本主义情绪的影响。

2 我的出生地是佐治亚州的首府亚特兰大（Atlanta），也就是那个所谓的“通往南方的门户”。亚特兰大是我的家乡。我出生在奥本大道（Auburn Avenue），我们的教会——埃比尼泽浸信会教会——也在奥本大道上。我现在就在那个教会担任联合牧师，我在南方基督教领袖大会[2]担任主席时的办公室也在奥本大道上。

我在亚特兰大的公立学校上过一段时间学，然后去了当时的亚特兰大大学实验中学（Atlanta University Laboratory High School），在那里上了两年学。后来，这所学校关闭了，我又转学到了布克·T. 华盛顿中学（Booker T. Washington High School）。

我出生在一个很普通的社区。居住在这里的人的社会构成很简单，没有大富大贵之人，因为家乡的富有黑人都聚居在一个叫作“猎人山丘”（Hunter Hills）的地区。我的生活环境淳朴而简单，当然，这里也没有极端贫困的人，可以说，在这个社区里生活的都是一些收入一般的普通家庭。尽管我们当中没有人受过“上流社会”的礼遇，但我们社区的道德环境健康，气氛良好，犯罪率极低，绝大多数邻里都是很虔诚的基督教徒。

---

① 大萧条（Great Depression）指1929年从美国开始爆发的全球性经济大衰退，是第二次世界大战之前最为严重的世界性经济衰退。大萧条以1929年10月24日星期二的华尔街股市忽然下跌为起点（被称为“黑色星期二”），到10月29日成为华尔街股灾，并席卷了全世界，各国的人均收入、税收等全面下挫，国际贸易锐减50%，美国失业率达到25%。有的经济体在20世纪30年代中期开始恢复，但大多数国家直到二战结束后才得以复苏。

② 南方基督教领袖大会（Southern Christian Leadership Conference，SCLC）是美国的一个由非洲裔美国人构成的民权组织，成立于1957年，马丁·路德·金出任第一任主席。这一组织在美国民权运动中发挥了重要作用。

我呱呱坠地时就是一个非常健康的婴儿。据说，当时医生检查了我的身体，宣布我是一个百分之百健康的孩子。我几乎不知道生病的滋味，而我觉得这个感觉也适合用来描述我的精神世界。从某种程度上讲，我比较早熟，无论是身体上还是思想上，所以从遗传学的角度讲，上天对我非常仁慈。

我的家庭十分和睦，大家相处融洽。我的父母非常了不起，我记得他们几乎从未吵过架（我的父亲生性是那种与谁都不红脸的人）或闹翻过。这些因素极大地决定了我的宗教态度。对我来讲，想到上帝之爱是再自然不过的事情，因为我就成长在一个充满爱和亲密关系的家庭环境中；而我那令人振奋的遗传基因和成长环境也让我认为，宇宙万物也应该和睦相处。我的童年生活决定了我对人类本性的认知总是倾向于积极乐观，而不是悲观失望。

与任何一位努力向上的人一样，我也总是试图把矛盾对立的性 *3*
格因素融合为一体。比如，一个人可能既好斗又温和，既是理想主义者又是现实主义者。而我认为，我对公正的不懈追求遗传自父亲那充满活力的个性，而性格中温和的一面则源自母亲的温柔和善良。

“亲爱的妈妈”

我的妈妈，艾尔伯塔·威廉姆斯·金，一直默默地养儿育女，源源不断地给孩子们以母爱的关怀，是我们生活中不可或缺的一个角色。她献身于基督教，是一个非常虔诚的基督徒。与父亲不同，她说起话来轻声细语，为人随和，虽然性格内向，但待人非常真诚，很容易让人亲近。

她的父亲亚当·丹尼尔·威廉姆斯是一名成功的牧师，她自小也在一个相对比较优越的环境中长大。上学时，她就读于她能去的最好的中小学和大学，避免了种族歧视的伤害。她是家里的独生女，享受到了一个中学生和大学生能够期望得到的所有便利。虽然母亲自己身处相对舒适的环境，但她从来没有觉得种族隔离制度与自己不相关。她从一开始就在自己所有孩子的心中埋下了自尊自爱的种子。

我的妈妈也遇到了世代美国黑人父母都面临的问题：如何向小孩子解释种族歧视和种族隔离。她教导我说：你应该觉得自己是一个“人物”，但是另一方面，你也要走出去，直面那个时时提醒着“你‘低人一等’，你‘不一样’”的社会制度。她给我讲述了美国的奴隶制度的起源，以及南北战争如何结束了奴隶制度。她尽量让我明白，当时在南方各地实行的种族隔离政策——比如，根据种族划分的隔离学校、餐馆、剧院和住房，带有白人与有色人种标志的饮水池、接待室和卫生间——都只是暂时的社会状况，并不是宇宙
4 间正常的秩序。她清楚地告诉我，她反对这种制度，我不必因为种族隔离制度的存在而自惭形秽。然后她说：“你不比任何人差。”这句话，几乎每个黑人在能够理解它的含义之前，都听说过。在那一刻，妈妈应该不会想到，她臂弯中的这个小男孩多年后会积极投身于民权运动，反抗她所谈论的这个社会制度。

“爸爸”

我的父亲，老马丁·路德·金，体格强健，意志坚定，精力充沛，身材高大（体重大约 220 磅[1]），站在那里非常引人注目。父亲是坚强而自信的人，我几乎没有见过比他更无所畏惧、充满勇气的人，当然，他在我成年后时刻为我担惊受怕。他从来不畏惧那些专横野蛮的白人，如果他们对他出言不逊，他会毫不含糊地表明他不喜欢这样。

身为一个佃农的儿子，他亲历过种族歧视施加给黑人的种种野蛮待遇，而他在童年时期就开始了反抗。他家住在佐治亚州一个叫作斯托克布里奇（Stockbridge）的小镇上，距离亚特兰大市大约 18 英里[2]。一天，他在种植园上工时，敏锐地发现种植园主在骗他父亲的血汗钱。他当着种植园主的面，向父亲揭露了这个骗局。当

---

① 1 磅约合 0.45 千克。

② 1 英里约合 1.61 千米。

时，暴怒的老板对我的祖父大喊：“吉姆，如果你不管好自己的黑崽子，我就来给你管教管教!”我的祖父在经济上完全依赖于这位种植园主，急忙命令爸爸闭嘴。

父亲在回忆往事时说，就是从那一刻起，他决定要离开种植园。他后来常幽默地说：“我可不想当一头犁地的骡子。”他离开了斯托克布里奇，前往亚特兰大求学。他当时已经 18 岁，尽管比大多数中学毕业的学生还要大一岁，但他还是进入了一所中学开始学习，一直读到从亚特兰大的莫豪斯学院（Morehouse College）毕业。

我最敬佩父亲的是他真正的基督徒品格。他诚信正直，坚定地 5
遵守道义和伦理原则，所有行事都恪守良知。有些人即便不欣赏他的坦率诚实，也不得不承认，他行事动机纯洁，行为磊落。他从来不隐瞒事实，总是毫不犹豫地说出他的看法，虽然这可能会很伤感情。而恰恰是他的坦率个性让很多人对他心存忌惮，很多人——既有年轻人也有老人——对我说：“我对你爸爸怕得要死。”确实，他在很多问题上态度很严厉。

我的父亲一直对民权问题非常感兴趣。他曾是全美有色人种协进会[①]亚特兰大分会的主席，在任何社会改革活动中也总是挺身而出。在我出生之前，他因为在公共汽车上目睹了一起野蛮攻击黑人乘客的事件，从此就不再乘坐公共汽车了。他领导了亚特兰大教师争取平等酬劳的斗争，在争取取消吉姆·克劳[②]电梯运行的法庭斗

---

① 全美有色人种协进会（National Association for the Advancement of Colored People，NAACP）是美国的一个非洲裔美国人的民权组织，建立于 1909 年，目标是保证每个人的政治、社会、教育和经济权利，消除种族仇视和种族歧视。该组织会每年评选出在任何领域内有卓越贡献的非洲裔美国人。

② 指的是吉姆·克劳法（Jim Crow Laws）。该法是 1876—1965 年间美国南部各州以及边境各州对有色人种（主要指非洲裔美国人，也包含其他种族）实行种族隔离制度的法律。这些法律规定，公共设施必须根据种族的不同而被隔离使用。在“隔离但平等”的原则下，这种隔离被解释为不违反宪法保障的平等权利，因而得以存在。但事实上，黑人所能享有的部分与白人相比较，往往是较差的。1945 年后，非洲裔美国人的民权运动兴起，民权团体用联邦法律来抵制吉姆·克劳法，最终，美国国会在 1965 年禁止法律上有任何形式的种族隔离和歧视政策。“吉姆·克劳”常被认为出自音乐剧《蹦跳的吉姆·克劳》中那位黑人角色的名字，后成为指代“黑鬼”的贬义词。

争中也发挥了领导作用。

作为埃比尼泽浸信会教会的牧师，我的父亲不仅在黑人社区中影响力巨大，也许也勉强赢得了白人的尊重，无论如何，他们从来没有对他进行过人身攻击。这在我们成长起来的那种紧张氛围中，足以让我们兄弟姐妹们好奇不已。在这样的家庭氛围中成长起来的我，对种族隔离制度恨之入骨也不足为奇了。我认为，种族隔离不仅在理性上不可思议，而且从道德上讲有失公正。

在生活中，我从来没有经历过缺吃少穿的困境，因为父亲是一个以家庭为重的人，他给我们这个家提供了基本的生活所需。父亲的收入一般，但是他的秘诀是懂得节省，合理计划，量入为出，在他力所能及的范围内行事，因而他总能比较轻松地给我们提供必要的生活所需，我也得以持续完成全部学校教育，从不曾因为打工或其他原因辍学。

我就这样舒适地度过了我生命中的前 25 年，那时无论遇到任何麻烦，我都可以去找父亲，然后问题就解决了。生活呈现给我的，就像是一份惊喜的圣诞礼物。当然，这并不是说我是嘴含金汤匙出生的，离那差得远呢。我非常渴望工作，暑假我也经常工作。

“疑问不断滋长”

6 我在 5 岁的时候加入了教会，我还很清楚地记得这件事的来龙去脉。我们的教会越来越兴旺，一位福音传教士从弗吉尼亚州南下来到这里。在一个星期天的早上，他来到我们的主日学校，给我们讲了救赎的事情，然后他向我们发出邀请，问我们中有谁愿意加入教会。那天早上，我姐姐是第一个加入教会的人，看到她这么做了，我觉得不能让她占了先，于是我也加入了。对于此举，我几乎未经任何思考，即使在受洗的时候，我也不知道这意味着什么。由此看来，我加入教会不是出自积极能动的信念，而只是因为不甘落在姐姐之后的小孩子的心理。

对我而言，教会就是我的第二个家。自从记事起，我所有的星期天都是在教堂度过的，我最好的朋友都在主日学校，主日学校也培养了我与人相处的能力。我觉得，这一切都是自然而然的，因为我父亲就是我们教会的牧师。我从来没有后悔过参加教会，只是在大学二年级的时候经历了一段怀疑期。

我在主日学校所学的课程，基本上属于原教旨主义的范畴。在主日学校的所有老师中，从来没有一个人怀疑过《圣经》的绝对真实性，他们中的大多数人不识字，也从来没有听说过《圣经》批评。很自然，无论他们说什么，我都照单全收，我觉得没有必要去质疑——至少在那个时候我没有。我觉得在 12 岁之前，我一直是不加批判地接受着《圣经》理论。但是，这种不加批判的态度未能持久，因为这有悖于我的本性，我一直是一个好问问题的早熟的孩子。记得在 13 岁的时候，我否认了耶稣基督的肉体复活，这让整个主日学校都大吃一惊。在我心中，疑问不断滋长。

“我如何能去爱一个痛恨我的种族?”

发生在我童年晚期和少年早期的两件事情，对我的成长产生了 7
巨大的影响。第一件事是我的外祖母逝世。她对我们非常亲热和善，而对我尤甚，有时我会想，我是她最喜欢的外孙儿。我爱她极深，因而她的逝世对我的打击尤其巨大。她一直帮助我的父母抚养我们姐弟几个长大，在我们身上花费了很多心思。外祖母的逝世，让我第一次开始全面思考关于永生的教义。我的父母尽力给我解释，我也在某种程度上被说服，相信外祖母仍然活着。我猜想这就是为什么直到今天，我还坚定地相信个体的永恒不朽。

第二件事情发生在我大约 6 岁的时候。从 3 岁起，我就有一个年龄相仿的白人小伙伴。他虽然不住在我们社区，但他每天都在我们这里，因为他的父亲在我家对面开了一家商店。6 岁的时候，我们都进了学校——当然是隔离学校。我清楚地记得自从上学之后，我们的友谊就开始破裂了，这是他的意愿，不是我的。有一天，他告诉我，他的父亲不再让他和我一起玩耍了。我怎么也无法忘记，我听了这个消息有多么震惊，马上问父母这是为什么。

我们是在餐桌上讨论这个问题的。这次讨论让我第一次意识到种族问题的存在，而在此之前，我对这种状况毫无知觉。父母谈到了一些种族问题导致的悲剧，以及他们自己遭受的一些侮辱，我听后完全惊呆了。从那一刻起，我决定痛恨白人，伴随着年龄的增长，这种情绪也在滋长。

父母一再告诉我，我不应该痛恨白人，我能做的是像一个基督徒那样去爱他们。然而，我的脑海中产生了一个问题：我如何能去爱一个痛恨我的种族？他们让我与童年的好朋友分了手！这个问题在我头脑中萦绕了好多年。

我一直痛恨种族隔离制度，认为这是严重的社会不公。我还记得很小的时候和父亲一起去市中心的一家鞋店，我们在第一排空椅子上坐了下来。一个年轻的白人营业员走过来，礼貌地低声说：

8 “如果您坐到后面的椅子上，我将很高兴为您服务。”

父亲马上反驳道：“这个座位没什么问题，我们坐这儿很舒服。”

“对不起，”营业员说，“但是您必须得换地方。”

“我们要么坐在这儿买，”父亲答道，“要么根本不在你这里买。”

于是，他拉着我的手离开了这家鞋店，这是我第一次看到父亲如此愤怒。这个童年的经历揭示出父亲从来没有屈服于种族隔离制度，而他的态度在很大程度上影响了我的观念。我还记得，他在路上一边走一边嘟哝：“我不管这样的日子还要过多久，反正我是不会接受它的。”

他确实没有。我记得，有一次他开车载着我，不小心超过了停车线。一个警察走过来说：

“嘿，小子，停车，看一下你的驾照。”

我的父亲马上回嘴说：“我告诉你，我不是小子。如果你还坚持叫我‘小子’的话，我只好装作没听到你说什么。”

警察听到一个黑人这么毫无忌惮地顶撞他，十分吃惊，一时间手足无措，紧张地写了个罚单，快速离开了。

“我一生中最愤怒的时刻”

亚特兰大的种族隔离制度相当严格。在很长时间内我不能去游泳，直到当地成立了一个黑人基督教青年会①，状况才有所改观。黑人小孩不能去亚特兰大的任何公园，我不能去所谓的白人学校上学。我们不能去市中心很多商店的午餐柜台买一个汉堡或一杯咖啡。我也不能随便走进市里任何一家电影院看电影，亚特兰大虽然有一两家黑人电影院，但在那里看不到最新的电影，等这些东西到了黑人电影院，一般要到两三年之后了。

记得大约 8 岁时，我在亚特兰大市中心的一家商店里，忽然有 9
人打了我一巴掌，我只听见有人说：“你这黑鬼踩了我的脚。”原来，打我的人是个白人妇女。当时我完全没有想到回击，因为涉及白人，我也不敢还手。我觉得，这也是我的某种本性，也就是我从来不是一个会报复别人的人。最后，我把这件事情告诉了妈妈，她非常生气，但是打我的那个妇女已经离开了，妈妈和我也很快离开了那家商店。

在亚特兰大的另外一种体验也让我印象深刻。我就读的布克·T. 华盛顿中学位于城市的另一端，我要坐公共汽车去上学。在那个时候，公共汽车上实行严格的种族隔离制度，分区就座，黑人们只能坐在公共汽车的后面，而白人们坐在前面。即使车上没有白人乘客，前面这些座位也只能留给白人坐，也就是即使座位空着，黑人也只能站着。每次我都不得不挪到公共汽车后部，但是我内心多

---

① 基督教青年会（Young Men's Christian Association，YMCA），是一个非政府性质的基督教国际社会服务团体，总部设于瑞士日内瓦。1844 年 6 月，英国青年乔治·威廉在伦敦创立了该会。该会以基督“为世人服务”的精神为宗旨，倡导和推动社会责任承担以及促进社会和谐。它根据社会人群（尤其是弱势群体）的需要，从事各种社会服务工作，服务对象不分性别、年龄、国籍、种族和宗教信仰，服务内容包括平民教育、体育康乐、社区服务、青少年工作、难民工作等。全球的 YMCA 地方分会都附属于全球 YMCA 联盟。

么希望能够坐在前面！我暗自说：“总有一天，我要想坐在哪儿就坐在哪儿。”

14 岁的时候，我从亚特兰大坐车前往佐治亚州的都柏林，去参加一个演讲比赛，与我同行的是一位我非常尊敬的老师布拉德利夫人。那场比赛我得了冠军，富有讽刺意味的是，我的演讲题目恰恰是《黑人与宪法》：

> 如果一个社会中有一大批人处于无知状态，我们就不可能拥有开明的民主。如果一个国家有十分之一的人营养不良、疾病丛生、窝藏病菌——而这些东西可不管你的肤色或是否违背了吉姆·克劳法——我们就不可能建成一个健康的国家。如果有一个种族被如此卑微地碾入地下，低贱得甚至被迫采取反社会的态度或犯罪行为，我们就不可能建成一个制度健全有序的国家。我们但凡有一点蔑视耶稣基督的核心教义——兄弟友爱和道德金律，都无法成为真正的基督徒。在社会中，只要有一个群体严重地落后于其他群体，我们就不可能实现全面繁荣。因此，当我们全力防御外敌、保卫国家的民主制度时，也要越来越清楚地看到，在本国之内，要给所有人提供公平和自由的机会。
>
> *10* 今天，在这片土地上，仍有 1 300 万黑人儿女持续为将宪法的第十三、第十四和第十五修正案转化为现实而斗争——从印在纸上到变成现实。我们坚信，“如果自由对一个人是好的，那么它对所有人都是好的”。我们可以用刀剑征服南方的军队，但是，征服南方的仇恨则是另外一回事。如果黑人也能被赋予选举权，那么他们会时时保持警惕，甚至不惜用他们的双臂去保卫联邦自由的方舟，使其免受敌人的背叛与破坏。

那天晚上，我和布拉德利夫人搭乘公共汽车返回亚特兰大。在路上，一些白人乘客上了车，那个白人司机就命令我们站起来，把座位让给那些刚上车的白人。我们的动作不够快，司机就开始破口大骂起来。我本想坚持坐在座位上不动，但是布拉德利夫人让我站起来，说我们要遵守法律。我们就这样在过道上站了大约 90 英里，返回了亚特兰大。那个晚上永远留驻在我的记忆中，那是我一生中最愤怒的时刻。

在我的成长过程中，我不仅痛恨种族隔离制度，而且憎恶由此产生的种种残暴而野蛮的行为。我目睹过警察的残忍行径，看到过黑人在法庭上遭受了最不公正的待遇。我还记得有一个组织叫作三 K 党[①]，它奉行白人至上主义，甚至动用暴力手段来维持种族隔离制度，让黑人老老实实认命。我目睹过三 K 党暴打黑人的情景，也看过黑人被私刑处死的残忍场面。所有这些经历都对我的个性发展产生了某种作用。

我也注意到了种族不平等与经济不平等之间如影随形的关系。虽然我的家庭经济宽松，相对舒适，但我的很多玩伴们在经济上毫无保障，周围更多的人生活穷困潦倒，这些景象总是在我的脑海中盘旋不去。我在青少年后期，曾经在一个种植园中工作了两个夏天（这违背了我父亲的意愿，他不想让我和弟弟为白人们工作，因为他们只会压榨我们）。这个种植园既雇用黑人，也雇用白人。在这里，我亲眼看到了经济上的不公平，也意识到穷苦的白人与黑人一样受到盘剥。这些早年的生活经历让我深刻地意识到，在我们的社会中存在着各种各样的不平等。

“那道帘子似乎狠狠地砸落到了我的人格上”

在上大学之前，为了挣一点学费来减轻父母的负担，我去了康 11

① 三 K 党（Ku Klux Klan），是指美国历史上和现代不同时期奉行白人至上主义和基督教恐怖主义的民间团体，也是美国种族主义的代表性团体。最早的三 K 党是 1866 年由在美国内战中被击败的南方军队的退伍老兵组成的，其目的是反对联邦军队在南方强制实施的改善黑人待遇的政策，1871 年，该组织被强行取缔。第二个使用这一名称的组织是 1915 年由威廉·西蒙斯在亚特兰大成立的，该组织宣扬种族主义，实行私刑和其他暴力手段，但在美国却公开运作，是个营利性组织，在 20 世纪 20 年代达到巅峰，在大萧条时期跌入了低谷。

涅狄格州的西姆斯伯里（Simsbury），在那里的一个烟草农场工作了整整一个夏天。在一个星期天，我去了西姆斯伯里教堂，是那里唯一的黑人。我是星期天早上的宗教活动的负责人，可以对 107 个男孩讲我自己选择的经文章节。我从来没有想到，我这样种族的人可以随便在任何地方吃饭，然而，我确实在哈特福德（Hartford）最好的餐馆进过餐。

致老马丁·路德·金的信

亲爱的爸爸：

很抱歉隔了这么长时间才给您写信，我大部分时间都在工作。我们在这里过得非常好，工作也很轻松。我们每天早上必须 6 点起床，食物很好。我在厨房工作，可以吃到更好的食物。

这里每个星期天 8 点左右开始礼拜，我是宗教负责人。我们这里有一个男声唱诗班，我们很快就要直播演唱了。星期天我去了在西姆斯伯里的教会，那是一个白人教会。我还没有去哈特福德的教会，我打算下周再去。在来的路上，我们看到了一些很意外的东西，过了华盛顿之后就没有什么种族歧视了。这里的白人非常和善，我们想去哪儿就去哪儿，想坐哪儿就坐哪儿。

请代我问候大家，我非常想念教会，也在坚持阅读《圣经》。爸爸，我不会背着您做任何坏事的。

您的儿子

写于康涅狄格州的西姆斯伯里

1944 年 6 月 15 日

在康涅狄格州度过那个夏天以后，返回仍处于种族隔离制度中的南方真是一种痛苦的体验。我坐火车从纽约到华盛顿，在火车上，我想坐哪儿就可以坐哪儿；然后要在首都华盛顿换上一辆

实行吉姆·克劳法的汽车，继续行程，才能回到亚特兰大。上了
种族隔离汽车后，我被安排坐在餐车的一道帘子的后面。我第一次 *12*
感觉到，那道帘子似乎狠狠地砸落到了我的人格上。我再也不能忍受隔离的候车室、隔离的就餐区或隔离的卫生间，这不仅因为隔离本身就意味着不平等，而且因为隔离制度伤害了我的人格和自尊。

第 2 章

莫豪斯学院

13 我做牧师不是什么奇迹和超自然因素的作用。相反，它是我内心的一股力量，它敦促我为社会服务。

1944 年 9 月 20 日
金作为新生进入莫豪斯学院学习
1948 年 2 月 25 日
金在埃比尼泽浸信会教会被授予圣职
6 月 8 日
金获得莫豪斯学院社会学文学学士学位

15 岁时，我进入莫豪斯学院学习。我的父亲和外祖父也曾在这里求学，所以说莫豪斯学院走出过三代金家族的人。

刚进入莫豪斯学院时所遇到的困难令我永生难忘。虽然我在中学时一直是优等生，但是，我的阅读水平只达到了 8 级。我进入莫豪斯学院时，也只读完了十一年级，没有读十二年级，并且之前还曾跳过一级，所以我是莫豪斯学院中年龄比较小的学生。

莫豪斯学院的学习生活令人激动。学院里洋溢着自由的空气，就是在这里，我第一次参与讨论了种族问题。这里的教授们并非靠政府财政资助，所以他们可以自己决定教学内容，学术气氛非常自由。他们鼓励我们本着解决问题的态度，积极地对种族制度的弊端提出质疑。我意识到，这里的人都无所畏惧，许多重要人物也来此与我们理性地讨论种族问题。

我于 1944 年开始在莫豪斯学院学习，但事实上，我对种族和经济平等问题的关注由来已久。在我学习期间，我首次拜读了亨利・戴维・梭罗[①]的《论公民不服从》。在书中，这位勇敢的新英格兰人拒绝缴纳赋税、宁可入狱也不去支持将奴隶制度扩展到墨西哥的战争。这是我第一次接触到非暴力抵抗[②]的理论。这种拒绝与罪恶制度合作的想法，激发起了我的好奇心，我内心为之所深深震撼，后来又将此书读了好几遍。 14

我深信，与邪恶的不合作和与美德的合作一样，都是我们的一种道德责任。在这一观点上，没有人比亨利・戴维・梭罗更加雄辩，更加富有激情了。他的文章和个人智慧是他留给我们的一笔遗产，我们有幸继承了这种富有创造性的抗议方式。梭罗的经验至今仍然活跃在我们的民权运动中，确实，它甚至比原来更加焕发出活力了。后来的运动，无论是在午餐柜台前静坐，还是自由乘车前往密西西比，无论是在佐治亚州奥尔巴尼的和平抗议，还是亚拉巴马州蒙哥马利的抵制公共汽车运动，这些行动都源自梭罗的理论。这一理论就是邪恶必遭抵制，一个有道义感的人不会慢慢适应并忍受不公正。

我一进入莫豪斯学院，就积极参加了各种致力于实现种族平等的社团。我们与校际委员会（Intercollegiate Council）之间的良好合作让我坚信，很多白人，尤其年青一代的白人，是我们的同盟者。原来，我曾经仇视整个白人种族，但是伴随着对白人理解程度的加深，我的仇恨化解了，一种合作精神悄然产生。也是在此期间，我对政治事务和社会弊端产生了浓厚的兴趣，我希望自己能在推翻法律障碍、为黑人争取权利的运动中发挥作用。

---

① 亨利・戴维・梭罗（Henry David Thoreau，1817—1862），美国作家、诗人、哲学家、废奴主义者和超验主义者。他的著名政论文《论公民不服从》（*On Civil Disobedience*）发表于 1849 年，讨论了面对强权统治，人们不应该屈从于政府对他们良心的统治，而应防止政府把他们变成不正义的行动者。

② 非暴力抵抗（nonviolent resistance），又译“非暴力不合作”等。

“内心的力量敦促我投身于社会服务事业”

父亲和母亲的影响在我的内心深处培植出一股力量。这股内心的力量敦促我投身于社会服务事业。但是，我并不是从一开始就想要成为牧师，我曾经以为，当一名律师或医生能更好地为他人服务。我在莫豪斯学院最亲密的朋友之一沃尔特·麦卡尔（Walter McCall），对自己将来要做牧师一直志向明确，而我是逐渐下定决心的，虽然我确实曾给父亲做过六个月的牧师助理。

“激尘扬土，制造迷雾”

15 我发现，只要社会上呼吁给予黑人得体的待遇，某些阶层的人就急忙祭出社会杂糅和异族通婚这种救命稻草。其实，这些情况与我们讨论的问题完全不相干。这些激尘扬土、制造迷雾的人心里明白得很，他们想要掩盖的真正问题是平等的权利和机会。大家应该记得，在美国，几乎所有的跨种族婚姻都不是黑人主动的，而恰恰是那些高谈阔论种族纯洁的白人们。我们并不急切地要与白人女孩结婚，我们也希望那些白人恶棍和白人贵族不要招惹黑人姑娘。

我们也理应要求拥有美国公民基本的权利和机会：享有与所受教育和能力适应的就业的机会，享有教育、健康、娱乐和公共服务设施方面平等的机会，享有选举权、法律面前人人平等的权利，以及人与人之间友好相处、平等相待的权利。

致《亚特兰大宪法报》（*Atlanta Constitution*）编辑的信

1946年8月6日

如前所述，我在莫豪斯学院的学习，尤其是前两年所学的课程，让我产生了很多疑问。从那时起，我逐渐摆脱了原教旨主义的束缚，也越发清楚地认识到了童年时代在主日学校所学的东西与在莫豪斯学院所接触的知识之间的不同。在学习中，我逐渐成为一个怀疑论者，看不到科学与宗教能在多大程度上达成一致。

黑人对宗教的情感化的表达方式，也让我反感。他们又是叫喊，又是跺脚，我不理解他们为什么要这样，这也让我觉得很难堪。我经常认为，如果一个人的内心和精神上所感受到的宗教，能与他通过大腿和脚感受到的一样多的话，那么我们就可以改变世界。

我注意到，绝大多数黑人牧师都是文盲，不曾在神学院接受过培训，这种状况也曾让我停滞不前。我在教会中长大，也了解宗教，但是我更想知道，宗教是否可以作为一座通向现代思维的桥梁？它在满足人们情感需求的同时，是否可以在知识上同样受人尊重？

这种疑惑一直持续到我学习了一门关于《圣经》的课程。通过 16
学习，我了解到在《圣经》中那些传说和神话的背后，隐含了许多每个个体都无法逃避的深刻道理。在莫豪斯学院，有两个人引导我不时地深入思考：一个是梅斯（Mays）博士，他是莫豪斯学院的校长，他对我的一生都产生了重要影响；另一个就是哲学与宗教学教授乔治·凯尔西（George Kelsey）博士。他们都是牧师，都是虔诚的宗教信徒，但他们也都是学识渊博的人，了解各种现代思潮。在他们身上，我看到了理想的牧师应该有的样子。

在莫豪斯学院高年级时，我开始从事神职事务。其实，在中学阶段时，我就感受到了投身于宗教事业的内心驱动，只是越来越多的怀疑在某种程度上阻挠了我。而现在，宗教又明确为一种不可忽视的内驱力，它如此强烈，成为我心头一种无法逃避的责任感。

我觉得，我之所以从事神职工作，在很大程度上是受到了父亲的影响。这并不是说他要我去当一名牧师，而是因为我对他的崇拜本身就是一种巨大的动力，他本人就是我乐于追随的一个品德高尚的榜样。我至今仍能够感觉得到，我在早年阶段沉浸于其中的高尚的道德和伦理观念对我的影响。它们对我来讲真实可感，弥足珍贵，即便当我处于神学的徘徊困惑阶段时，它们也不曾离我而去。

19 岁的时候，我从莫豪斯学院毕业，准备进入神学院深造。

第3章

克罗泽神学院

17 我深知白人在心目中对黑人的典型偏见：不守时，爱喧哗，放声大笑，衣冠不整。有一段时间，我刻意避免这些情况，不愿被别人归为此类。如果上课迟到了一分钟，我就会敏感到几乎病态，觉得人人都在盯着我。我从来不大笑，甚至一度过分严肃了。我在穿戴上也矫枉过正，房间里一尘不染，鞋子锃亮，衣服整洁笔挺。

1948年9月14日

金进入克罗泽神学院（Crozer Seminary）学习

1950年春

金聆听哈佛大学校长莫迪凯·约翰逊（Mordecai Johnson）有关甘地（Gandhi）的演讲

1951年5月8日

金获得克罗泽神学院神学学士学位

1948年，我进入了位于宾夕法尼亚州切斯特的克罗泽神学院学习。从这一阶段开始，我才认真思考消除社会罪恶的问题。我研究了历史上诸位伟大哲学家的社会伦理理论，从柏拉图（Plato）、亚里士多德（Aristotle）到卢梭（Rousseau）、霍布斯（Hobbes）、边沁（Bentham）、密尔（Mill）和洛克（Locke）。这些大师的理论就如它们的一贯效用那样，极大地激发了我的思想。当然，我对他们的理论都各有疑问，但是我从他们的思想中收益更多。

18 我花了大量时间来涉猎那些伟大的社会哲学家的著作。我很早就拜读了沃尔特·劳兴布施（Walter Rauschenbusch）的《基督教和社会危机》（*Christianity and the Social Crisis*），它给我留下了不可磨灭的思想印记，奠定了我的社会关注的神学基础。其实，这种社会关注是在我童年体验的基础上发展起来的，伴随我成长至今。当然，我在某些方面并不认同劳兴布施的看法，我认为，他受 19 世纪“必然进步”思潮的影响，对人性过于乐观。此外，他几乎将“神的国度”等同于某种特定的社会和经济体系，这种看法非常危险，尤其是这一倾向永远不应该出现在教会身上。然而，尽管有这些缺点，但劳兴布施的思想还是为基督教会发挥了很多有意义的作用。他坚持认为，福音应该关注的是整个个体的问题——不仅包括他的灵魂，而且包括他的肉体；不仅指向他的精神福祉，而且指向他的物质福利。

“布道牧师”

自从拜读了劳兴布施的著作后，我逐渐坚信：任何一种声称关心人类灵魂的宗教，如果它不是同样地关心那该死的贫民窟、束缚个人发展的经济条件和令人窒息的社会环境，那么它只能是一个精神上奄奄一息的宗教，岁月必定将其埋葬。因为很早就有人说过：“以个人为终极目标的宗教死路一条。”

> 我觉得，如果布道手段运用正确的话，那么它会是我们社会最重要的需求之一。布道宣教本身存在一个很大的悖论：一方面它可能非常有帮助，而另一方面它可能是有害的。我认为，对于布道牧师来说，仅有虔诚是不够的，牧师还必须既诚实又充满智慧……我还认为，牧师应该信念深远。在我们的讲坛上，有太多的牧师演讲起来让人着迷，但他们当中却很少有人拥有精神的力量。我深刻意识到，既然立志做一名牧师，我就应该拥有这些力量。
>
> 我认为，布道应该根植于人们的生活体验。因此，作为一个牧师，我必须了解我面对的布道之人所面临的问题。那些受过教育的牧师们，经常把人们陷在神学的抽象迷雾中，而不是

19 **致艾尔伯塔·威廉姆斯·金的信**

亲爱的妈妈：

今天早上收到您的来信。我经常和学校里所有的同学说，我妈妈是世界上最好的妈妈。您永远不知道我是多么感谢您和爸爸为我所做的一切，现在，我每周都收到了钱（5 美元）。

至于说报纸剪报，我当然需要了。我还很奇怪，您怎么没给我多寄来一些剪报呢，尤其是《亚特兰大世界报》。

您说我的信里没什么新鲜事儿，是啊，我确实没什么新闻可说。除了读书，我不太去其他地方。有几次教授在课堂上让我们用希伯来语读作业，这可真是不简单。

您知道我在斯佩尔曼约会过的那个女孩（格洛瑞亚·罗伊斯特）吧？她现在在坦普尔的学校，我去看过她两次。我也在费城遇到过一个不错的姑娘，但她喜欢年纪大的男孩。自从巴博告诉了教友们咱家生活比较富裕后，姑娘们都围着我转。当然，我对她们可不太感兴趣，我学习太忙了。

我每周都能收到克莉丝汀的来信，我尽量及时给她回信。

好吧，我得学习了。代我向大家问好。

您的儿子马丁·路德
1948 年 10 月

借助于人们的日常经验来呈现信仰。我坚信，牧师不但必须拥
20 有某种程度的深刻的神学和哲学观点，而且应该有能力将其落实到一个具体的框架中。我必须能把复杂的事情简单化。

总而言之，我将布道看作一个双向的过程：一方面，我必须尝试去改变社会个体的灵魂，这样才能改变他们的社会；而另一方面，我也必须致力于改变社会，只有如此，个人的灵魂才能产生某种变化。因此，我必须关注失业者、贫民窟和经济上没有保障的人。我是社会福音的积极倡导者。

“唯一道德且实际的声音是为被压迫人群呐喊”

在克罗泽神学院学习期间，我第一次在 A. J. 缪斯特（A. J. Muste）博士的演讲中，接触到了和平主义的主张。缪斯特博士的演讲深深地打动了我，但对这一理论的可行性，我却不以为然。与大多数克罗泽神学院的学生一样，我虽然觉得战争永远不可能是一个积极的或绝对正面的因素，但是从消极意义上讲，它可以遏制邪恶力量的传播和增长。战争尽管可怕，但它更可能围剿纳粹、法西斯等极权主义体制。

耶利米（Jeremiah）对宗教思想的重要贡献

耶利米是一个很好的榜样，再次证明了宗教不应该屈服于现状。这种思想应该被作为一种比其他任何东西都紧急的急务，灌输到现代宗教人士的头脑中去，因为作为个体或教会成员的我们能对基督教造成的最大的伤害，就是成为现状的鼓吹者和支持者。宗教曾多次与社会现状捆绑在一起，历经堕落！因此，我们必须承认，像耶利米这样的人对任何宗教都具有极大的价值。在某种意义上讲，宗教就是通过像耶利米这样的人才取得了自身的进步，而在这一过程中同样裹挟着权力的更新。但是，社会是怎样对待这些人的呢？无论是在过去还是在未来，社会的反应始终如一：摧毁他。圣徒耶利米殉道而死。

选自就读克罗泽神学院期间的课程论文

1948 年秋季

在此期间，我曾对用爱的力量来解决社会问题这一理论感到绝望。我认为，解决种族隔离问题的唯一办法就是武装暴动。我觉得，基督教的爱的伦理仅限于解决个人关系的问题，我想象不出它 23

在解决社会冲突时能发挥多大的作用。

也许，是尼采的哲学暂时动摇了我对爱的信念。我阅读了他的部分《道德谱系学》（*The Genealogy of Morals*）和全部的《权力意志》（*The Will to Power*）。在尼采的理论中，所有生命都表现出对权力的渴望。尼采对权力的颂扬，是他蔑视普通人的产物。他抨击了整个希伯来-基督教的道德标准，既包括其虔诚谦卑的美德、超凡脱俗的特质，也包括它对待苦难的态度。尼采认为基督教对待苦难的态度，是对软弱的赞美，是迫不得已的心甘情愿。他眼中的超人将会超越人类，就如人类超越了猿猴。

一个星期天的下午，我去了费城（Philadelphia），聆听了哈佛大学校长莫迪凯·约翰逊博士的布道，他这次是为费城团契协会宣道。约翰逊博士刚从印度回来，他谈到了圣雄甘地（Mahatma Gandhi）的生平和思想，这引起了我的极大兴趣。他所传达的信息意义非常深刻，闻之令人振奋。我一离开会场，就买了几本关于圣雄甘地生平的书和他的著作来读。

和大多数人一样，我听说过甘地，但从来没有认真研究过他。我深入阅读了他的著作之后，他的非暴力抵抗运动深深地打动了我，尤其是他的食盐进军①运动和数不清的绝食运动。satyagraha 这个概念（satya 的含义是“爱的真理”，agraha 意为“力量”，因此，satyagraha 意思是“真理的力量”或“爱的力量”）对我来说，意义尤其重大。随着对甘地哲学研究的深入，我对爱的力量的怀疑渐渐消失了，我第一次看到它在社会改革领域的潜在效力。在阅读甘地
24 著作之前，我曾认为耶稣的道德力量只能在个体关系中奏效。我觉得，“有人打你的右脸，连左脸也转过来由他打”的做法和“爱你

---

① 食盐进军（Salt March to the Sea），又称食盐长征。1930 年初，当时统治印度的英国殖民政府制定了《食盐专营法》，提高了食盐价格和税收，引起印度人民不满。3 月 12 日，圣雄甘地与其支持者举行徒步抗议活动，带领群众徒步远行至海边，行程 24 天，步行约 350 公里。到海边后，他亲自煮海水制得食盐，以抗议英国殖民政府的法律。该和平抗议活动获得了许多印度民众的支持，同年 4 月，英国殖民政府迫于舆论压力而废止了《食盐专营法》。

们的仇敌”的哲学，只有在个人之间发生冲突时才能发挥作用；而当种族群体或国家之间发生冲突时，似乎必须采取其他更加现实的方法。然而，阅读了甘地哲学之后，我才知道我是大错特错了。

甘地很可能是历史上第一个将耶稣的“爱的道德”从个体之间的互动扩展到更大的范畴之内，将其转化为一种更加强大而有效的社会力量的人。对甘地而言，爱是社会和集体变革的有力工具。正是在甘地所强调的爱和非暴力理论中，我发现了我一直苦苦追寻的社会改革的方法。我未能从边沁和密尔的实用主义、马克思和列宁的革命方法、霍布斯的社会契约理论，或者卢梭的回归自然的乐观主义、尼采的超人哲学中得到的学术上和道德上的满足，在甘地的非暴力抵抗哲学中找到了。

“自由主义神学中有关人的教义”

然而，我对非暴力理论在学术上的探索并没有停止于此。在神学院高年级时，我阅读了大量令人振奋的神学理论。我自小成长于一个相当严格的原教旨主义的传统环境中，所以，当我的学术探寻之旅在我眼前铺展开一个崭新甚至复杂的宗教天地时，我时不时地惊诧愕然。当然，朝圣之旅更是充满刺激，它给我提供了一个崭新的评价标准，让我掌握了批判性分析的手段，将我从教条主义的泥沼中唤醒。

我在克罗泽神学院时，已经相当轻松地接受了对基督教的自由主义诠释。自由主义神学为我提供了一种学术上的满足感，而这种满足感我从来不曾从原教旨主义中体验过。我当时深深地迷恋着自由主义的见解，几乎是毫无批判地接受任何打着自由主义旗号的东西。我无条件地相信人性善良和理性的天然力量。

然而，后来我对自由主义神学中有关人的教义产生了质疑，这进而导致了我的思想发生了根本性的变化。这一思想历程经历了一个过渡时期。有时，我倾向于认可温和的新正统神学中有关人的看法；有时，我又发现自己支持自由主义对人的看法。前一种倾向可 *25*

以回溯到我在南方的某些经历，那些罪恶的种族问题让我很难相信人类的本性善良。我看到的历史悲剧越多，对人类总是可耻地选择低级道路的倾向体验得越深刻，我就越了解罪恶的深度与强度。而自由主义对人性的肤浅乐观导致它忽视了一个事实，即理性为罪恶所玷污。对人性的思考越深入，我就越清楚地看到一种悲剧性倾向：罪的倾向性导致我们用理性为自己的行为辩护。自由主义神学没有认识到，理性本身不过是用来为人的防御性思维进行辩护的一个工具而已。此外，我也认识到了人的社会参与的复杂性和集体性邪恶的可怕现实。我渐渐觉得，自由主义神学在人性方面表现得过于柔弱和感伤，倾向于不现实的理想主义。如果理性缺乏了信仰的净化力量，那么它永远不能将自己从扭曲和理性中解放出来。

另一方面，我的自由主义倾向也部分地源于同一根基的另一个分支。我注意到，某些种族问题正在逐步得到改善，这让我看到了人性中的某些潜在的高尚品质。我的自由主义倾向，可能不仅源于许多自由主义神学家对我的重大影响，而且根植于我一直不曾改变的对人性的乐观主义态度。当然，自由主义神学还有一个我永远珍惜的特质：它对真相不懈追求，它坚持头脑开放，思维清晰，它永不放弃追求真理的光芒。它对《圣经》文学的语文学-历史批评的贡献也不可估量。

“以爱的力量勇敢面对邪恶”

在克罗泽神学院的最后一年，我开始阅读莱因霍尔德·尼布尔（Reinhold Niebuhr）的著作。尼布尔那热情而深刻的思想中所蕴含的预言性和现实性元素，深深地吸引了我；他让我从人类生存的各个层面上，意识到人性动机的复杂性和罪的现实性。我极度推崇他的社会伦理观，他写的任何东西我几乎都照单全收。

26 我阅读了尼布尔对和平主义思想的批评。尼布尔曾经就是一名和平主义者，曾担任过几年全美和解研究会（Fellowship of Reconciliation）的主席。他与和平主义分道扬镳是在 20 世纪 30 年代早期，他批判和平主义的第一个全面声明是《道德的人性与不道德的社会》（*Moral Man and Immoral Society*）。在这部作品中，他认为暴力抵抗和非暴力抵抗之间没有内在的道德上的差异。他争辩说，虽然这两种抵抗方式的社会后果不同，但这种差异只是程度上的而非本质上的。后来，尼布尔强调说，如果不能完全保证非暴力抵抗会成功地防止极权暴政的蔓延的话，那么依靠非暴力抵抗就是不负责任的。他认为，只有在非暴力抵抗所针对的群体具有一定的道德良知的情况下，比如甘地与英国殖民者之间的斗争，非暴力抵抗才有可能取得成功。尼布尔对和平主义的最终摒弃，主要是在有关人性的教义上。他声称，和平主义未能恰当处理"因信称义"①的改革教义，而代之以一种狭隘的完美主义，认为"神圣的恩典在事实上使人摆脱了历史的罪的矛盾，使他超越了世界的罪"。

起初，尼布尔对和平主义的批判让我有些困惑。然而，随着阅读的加深，我越来越清楚地看到其立场的薄弱之处。例如，他的许多陈述表明，他将和平主义解释为一种基于对爱的力量的天真信任，而对邪恶采取的一种被动的不抵抗态度。但是，这是一种严重的曲解。通过对甘地的研究，我相信，真正的和平主义不是对邪恶的不抵抗，而是对邪恶的非暴力抵抗，在这两者之间存在着巨大的不同。甘地用与暴力抵抗一样强大的力量，抵抗着邪恶，只是他是用爱去抵抗，而不是仇恨。真正的和平主义，并不是像尼布尔所说的那样是对邪恶力量的不切实际的屈服，而是以爱的力量勇敢面对邪恶。从信仰方面讲，做暴力的承受者比做暴力的施予者更好。因为后者只是将世界上业已存在的暴力和痛苦成倍扩大；而前者则可能激发对方的一种羞耻感，进而可能带来其思想的转变。

尽管我发现尼布尔的哲学中有许多亟待改进之处，但他的几个 27
观点还是建设性地影响了我的思想。尼布尔对神学的巨大贡献，是

① 因信称义（justification by faith），这是马丁·路德宗教改革和基督新教信仰的核心思想之一。"因信"是凭借信心，"称义"指被上帝判为无罪。"因信称义"是指罪人得到拯救是出于上帝的恩典，单单凭信心信靠耶稣基督而不是靠个人的行为。这有别于罗马天主教和东正教认为的蒙恩得救除了信心之外，还必须有足够的善功补赎的教义。

他驳斥了新教自由主义神学中错误的乐观主义。此外，尼布尔对人性，尤其是国家和社会团体的行为，体现了非凡的洞察力。他敏锐地意识到人类动机的复杂性与道德和权力之间的关系。他的神学理论不断提醒着我们人类存在于各个层面上的罪的现实性。尼布尔思想中的这些元素，让我认识到有关人性的肤浅乐观主义和错误的理想主义的危险所在。我仍然坚信人心向善的潜能，而尼布尔让我意识到人心向恶的可能性。此外，尼布尔还让我认识到人类社会参与的复杂性和集体性邪恶这一现实。

我认为，许多和平主义者没有看到这一点。太多人对人性持有一种无端的乐观态度，并不自觉地倾向于自以为是。阅读尼布尔的著作后，我意识到要做一个现实的和平主义者。换句话说，我开始意识到和平主义立场并非无罪，只是在某种情况下罪恶较小。我并不是想说，我不曾面临基督教非和平主义者所面对的道德困境，但我相信，当人类面临核毁灭威胁时，教会不能保持沉默。我感觉，如果和平主义者不是只想着与基督教非和平主义者所面临的道德困境撇清关系的话，那么，和平主义也许会有更大的吸引力。

我期待着 1951 年 5 月从克罗泽神学院毕业。多年来，我一直希望将来能在一所大学或宗教学院任教。想要从事教育事业，学术造诣自然很重要，我觉得继续深造可以让我对这一领域有更加透彻的了解。目前，我对于神学领域已经有了一般性的了解，但还没有足够的研究能力去解决可能面临的学术问题。我觉得，在某个研究学院集中强化学习几年，一定会让我全面掌握这一领域的相关知识。

基于两方面原因，我对波士顿大学特别感兴趣。首先，我在哲学领域的思考受到了该校一些教授的极大影响，特别是埃德加·S. 布莱特曼（Edgar S. Brightman）博士，我渴望投师于他的
28 门下。其次，克罗泽神学院的一位教授是波士顿大学的毕业生，他对我的巨大影响吸引着我把目光投向了他的母校。我从他那里了解到很多有关波士顿大学的有价值的信息，我相信，在那里我会受益匪浅。

从埃德加·S. 布莱特曼博士《宗教哲学》中获得的宗教概念和印象

宗教赋予生活以意义。宗教赋予宇宙以意义。宗教激励着我们追求美好的生活。宗教向我们保证，所有崇高的有价值的东西都将会留存。我发现，宗教的这些成果堪称它的最大美德，而任何理智之人都不会对此置之不理。我不得不说：任何无神论观点在哲学上都是不健全的，在实践上都是不利的。现在，我多么渴望去体验布莱特曼博士在他的书中如此中肯谈及的宗教体验！如果缺失了这种体验，生活将会多么枯燥乏味，毫无意义。然而，当我反思这个问题时，我确实记得，自己曾经体验过醍醐灌顶般的感悟，有时也好似被比自身更伟大的东西占据，而我乐于献身于它。这个伟大的存在就是上帝吗？毕竟，我已经浸淫于宗教很多年，也许我只是现在才意识到这一点。

选自就读克罗泽神学院期间的课程论文

1951 年 3 月 28 日

“啊，我知道在哪里可能找到他”

最近神学院的生活还在我的记忆中鲜活地出现。我通过与大自然亲密接触，来加强我的属灵生活。神学院的校园景色优美，春天尤甚。每到这个时候，我每天下午都来到校园最深处，与大自然交流至少一个小时。在校园的一侧，特拉华河（Delaware River）的一条支流流淌而过。我就会坐在校园边的小河旁，看着大自然的美景。我的朋友啊，我在这样的体验中看到了上帝。我在空中飞过的鸟儿身上看到他，在树叶摇曳中看到他，在荡漾的碧波中看到他……有的时候，我晚上走出室外，仰望星空，群星闪烁，就像闪闪发光的银钉子钉在壮丽的深蓝色的针垫上，那 29

里有上帝。有的时候，我凝视太阳从东方冉冉升起，为东方的地平线描摹色彩，那里有上帝。有的时候，我观察月亮，看她从天空中走过，就像一位女王走向自己的宫殿，那里有上帝。亨利·沃德·比彻（Henry Ward Beecher）说得对："大自然是上帝的语言。"

回忆克罗泽神学院的生活

约 1953 年

第 4 章

波士顿大学

作为一个人生大半图景尚未展开的年轻人，我已早早立下志向，要把我的生命献给永恒和绝对的东西——并非献给那些昙花一现、朝生暮死的小小神祇，而是献给历经昨天、今天和明天而亘古不变的上帝。 30

1951 年 9 月 13 日
金入学波士顿大学神学院（Boston University's School of Theology）
1953 年 4 月 25 日
金的学术导师埃德加·S. 布莱特曼博士去世，哈罗德·德沃尔夫（Harold DeWolf）博士继任他的导师
1955 年 6 月 5 日
金获得波士顿大学系统神学博士学位

我对非暴力思想的更深阶段的学术朝圣，开始于我在波士顿大学的博士学习期间。在这里，我有机会与许多非暴力运动的拥护者交流，他们中既有学生，也有访问学者。

波士顿大学神学院在院长沃尔特·穆尔德（Walter Muelder）和艾伦·奈特·查尔莫斯（Allen Knight Chalmers）教授的影响下，一直对和平主义立场抱有深切同情。穆尔德院长和查尔莫斯博士都积极地追求社会公正，但人们会感觉到，他们的这种热情不是基于对人性的肤浅乐观，而是源于对人类潜能的坚信，而这需要人

类与上帝共同努力才能实现。与这些人物的交往，加深了我对非暴力思想的关注，当然，我的研究也以非暴力哲学和理论为重点，这很自然影响了我的思考。

31 从神学角度来讲，我发现自己仍然坚持自由主义立场。我比原来更加清楚地认识到，自由主义神学的某些持久的特质，是那些喧嚣的原教旨主义和新正统派永远无法打败的。然而，在波士顿大学期间，我比几年前更加同情新正统主义的立场。当然，这并不是说我将新正统主义神学作为一个教义体系接受了下来，我是把它看成对自由主义神学的一个必要修正，因为自由主义神学太过肤浅，太容易投降于现代文化。新正统主义神学在号召我们回归深度的基督教信仰方面，确实功不可没。

我也注意到，尼布尔过于强调人性的腐败。他对人性的悲观主义看法，没有与对神性的乐观主义达成平衡。他沉迷于诊断人类的罪恶之疾，却忽视了上帝恩典的医治之功。

我在波士顿大学期间，师从埃德加·S. 布莱特曼和哈罗德·德沃尔夫研究哲学和神学，德沃尔夫博士指导我完成了大部分工作。德沃尔夫博士是我的亲密朋友，在布莱特曼博士去世后，他一直指导我的学术研究。他和布莱特曼博士都对我产生了巨大的影响。就是在这些老师的指导下，我深入研究了人格哲学。人格哲学理论认为，生命终极现实意义的线索要在人格中去寻找。这种人格理想主义至今仍是我的基本哲学立场。人格主义坚持认为，只有人格——有限的与无限的——才是最终真实的，而这种坚持从两个方面加强了我的信念：它不但为我提供了人格化上帝存在的形而上学的哲学基础，而且让我找到了个性尊严和人格价值所在的形而上学的基础。

回忆在波士顿大学租房遭遇的偏见

我很清楚地记得租房时的情景。我一家接一家地去到有房屋出租标志的地方，他们一发现我是黑人，原本待租的房子马上就变成了已经出租。

引自《波士顿环球报》(*Boston Globe*)
1965 年 4 月 23 日

在布莱特曼博士去世前，我开始与他一起研究格奥尔格·威廉·黑格尔（Georg Wilhelm Hegel）的哲学。本门课程非常富有启发性，让我受益匪浅。虽然课程主要研究的是黑格尔的巨著《精神现象学》（*Phenomenology of Mind*），但我仍然在课余时间阅读了他的其他著作：《历史哲学》（*Philosophy of History*）和《权利哲学》（*Philosophy of Right*）。我对黑格尔哲学中的某些观点不敢苟同。例如，我认为他的绝对唯心主义缺乏理性上的根据，倾向于以偏概全。但是，他的另一些想法又非常富有启发性，比如，他的"真理即全部"的论点，培养了我的理性连贯的哲学思维。另外，他对辩证过程的分析尽管有其自身缺点，但仍让我认识到"发展源于斗争"的道理。 32

我在波士顿大学的学业进展非常顺利，这给德沃尔夫博士和布莱特曼博士留下了深刻印象。我完成了在校必修课程后，开始写作博士论文。我的论文题目是《保罗·蒂利希和亨利·纳尔逊·维曼思想中上帝概念之比较》（A Comparison of the Conception of God in the Thinking of Paul Tillich and Henry Nelson Wieman）。我之所以选择"上帝"这一概念，是因为它在任何宗教中都占据着核心地位，更因为解释和厘清上帝的概念是古往今来的一贯需求；而选择蒂利希和维曼两人作为研究对象，不仅是因为他们代表了不同类型的神学，并且因为他们对神学和哲学思想的影响也越来越大。

1954 年，我结束了正式的求学生涯。在此一阶段的学习期间，各种不同的社会思潮融会贯通为一种积极的社会哲学，将我熏陶为一名积极的社会哲学家。这一哲学的一个主要信条是，坚信非暴力抵抗是被压迫人民寻求社会正义的最有力武器之一。有趣的是，那时的我对它还只是持有一种学术上的理解和赞赏，并没有下定决心将其转化为一种社会范畴内的有效行动。

“重新发现遗失的价值”

33 当今世界所需要的，是一群能够站出来坚持正义、反对谬误的人，无论这谬误是什么。这群人能看到有些事情是错误的，无论这是否涉及他们自身利益；他们也明白有些事情是正确的，无论人们是否看到他们做了这些正确的事。

我在这里想说的是，我们的世界建立在道德基础之上。这是由上帝决定的！上帝让宇宙以道德法则为基础……

宇宙建立在道德基础之上。宇宙中自有一些东西可以证明卡莱尔（Carlyle）的话是正确的：

“没有一句谎言能永世长存。”

宇宙中自有一些东西可以证明威廉·卡伦·布莱恩特（William Cullen Bryant）的话是正确的：

“真理即便被碾压到尘土中，它也会再次升起。”

宇宙中自有一些东西可以证明詹姆斯·罗素·洛威尔（James Russell Lowell）的话是正确的：

“真理永远在绞刑架上，
谬误永远在宝座上。
绞刑架影响着未来。
晦暗的未知背后矗立着上帝，
在阴影中凝神关注。”

宇宙中自有一些东西可以证明《圣经》作者的话是正确的：

“人种的是什么，收的也是什么。”

作为一个人生大半图景尚未展开的年轻人，我已早早立下志向，要把我的生命献给永恒和绝对的东西——并非献给那些昙花一现、朝生暮死的小小神祇，而是献给历经昨天、今天和明天而亘古不变的上帝。

我不会把我的终极信仰寄托在能被原子时代摧毁的小神身上，而是要寄托在上帝这位大神身上。他在过去的年代里一直帮助我们，他是我们未来的希望，是我们在暴风雨中的庇护所，是我们永恒的家。我将我的终极信仰寄托在这样的上帝身上……我今天早晨所谈论的上帝，是宇宙的上帝，是横亘岁月直到永恒的上帝。如果我们今天想要进步，就得回过头去找寻这位上帝。这位上帝要求我们也值得我们奉献以全部的忠诚。

我们如果要向前迈进，就必须回过头去，重新发现这些宝贵的价值——所有的现实都建立在道德基础之上，所有的现实都在性灵控制之下。

第 5 章

柯丽塔

34 我十分感谢我的妻子柯丽塔，如若没有她的爱、牺牲和忠诚，我的生活和工作都不会圆满。每当我需要安慰时，她总是给予我以抚慰，以及一个诠释了基督之爱的井井有条的家。

1927 年 4 月 27 日

柯丽塔·斯科特生于亚拉巴马州海伯格（Heiberger）

1952 年 1 月

柯丽塔和马丁在波士顿（Boston）相遇

1953 年 6 月 18 日

老马丁·路德·金在亚拉巴马州马里昂（Marion）为他们主持了婚礼

在波士顿，我遇见并爱上了迷人的歌手柯丽塔·斯科特。柯丽塔举止温柔，气质娴静，然而这些掩盖不了她活泼充沛的精力。在遇到柯丽塔之前，我在波士顿也遇到了不少女孩，但是没有哪一个让我特别动心。

我几乎都有些悲观了。当时，我有一个同样来自亚特兰大的朋友叫玛丽·鲍威尔（Mary Powell），她是新英格兰音乐学院的学生。我向她打听："你认不认识什么漂亮的年轻姑娘？"

于是，玛丽·鲍威尔向我介绍了柯丽塔，我很幸运地得到了她的电话号码。我们是通过电话认识的，我自我介绍说："我叫小马丁·路德·金，咱们都认识的一个朋友和我说起了你，把你的电话号码给了我。她说你人很好，所以我很希望认识你，和你聊聊天。”

我们就这样聊了一会儿：“你知道，每个拿破仑都会碰到自己的滑铁卢，我觉得我现在就像拿破仑一样，遇到了我的滑铁卢，我正跪着祷告呢。我十分希望能和你见上一面，再聊一聊，也许我们可以明天一起吃个午饭什么的?”

她答应和我见上一面：“我过来接你吧。我开一辆绿色的雪佛 35
莱，一般从波士顿大学过来要 10 分钟，但明天应该 7 分钟就够了。”

见面时，除了音乐，她还谈了很多其他的东西。我永远不会忘记，我们讨论的第一个问题就是种族和经济不平等以及和平问题。她一直积极参与与这些问题相关的社会活动。

一个小时后，我就下定了决心，我对她说：“这样看来，除了唱歌，你还对很多其他事情感兴趣，你人也很聪明。我觉得一个理想的女人应该有的品质你都有，将来我们应该结婚。”

我不想娶一个无法与之沟通交流的妻子，我的妻子应该与我一样富有献身精神。我多么希望我能说，是我带领柯丽塔走上了这条路；但我必须承认，我们是并肩携手一起走上了这条道路的，因为在我们初次见面时，她就已经与现在一样关注和参与这些问题。

我告诉妈妈说：“柯丽塔会和我结婚的。”1953 年 6 月 18 日，我们结婚了。我们回到了马里昂，在斯科特家平坦的草坪上，我父亲为我们主持了婚礼。我们的婚后生活是在波士顿开始的。

“柯丽塔”

柯丽塔·斯科特是一个南方人。她的家乡是亚拉巴马州的马里昂，她在俄亥俄州安提阿学院（Antioch College）接受了教育。她继承了母亲伯妮丝·斯科特（Bernice Scott）的音乐天赋以及娴静的气质，然后申请到了奖学金，前往波士顿的新英格兰音乐学院学习。她的志向是成为一名音乐家，她是女中音。我敢肯定，如果不是我这个浸信会的牧师扰乱了她的生活规划，她将来会在音乐领域大有建树。

柯丽塔的父亲奥比·斯科特（Obie Scott），身材矮胖，皮肤黝黑，是一个内心强大、意志坚定的人。他个性热情洋溢，人们都喜欢围着他转，他也热爱所有的人，随时准备出手帮助有需要的人。虽然奥比·斯科特是在农场里长大的，但他总想在商业领域内一展
36 身手，最终，他成功了。他从事货运业务，经营着一家加油站和杂货店，还有一个养鸡场。尽管白人竞争对手经常对他实施打击报复或人身威胁，但他经营有方，给家人提供了一种体面的生活。他的性格可绝不像汤姆叔叔[①]，但是，为了在社区生存下去，他确实受到很多攻击，甚至羞辱。令人敬佩的是，他虽然饱受打击，但仍然满怀勇气，毫不畏惧，没有一点悲观和失望。柯丽塔经常把我和她的父亲做比较。即便是在我们刚恋爱时，她也常说：“你可真像我爸爸。”我认为对一个男人来讲，没有什么赞美能比得上这个了。

致柯丽塔的信

亲爱的，我好想你。事实上，我已经思念得有些受不了了。我从来没有意识到，你会是我生命中如此亲密的一部分。没有你，我的生活就像四季中没有春天，没有光和热来驱走冬日的黑暗和寒冷……哦，原谅我吧，亲爱的，我并不想借着诗意和浪漫在这儿天花乱坠。但是，除了诗歌之外，还有什么能够表达我们对生命的深沉感情呢？爱太不可捉摸，太难被一双冷静的学术之手抓住了，是不是？

顺便说一下（谈一点儿学术的东西吧），我刚刚看完了贝拉

① 汤姆叔叔（Uncle Tom）是美国作家哈里特·比彻·斯托夫人于1852年发表的反奴隶制小说《汤姆叔叔的小屋》中的主人公，黑人奴隶汤姆叔叔逆来顺受，忍受苦难并忠心于白人主人。汤姆叔叔的悲惨命运反映出了奴隶制度的残酷本质，同时该书也认为基督徒的爱可以战胜任何伤害。该书成为19世纪最畅销的小说，并被认为是19世纪50年代废奴运动兴起的一大原因。

米（Bellamy）的《回顾》（*Looking Backward*）。这本书非常让人振奋，非常棒。毫无疑问，贝拉米不仅有社会先知的洞察力，还有社会科学家那种寻求事实的头脑。我喜欢这本书，因为它的大部分内容都符合我的基本观点。我觉得你已经知道，我在经济理论方面，更倾向于社会主义而不是资本主义，然而，我对资本主义的反对，还不至于到对它的相对优点也视而不见的程度。资本主义起源的动机非常高尚，也就是阻止贵族们的贸易垄断，但与大多数人类社会的体制一样，它最终与它所反对的东西走上了同一条老路。所以，资本主义在今天已经不再有用。资本主义制度是从大众那里拿来他们的生活必需品，换成供给上流社会的奢侈品。因而，我认为贝拉米断定资本主义将逐步衰落是正确的。

我觉得你也注意到了，贝拉米强调说，这种变革是渐变的，而非革命的。在我看来，这是社会变革发生的最为理智和道德的方式。

永远属于你的马丁

于亚特兰大

1952年7月18日

从很多方面来看，柯丽塔的母亲伯妮丝·斯科特与柯丽塔的父亲完全不同。与丈夫热情洋溢的个性相反，她的性格相当腼腆。她是一位非常富有魅力的女性，浅色皮肤，身量苗条，梳着一头长长的乌黑直发。深入了解后，你就会发现她富有勇气和决心，内心力量强大。她深爱着自己的家庭，随时愿意牺牲自己来满足孩子们的需要。她对柯丽塔在道德和伦理价值方面的影响，比任何其他人都多，且不只是言传，而且是身教。 37

"坚持斗争到最后"

我忠诚的妻子陪伴我度过了所有的困难时刻，一直给予我源源不断的安慰。即便身处最悲惨的经历中时，她也从来不曾惊慌失措或歇斯底里过。我渐渐明白了一句老话的真正含义：“妻子既可成就丈夫，亦可毁掉丈夫。”在斗争过程中，柯丽塔总是比我更坚强。很自然，她非常担忧我的安全，但她从来没有因此就阻碍我参与任何运动。有一种妻子在丈夫软弱时能够成就丈夫，事实证明，柯丽塔就是这样的妻子。在最黑暗的时刻，她总是给我带来希望之光。我相信，如果我没有这样一位充满勇气和力量、性格冷静的妻子，那么我根本无法承受运动中的各种考验和紧张氛围。

她看到了这场运动的伟大之处，情愿为了运动而牺牲自己。如果说我在这场运动中做了什么，那都是因为在我的身后、在我的身边，有这么一位忠诚而富有献身精神的妻子，一位给予我理解且充满耐心的伴侣。我还记得，出于安全考虑，我几次将她送走，但是几天后，她就又回到家里，因为她只想陪伴在我身边。

致柯丽塔的信

亲爱的：

38 一切都好吗？很高兴收到你的特别来信。我也很高兴知道，你们那么隆重地度过了妇女节。你对加德纳（Gardner）布道的分析非常好，我觉得，你现在真是一个目光敏锐的观察家了。

我这里一切都不错。我和往常一样努力学习，也有足够的私人空间，没人打扰我。

我在这里看到了你的许多朋友，他们都很好，每个人都问起你。

星期一晚上我们有一个哲学俱乐部，参加的人很多，萨特怀特（Satterwhite）做了报告。

大家都好吗？

我会在星期五晚上，更确切说是星期六凌晨 1 点 25 分坐飞机回亚特兰大，你们一定要来机场接我啊。如果你能走得开的话，我们周六早上就动身去蒙哥马利。

代我问候大家并快点给我回信，告诉我你在干什么。

乖乖的，很快就能见面了。

爱你的马丁

于波士顿

1954 年 7 月 23 日

柯丽塔从来不愿意离开我，但她又不能总是和我在一起，因为她必须待在家里，照顾我们当时还很小的四个孩子。她确实和我一起参加了一些运动，在运动中总是给予我深切的安慰，支持我的一举一动。有些运动领袖的妻子害怕了，会想到逃避，但我从来没有面对过这样的问题。她的支持永远是我面临困难时的莫大帮助。

柯丽塔有时也需要在这里或那里张罗几场音乐会，但从根本上讲，她的身份就是一位牧师的妻子和四个孩子的母亲。我们的四个孩子分别是：马丁・路德三世（Martin Luther III）、德克斯特・斯科特（Dexter Scott）、约兰达・丹尼丝（Yolanda Denise）和伯妮丝・艾伯丁（Bernice Albertine）。

我在规划自己的未来时，也考虑到了我的家庭，我必须思考和 39
谋划怎样对他们才是最好的。然而，我所投身的民权运动和争取正义与和平的各种斗争，都要求我必须频繁离家，与家人长久分离，这让我十分沮丧。当一个人承担了这些社会责任时，就不可能很好地去履行父亲和丈夫的责任了。但幸运的是，我的妻子完全理解和支持我，她向孩子们解释为什么我总是不在家。我觉得，虽然在某种程度上这对孩子们来讲很难接受，但他们理解了。

第 6 章

德克斯特大道浸信会教会

40 德克斯特大道浸信会教会（Dexter Avenue Baptist Church）的兄弟姐妹们，你们邀请我来担当这个历史悠久的教会的牧师，我欣然应召。我感谢你们赐予我的这份伟大的荣誉，这份感激无以言表。我深知牧师工作肩负的责任重大，与那些肤浅的认识相反，牧师所担负的艰巨责任超乎一般人的想象，甚至让人殚精竭虑。

1954 年 1 月 24 日
金在亚拉巴马州蒙哥马利的德克斯特大道浸信会教会试讲布道
2 月 28 日
金应邀在密歇根州底特律的第二浸信会教会（Second Baptist Church）布道
4 月 14 日
金接受德克斯特大道浸信会教会牧师一职
5 月 2 日
金第一次以德克斯特大道浸信会教会牧师身份布道
10 月 31 日
金正式成为德克斯特大道浸信会教会的牧师，老马丁・路德・金在任职仪式上发表布道
1955 年 8 月 26 日
全美有色人种协进会蒙哥马利分会的秘书罗萨・帕克斯（Rosa Parks），通知金入选执行委员会

11 月 17 日
金的第一个孩子约兰达·丹尼丝出生

不间断地求学 21 年之后，我终于修完了博士学位所规定的各 *41*
种课程，剩下的主要任务就是写作博士论文了。此时我意识到，我要开始考虑找一份工作了。我还没有想清楚，我应该从事哪种类型的工作来服侍上帝。我曾经很向往做一名牧师，感觉在这一领域我可以最好地为上帝服务。然而，我虽然想做牧师，但当一名老师的想法一刻也没有离开过我。

在东部地区，有两座教堂——一座在马萨诸塞州，另一座在纽约——曾表示过想要聘用我。另外还有三所院校也给我提供了很有吸引力和挑战性的职位，一个是教职，一个是学监，还有一个是行政职位。就在我思考权衡期间，我收到了位于蒙哥马利的德克斯特大道浸信会教会发来的一封信。信上说，他们教会现在没有牧师，当我下次去他们那一带时，他们很希望我给他们做一次布道。他们是从亚特兰大我父亲那里听说我的。我立即回信说，我在圣诞假期会回亚特兰大，我很乐意在 1 月份的某一个星期天来蒙哥马利布道。

德克斯特大道浸信会教会历史辉煌，许多杰出的牧师在那里服务过，包括弗农·琼斯（Vernon Johns）博士。那是一个很有发展前途的好教会。

“祈求上帝的指引”

1954 年 1 月的一个星期六下午，我从佐治亚州的亚特兰大出发，开车前往亚拉巴马州的蒙哥马利。这是一个晴朗而寒冷的冬日，阳光灿烂。汽车上了高速公路后，我就打开了收音机，正巧，都市歌剧播放的是我最喜欢的歌剧之一，杜尼塞提（Donizetti）的《拉美莫尔的露西娅》（*Lucia di Lammermoor*）。车窗外景色优美的田野，杜尼塞提富有灵性的独特音乐，无与伦比的壮美天空，这一切让一段漫长的独自旅行变得趣味盎然起来。

42 经过大约四个小时的车程，我到达了蒙哥马利。虽然我以前数次路过这个城市，但从来没有真正参观过。现在，我终于有机会在这个号称美国最古老城市之一的美丽小城，住上几天时间。蒙哥马利位于亚拉巴马河的一个急转弯处，四周沃野连绵不断。

刚到不久，一个朋友就热心地带我去看德克斯特大道浸信会教堂，第二天早上我就要在那里布道。那是一栋坚实的砖结构建筑，建于南北战争后的美国重建时期，矗立在距离市中心不远处的一个漂亮广场的一角。当我们驱车前进时，我注意到广场对面有一座庄严的白色建筑。它宏伟壮丽，令人过目难忘，堪称美国古典佐治亚式建筑的经典范例，这就是州议会大厦。就是在这里，1861 年 1 月 7 日，亚拉巴马州投票决定脱离联盟；同年 2 月 18 日，也是在这里门廊的台阶上，杰斐逊·戴维斯（Jefferson Davis）宣誓就任南部邦联的总统。正因为此，蒙哥马利这么多年来一直被称为“南部邦联的摇篮”。第一面南部邦联的旗帜，就是在这里被制作出来并冉冉升起的。在接下来的数年中，我无数次地从德克斯特大道浸信会教堂的台阶上，看见这座让人想起南部邦联的宏伟建筑。

星期六晚上，我开始准备布道稿。我心里有些紧张。虽然我以前曾多次当众布道，曾在亚特兰大当了四年我父亲的助理牧师，并且其中整整三个夏天都在布道，但我从来没有以教会牧师的身份布过道。我的脑海中浮现出了许多问题，比如：怎样才能给会众留下最好的印象呢？我是应该显示学问来引起听众的兴趣，还是应该一如既往地依靠圣灵的引导？我决定采取后者。我对自己一遍遍地说：“让马丁·路德·金隐身幕后，让上帝显身前台，一切都会顺
43 利的。记住，你只是福音的渠道，而不是源头。”然后我便跪下来例行晚祷，祈祷结束时，我祈求上帝的指引，求他在我明天早上面对他的会众时，给予我帮助。带着真诚祈祷后的安心，我起身上了舒服的床，几乎马上就睡着了。

星期天我一大早就起床了，这是我的习惯，每个星期天我都要

默思冥想一个小时。这是一个美丽的早晨，从窗户望出去，只见太阳从东方地平线上冉冉升起，越升越高，好像要将辉煌的色彩涂抹在高远的蓝天上。我又看了一遍布道稿。

11 点转瞬即至，我站在了德克斯特大道浸信会教会的讲坛上。那天早上，到场的人很多，我布道的题目是《完整生命的三个维度》。听众们的接受能力很强，布道结束时，我感觉到上帝很好地使用了我。德克斯特大道浸信会教会及其美好前景，也给我留下了深刻的印象。当天晚些时候，教会管理委员会的人询问我，如果他们觉得我是牧师的合适人选的话，我是否会接受他们的邀请。我说我会祈祷这样的邀请，也会认真考虑。会面结束后，我离开蒙哥马利回到亚特兰大，然后飞回了波士顿。

完整生命的三个维度

我们在这里所说的生命的长度，并非指它的持续时间或一个人的寿命，而是指推动一个人实现个人目标和抱负的力量。生命的长度是对内关注个人的福祉，生命的广度则是向外关注他人的福祉，而生命的高度是一个人向上对神的追求。这些就是生命的三个维度。如果这三个维度没有得到适当的发展，生命就不会圆满。最好的生命状态是一个大三角形，一个角是自己，另一个角是他人，顶角矗立着上帝。倘若这三者不能融会贯通，和谐运作，那么生命就不会完整。

选自 1954 年 1 月 24 日
德克斯特大道浸信会教会布道

大约一个月后，我收到了一封来自蒙哥马利的航空专递信。信 44
中说，教会已经一致同意，邀请我出任德克斯特大道浸信会教会的牧师。我很高兴接到这个邀请，但没有立即回复。现在，我不得不考虑怎么回应我已经收到的其他几个邀请。正巧第二天我要飞往密歇根州的底特律，因为在接下来的星期天，我要在那里布道。我在前往底特律的路上，一直在琢磨这件事。当时正好遇上气流，云层很低，飞机在穿过浓厚的云层之后，抖动很快就消失了。我注意到，机身下是银光闪闪的云团，头顶是深邃的蓝天，几个考虑因素涌入我的脑海。

此时的我犹豫不决。一方面，我倾向于从事牧师工作；另一方面，我也热心于教育事业。我应该走哪条路？如果我接受教会工作，那么，我是应该待在仍然上演着种族隔离悲剧的南方，还是从打算聘请我的两个北方教会中选择一个？此刻飞机正载着我飞向底特律，现在的我有机会逃离种族隔离的漫漫长夜，那么我是否该回到那个我从小就憎恶的制度中去？

我返回波士顿时，这些问题仍然没有答案。我与柯丽塔（我们结婚还不到一年）讨论了这些问题，发现她对返回南方也十分犹豫。我们讨论了在隔离制度下，养育孩子所要面临的许多问题。我们回顾了自己在南方的成长经历，南方的种族隔离制度剥夺了我们的许多权利。我妻子的音乐生涯也是考虑的一个因素，她确信，北方城市比南方的任何城市都能更好地给她提供继续深造的机会。连着几天，我们讨论思考，也为这些问题祈祷。

最后，我们一致认为，尽管南方存在着各种不利条件，回到南方会面临不可避免的牺牲，但我们应该服务于南方家乡。我们的结论是，回到南方——至少回去几年——是我们的道德义务。

毕竟，南方是我们的家乡。尽管南方的状况还不尽如人意，但我们真诚地希望能为它做些事情，来改善在我们青少年时期已然敏
45 锐觉察到的问题。我们从来不想当一个事不关己的旁观者。我们认为，由于南方的种族歧视仍然最为严重，在外地受过教育的黑人应该回到南方去，为南方奉献他们更广泛的社会联系和经验知识。此外，尽管我们不得不忍痛割舍很多我们所喜爱的文化生活，尽管吉姆·克劳法还时时提醒着我们自己的肤色，但是，我们也感觉到南方正在发生某种巨大的变化，我们希望能够亲历、见证它。

基于这个决定，我当牧师的想法暂时压倒了当老师的倾向。我

决定先在德克斯特教会做几年牧师，然后再转向教育领域，来满足我对学术的热爱。

就这样，我回到了蒙哥马利。由于我打算用 4 个多月的时间来集中精力写作博士论文，所以我提出在 1954 年 9 月 1 日前，我无法全职承担牧师工作。这个条件也被欣然接受。当然，我同意每个月至少来蒙哥马利一次，以确保过渡期内一切顺利。在接下来的 4 个月里，我一直乘坐飞机往返于波士顿和蒙哥马利之间。

在 1954 年 5 月的一个星期天，我作为德克斯特大道浸信会教会的牧师，首次布道：

> 在这个关键的历史时刻，我荣任德克斯特大道浸信会的牧师，意义重大。这一时刻，纷飞的战火随时可能映红我们这个黑暗而绝望的世界的天空；这一时刻，如果没有正确的引导，整个世界文明将毁于一旦；这一时刻，人类正体验着在生命各个领域内上演的混乱与冲突，体验着自我毁灭以及徒劳的绝望和焦虑。昨天还嘲笑基督教会的那些人，今天来到教会，寻求通往平安喜乐的天堂之路。我们必须给我们这一代人一个答案，德克斯特教会与其他所有教会一样，必须带领着这颓废的一代攀登上和平与救赎的高山，我们必须向生活在绝望边缘的人传达出全新的生活意义。我祈求上帝，给我力量，让我能带领德克斯特教会实现这一急务。
>
> 我没有什么特别的东西给你们。我不想伪装成一个伟大的 46
> 牧师，或一个高深的学者；我也不想装作永不犯错——那是上帝的高度，而不是人类可以企及的。每时每刻，我都意识到我的局限。我深深知道，我从来不曾沐浴在无所不知的阳光中，或曾受洗于无所不能的圣水里。我只是以基督仆人的身份来到你们这里，依赖上帝的恩典来引领我。我感觉到，上帝召唤我来布道，带领神的子民。我觉得，我就像耶利米一样，“上帝的话语在我胸中沸腾，就像燃烧的火焰困闭在我的骨骼内”。我就像阿莫斯（Amos）一样，如果上帝发话了，谁能不代为预言？我就像耶稣一样，感受到主的灵在我身上，因为他给我

> 抹油，令我向穷苦人宣福音，拯救破碎的心灵，宣告被掳掠的得释放，让受压制的得自由。

“开始了全职的牧师工作”

柯丽塔对蒙哥马利并不陌生，因为这里距离她的家乡只有80英里远。（我曾和她开玩笑说，她应该心存感激，如果不是嫁给了我，她现在还在亚拉巴马州的马里昂采摘棉花呢。）她从十几岁开始，就在没有种族歧视的学校里呼吸着自由的空气，寄宿在友好的白人家庭中。现在，为了适应在南方长期居住，她走访了城里的黑人居民区，因为我们将来也要别无选择地生活在那里。她看到黑人挤在种族隔离公共汽车的尾部，她知道将来她也要挤在那里。她也被介绍给了教会，受到了会众的友好接待。柯丽塔生性乐观，心态平和，这种品质在未来的日子里，是我源源不断的动力。她对德克斯特教会和蒙哥马利社区的发展前景和圣职服务的挑战充满信心。

教会工作从一开始就很令人振奋。1954年秋天的头几个星期，我专门制定了一个针对该教会成员的教会规章。此举将会对教会产生重大意义，因为我想尽快改变社区的一种印象——认为德克斯特大道浸信会教会只是为富裕阶层服务的“丝袜”教会。它过去常被称为“大人物的教会”。我对这个说法很反感，我相信，真正的敬拜是社会各个阶层的人带着各自的社会经验走到一起来，来到上帝
47 脚下，实现自我的统一和联合。如果一个教会有意或无意地只迎合某一个阶层，那么它就失去了“寻找就必寻见”圣训的精神力量，并且有可能危险地蜕变成一个披着宗教外衣的社会集团。

有那么几个月，我就这样一边写作博士论文，一边履行我的牧师职责。我一如既往地用功学习，每天早晨五点半起床，写三个小时论文，晚上再写三个小时。其余的时间就是承担教会的工作，包括主持每周的布道、婚姻、葬礼和教会会议。每个星期里总有一天，我会去访问那些生病或无法出门的教友，和他们一起祷告。

1954 年 9 月 1 日，我们搬进了牧师宅邸，我开始了全职的牧师工作。开始的几个月里，我们忙于安置新家、熟悉工作环境以及了解这个新城市。我们要重新联系老朋友，也需要结识新朋友，除了个人时间以外，几乎没有空暇去了解整个社区。

10 月 31 日，我在德克斯特大道浸信会教会的就职仪式举行了。爸爸专程从亚特兰大赶到现场，并在我的就职仪式上做了布道。他还带来了大约一百人。就职仪式举办得非常成功，亚特兰大埃比尼泽浸信会的兄弟姐妹出席了仪式，还捐了款。在我牧师生涯的起点，他们的出席对我来讲意义重大。他们的慷慨和善良再一次向我证明了，埃比尼泽浸信会是独一无二的。我对此感激不尽，永生铭记。

我积极参与解决当前的各种社会问题。我坚持认为，每个教会成员都应该成为选举注册选民，并加入全美有色人种协进会。为了让所有会众都清楚地了解当前各种社会、政治和经济状况，我还在教会内组织了一个社会和政治行动委员会（Social and Political Action Committee）。该组织的主要职责是让每个教会成员都意识到全美有色人种协进会的重要性、登记成为选民的必要性，并且，在州大选和全国选举期间赞助参与各种重要演讲和群众集会。社会和政 *48*
治行动委员会的两名成员乔·安·罗宾逊（Jo Ann Robinson）和鲁弗斯·刘易斯（Rufus Lewis），在后来的联合抵制蒙哥马利公共汽车运动中成为中坚人物，也正是这场运动调动起了蒙哥马利黑人群体的潜在力量。

“超越处境”

如果黑人无法超越自身的处境，那么当他处于痛苦或恼人的境况下时，就会把某些不敬虔的白人的罪恶，理解成所有的白人都是邪恶的。然而，当他超越自己的处境、纵观全局的时候，他就会发现那些最坚定而热情地倡导种族平等的人，恰恰是为宗教而献身的白人。我们不应该忘记，全美有色人种协进会这一崇高

> 的组织就是由一些白人组织起来的，今天它已经得到了大量北方和南方白人的支持。
>
> 选自 1954 年 1 月 24 日
> 德克斯特大道浸信会教会布道

我加入了全美有色人种协进会的当地分会，并积极在社区内推行它的项目。我参加大多数的每月例会，清楚了解了危害社区的一些种族歧视问题，尤其是那些涉及法院裁决的事件。

就在我与全美有色人种协进会开始合作的前后，另外一个组织——亚拉巴马州人际关系委员会（Alabama Council on Human Relations）——也引起了我的注意。这个跨种族的组织关注的是亚拉巴马州的种族关系，主张通过教育手段来实现变革目标。它试图通过各种调研和行动，为亚拉巴马州的所有人争取平等的机会。在亚拉巴马州人际关系委员会工作几个月后，我被推举为副会长。尽管该委员会并没有很多成员，但它发挥的作用不可忽视。作为蒙哥马利唯一一个真正的跨种族组织，它保证了不同种族之间沟通渠道的畅通。

我惊讶地发现，很多人认为，我同时在全美有色人种协进会和亚拉巴马州人际关系委员会这两个组织中工作，是自相矛盾的。许多黑人认为，只有通过立法和法庭行动才能实现种族融合，这也是
49 全美有色人种协进会的主要观点；而许多白人认为，只有通过教育手段才能实现种族融合，这是亚拉巴马州人际关系委员会强调的理念。一个人怎么能够同时与两个理念和方法截然相反的组织合作呢？

其实，这正暴露了某些人的一个想法：解决种族关系问题的方法只有一个。相反，我觉得这两种方法双管齐下是很必要的。通过教育，我们寻求态度和感情（比如偏见、仇恨等）的转变；而通过立法和法规，我们可以探索如何规范行为。任何认为种族正义之路

只有一条车道可行的信念，都势必造成交通堵塞，使解决问题的征程无限漫长。

在蒙哥马利定居大约一年后，我自豪地当上了爸爸。我的大女儿约兰达·丹尼丝出生了。约兰达一出生就是个“大”姑娘，体重 9 磅 11 盎司[①]。她让我忙得不亦乐乎。

然后，联合抵制蒙哥马利公共汽车运动开始了。

① 约合 4.4 千克。

第 7 章

蒙哥马利运动开始

50 虽然叙述性质决定了这里要频繁地使用代词“我”，但在这一事件的每个重要阶段，这个代词都应该是“我们”。这不是一台独角戏，更确切地说，这是 5 万黑人的历史。他们将非暴力的原则置于心头，学会了用爱的武器来争取自己的权利。在这个斗争过程中，他们收获了对自己人生价值的崭新认识。

1955 年 12 月 1 日
罗莎·帕克斯（Rosa Parks）因违反种族隔离法被捕
12 月 5 日
金当选为新成立的抗议组织蒙哥马利促进会（Montgomery Improvement Association，MIA）的负责人

1955 年 12 月 1 日，一辆公共汽车的司机命令罗莎·帕克斯夫人把座位让出来，自己换到汽车尾部去，但她拒绝起身让座。当时，帕克斯夫人所坐的位置是非预留位置的第一个座位，其他所有座位都坐满了人。如果她听从了司机的指挥，她就只能站起来，把座位让给一个刚上公共汽车的白人男性乘客。帕克斯夫人只是安静地、镇定地、很有尊严地拒绝让座，结果她被拘捕了。

一个人只有到了忍耐的极限，内心高声呐喊着“我受够了”
51 时，他才能真正理解帕克斯夫人的这一举动。帕克斯夫人拒绝让座，这是她向世界豪迈而勇敢地宣称，她已经受够了。（不，她不

是全美有色人种协进会或任何其他组织派去的人，她只是缘于人性尊严和自尊才坚持坐在座位上的。）帕克斯夫人是历史和命运双重力量的受害者，而她完美地承担起了历史赋予她的这一角色。她的性格无可挑剔，她的牺牲发自内心。这些特质让她成为黑人社会中最值得尊敬的人之一。

她的审判被定于在 12 月 5 日星期一举行。

这一拘禁事件发生在星期四傍晚，只有 E. D. 尼克松（E. D. Nixon）先生——帕克斯夫人的保释担保人——和其他一两个人清楚事情的原委。尼克松一向疾恶如仇，他身材高大，皮肤黝黑，头发灰白，他的面庞就告诉你他是一位斗士。他在做铁路行李员时，就与工会组织保持着密切的联系。他担任过全美有色人种协进会的主席，也曾担任该组织蒙哥马利分会的会长。尼克松通过各种渠道和媒介为黑人们争取权利，为了将黑人从冷漠状态中唤醒，他工作起来无所畏惧。

12 月 2 日星期五早晨，尼克松给我打来电话。情况紧急，他甚至都忘了像往常一样先问候一下，而是开门见山地给我讲了帕克斯夫人前一天晚上的遭遇。听他描述完这件羞辱事件后，我十分震惊。尼克松总结说："我们对这种事情忍耐得太久了！"他激动得声音都在颤抖："我觉得，我们行动起来抵制公共汽车的时候到了。只有这么干，我们才能向白人表明，我们再也不想忍受这种待遇了！"

我认为抗议是必要的，抵制也会是有效的方法之一。

在给我打电话之前，尼克松已经与拉尔夫·阿伯内西（Ralph Abernathy）牧师讨论过这个想法。拉尔夫·阿伯内西是蒙哥马利第一浸信会教会（Montgomery's First Baptist Church）的年轻牧师，后来成为这场抗议活动的核心人物之一。阿伯内西也认为，抵制乘坐公共汽车是我们能采取的最好的行动方案。因此，我们三个人就抵制行动的具体计划和策略，彼此电话沟通了一番，前后大约持续了 30～40 分钟。尼克松建议，我们应该召集所有牧师和黑人社区的领袖，于当天晚上召开一个会议，听听他们的想法和建议。

我提出，我的教堂可以作为集会地点。

52 晚上开会的时间到了，走近教堂时我心中还有些疑虑，不知道有多少人会响应我们的号召。进了教堂的大会议室，我看到了四十多个来自黑人社区的各方头面人物，当然参加者中最多的是教会人员。看到这么多人到场，我十分高兴，从那一刻起，我知道变革即将到来。

L. 罗伊·贝内特（L. Roy Bennett）牧师提议说，蒙哥马利的黑人公民应该在星期一抵制乘坐公共汽车，以示抗议。L. 罗伊·贝内特既是蒙哥马利跨宗派联盟（Montgomery's Interdenominational Alliance）主席，也是锡安山非洲卫理公会主教锡安教会（Mount Zion African Methodist Episcopal Zion Church）的牧师。"现在是我们行动的时候了，"他总结说，"不再空谈，马上行动。"他任命了一个委员会来筹备声明，其中包括我。我们的声明的结尾部分如下：

> 12 月 5 日星期一，不要乘坐公共汽车上班、进城、上学或者前往任何地方。又有一位黑人女士因为拒绝让座而被捕，被关进了监狱。不要在星期一乘坐公共汽车上班、进城、上学或者前往任何地方。如果你要上班，请乘坐出租车、搭乘他人的汽车或步行。请于星期一晚上 7 点到霍尔特街浸信会教会（Holt Street Baptist Church）参加群众集会，听取下一步行动的指示。

那天晚上我兴奋得睡不着觉。第二天一大早，我就赶去教堂发放传单。到 11 点时，一支由妇女和年轻人组成的大军已经分发出去 7 000 份传单。

"将正义付诸实施"

公共汽车是蒙哥马利的痛点之一。如果游客在抵制公共汽车运动之前来蒙哥马利的话，经常能在公共汽车上，听见司乘人员把黑人乘客叫作“黑鬼”、“黑猿”或“黑奶牛”；看到黑人乘客要从前门上车付费，然后被赶下车再从后门上车，但经常在黑人乘客走到后门之前，公共汽车就带着他的车费开走了。更有甚者，即便公共 53
汽车上有空座位，黑人乘客也不得不站着；如果公交车上挤满了黑人乘客，一个白人乘客也没有，黑人乘客们也不被允许坐在前四个座位上，因为这些座位是专门为白人乘客准备的；更加恶劣的是，如果白人区已经坐满但还有白人乘客上车的话，那么坐在非预留区的黑人乘客就必须站起来，把座位让给白人乘客，如果拒绝让座就会被捕。

星期天傍晚，我结束了一天的辛苦工作，回到家里阅读早报，看到报纸上有一篇关于抵制公共汽车的长篇文章。我注意到，通篇文章暗示出，黑人正准备使用与白人公民议会（White Citizens Councils）同样的方法来解决诉求。

读完这篇文章后，我第一次认真思考了抵制方法的本质。此前，我一直毫无疑义地将这种方法看作我们最佳的行动方式。现在，某些疑虑困扰了我。这是一种道德的行动方式吗？从根本上讲，这种抵制是否违背了基督教精神？这种解决问题的方法是否消极？我们真的是在模仿白人公民议会的行动方式吗？即便这一抵制真的会产生持久的实际效果，我们能否为了某个道德目的而使用不道德的手段？这些问题都需要诚实地去面对。

我不得不承认，抵制的方法可以借以达到某种不道德或不符合基督教精神的目的；此外，我也得承认，白人公民议会确实经常利用这种方法，来剥夺黑人以及许多白人的福利和基本的生活必需品。但是，我告诉自己，对我们即将发起的行动绝对不能从这个角度来解释。我们的目的完全不一样，我们是用这种方法来催生正义和自由，敦促人们遵守这片土地上的法律。我们的目的不是让公共 54
汽车公司破产，而是将正义付诸实施。

伴随着思考的深入，我意识到，我们的行动其实是想从一个邪恶的体制中抽身而出，不再与其合作，而不仅仅是与公共汽车公司的不合作。作为这一系统外在表现的公共汽车公司，自然会遭受损失，但我们的基本目的是拒绝与邪恶合作。由此，我想到了梭罗的文章《论公民不服从》。我确信，我们在蒙哥马利准备付诸实施的行动，与梭罗所表达的思想密切相关。我们只是对白人社会说："我们无法再继续与邪恶的体制合作。"从这一刻起，我认识到我们的运动是一种大规模的不合作行为；从这一刻起，我便很少再用"抵制"这个词。

"奇迹发生了"

我深感疲惫。因为不再怀疑这次抗议行为的道德性质，我准备提前休息了。但刚躺到床上，两周大的约兰达·丹尼丝就开始哭个不停，然后电话铃又响了起来，看来睡觉是不可能了，我正好利用这个时间来理一理思路。我和妻子讨论了抗议成功的可能性，柯丽塔和我都认为，如果有60％的黑人响应了我们的号召，抗议就是成功的。

午夜时分，抗议委员会的一个成员给我打来电话，告诉我蒙哥马利的所有黑人出租车公司都同意在星期一早上支持抗议。午夜后，电话铃不再响起，约兰达也不再哭闹了。筋疲力尽的我和柯丽塔道了晚安，伴随着希望与焦虑进入了梦乡。

星期一早上，我和妻子都比平常更早醒来，五点半就起床了，穿戴整齐。抗议的日子到了，我们一定要看看这出大戏拉开序幕时的第一场景。

很幸运，距离我们住所5英尺①的地方就有一个公共汽车站，我们可以从屋子的前窗观察情况。我们等了漫长的半个小时。我正在厨房里喝咖啡，忽然听到柯丽塔大喊："马丁，马丁，快来！"我放下杯子，疾步跑向客厅。我走近前窗时，柯丽塔兴奋地指着一辆缓慢移动的公共汽车说："亲爱的，车是空的！"我简直不敢相信自
55 己的眼睛。我知道，从我们房前开过的这路南杰克逊线，通常会比

① 1英尺约合0.3米。

蒙哥马利其他公交线承载更多的黑人乘客，首班车经常挤满了赶去上班的家庭佣人。那么，是否其他的公交线也是这个样子？我们急切地等待下一班车的到来。15 分钟后，下一班公共汽车沿街开过来了，与上一辆一样，车上空空的。第三辆公共汽车出现了，车上只有两名白人乘客。

我跳上自己的汽车，几乎花了一个小时，沿着每条主街巡视了一番，查看了每一辆经过的公共汽车。在早高峰期间，我只看到不超过 8 个黑人乘客乘坐公共汽车。很明显，我们原来只希望 60%的黑人合作，但事实上我们几乎得到了 100%的黑人的响应。奇迹发生了，这个曾陷入昏睡状态的黑人社会完全苏醒了。

这种状态持续了一整天。晚高峰期间与早高峰期间一样，公共汽车上仍然没有黑人乘客的身影。亚拉巴马州立大学（Alabama State College）的学生兴高采烈地走路或者搭乘便车去上学。上班的人要么换用其他交通工具，要么步行，甚至有人骑着骡子去上班——那天，不止一辆马拉大车行驶在蒙哥马利的街道上。

在高峰时段，人行道上的人流形成了长队，工人和家佣们耐心地步行前往工作地点，然后再走回家，有的人步行距离长达 12 英里。他们知道为什么要步行，他们的行为已经清楚地表达出他们对此的理解。看着他们，我明白了，在这个世界上，为了自由和尊严而情愿受苦牺牲的人的勇气是最伟大的。

大约早上九点半，我离开街道，前往拥挤的法庭。在法庭上，帕克斯夫人因为违反城市种族隔离条例，正在接受审判。法官听取了陈述后，认为帕克斯夫人有罪，处罚金 10 美元，并承担法庭费用（共计 14 美元）。帕克斯夫人提出上诉。这是一起典型的黑人因不服从种族隔离法而被定罪的案例。一直以来，这种案件要么被驳回，要么涉案人员被控行为不当。因此，从本质上说，对帕克斯夫人的逮捕和定罪具有双重影响：它不仅是激发黑人们积极行动起来的一个导火索，而且是对隔离法自身有效性的一个检测。我相信，那些支持起诉帕克斯夫人的人，如果能预见到事态的发展的话，是不会这么做的。

56 离开帕克斯夫人的审判现场后，拉尔夫·阿伯内西、E. D. 尼克松和 E. N. 弗里奇（E. N. French）——当时非洲卫理公会主教锡安教会希利亚德教堂（Hilliard Chapel）的牧师——经过讨论，认为有必要建立一个有效引导抗议行动的组织。至此，从某种程度上讲，事态已经自发地向前发展了，这些人明智地看到，现在是制定更明确的秩序、指出更明晰的方向的时候了。

与此同时，罗伊·贝内特在下午三点时召集了几个人，计划晚上的群众集会。在场的每个人都为抗议取得的巨大成功而兴奋不已。然而，在大家兴高采烈之余，另一个问题浮现出来：我们接下来怎么办？尼克松报告了当天早些时候他与阿伯内西和弗里奇的讨论，他们提议成立一个特别组织。这一提议得到了热烈响应。这个新组织需要一个名字，人们也提出了几个建议。有人建议叫“黑人公民议会”，但随即被否决，因为它与“白人公民议会”这个名称太相近了。最后，拉尔夫·阿伯内西提出的名字获得一致通过：蒙哥马利促进会。下一项工作是选举成员。

当贝内特开始提名主席时，鲁弗斯·刘易斯从房间远处的一个角落说道：“主持人先生，我提名尊敬的马丁·路德·金牧师担任主席。”这项动议得到了大家的附和与支持，在几分钟之内，我就全票当选了。

这个当选让我措手不及。事态发展得太快了，我甚至没有时间来仔细思考一下。如果有时间考虑的话，我可能会拒绝提名。他们选举我，可能是因为我在这里时间不长，还没有与任何一个团体或集团站队。就在三个星期以前，全美有色人种协进会当地分会的几位成员还敦促我去竞选该组织的主席，并保证我肯定会当选。当时我和妻子讨论了这个问题，然而，我们一致同意，我现在不该承担任何重大的社会职位，因为我才刚刚完成学术论文，需要将更多精
57 力投入教会工作中。因为柯丽塔的反对，我没有去竞选主席一职，这可能是我一生中最幸运的决定之一，否则在蒙哥马利公共汽车抗议运动中，我出任蒙哥马利促进会主席一职，几乎就是授白人以口实，说这一切都是全美有色人种协进会的阴谋。

解决了这些组织方面的事务后，我们进一步讨论了晚上的群众集会。有几个人不希望记者知道我们未来的行动。他们建议说，我们集会时只唱诗和祈祷；如果对人们有什么具体的建议，就油印出来，趁集会时秘密散发出去。他们以为这样就可以把记者蒙在鼓里。另外一些人则建议，应该采取某些措施来掩护组织领导者的身份，不透露任何人的名字对所有人来说都安全一些。相当冗长的一段讨论之后，尼克松不耐烦地站起来。

"我们现在的表现就像是一群孩子一样，"他说，"有些人的名字必须公开，如果害怕了，我们现在可以停手不干。我们必须像个男人一样，敢于公开讨论我们的行动。那种在纸上秘密传递信息的做法，根本行不通，白人们怎么都会发现的。我们最好现在就表个态，是做勇敢的男子汉，还是当个胆小的孩子。"

这样直截了当的讲话明晰了大家的认识，再没人建议我们隐瞒身份，或避免正面讨论问题等。尼克松鼓舞人心的态度，给那些可能因恐惧而退却的人注入了新的勇气。

与会者一致同意，抗议应该继续进行下去，直到我们的诉求得到满足。由拉尔夫·阿伯内西主持的一个委员会将起草这些诉求，并在晚上群众集会时提交大会审议。这时，又有人提议说，也许我们应该慎重考虑一下我们是否应该继续抗议。他说："趁着我们现在还是胜利的时候，见好就收，停止抗议，这难道不是比坚持几天后却以失败收场更好吗？我们已经向白人社会表明了我们团结的力量。如果我们现在停止抗议，我们就可以从公共汽车公司得到我们想要的，因为他们已经知道了我们还可以这么干。但是，如果我们 58
继续抗议的话，明天或后天，大多数人又都回头去坐公共汽车了，我们只给白人落了个笑柄，最终可能一无所获。"这个说法也不是没有道理，我们听后几乎就要下决心结束抗议了。但是，我们最终决定让群众集会来决定。集会大约一个小时之后就要开始了。如果群众积极出席这次会议，对行动充满热情的话，我们就继续抗议；否则，我们当晚就取消抗议。

“我一生中最具决定性意义的一次演讲”

今天自早上七点钟离开家后，我这是第一次回家。我回到家后，发现柯丽塔也刚刚从一整天的电话和兴奋中放松下来。我们彼此通报了今天的最新进展，因为不知道她的反应会怎样，我有些犹豫地告诉她，我被选为了新协会的主席。其实，我完全没有必要担心。她自然有些惊讶，但仍然说，既然责任已经落在了我肩上，我除了接受别无选择。她当然用不着我去告诉她，我们将来在一起的时间会更少。她似乎也没有去想，我的新职位可能会给我们全家带来潜在的危险。她平静地说：“你知道，不管你做什么，我都支持你。”

我放心地走进书房，关上了门。时间过得飞快，我目前只有20分钟时间，来准备我一生中最具决定性意义的一次演讲。我非常紧张。现在，我面临着一项不可逃避的任务：在几乎没有时间的情况下，去准备一场被寄予厚望的演讲。这场演讲要能给满怀激情、立志追求公平的人们以指导，但他们对公正的含义还没有透彻的理解。我也意识到，记者和电视台的人会在现场，用笔和录音设备一字不差地录下我的演讲，然后传遍全国各地。

我刹那间几乎被一种不能胜任的感觉控制了。在这种焦虑中，仅有的20分钟又被浪费掉了5分钟。现在只有信念的力量可以帮助我，去战胜人性的脆弱和无能了，我转而向上帝祷告。我的祷告非常简短，我祈求上帝帮助我恢复镇定，在这个比以往都更需要他的指导的时候，请他与我同在。

59 剩下的时间不到15分钟了，我开始准备演讲提纲。在这个过程中，我又面临了一个让人费心琢磨的两难困境：我的演讲怎样才能一方面既有战斗精神，唤醒人们去积极采取行动，另一方面又温和克制，使人们的热情处于可控的、符合基督教精神的范围之内？我知道，许多黑人心怀仇恨，很容易使情绪上升到一发不可收拾的程度。我要怎样措辞，才能既让他们勇敢无畏、准备积极行动，又不会激发起他们的仇恨和怨怼？战斗精神与温和克制，这两者有可能在一场演讲中水乳交融吗？

我决定面对这一挑战，试着将这看似水火不容的两者结合在一起。我要强调他们的自尊处于危险境地，以此来唤醒人们行动的动力；我要告诉他们，如果继续毫不抗议地接受这样的不公正的话，他们就等于出卖了自己的尊严，违背了上帝永恒的律令。但是，我会用基督教“爱的教义”来平衡这种很有力度的陈述。我刚在脑海中勾勒出演讲提纲，时间就已经到了。我没有吃晚饭（从早上开始我就没有吃饭）就和柯丽塔告了别，开车来到霍尔特街教堂。在距离教堂还有 5 个街区时，我就注意到了交通已经堵塞，街道两侧的汽车排起了长队，一眼看不到头。

我花了整整 15 分钟时间，才挤进了牧师的书房。此时，我对持续抗议行动的疑虑消失了。有关停止抗议的讨论，现在看来是不符合情势的了。成千上万的人聚集而来，热情就像突如其来的浪潮，席卷一切。

其他的演讲者也是花了好一段时间才挤过拥挤的人群，站到了讲坛上。集会开始的时间，已经比计划晚了将近半小时。第一首赞美诗是大家都熟悉的《基督精兵向前进》，成千上万的群众站立起来，放声唱歌，歌声在教堂中回响，就像从天堂传来的声音，闻之令人愉悦。

然后，主席向大家介绍了我。我站起来，走到讲坛前。摄像机从四面八方开始拍摄。人群安静下来。

我手里完全没有讲稿或笔记。我先是讲述了帕克斯夫人的故 60
事，然后，回顾了黑人长期在城市公共汽车上遭受虐待和侮辱的历史：

> 今晚，我们聚集到这里，是为了一件意义严肃的大事。首先，从一般意义上讲，我们是美国公民，我们决心要在完全意义上实现公民权利。今天，我们聚集到这里，就是因为我们对民主的热爱，因为我们深信，将民主从写在薄纸上变成厚重的

实际行动，需要世界上最伟大的政府。

我的朋友们，你们知道，一段时间以来，人们已经厌倦了被践踏在压迫的铁蹄之下；一段时间以来，人们已经厌倦了被投入羞辱的深渊中，在那深渊中，他们体验过了凄凉黑暗的绝望；一段时间以来，人们已经厌倦了被推出生命7月的灿烂阳光，只能站在阿尔卑斯山11月的刺骨寒冷之中。

我们没有错，我们现在的行动没有错。如果我们错了，那么这个国家的最高法院就错了；如果我们错了，那么美国《宪法》就错了；如果我们错了，那么全能的上帝就错了；如果我们错了，那么拿撒勒人耶稣只不过是一个从未到过地球的乌托邦梦想家。我们在蒙哥马利下定决心努力战斗，直到正义如源头活水，公义如大河奔流。

我想要说，在所有的行动中，我们都必须团结一致。当前，最需要的就是团结，只有团结在一起，我们才能够得到许多我们渴望的也应得的东西。不要被任何人吓倒。我们不为自己所行的事情感到害怕，因为这些要求都是在法律保护范围之内的。我们美国的民主从来不会说，我们的抗议是错误的。我们拥有这些权利。

我们这些被剥夺了对这片土地的继承权的人们啊，已经被压迫了这么久，已经厌倦了这漫长的囚禁之夜。现在，我们正在寻求自由、正义和平等的黎明。听我说，我的朋友们，我们必须……将上帝置于最前方。让我们在所有的行动中，都体现出基督徒的品质。但是在今天晚上，我想告诉你们，仅仅谈论爱是不够的。爱是基督教信仰的关键之一，此外还有一个关键方面，它叫正义。

61 爱与正义相伴相随，我们只是使用了正义这一工具。就如我们看到的那样，我们不仅要使用说服的手段，还要使用施压的手段。这不仅是一个教育过程，也是一个立法过程。

今晚，我们站在这里，坐在这里，做好准备来面对将要来临的局面。让我们一起向前，坚定信心，我们要团结在一起，我们要共同努力。就在这里，就在蒙哥马利，未来的史书会记载下："这里居住过一个种族，黑人，'柔软的卷发，黑色的脸庞'。这是一个富有道德勇气、敢于站出来争取自己权利的种族，他们将一股全新的意义，注入了历史和文明的血脉。"

我坐到座位上，看到人们站起来鼓掌喝彩。我全心感谢上帝，他的讯息已经被传达完毕，将斗志与克制结合的任务至少已经部分地完成了。无论我鼓励他们去爱，还是敦促他们去抗议，他们都同样热烈响应。

我坐下来，听着连绵不断的掌声，忽然意识到，这次演讲激起的反响比我之前的任何一次演讲或布道都要巨大，但它几乎未经任何准备。由此，我顿悟了年长的牧师们说过的"张开嘴，上帝会替你说"的含义。我当然不会受到这种经验的诱惑，在将来的演讲前忽略准备的必要性，但这次经历总是提醒我，上帝能将一个人的软弱变成他荣耀的机会。

现在，做出重要决定的时机已经成熟。拉尔夫·阿伯内西用深沉而有力的声音，读出了我们的要求。这一动议是呼吁黑人不要恢复乘坐公共汽车，除非：(1) 公共汽车司乘人员能够保证礼貌地对待黑人乘客；(2) 乘客在公共汽车上，实行"先到先得"的就座原则——黑人乘客从公共汽车后部往前坐，白人乘客从前往后坐；(3) 黑人乘客占主体的公共汽车路线，要雇用黑人司乘人员。这些要求读完了，当人们听到"赞成这些动议的请站起来"的号召时，所有人都站了起来，而那些原本就站着的人举起了手。欢呼声在教堂内外回响。

当我开车离开时，信心充溢着我的心胸。我从未见识过对自由 62
如此高涨的热情，然而，这种热情被惊人的自律约束了起来。这些人的目标和团队精神达到了高度统一，其感人之深难以言表。没有一个历史学家能够全面描述这次会议，也没有一个社会学家能够充分诠释这次会议，只有亲自参与其中的人，才能真正理解它。

回顾第一次抵制乘车运动的集会

在12月份那个干冷的夜晚召开的协商会议，将长久地烙印在一代又一代人的头脑中。我们几乎不知道，我们那晚开启的运动会产生国际性的影响力。这一运动崇高的声音，回响在各国人民的耳中；这一运动震惊和动摇了压迫者的想象，却在被压迫者的午夜天空中留下了一颗璀璨的希望之星。我们几乎不知道，我们那晚开启的运动会得到世界各地善良的人们的钦佩。上帝总是用他神秘的方式，来践行奇迹。上帝似乎决定把蒙哥马利这座城市，作为美国自由与正义的斗争和胜利的试验场。作为“南方邦联的摇篮”的蒙哥马利正在转变为作为“自由和正义的摇篮”的蒙哥马利，这真是我们这个时代具有讽刺意义的一幕。

在非暴力与社会变革第一协会上的发言
1956年12月3日

1955年12月5日，这一天终于要结束了，我们都准备回家了，但我们都没有完全意识到究竟发生了什么。我对自己说，无论还要斗争多久才能实现那三点决议，我们都已经取得了胜利。这个胜利远远不止是抵制公共汽车，真正的胜利在于群众集会，成千上万的黑人聚集在一起，传达出了一种全新的尊严和使命感。那天晚上我们开启的这个运动，将获得国家范围内的认可，它回响在世界各国人民耳中。这个运动震惊了压迫者，给被压迫者带来崭新的希望。在历史上，那一夜是属于蒙哥马利的一夜。

第 8 章

绝望者的暴力

在生活的道路上，一个人必须足够理智，足够道德，才能斩断 63
仇恨和邪恶的锁链，而达成这一目标最伟大的方式就是爱。我坚信，爱是一种转变力量，它可将整个社会提升到一个公平竞争、善良和正义的新境界。

1955 年 12 月 17 日

金和蒙哥马利促进会其他领导人与白人代表谈判，试图解决公共汽车纠纷，但谈判未果

1956 年 1 月 26 日

在“强硬”政策中，金因超速而被拘捕监禁

1 月 28 日

金因超速被罚款 14 美元

1 月 30 日

金的住宅被炸，金恳求黑人不要采取暴力

体验了星期一晚上的巅峰时刻后，星期二早上一醒来，我就迫切地意识到，我必须马上回到地面，脚踏实地。我需要为我们这个组织制定出一系列规划，如果不认真计划的话，这一运动就无法持续下去。

为了给这一运动提供指导和方向，我认为有必要组织一些委员会。首先，我们需要一个能更长期地运作的交通委员会，因为当务
之急是解决原本乘坐公共汽车的人的交通问题。为了持续抗议，我 64

们还要筹集资金，因此，有必要设立一个财务委员会。由于我们将定期举行大规模集会，因此必须组建一个计划委员会，来统筹这些活动。然后，我认为，抗议活动中的战略决策环节非常重要，这就需要蒙哥马利促进会中最有头脑的人来谋划这些问题，然后向执行委员会提出建议，所以，我觉得战略委员会也是必不可少的。

“反响热烈”

从抗议运动的一开始，拉尔夫·阿伯内西就是我最亲密的伙伴和最值得信赖的朋友。我们一起祈祷，一起做出重要的决定。他无处不在的幽默，在很多场合化解了紧张气氛。我每次不在城里时，总是让他负责蒙哥马利促进会的重要事务，因为我知道他很稳妥。自从罗伊·贝内特离开蒙哥马利后，拉尔夫成了蒙哥马利促进会的第一副主席，就职以来，他一直富有尊严地高效履职。

在抗议的初级阶段，我们最关注的是交通问题。在这项工作中投入的精力和创造力，是蒙哥马利抗议运动中最有趣的一个方面。在最初的几天里，我们依赖的是一些黑人出租车公司，他们已经同意，用与公共汽车同样的价格来运送黑人。但是，在 12 月 8 日星期四我们与城市委员会举行的首轮“谈判”中，警察专员塞勒斯(Sellers) 提到，有一项法律规定了出租车的最低价格。这个暗示让我意识到，塞勒斯有可能会利用这一点来阻止出租车公司支持抗议运动。

就在这时，我想起一段时间以前，我的好朋友西奥多·杰米森(Theodore Jemison) 牧师在路易斯安那州的巴吞鲁日 (Baton Rouge) 领导过一个抵制公共汽车的运动。我知道杰米森和他的同事们已经建立了一个运作高效的私人汽车集体公用系统。于是，我给他打了长途电话，询问如果要在蒙哥马利建立一个类似的私车公用系统的话，他有什么建议。正如我所料，他翔实地描述了巴吞鲁日的经验，这对我们非常富有指导意义。我把塞勒斯警官的话和杰米森的建议传达给了交通委员会，建议我们立即着手建立一个私车公用系统，以预防出租车被要求取消服务后可能会出现的混乱局面。

正巧，那天晚上有一次群众集会活动。在集会上，我要求所有 65
愿意提供汽车公用服务的人，在离开前把自己的姓名、地址、电话号码和可以驾驶的时间都登记下来。集会群众对此反响热烈，当场就有超过 150 名志愿者在便签上签字，表示愿意共享他们的私人汽车。有些不工作的人全天候提供驾车服务，还有些人每天在上班前和下班后，自愿提供几个小时的服务。几乎所有的牧师都表示，愿意随时提供驾车服务。

星期五下午，果然不出所料，警察专员发布命令提醒所有的出租车公司，按照法律，他们必须收取的最低费用是 45 美分，而不遵守这条法律将会受到制裁。此举结束了廉价出租车服务。

我们对此的回应是紧急召集公用车志愿者，而他们也马上给予了响应。开始时，他们只是驱车在蒙哥马利的街道上巡视，没有什么特定的组织路线。星期六的时候，牧师们同意第二天布道时招募更多的志愿者。与前一次情形相同，我们此次招募也得到了热烈的响应。随着新车源的补充，公用车数量达到了约 300 辆。

印着 48 个调度站和 42 个接送点的油印传单，成千上万份地在黑人社区广为散发。几天之内，这个系统就已经运作得非常流畅。白人反对派对这个快速应对的奇迹行动惊叹不已，也不得不在白人公民议会上承认，私车公用系统体现出“军事性的精准”。蒙哥马利促进会只用了几个晚上，就解决了一个多年来困扰公共汽车公司的交通问题。

运动的成功不仅体现在组织交通方面，也体现为抗议精神在人们生活中留下了深深的烙印。有时，即使有车可坐，他们也更喜欢走路，对于许多人来说，走路已经成为一种具有象征性意义的举动。有一次，一个公用车司机把车停在一位上了年纪、步行费力的妇女身边。

“上车吧，老奶奶，”他招呼说，“你没必要非走路不可。”

她向他挥挥手。“我走路可不光是为了自己，”她解释说，“我是在为我的孩子和孙子走路呢。”说完继续向家的方向走去。

66 公用车司机队伍中人数最多的是牧师，但也有大量的家庭主妇、教师、商人和非熟练工人。至少有3位空军基地的白人，在下班时间也为私车公用运动开车。最忠诚的司机之一是A. W. 韦斯特（A. W. West）夫人，她在抗议活动一开始就表现出满腔热情，帮助号召公民领袖参加我们组织的首次集会。每天早上，她都开着她那辆大型的绿色凯迪拉克汽车，来到指定的调度站。上午几个小时，下午几个小时，人们都会看到这位精神矍铄、头发花白的司机在不知疲倦地开车送人们上下班。

另一位忠诚的司机是乔·安·罗宾逊。乔年轻漂亮，皮肤白皙，生性善良，她来参与这个活动就是本性使然，根本不需要从任何书本中学习非暴力。她参加起活动来不知疲倦，要说深度参与各个层面的抗议活动，也许没有人比得上她。她既参加执行委员会的会议，也参加了战略委员会的会议。抗议开始几个月后，《蒙哥马利促进会时事通讯》开始发行，她还承担起了编辑工作。我们的每次谈判，她都一定会出席。她虽然在亚拉巴马州从事一份全职教师工作，但仍抽出时间在早上和下午开车接送黑人。

我们的司机队伍还有一个原来不曾预料到的来源，那就是许多白人家庭主妇。无论她们对种族隔离制度的态度如何，她们都不想失去家庭女佣。因此，她们每天早上开车到黑人社区接上她们的佣人，晚上再送她们回家。当然，除去那部分自私动机，在许多情况下，她们对忠实佣人的深厚感情也发挥了一定作用。这些白人雇主与黑人佣人之间的默契——在有些情况下，双方都是将错就错——有时候非常幽默。一位上了年纪的黑人女佣是家族中的女家长，在蒙哥马利的许多年轻亲戚中很有影响力。她的那位富人雇主问她：“这次抵制公共汽车运动太糟了，是不是?”

老太太回答说：“是的，夫人，那肯定是。我只是告诉我所有的晚辈们，这是白人们的事情，我们只要保证不坐公共汽车，剩下的事情就交给他们去办吧。”

“圣雄甘地的启示”

这场运动从一开始，就由一个基本的哲学原则来指导，这一指导原则后来被冠以不同的称呼，比如，非暴力抵抗、不合作或消极抵抗。但在抗议的最初阶段，这些表达都还没有出现，而当时最常用的表述是“基督徒的爱”。可以说，最初启发蒙哥马利黑人选择这种富有尊严感的运动方式的，是登山宝训①，而不是任何消极抵抗的教义，是拿撒勒人耶稣激发了黑人的灵感，在抗议中创造性地采取了“爱”这种武器。 *67*

然而，随着时间的推移，圣雄甘地的启示逐渐显现其影响力。我很早就意识到，通过甘地的非暴力方式传达出的基督教“爱”的教义，是黑人争取自由的斗争中最有力的武器之一。大约在抗议开始一周后，一位理解并同情黑人的白人女性，给《蒙哥马利广告报》（*Montgomery Advertiser*）的编辑写了一封信，将公共汽车抗议运动与印度的甘地运动进行了比较。朱丽叶·摩根（Juliette Morgan）小姐体弱敏感，并没有长久忍受白人社会对她的排斥和谴责，但在1957年夏天她去世之前，圣雄甘地的名字在蒙哥马利已经家喻户晓了。有些人以前从来没有听说过这个矮小、棕肤的印度人，现在也能以十分熟稔的语气提起他的名字了。非暴力抵抗已经成为这次运动的手段，而爱是用以规范这些行为的准则。换句话说，耶稣基督提供了精神内核和动机，而圣雄甘地提供了手段和方法。

人们以惊人的热情接受了这一理念。当然不可否认，有些人的认可过程比较缓慢。偶尔，某些执行委员会的成员也会私下里对我说，我们应该采取更激进一些的办法——他们把非暴力视为软弱和妥协。还有些人认为，少量的暴力可以让白人相信，黑人们这次是

---

① 登山宝训（Sermon on the Mount）又叫山上宝训、山上圣训，指的是《新约·马太福音》第五章到第七章中，耶稣基督在山上所说的话。这一段话被认为是基督徒言行及生活规范的准则。登山宝训当中最著名的是“天国八福”，其中就包括爱仇敌一论：“有人打你的右脸，连左脸也转过来由他打。”

认真的，他们心里并不害怕。有一天，我所在教会的一位成员来找我，郑重地建议“弄死”八到十个白人，这样，局面就会对我们更加有利。“这是白人们唯一能懂的语言，”他说，“如果我们不这样干，他们就会觉得我们害怕了。我们必须让他们知道，我们不再害
68 怕了。”同时他认为，如果杀死几个白人，联邦政府势必干预事态。他肯定地说，这也对我们有利。

还有些人承认，只有在自己没有遭到人身攻击的情况下，他们才可能接受非暴力原则。他们说：“人不惹我，我不惹人。人不打我，我不打人。人若犯我，我必犯人。”可见，他们在侵略性暴力和报复性暴力之间，划定了一条道德界线。尽管当时存在着这些坦率的分歧，但绝大多数人都愿意试验性地尝试非暴力这一方法。

他们愿意尝试非暴力方法的真正意义是，蒙哥马利的黑人愿意以一种全新的方式，来应对和解决种族关系危机。很有可能，他们中的绝大多数人并未将非暴力作为一种生活哲学，但是，由于他们对自己的领导人充满信心，也因为非暴力被赋予了一种简单的基督教的表达形式，他们愿意为它一试。诚然，真正意义上的非暴力，并非一种出于权宜之计的策略。究其根底，非暴力是一种生活方式，奉行非暴力的人是出于人类纯粹的道德需求。但即便如此，愿意将非暴力作为一种抗议手段，这已经是一个进步了。那些经历过这一步的人，将来才更有可能将非暴力转化为一种生活方式。

“持续打击，令我几近崩溃”

尽管抵制乘坐公共汽车运动取得了显著的成功，但市政当局和公共汽车公司的官员认为，这件事情过不了几天风头就会过去。他们确信，一个下雨天就会把黑人们赶回公共汽车上。但雨天来了又过去了，公共汽车仍然空空如也。

在此期间，市政当局和公共汽车公司的官员首次表达了他们的谈判意愿。在蒙哥马利促进会执行委员会的特别会议上，大家任命了一个由 12 人组成的谈判委员会，我被推举为他们的发言人。经

大家一致同意，我们提出了三个建议：(1) 保证黑人乘客得到礼貌待遇；(2) 乘客在车上按照“先到先得”原则就座，黑人乘客从后向前坐；(3) 以黑人乘客为主的公交路线雇用黑人司乘人员。坦率 69
地说，这些建议只是暂时缓解了我们所面临的问题，我们从来没有觉得“先到先得”的就座原则能成为问题最终的解决方案，它取决于法律的变化。然而，我们确信，法庭正在裁决的罗莎·帕克斯案会是一块探路石，最终会带来公共汽车种族隔离制度本身的废止。

谈判当天，我们到达了市政厅，被带到专员会议室，在靠近前面的地方坐了下来。市长转向黑人代表团问道：“谁是发言人?”所有的目光都转向我，市长说：“好吧，到前面来做陈述。”在电视摄影的炫目灯光下，我慢慢走到会议室前面，在另一侧的椅子上坐下。

我开门见山地阐明我们为什么要发起“抵制”公共汽车的运动。我明确表示，逮捕帕克斯夫人不是抗议的原因，而仅仅是一个促成因素，我说：“我们的行动，是多年沿袭下来的一系列不公正和侮辱言行导致的结果。”

我的陈述一结束，市长就宣布进入一般性讨论阶段。公共汽车公司的专员和律师抛出了一系列问题，对我们提出的就座顺序的合法性提出质疑。他们争辩说，黑人在要求某种违反法律的东西。我们的回答只是重申了我们先前的论点，也就是先到先得的就座顺序完全可以在种族隔离法范围之内存在，南方许多城市都是这样做的。

局面很快就明朗了，公共汽车公司的律师杰克·科伦肖 (Jack Crenshaw) 是我们最顽固的对手。他一门心思想要说服听证会，根本无法在不违反城市条例的情况下批准我们提出的就座提案，慢慢地，科伦肖赢得了越来越多的市政当局的支持。最后，我看到会议不会有什么进展，于是建议休会。

我很快明白，我是一个无端的悲观者，因为一开始我就是一个毫无缘由的乐观主义者。刚参加会议时，我抱着极大的幻想，以为特权阶层会马上放弃他们的特权。然而，这次经历给了我一个教 70

训，让我明白，没有人会毫不抵抗地放弃特权。我进一步认识到，种族隔离的根本目的是压迫和剥削被隔离者，而不仅仅是把他们隔离起来，所以，我们即便是在种族隔离法的框架之内寻求公正，那些特权阶层也不愿意给予。我因此明白了，在种族隔离制度中，永远无法实现正义与平等，因为隔离的根本目的就是让不公正和不平等永久化。

第一次谈判会议后，我主持召开了一次会议，由蒙哥马利促进会执行委员会来向大家报告结果。人们对此非常失望，但一致认为，我们应该坚持我们的三个建议。在此期间，市长传来话说，他呼吁市政委员会和公共汽车公司领导与黑人领袖在 12 月 17 日上午再召开一次会议。此时距离第一次会议已经过去了一个多星期，抗议仍未见丝毫动摇的迹象。

市政委员会中的白人一开始就严厉抨击我，他们谴责我是真正解决问题的绊脚石。一时间我似乎孤立无援，无人来给我解围。这时，拉尔夫·阿伯内西挺身而出为我辩护。他指出，由于我是黑人代表团的发言人，我自然不得不进行大部分的谈话，但这并不意味着委员会的其他成员不支持我。白人们原本希望说服黑人相信我是解决问题的主要障碍，以此来离间我们，但拉尔夫的声明毫无质疑的余地。从这一刻起，白人代表团终于明白，寄希望于我们妥协是徒劳的。

那个星期一，我心情沉重地回到家，可怕的内疚感压得我不堪重负。我记得有那么两三个场合，愤怒之火在我心头熊熊燃烧，我的话说得草率鲁莽，充满愤恨。然而，我知道这完全于事无补，我告诫自己说："你不能心怀愤恨，你必须心甘情愿地忍受对手的愤怒而不报以愤怒。你不能怨恨，无论你的对手有多么情绪化，你都必须冷静。"

71 反对派看到不能通过谈判让我们妥协，就转向了用各种见不得人的手段来阻止抗议运动，比如，分裂我们。关于运动领导人的谣言满天飞，外面有传言说，我为自己购买了一辆崭新的凯迪拉克，给妻子购买了一辆别克旅行车。当然，这没有一句是真的。

他们不仅心怀鬼胎地质疑黑人领袖的正直，企图让追随者对他们失去信心，而且试图离间黑人领袖们。一些白人头面人物去拜访了很多年长的黑人牧师，说："如果必须抗议的话，那么领导者也应该是你。真是遗憾，你在这个社区服务了这么多年，你们自己人却忽视了你，去追随那些乳臭未干的年轻人。"也有白人试图说服其他几位抗议领袖，他们承诺说只要我离开，问题就可以解决，他们说："如果你们中的任何一个人担当领导的话，事情就会在一夜之间大大改观。"

此类流言蜚语的持续打击，令我几近崩溃。我自己开始相信，他们或许有些道理，也担心人们会受到这种说法的影响。经过两三个难眠之夜的煎熬后，我召集了一次执行委员会会议，提出了辞呈。我在会上表示，我将是坚守到最后的那个人，直到困扰我们的社会顽疾得到解决，但为了加速问题的解决，或许一个更加老成持重的人会更适合这个领导职位。我进一步向委员会保证，即使在幕后工作，我仍会像在发言人的位置上时一样活跃。然而，我的话还没有说完，大家就让我赶快别再提辞职的事儿。通过一致的信任投票，他们明确表示，他们对我处理事情的方式非常满意，他们会跟随我的领导，直到最后。

会议结束后，我开车回到家中，心中比往常更加安定。透过客厅的窗子，我可以听到柯丽塔高昂的女高音。在后面的卧室里，一个多月大的约兰达也醒着，正专心玩着自己的手指头。我抱起约兰达，走到前面的房间，应和着柯丽塔的歌曲节奏拍着她。

这种全家相聚的时刻已经越来越少，我们无法提前计划，因为 72
我很难知道下一个小时是否在家。很多时候，我不得不因为突发的紧急状况而马上离开家，柯丽塔只能眼看着做好的美味在烤箱里烤干。然而，柯丽塔从来没有说过一句怨言，每当我需要她时，她总是随叫随到。她说，她独自一人的时候，有约兰达和贝多芬做伴。柯丽塔从容而麻利地料理家务。当我需要倾诉时，她乐于聆听；当我需要建议时，她乐意提供。

“分化瓦解”

试图分化瓦解我们的阵营的高潮，出现在 1 月 22 日星期天。此前，市政当局在当地报纸上宣称，他们会见了一群著名的黑人牧师，制定了一项解决方案。这条消息震惊了整个黑人社区，很多人都以为抵制公共汽车运动已经结束了。然而，情况很快就明朗了，这是一个精心设计的圈套，目的是让黑人在星期天早上回去乘坐公共汽车。市政委员会认为，一旦相当数量的黑人开始乘坐公共汽车，那么抵制就会结束。

一开始，我也怀疑是否是某些同事背叛了我，背着我签署了某种协议；我也要确定，是否真有一群黑人牧师会见了市政委员会。经过大约一个小时这里那里的电话沟通后，我们最终确定了这“三个著名的黑人牧师”指的是谁，他们根本谈不上“著名”，甚至不是蒙哥马利促进会的成员。

当时已经是星期六晚上十一点左右，我们必须马上行动起来，让人们知道，明天早上他们将读到的文章是假的。我马上安排一个小组给全城的黑人牧师打电话，敦促他们在星期天早上的布道中，宣布抗议运动仍在进行。我和另一个小组一起前往黑人夜总会和酒吧，告诉那里的人们第二天报纸上的消息是假的。因此，我平生第一次有机会看到蒙哥马利的夜生活。由于我们的快速应对，信息很好地传播了出去，第二天，公共汽车仍像往常一样空空如也。

73 骗局失败，市政当局颜面尽失，他们陷入了绝望。他们决定开始采取“强硬”措施。市长在电视上公开谴责了抵制运动。他声称，绝大多数的蒙哥马利白人根本不关心黑人是否再次乘坐公共汽车，他呼吁白人雇主停止驾车接送黑人雇员。在此期间，所有三名市政委员都公开表明，他们已经加入了白人公民议会。

“强硬”政策开始对一系列轻微的交通违规者实施逮捕，而这些交通违规大多是莫须有的。这些实际困难导致了公用车志愿者减少，有些司机担心他们的驾照可能会被吊销，或保险被取消。许多司机悄悄地退出了私车公用系统，搭乘便车越来越困难，怨声四起。每天从早到晚，我的电话都响个不停，门铃也少有安静的时候。我开始怀疑，黑人社会能否继续斗争下去。

“进入监狱”

我毫不怀疑，我自己很快也会因为“强硬”政策而面临牢狱之灾。1 月下旬的一个下午，我在教会办公室工作了几个小时后，开车送我的一个朋友罗伯特·威廉姆斯（Robert Williams）和教会秘书莉莉·托马斯（Lilie Thomas）夫人回家。在离开市中心之前，我决定到停车场搭载几个和我同方向的乘客。我们一进入停车场，我就注意到四五名警察正在那里询问司机。我搭载上三个人准备离开，刚开到停车场的边上时，一个警察拦住了我。他要检查我的驾照，盘问这辆车是否是我的，我听见街对面的警察说：“他就是那个该死的金。”

离开停车场后，我注意到有两个警察骑着摩托车尾随着我，开过三个街区后，还有一个警察跟着我。我告诉罗伯特·威廉姆斯，我们被跟踪了。他说：“你千万小心，别违反了交通规则。”我慢慢地、谨慎地驾驶着汽车，向我家的方向驶去，车后跟着那辆警用摩托车。最后，趁着我停车让乘客下车的机会，警察走上来说：“出来，金，你被捕了，你在限速 25 英里的区域里速度是每小时 30 英里。”我什么都没有问就下了车，告诉罗伯特·威廉姆斯和托马斯 74
夫人继续开车，并让他们通知一下我妻子。不久，一辆巡逻车来了，两个警察从车上下来，把我从头到脚搜个遍，将我押上巡逻车走了。

开车之后，我本以为是前往监狱，但很快，一种恐慌之情笼罩了我，因为那个监狱在蒙哥马利市中心，但我们的车却开向了一个不同的方向。我们的车越开，距离市中心越远，几分钟后，我们的车开上了一条黑暗又肮脏的街道，我从来没有到过这里，但巡逻车仍然继续朝着一处荒凉废弃的桥下开去。这时我想，这些人可能是要把我带到一个荒凉的地方，然后把我甩了。“但是，这不可能，”我心想，“这些人是执法的警察啊。”然后，我又想，他们也可能是要把我带到一些事先约好的歹徒那里，事后借口说他们寡不敌众。这时，我发现自己从内到外，无处不在颤抖。我默默地向上帝祈祷，请求他给我力量来承受任何可能的局面。

胡思乱想间，我们的车已经来到了桥下。我想，命中注定的时刻就要来了。但我抬起头，注意到在远处有一处耀眼的光，很快，我看清楚上面写的字是“蒙哥马利市立监狱”。我大大地松了一口气，过后我才意识到这一幕多么富有讽刺意味：对那一刻的我而言，监狱似乎反而成了一处安全的避风港！

一个警察引我进入监狱。我储存了个人物品，回答了狱警的问题之后，被带到一间肮脏不堪、臭气熏天的牢房。大铁门打开了，狱警对我说：“好了，你就在这儿吧。”忽然一种奇怪的感觉席卷了我，就像寒风吹过开阔的草原：生平第一次，我被囚禁于铁窗之后！

进入拥挤的牢房，我认出了两个熟人，其中一个是老师，他也是因为与抗议运动有关，被当局找了个借口逮捕入狱了。按照监狱的民主，他们被与流浪者、醉鬼和严重违法者关在一起；但民主并没有突破种族隔离制度的藩篱，在监狱里，白人和黑人也是分开关押的。

我环顾四周，所见景象触目惊心，我很快忘记了自己的窘境。犯人们就躺在硬木条板上，还有些人躺在铺着破床垫的小床上。便桶就在牢房的一个角落里，上面没有任何遮盖。我心想，不管这些人犯了什么罪，他们都不应该受到这种待遇。

75 他们都聚拢过来，问我为什么被抓进来。他们都很吃惊，市政当局已经到了非要抓我不可的程度。不久，人们就一个接一个地跟我聊起他们入狱的原因，问我是否可以帮助他们出狱。我向大家说：“伙计们，在我能帮你们出去之前，我必须先把自己弄出去啊。”他们都笑了起来。

很快，狱警来带我走。我离开牢房时，大家都问我要被带到哪里去，一个人在后面叫：“你要是出去了，可别忘了我们。”我向他们保证我不会的。狱警带着我沿着一条长长的走廊，走进了监狱前面的一个小房间。他命令我坐下，把我的手指在印泥上按来按去，我就像个罪犯一样被记录了指纹。

此时，我被捕的消息已经传遍了蒙哥马利，很多人朝市立监狱这里聚拢过来。最先到达的是我的好朋友拉尔夫·阿伯内西，他马上着手办理我的保释手续。但狱警告诉他，他必须从法院开具一份公证声明，表明我的财产足够签署保释。拉尔夫说现在差不多是晚上六点半了，法院已经关门了。

狱警冷漠地反驳说："嗯，那你就只好等到明天早上了。"

拉尔夫问他能不能先见见我。

狱警回答说："不行，明天上午十点之前你看不到他。"

拉尔夫又问："那么，我们能不能支付现金保释？"

狱警勉强地答应了个"是"。拉尔夫急忙打电话给可以筹措到现金的人。

这时，监狱前面已经聚集了一些人，很快，人越聚越多，狱警有些惊慌了。他冲入指纹室对我说："金，你现在可以走了。"我的外套还没有穿好，他就把我带了出去——我的保释让他也松了口气。

我走出监狱，看到许多朋友和好心人等在外面，我心中曾经暂 76
时失去的勇气瞬间恢复了。我知道了，我不是一个人在战斗。我对人群简短地说了几句话，就被开车送回了家。柯丽塔吻了我，欢迎我回家。教会的许多成员都焦急地等待着结果，他们的鼓励让我进一步相信，我并不是孤身一人在战斗。

有了那天晚上的经历之后，为自由而战的信心，在我心目中空前强大起来。睡觉前，我与柯丽塔聊了起来，她一如既往地给了我只有最亲近的人才能给予的安慰。是啊，不公正的夜晚漆黑一片，"强硬"政策大行其道，但是，在一片漆黑中，我看到了一颗光芒四射的团结之星。

"我听到耶稣的声音说继续战斗"

几乎从抗议运动一开始，我们就接到了各种各样的威胁电话和信件。伴随着时间的推移，这类东西越来越多，到了1月中旬，数量已经上升至一天三四十个。

抗议运动开始后，我的父母和柯丽塔的父母都处于一种下意识或有意识的恐惧状态中，时刻害怕我们会有生命危险。他们从来没有怀疑过我们此举的正确性，但是担心我们会遭遇什么不测。我父亲在整个抗议运动期间，频繁往返亚特兰大和蒙哥马利。每次看到父亲的样子，我的内心都极度不安，因为我知道我的一举一动让他越来越担心。在那些日子里，只要提到柯丽塔、孩子和我所遭受的诸多骚扰，他几乎没有不流眼泪的时候。

几周过去了，我渐渐意识到许多威胁是认真的。很快，我感到自己开始游移不定，恐惧在内心疯长。有一天，一个白人朋友告诉我，他从可靠的消息来源听说，有人正计划着谋我性命。这是我第一次意识到，这种事情真的可能发生在我身上。

一天晚上，我在一次集会中对会众说："如果有一天你们发现我死了，我不希望你们为我暴力复仇。我敦促你们，继续用你们迄今所表现出的尊严和纪律来抗议。"我的话引起了听众们一阵奇怪的沉默。

77 1月底的一个晚上，我完成了一天辛苦的工作，终于躺到了床上。柯丽塔已经睡着了，我正要入睡，忽然电话铃响了，一个愤怒的声音从听筒中传出："听着，黑鬼，你在这里已经没什么用处了；不到下周，你就得后悔来到蒙哥马利。"我挂断了电话，但我再也睡不着了。恐惧似乎一下子淹没了我，我已经达到临界点。

我下了床，在地板上走来走去。这种事情我以前也遭遇过，但不知为何，今天晚上它真的吓到了我。我又上了床，想要睡个觉，但仍然无法入睡。我沮丧至极，不知所措，只好又起床。最后我去厨房热了一壶咖啡。我准备放弃了。咖啡就摆在我跟前，我一动未动。我想要想出一个方法全身而退，让自己看起来不会像个懦夫。我坐在那里，想着刚出生的漂亮女儿，我希望每晚回来都能看到她甜美的笑脸。我想到我忠诚的、富有牺牲精神的妻子，她就安睡在那里，而她可能被从我身边夺走，或者我被从她身边夺走。我觉得，我再也承受不了了。忽然，懦弱至极的我听到一个声音说："现在，你不能指望爸爸，也不能指望妈妈。你只能指望那个爸爸原来经常说起的力量，那个能从无路之处开路的力量。"我以手抱头，跪在厨房的桌子旁，在内心里大声祈祷起来。我在那个午夜对上帝说的话，现在仍在记忆中鲜活如昨："主啊，我一直想做正确的事情。我认为，我是正确的，我相信我的立场是正确的。但是，主啊，我必须承认，现在我很软弱，我畏缩了，失去了勇气，现在我很害怕。我不能让人们看到我这样，如果他们看到我的软弱，看到我失去了勇气，他们也会变得软弱。人们指望着我的领导，如果我站在他们面前，却没有力量，没有勇气，那么他们也会动摇。我能力已尽，我一无所有了，我已经无法独自面对它了。"

这时，我似乎听到一个来自内心的声音，镇定地说："马丁·路德，为了正义，站起来；为了公正，站起来；为了真理，站起来。我会与你同在，直到世界的尽头。"

让我来告诉你，我看到了闪电，我听到了雷声。我感觉到，原 78
罪在我体内左突右奔，企图征服我的灵魂。但是，我听到耶稣的声音说继续战斗。他承诺，永远不会抛弃我。在那一刻，我体验到了与上帝同在，这是我以前从来没有体验过的。我的恐惧烟消云散了，我的犹疑无影无踪了。我已经做好了面对一切的准备。

"爆炸"

三天以后，也就是 1 月 30 日的晚上，我在晚上七点之前离开家，前往第一浸礼会教堂参加我们星期一的晚弥撒。我不在家的时候，我的一名教友会来我家，和我妻子做伴。大约九点半左右，她们听到房子前面有动静，好像是有人扔进了一块砖头，在几秒钟之内，爆炸声震响了整座房子。一枚炸弹在我家门廊里爆炸了。

爆炸的消息很快传到了弥撒现场，但是，大家都不敢告诉我这个消息。人们盯着我，但视线很快游移开去；有那么一两个人想对我说点什么，但又犹犹豫豫，欲言又止。很快，我注意到几位牧师在教堂进进出出，情况很不寻常，我猜一定发生了什么不测。我再也按捺不住了，就叫来三个最亲密的同事，问他们究竟发生了什么。我向他们保证，无论怎样我都有心理准备。拉尔夫·阿伯内西犹豫地说："你家被炸了。"

在蒙哥马利促进会群众集会上的声明

我希望你们明白，如果没有马丁·路德·金，这个运动也会发生，我只是碰巧在这里罢了。你们知道，总会有那么一个时刻，局势会不可避免地发生变化，这一时刻，已经降临在蒙哥马利，而我与此无关。

1956 年 1 月 30 日

79 我问我的妻子和孩子还好吗。

他们说："我们正在核实。"

奇怪的是，我冷静地接受了爆炸的消息。几天前那个晚上的宗教体验，赋予了我力量去面对它。我敦促大家在集会结束后都直接回家，并强调要严格遵守我们的非暴力原则。我告诫他们，不要恐慌，不能失去理智。"让我们继续前进吧，"我鼓励他们说，"要相信我们所行的是正确的，更要坚信上帝与我们同在。"

我立刻被驾车送回了家。快接近爆炸现场时，我注意到已经有几百人聚集在我家前面，脸上带着愤恨的表情。警察正用他们一贯的粗暴方式，想要疏通街道，但人们根本不听他们的指挥。一名警察想要把一个黑人推到一边去，那个黑人说："我哪儿都不会去的。现在的问题就出在这儿，你们白人总是把我们推到这儿，推到那儿。现在你手里有点三八[①]，我也有，咱们干一场？"我在走向我家

---

① 点三八是枪支名称，指 9 毫米口径的左轮半自动手枪（其子弹弹壳的最大直径是 0.38 英寸）。

门廊的路程中，意识到很多人携带着武器。非暴力抵抗正处于转变成暴力抵抗的边缘。

我冲进屋子，去查看柯丽塔和约兰达是否安全。我走进卧室，看到妻子和女儿都没有受伤，我长长地出了一口大气。柯丽塔既不怨恨，也不慌张，她仍以令人难以置信的镇定，平静地接受了所发生的一切。她的平静影响了我，我也更加镇定了。

市长、警察局长和几名白人记者，赶在我之前已经到了我家，现在正在餐厅里。确定了家人安全无虞之后，我走过去和他们交谈。他们对“在我们的城市发生了这个不幸的事件”深表遗憾，我所属教会的一个成员对市长说：“你可以表达遗憾，但你必须得承认，是你的公开声明给这种爆炸制造了气氛。这就是你的‘强硬’政策的恶果。”

这时，外面的人群开始失控了，警察无法驱散人群，时间一分一秒地过去，人们还在不断地聚拢过来。愤怒的人群让白人记者恐惧万分，市长和警察局长虽然可能不承认，但同样脸色苍白。

在这种情形下，我走出门廊，恳请人群保持秩序。很快，大家 80
完全安静了下来。我平静地告诉大家，我没事，妻子和孩子也都很好。

> 我们相信法律和秩序。请不要慌张，别做任何恐慌的事情。请不要携带武器。“凡动刀的，必死于刀下。”记住，这是上帝的教导。我们不主张暴力。我们要爱我们的仇敌，我希望你们也爱你们的仇敌，对他们仁慈一些，爱他们，也让他们知道你们爱他们。
>
> 并不是我发起了这场抵制运动。是你们邀请我做你们的发言人。我希望这片土地上的所有人都能知道，即使我停止了，这场运动也不会就此打住。即使我被阻止了，我们的事业也不会停顿，因为我们所做的都是正确的，我们所行的都是正义的。上帝与我们同在。

我的话音一落，人群中就传来此起彼伏的“阿门”和“上帝保佑你”的回应。我听到有人说：“我们一直和你在一起，牧师。”我的目光掠过人群，看到很多人的脸上挂着泪水。

那天，许多朋友很晚才离开我家，柯丽塔、约兰达和我被带到我们教会的一个成员家中过夜。我无法入睡。我躺在安静的卧室里，远处的路灯透过窗帘射进来，令人心感安慰。我想到了那些来炸我家的恶人们，一想到我的妻子和孩子可能因此而丧命，我就忍不住怒从心头起；一想到市政官员和他们那些关于我和黑人们的声明，那腐蚀心灵的仇恨便促使我恶向胆边生。我再次警告自己说：“你不能让自己充满仇恨。”

夜已深，柯丽塔和孩子都睡熟了，我在床上翻了个身，也陷入沉睡中。但长夜远没有结束，过了一会儿，缓慢而持续的敲门声惊醒了柯丽塔和我。透过窗户，我们可以看到前廊里站着一个黑色的身影。我从床上爬起，透过窗帘仔细辨认，认出那个矮胖的、令人心安的身影是柯丽塔的父亲。

抵制的意义

81 总有些人试图将这次运动变成一场仇恨的运动。这不是白人和黑人之间的战争，而是正义与不公正之间的冲突。这一运动不仅是黑人站起来反抗白人，我们寻求改善的不仅是蒙哥马利黑人的处境，而且是整个蒙哥马利的状况。

即便我们每天都遭遇逮捕，即便我们时时被剥削、日日遭践踏，也不要让任何人拉低了我们，让我们去仇恨他们。我们必须使用爱的武器，必须同情和理解那些仇恨我们的人。我们必须意识到，他们是受人教唆才仇恨我们，所以他们的仇恨情绪不完全是他们自己的责任。如果我们在午夜时分保住生命，那么，我们就总能站在新黎明的门槛上。

引自 1956 年 2 月 24 日《纽约时报》

奥比·斯科特从广播里听到了我家爆炸的消息，驱车从自己家里赶到了蒙哥马利。他进来时，脸上满是紧张和不安。与我们交谈了一会儿后，他转身说："柯丽塔，我是来带你和孩子回家的，等紧张气氛过去了再回来。"柯丽塔用平静而坚定的口气回答说："对不起，爸爸，我现在不能离开马丁。我必须在这里，和他一起面对这场斗争。"于是奥比·斯科特一个人开车返回了马里昂。

仅仅两晚之后，一捆炸药被扔在了尼克松家的草坪上，幸运的是这次仍然无人受伤。一大群黑人再次聚集，但他们并没有失去控制。所以，非暴力已经赢得了第一次和第二次考验。

爆炸之后，教会的许多管理人员和值得信赖的朋友，都敦促我雇用一名贴身保镖，为家里雇用一名武装保安，我父亲也同意这两个建议。我告诉他们，我现在不害怕，并不需要武装保护，但他们根本不听这些。他们坚持说，即便我不想保护自己，也要保护我家和家人的安全。为了让这些密友和亲人安心，我开始考虑雇用一个武装保安。我去了警长办公室，想要申请一个允许随车携带枪支的许可证，但是遭到了拒绝。

其实，我也在反复思量，身为一个非暴力运动的领导者，我怎 *82*
能使用武器来保护个人安全？我和柯丽塔就这个问题讨论了好几天，最终达成一致：武器不是解决方法。然后，我们决定放弃我们拥有的唯一一件武器。为了消除朋友们的担心，我们在房子周围安装了泛光灯，并全天候地雇用了一个非武装保安值勤。我还答应大家，不会一个人在城里出行。

在蒙哥马利，家里有枪时我常常担惊受怕，而当我决定不再保存枪支并直面死亡时，我反倒泰然处之了。从那一刻起，我不再需要枪，心里也不再害怕。如果我的安全问题让大家改变了立场，那么我们就失去了道德攻势，沦落到了与对手同样的水平。

第 9 章

种族隔离终遭废止

83 我们意识到，从长远来看，屈辱地乘车不如有尊严地步行。因此，我们决定采用这一平静但不失尊严的方式，用疲惫的双脚代替疲惫的灵魂，行走在蒙哥马利的街道上，直到这堵根基不稳的不公正之墙被正义的铁锤击碎。

1956 年 2 月 21 日
蒙哥马利大陪审团指控金和其他蒙哥马利促进会领导人违反了反抵制法
3 月 22 日
金因领导非法抵制而被判有罪，判处 500 美元罚金或 386 天监禁，金提出上诉
11 月 13 日
美国最高法院宣布公共汽车种族隔离法违反宪法
12 月 21 日
蒙哥马利促进会投票决定结束抵制公共汽车运动，金成为第一批乘坐种族融合公共汽车的乘客之一

当反对派发现无法用暴力阻止抗议时，他们开始诉诸大规模的逮捕。早在 1 月 9 日，蒙哥马利的一名律师就向新闻界发出呼吁，让他们去关注一项反对抵制乘车的旧有的州法律。2 月 13 日，蒙哥马利大陪审团召集会议，以确定抵制公共汽车的黑人运动是否违反了这项法律。经过大约一个星期的审议，由 17 名白人和 1 名黑人

组成的大陪审团做出决定：抵制公共汽车运动非法。他们起诉了一百多人，我的名字当然赫然在列。

被起诉时，我正在纳什维尔的菲斯克大学（Fisk University） 84
做系列讲座。在那段时间里，我与蒙哥马利每天至少通话三次，以便随时了解事态的发展，因此，我在 2 月 21 日星期二深夜，就从拉尔夫·阿伯内西的电话中最先听到了起诉的消息。他说，拘捕行动会从第二天早上开始。我知道，他会是最先遭到逮捕的人之一，所以我向他保证，我会为他和其他人祈祷。他仍然像往常一样没把这事放在心上。

整个晚上，我都在想着蒙哥马利的人们。这种大规模的逮捕，会不会把他们吓得敦促我们取消抗议？我知道他们当前面临的艰难处境，他们中的一些人已经步行了 13 个星期，另一些人贡献和过度使用着自己的汽车，在各个方面都饱受骚扰和恐吓。而这一切现在达到了顶峰，他们面临着逮捕！他们是否已经筋疲力尽？他们会因为绝望而放弃吗？这就是我们这次运动的结局吗？我不知道。

“不归路”

星期三清晨，我飞往亚特兰大去接妻子和女儿。我在纳什维尔讲学期间，把她们安置在了我父母的家中。我的妻子、母亲和父亲来机场迎接我。我已经通过电话告诉了他们有关起诉的事情，他们自己也从广播中听到了更多消息。柯丽塔像往常一样镇定自若，但我父母的脸上流露出深深的忧虑。

我的父亲对自己的事情向来无所畏惧，现在却为了我和我的家人忧惧不断。他多次参加过我们的会议，从来没有怀疑过我们行动的正义性。然而，这个坚定勇敢的人现在只要一提到抗议，就很少有不是满眼泪水的时候。我的母亲也饱受折磨，像所有的母亲一样，她为自己的儿子和他的家人担惊受怕。我家发生爆炸事件之
后，她不得不根据医嘱卧床休息，后来也经常生病。在这段时间 85
里，我在亚特兰大和蒙哥马利之间的长途电话费激增，因为我知

道，如果母亲听到我的声音，她就能得到一点安慰。在机场，父母脸上的表情，甚至他们向我走过来的姿势，都显示出他们所承受的巨大折磨。

在我们开车回家的路上，父亲说他认为我现在回蒙哥马利是不明智的。“他们虽然逮捕了很多人，”他说，“但是，他们的主要目的是抓住你。他们甚至可能把你投进监狱，不准保释。”他接着告诉我，蒙哥马利警方想从我在亚特兰大的历史记录中找到点什么，以便把我驱逐出亚拉巴马州。他们已经去过了亚特兰大警察局，没有发现我的任何警局记录，他们非常失望。“所有这些都说明，”父亲总结说，“他们就是为了抓住你。”

我认真地听他讲完，但我知道我不能遵从他的建议，留在亚特兰大。我非常担心父母的状态，他们的焦虑也让我忧心不已。这些日子对我来说也很艰难，一方面，我不得不保持我的情绪稳定和心理平衡；另一方面，我对父母的焦虑深为关切。但是，如果我现在放弃了，我的良心会受到谴责；我的任何退却都将表明我缺乏道德勇气，无法斗争到最后。一个人如果不曾凝视过所爱的人的眼睛，他是无法理解我此时的内心冲突的。但我知道，我别无选择，只能冒险前行，让他们继续饱受折磨。

我们继续驱车从机场返回我父母家。我直接上楼去看女儿约兰达，她现在三个月大了，那天真的笑容和温暖柔软的小身体暂时缓解了我的紧张情绪。

下午，父亲找了几个信得过的朋友来到家里，全面讨论当前事态。我觉得这种交流可能有助于减轻父亲的忧虑，便也欣然同意参加他们的讨论。来者中有受人尊敬的律师 A. T. 沃顿（A. T. Walden），两位著名的商人 C. R. 叶慈（C. R. Yates）和 T. M. 亚历山大（T. M. Alexander），《亚特兰大每日世界》（*Atlanta Daily World*）的编辑 C. A. 斯科特（C. A. Scott），非洲卫理公会主教教堂的主教谢尔曼·L. 格林（Sherman L. Green），莫豪斯学院的校长本杰明·
86 E. 梅斯（Benjamin E. Mays），以及亚特兰大大学校长鲁弗斯·E. 克莱门特（Rufus E. Clement）。柯丽塔和我妈妈也加入了讨论。

我父亲向大家解释说，他很看重他们的看法，所以邀请他们来讨论一下我是否应该回蒙哥马利。他先是简短介绍了警方为了把我赶出蒙哥马利而做过的那些事情。他承认，因为害怕我出事，他和我母亲很多晚上睡不着觉。他最后说，他几个小时前和一个自由派白人律师聊过，律师的判断印证了他的直觉，觉得我不应该在这个时候回到蒙哥马利去。

大家纷纷低声表示赞同，我也认真而客观地听取了其中两个人说的我不该回去的意见。他们都是我的长辈，是黑人中的领袖，他们的话理应受到尊重。但是，很快我再也按捺不住了。“我必须回去，”我抗议说，“我的朋友和同事正被逮捕，我如果躲在一边，那就是懦夫。我宁愿坐十年牢，也不愿意此刻抛弃我的战友。我已经开始了斗争，无法回头了，我已经踏上了一条不归路。”房间陷入了寂静，只能听见父亲的啜泣声。我看向梅斯博士，他曾经给予我以巨大的影响。也许是听到了我无声的请求，不管怎么样，他很快就坚定地支持我了，然后其他人也转而支持我了。他们向我父亲说明，事情也许并没有那么糟糕。沃顿先生打电话给全美有色人种协进会的总顾问瑟古德·马歇尔（Thurgood Marshall）和亚拉巴马州有色人种协进会的律师亚瑟·肖斯（Arthur Shores），他们都保证说，会给我提供最好的法律保护。这些劝说在某种程度上说服了我的父亲，我这才回到了蒙哥马利。

父亲虽然不再反对我们返回蒙哥马利，但决定与我们一起前往蒙哥马利，完全不在意他自己可能面对的危险或不愉快，这是他的性格。拉尔夫·阿伯内西被捕后，已经被保释回家。这时他也来到我家。于是，我在拉尔夫和父亲的陪伴下，出发前往州监狱，我的几个教友也跟随着我。

“我为自己的罪行而骄傲”

监狱里洋溢着一股近乎节日的欢快氛围。人们纷纷赶来要求被 87
捕，没有人害怕，也无人试图逃避逮捕。许多黑人主动前往警长办公室，查看他们的名字是否在名单上，如果不在的话，他们反而很失望。曾经被恐惧折磨的人们已经发生了转变，那些曾经遭到法律践踏的人，现在自豪于能因争取自由而被捕。这种团结的氛围洋溢在我的周围，我坚定地朝着监狱走去。他们给我拍了照，录取了我的指纹，然后，一个教会成员为我支付了保释金，我离开监狱回家了。

审判定于 3 月 19 日举行，全国各地的朋友纷纷赶到蒙哥马利，与我们一同参加诉讼。尤金·卡特（Eugene Carter）法官宣布开庭，经过一些必要的法庭程序后，我作为第一被告被传唤上庭。接下来的四天里，我就坐在法庭上听取辩论，等待判决。3 月 22 日星期四下午，双方休战。所有的目光聚集在卡特法官身上，他几乎毫不犹豫地判决道："我宣布，被告违反州反抵制法的罪名成立。"处罚是 500 美元罚金和承担诉讼费，或者在蒙哥马利服 386 天苦役。然后，卡特法官宣称，鉴于我极力避免暴力抵抗的发生，他才给予我以最低处罚。卡特法官处理完我的案件中的所有上诉，才处理被控有同样违法行为的其他黑人的案件。

几分钟后，几个朋友过来签名保释我，律师也已经通知法官我们要上诉。我在妻子和朋友们的陪伴下离开了法庭。在法院前面，数百名黑人和白人，包括电视摄像师和摄影师，正聚集在那里等我们。当我挥手的时候，他们高唱"我们再也不乘坐公共汽车"。

在通常情况下，被判刑的人离开法庭时都是满脸忧郁，然而，我是面带微笑离开的。我虽然是一个被定了罪的罪犯，但我为自己
88 的罪行而骄傲。我们用非暴力的方式抗议不公正，因而获罪；人们在心目中建立起了尊严和自尊感，因而获罪；人们因为追求不可剥夺的生活和自由的权利，追求幸福，因而获罪。总而言之，我们不再与邪恶合作，就如同我们下决心与美德合作一样，因而获罪。

可以说，市政当局终止抗议的又一次努力也夭折了。我有信心，通过案件上诉至更高法院，这个判决应该会被推翻。反对派的战术不但不能停止我们的运动，反而给予它更大的驱动力，只会让

我们更加团结罢了。在 3 月份的那个阴霾的下午，卡特法官不仅给马丁·路德·金定了罪（卷宗号为第 7399 号），也给蒙哥马利的每一个黑人都定了罪。这就难怪为何这场运动无法停止了。这场运动的规模太宏大，根本不可遏制。一条强劲有力的有效链条，将这场运动完好地整合在一起，而团结一致在运动中体现出惊人的力量。在真正团结的地方，任何瓦解的企图都只会让团结的根基更加坚实。反对派们没有看到的是，共同的苦难已经给黑人们披裹上了同一件命运的外衣。发生在一个人身上的事情，就是发生在所有人身上的事情。

反对派的举动还透露出，他们根本不了解与之打交道的黑人们。他们以为自己面对的还是一群可以被哄骗或强迫的人。他们不知道，这已经是一群从恐惧中解脱出来的黑人。所以，他们的一举一动只是证明了他们的一错再错。他们也不可能采取任何其他的策略，因为他们的方法是应对“旧式黑人”的，而他们现在打交道的对象是一批“新黑人”。

> 我一直认为，一个人最终会站起来，发出自己的声音，并敢于面对任何后果，而如果他心中怀有恐惧，他就不可能做到这一点。我向上帝祈祷时，总是祈求上帝将我从恐惧中拯救出来，因为我认为，如果一个人只沉浸在对个人结局的满心恐惧中，那么他在提升整个人类和解决世代影响我们的社会问题方面，永远都将一事无成。

在处理这场危机的过程中，我的教友对我总是不离不弃，鼓 89
励我，支持我。我有时不得不离家几个小时，甚至几天，无法履行丈夫和父亲的角色，女士们就经常来到我家，与柯丽塔做伴，许多人轮流给我家担任警卫。我与教区的日常联络几乎停止了，只在星期天做做布道，但是，我的教友并不介意我在教会与黑人群众运动之间奔波，他们自己也把大量的时间和金钱投入到斗争中去。

也有白人朋友们挺身而出支持我。他们经常打电话来鼓励我。

我家遭遇爆炸袭击时，一些白人纷纷前来表示慰问，有些人我认识，有些人我根本不认识。

在那些奋力搏斗的艰难日子里，柯丽塔一直保持着令人惊叹的镇静，从来没有情绪失控过。即使在最可怕的经历中，她也从来没有惊慌失措或发过脾气，她总是表现得那么坚强而勇敢。当然，她为我的安全担心和焦虑，但她从来没有因此而阻挠我投身到任何运动中去。她似乎对自己的处境毫不畏惧，总是给我最深切的安慰，支持着我的一举一动。有时候，我会安排柯丽塔和约兰达去亚特兰大，陪我父母住上一段时间；或者让她回家陪陪她的父母，让他们稍微安心一些。然而，她从来不愿意离开我，总是坚持要回到我身边，要坚持到斗争的最后。我相信，如果我没有这样一个充满勇气和力量、性格冷静的妻子，那么我根本无法忍受各种考验和紧张氛围的煎熬。在最黑暗的时刻，她总是带来希望之光。

“种族隔离制度必须灭亡”

> 我们不要再愚弄自己了，无论是北方还是南方，我们都还没有到达应许之地。在南方，种族隔离仍然以各种显而易见、明目张胆的形式，影响着我们的生活；在北方，它仍然以微妙和隐蔽的方式大行其道。种族隔离仍然是事实。当前，种族隔离制度确实可能像个行将就木的临终老人，但历史证明，任何社会制度都有强大的苟延残喘的能力。现状的卫道士们正手持氧气袋，准备出手抢救旧秩序。但是，如果民主要生存，那么
> 90 种族隔离制度必须灭亡。民主的哲学基础与种族隔离的哲学基础截然相反，任何逻辑学家的雄辩都无法让它们安然相处于一个屋檐之下。从本质上讲，种族隔离制度是邪恶的，是生长在我们社会机体上的一个肿瘤，只有割除它，民主的机体才能健康。
>
> 我们曾经试着容忍种族隔离。有些人认为，我们可以按照“隔离但平等”的原则生存。早在1896年，联邦最高法院就通

过了普莱西诉弗格森案[1]，在这片土地上确立了“隔离但平等”的法理原则。然而，我们都看到了这一原则的后果是什么：隔离原则倒是严格地执行了，但未见到任何一点恪守平等原则的努力，所以，旧有的普莱西案判例最终让我们陷入被剥削的深渊，面临无休无止的绝望与不公正。

黑人即使在外部设施和物资分配方面享受到了平等，仍然会遭受到其他的不公正。即便黑人孩子能和白人孩子享有同样数量、同样设施的学校，黑人孩子仍然面临着不平等，因为他们没有机会与所有孩子交流。由此可见，平等不仅是一个数学和几何的问题，更是一个心理学问题。它不仅是量的问题，更是质的问题，即便数量上平等，质量上也可能不平等。“隔离但平等”的原则永远行不通。

我对此深有体会。9 月 27 日星期四上午，我乘坐东部航空公司的飞机离开亚拉巴马州的蒙哥马利，前往弗吉尼亚州。在亚特兰大，我从东部航空公司的飞机换乘到了卡比托航空公司的飞机。飞机正要起飞时，他们发现发电机有故障，我们不得不下了飞机，回到候机室。我们本应在飞机上吃午饭，但在我们等待期间，工

---

① 普莱西诉弗格森案（Plessy vs. Ferguson）有时简称“普莱西案”，是美国历史上一个标志性案件，这个判决维护了种族隔离的合法性，使得美国南部各州在公共场合实施的“隔离但平等”的种族隔离法延续了半个多世纪，直到国会于 1964 年通过民权法、1965 年通过投票权法后，南部各州实施的种族隔离法才彻底消失。1892 年 6 月 7 日，具有八分之一黑人血统的路易斯安那人权组织公民委员会成员荷马·A. 普莱西（Homer A. Plessy），故意登上东路易斯安那铁路的一辆专为白人服务的列车，根据路易斯安那州 1890 年实施的吉姆·克劳法，白人和有色人种必须分别乘坐“隔离但平等”的车厢。普莱西看上去像白人，所以不会被拒绝上车。但普莱西事实上被认定为“有色人种”，因此他被拘捕，罪名是他违反了种族隔离法，坐上了只有白人才可以坐的火车，而普莱西对此并不认罪。该案由法官约翰·弗格森（John Howard Ferguson）来处理，他判决铁路公司有权按照州的法律分隔白人与黑人，普莱西被判罚款 25 美元。普莱西当庭不认罪，最终该案一直上诉到联邦最高法院。最高法院在判决书中表示，没有发现分隔两个种族的做法违宪，因为分隔本身并不代表不平等，原告的抗辩是出于自卑，法院声称在这个案件中，没有发现提供给白人的专车与提供给黑人的专车有什么不同，因此，判决原告败诉。该案的裁决在事实上确认了种族隔离政策的合法性。

作人员给我们发放了餐券，让我们去亚特兰大机场的道布斯餐厅
吃午饭。我是飞机上唯一的一位黑人乘客，我跟着其他人来到
了道布斯餐厅。这时，我看到一个服务员向我走来，我以为他
会给我安排一个非常舒适的座位，和其他乘客坐在一起，但是，
91 他把我带到了后面的一个隔离间中。在这个隔间中，我与他人
完全隔离开来。于是我马上说，我无法在那里吃饭。我又走了
回来，在主餐厅找了一个位置坐下。我就坐在那里等着上菜，
但没有人理睬我。我等了很长时间，其他人的菜都已经上了。
最后，我说想要见见经理，他出来了，我把情况告诉了他，他
说话的语气满是同情。我永远无法忘记他对我说的话：

“尊敬的牧师，这是法律，这是州里的法律，市里的法规，我们必须这么做。我们不能在外面为你上菜，但其实一切服务都是一样的。在那里，所有的东西都是一样的，你能吃到和外面相同的食物，你能得到和外面的人一样的服务。”

我看着他，很怀疑他自己是否相信这些话。然后，我对他说：“我不明白我怎么能得到同样的服务。第一，我要面对的是审美上的不平等，我看不到你挂在这里四周墙壁上的漂亮图片，隔离间里没有这些。不仅如此，我只是不喜欢坐在那里，这让我不痛快，甚至让我很生气。我知道我不应该生气，我知道我不应该愤怒。但你把我安置在那儿，我的心灵受到打击，我遭受到了不公正的待遇，因此我更容易积累起怨恨。并且，我遇到了一个来自莫比尔的年轻人，他是一个亚拉巴马州莫比尔的白人。我们坐邻座，我们正在讨论一些很有意思的话题，我们进了餐厅后，如果按照你说的去做的话，我们就不得不分开就座，这就意味着我不能继续和这个年轻人交流，我完全被切断了与人沟通的渠道。所以，我在三个层面上遭到了不公正待遇：我遭遇了审美的不平等；我受到不公正待遇，因而更容易积累怨恨；我无法与邻座继续交流，这不公正。”

至此，我明白了最高法院所陈述的“隔离设施本质上就是不公平”的真实含义。世界上根本不存在“隔离但平等”的事情。

“辉煌的黎明”

斗争仍在继续。在此案上诉期间，我们仍旧不得不步行，继续 92
牺牲几个月的时间，但至少我们是满怀希望地在步行，事情的解决只是一个时间问题。夏天过去了，亚拉巴马州凉爽而白天渐短的秋日来临了。最高法院对我们的上诉的裁决，仍然迟迟没有来临。同时，我们的私车公用系统不停地面临着各种阻挠。几乎一夜之间，保险代理人们决定拒绝再为我们的汽车担保，借口是风险太高。最后，承担我们责任保险的公司通知我们，所有的保险条款将于 9 月 15 日失效。一位北方的朋友看到我们面临的麻烦后，写信来建议我们联系伦敦的劳埃德银行。几天后，我跟亚特兰大的一位保险经纪人 T. M. 亚历山大（T. M. Alexander）沟通，他同意这个想法，并为我们做了联络。几天后，他就告诉我们，伦敦的劳埃德银行愿意承保。

但是，前方仍然困难重重。市政当局决定采取法律行动，来阻止私车公用系统的运作。我们想要让联邦法院出台一项限制市政干涉私车公用系统的法令，来阻止这个动作，但美国地区法院法官弗兰克·M. 约翰逊（Frank M. Johnson）拒绝了这项请求。不久之后，我们几个人收到传票，市政当局已经提交了诉状。庭审定于 11 月 13 日星期二举行。

庭审前一天晚上，我迫不得已在群众集会时警告大家，私车公用系统可能会遭到禁止。我知道，他们已经心甘情愿地忍受了将近 12 个月，一旦私车公用系统被禁止，他们该怎么办呢？难道我们能让他们每天步行上下班吗？如果不能，这是否就是被迫承认我们的抗议最终失败了？在这次漫长的斗争中，我第一次在他们面前犹豫了。

集会的夜晚到了，我鼓起勇气，告诉了他们真相。最后，我尽量以充满希望的语气来结尾：“这可能是黎明前最黑暗的时刻。这么多个月以来，我们一直大胆地坚信，上帝与我们同在，与我

们一同战斗。我们经历过的许多事情，都以最意想不到的方式证明了这种信念。我们必须以同样的信念、同样的确信，继续走下
93 去。我们必须相信，从无路之处开路。”然而，即使说了这些话，我还是感觉到悲观的冷风从听众间掠过。这是一个黑暗的午夜，比上千个黑夜的累加更加黑暗，这是一个希望之光即将消逝的黑夜，但也只有如此，信仰之灯才会闪烁。我们两手空空地回了家，前途未卜。

星期二早上，我们去了法庭，主持审判的仍然是卡特法官。市政当局的诉状直接针对的是蒙哥马利促进会、几个教会以及某些个人。他们要求法院批准，补偿因私车公用系统所导致的损失。作为第一被告，我和控辩双方的律师坐在前排桌子上。

十二点钟左右，在短暂的休息期间，我注意到法庭上忽然起了一阵不同寻常的骚动。塞勒斯专员和盖尔（Gayle）市长都被叫到了后面的一个房间，另外两个市政当局的律师也尾随他们出去了。几个记者在兴奋地进进出出。

我对我的律师弗雷德·格雷（Fred Gray）和彼得·霍尔（Peter Hall）说：“事情有点不对头。”

我的话音未落，美联社记者瑞克斯·托马斯（Rex Thomas）向我走过来，手里拿着一份报纸。

“这就是你们一直在等的决定，读读吧。”

我的内心充满着焦虑和希望，读道：“美国最高法院今天维持了由三位法官组成的美国特别地方法院所做的裁定，宣布亚拉巴马州和地方法律在公共汽车上实行种族隔离的做法违宪。最高法院此举未举行任何听证，仅陈述‘批准请求动议，维持判决’。”

这一刻，我心情雀跃，狂喜之情难以言表。我马上把这一消息告诉了旁边的律师，然后冲到后面，把消息告诉了我的妻子、拉尔夫·阿伯内西和尼克松。很快，这个消息传遍了整个法庭。听闻这一消息，黑人们的脸上都洋溢着喜悦之情。“全能的上帝在华盛顿特区说话了！”一个兴奋的旁听者说。

94 几分钟后，卡特法官再次宣布开庭。在接下来的庭审时间里，

我们都安下心来应付眼前的案件了。大约下午五点钟时，双方休庭，几分钟内法官就做出了裁决。正如我们所预料的那样，法庭对市政当局阻止私车公用系统的决定，判处以临时禁令。平心而论，这个决定对这样一天来讲，实在有些太平淡了。1956 年 11 月 13 日星期二，在蒙哥马利公共汽车抗议运动的历史上，永远是一个重要而充满讽刺意味的日子。那一天做出了两个历史性的裁决：一个是结束了私车公用系统；另一个是废止了该系统得以存在的基础。斗争征程中最黑暗的时刻，恰恰就是胜利来临的时刻。浓黑的午夜确实让人产生过失望、悲伤和绝望，但黎明接踵而至。

我冲回家，通知媒体记者我将在 11 月 14 日星期三晚上召开黑人群众大会，决定是否结束抗议。为了容纳尽可能多的人，我们安排在城市的两个会场同时举行会议，发言人要从一个会场赶到另一个会场。同时，执行委员会根据大会决议，建议立即结束抗议，但推迟乘坐公共汽车，直到华盛顿最高法院下达的强制性命令到来。这个命令预计会在几天内到达。

拥挤在两个教堂中的八千多黑人群情激昂。在第一个集会处，我们就清楚地了解到，判决的消息已经广泛传播开来。两边的会场都接受执行委员会的建议，也就是停止抗议，但在强制性命令到达亚拉巴马州之前，暂不乘坐公共汽车。这个辉煌的黎明结束了那漫长的隔离黑夜。

当晚，三 K 党就有了动作。电台宣布他们将在整个黑人社区举行抗议，一时间，暴力和爆炸袭击的威胁甚嚣尘上。本来，在夏末秋初的这段时间，骚扰事件有所减少，但随着最高法院做出判决，骚扰又开始了。判决后的那个晚上，我的电话几乎每五分钟就震响一次。一个人在电话里对我说："如果你让黑人回到公共汽车上，还要坐在前排座位上，我们就一个晚上给你烧掉五十多家黑鬼的房子，包括你的。"我非常冷静地告诉他，这不是解决问题的方法。 95
我还没有说完，他就说："你给我闭嘴，黑鬼！要不我们现在就出去，把你炸上天。"还有一个人打来电话，不停地咒骂联邦最高法院。最后他怨恨地说："我们就等着那该死的休戈·布莱克[①]回到亚拉巴马州，我们要把你和他吊死在同一棵树上。"

通常，三K党的行动威胁是个信号，黑人们见状会躲进家里，大门紧闭，拉上窗帘或关了灯。因为害怕死亡，所以他们装死。但这一次，黑人的反应令人惊讶。当三K党车队到来的时候——根据报纸描述，有"大约40车头戴面罩的成员"——黑人家的门廊灯亮了起来，门也大敞着。三K党党徒开车经过时，黑人们好像在看马戏团游行。他们做出若无其事的样子，像往常一样走来走去，有些人只是在自家台阶上看看，而有些人却对疾驰而过的汽车挥手致意。这么穿过了几个街区后，不知所措的三K党车队钻进了一条小路，消失在黑暗中。

同时，我们开始为黑人乘坐种族融合的公共汽车做前期准备工作。在一次又一次的群众集会中，我们一再强调非暴力。我们的主题是："我们不能把这看成是与白人斗争的胜利，而是正义和民主的胜利"。我们一再叮嘱："我们回去乘坐公共汽车时，一定不能没必要地推挤他人，炫耀我们的胜利。如果有空座的话，那么我们只需安静地坐下。"

尽管我们努力地为黑人乘坐种族融合的公共汽车做准备，但是却没有一个白人团体来为白人群众做相关的工作。我们想让白人牧师协会发表一个简单声明，呼吁礼貌相处之道和基督教的兄弟情谊，但除了几位白人牧师给予了友好回应以外，大多数人表示"不敢涉足这样一个有争议的问题"，这种态度令人深感失望。

"我们的信仰得到了验证"

在1956年12月20日，关于种族融合公共汽车的命令终于到

① 休戈·布莱克（Hugo Black，1886—1971），美国当代政治家及法学家，1927—1937年担任民主党亚拉巴马州参议员，1937年被罗斯福总统提名担任最高法院大法官，常被认为是20世纪最有影响力的大法官。他在成为参议员之前，曾加入过三K党，但1925年宣布退出该组织。

达了蒙哥马利。那天晚上，我们马上组织了一次集会，在人们第二天重新乘坐公共汽车之前给予最后的指示。我打电话给公共汽车公司的经理，请求务必在所有主要线路上恢复服务。他显然也松了口气，同意了。

圣约翰非洲卫理公会主教教堂挤满了听众，我当众做了在下午 *96*
精心准备的演讲：

> 这 12 个月很不容易。我们的双脚疲惫不堪，我们一直努力克服巨大的困难，来保持替代交通方式的畅通。曾几何时，失望如同咆哮的洪水，挟裹着骇人的巨流，倾泻到我们头上。曾几何时，不利的法庭判决如同海啸袭来，让我们深陷于绝望的洪流之中。但是，在这一过程中，我们怀揣着这样的信念，即上帝与我们一同战斗，而道德宇宙的弧虽然绵长，但终将向正义弯曲。我们在耶稣受难的痛苦和黑暗中已经生活了太久，然而我们坚信，终有一天，耶稣复活的光芒将闪耀在地平线上。我们看到真理被钉在十字架上，目睹善良惨遭埋葬，然而我们坚信，被碾碎到泥土中的真理终将再次复活。
>
> 现在，我们的信仰得到了验证。今天上午，美国最高法院关于公共汽车隔离案的判决到达了蒙哥马利，这一刻，我们期盼已久！在过去的一年里，我们从团结一致的非暴力抗议中获得了经验和成长。我们不应只将其理解成一场针对我们白人兄弟的“胜利”的官司，我们要去理解那些曾压迫过我们的人，应该感激那些依据法院裁决而调整态度的举动。我们必须诚实直面自己的缺点，我们的行为应该能让白人和有色人种，在真正和谐与互相理解的基础上走到一起来。我们寻求的是基于种族融合的彼此尊重。
>
> 此时，我们必须表现出冷静的尊严和明智的克制，情绪不能失控。我们任何人都不能有任何暴力行为，因为我们一旦受制于暴力的念头，我们的徒步行走就徒劳无功了，过去 12 个月的光荣尊严就会成为阴暗灾难的前奏。重返公共汽车时，让我们充满爱心，化敌为友，我们现在必须从抗议转为和解。我

坚信，上帝在蒙哥马利做工，让所有善良的人，无论黑人还是白人，继续与他一起做工。只有凭借这样的奉献精神，我们才能够将人类从非人道的阴暗荒凉的午夜，带到光明闪耀的自由与正义的黎明。

97 听众站起来大声欢呼，他们为了这一刻已经忍耐了一年多。在种族融合的情况下重新乘坐公共汽车，对他们而言是一个全新的开始；但是，这也是一个运动的结束，这一运动曾使得蒙哥马利的黑人们空前地团结在一起。非暴力的理念已逐步渗入人们的理念与灵魂，这确实令人欢欣雀跃，我们的群众体现出令人惊叹的素养。我觉得，这次斗争赋予黑人以一种全新的尊严感和使命感。然而，对许多参与其中的人来说，喜悦并不是那么纯粹。也许有人担心，不知道第二天乘坐公共汽车时会发生什么状况；有人原本找到了为某一事业牺牲的精神力量，但现在这种牺牲不再需要了，就与任何目标实现后的情形一样，此刻也萦绕着些许感伤的味道。

我觉得，与人们一起为了正义目标奋斗了这么多个月后，此时的我不能袖手旁观，而应该亲自将他们带回到公共汽车上。我邀请了拉尔夫·阿伯内西、E. D. 尼克松和格伦·斯迈利（Glenn Smiley）与我一起，乘坐第一辆种族融合的公共汽车。星期五早上5点45分左右，他们就聚集到我家。电视摄像师、摄影师和新闻记者都等在我家门外。在5点55分时，我们向公共汽车站走去，摄影师不停拍摄，记者们的问题倾泻而来。很快，公共汽车开来了，车门打开，我走上了汽车。公共汽车司机热情地微笑着和我打招呼，我把车费投进票箱中，他问：

“我想，你就是金牧师吧？”

我回答说：“是的。”

他说：“很高兴今天早上为您服务。”

我谢了他，也笑着坐了下来。阿伯内西、尼克松和斯迈利也都上了车，几个记者和电视台的人跟在他们身后。格伦·斯迈利坐在我旁边，就这样，我和一位白人牧师（他是一位南方本地人）一同坐了蒙哥马利第一辆种族融合的公共汽车。

在市中心，我们换乘了另一辆主要为白人社区服务的公共汽车。有些白人上车后，找到座位坐下，好像什么都没有发生；而有 98
的人见到黑人坐在车前面，面露讶色；更有些人在知道了他们要么坐在黑人后面，要么只能站着时，都气哼哼的。一位老人上车后，尽管后面有几个空位，但是他就一直站在售票员的旁边。有人建议他可以坐到后面去，他回答说："我宁可死，也不想坐在一个黑鬼后面。"一个白人妇女不知情地坐在了一个黑人旁边，当她注意到邻座是个黑人时，惊跳了起来，用一种明显恼怒的语气说："这些黑鬼接下来还要干什么？"

尽管有这样或那样的敌意，但第一天共乘并没有发生什么大事。很多白人冷静地接受了这个新制度，有几个人还有意地坐在黑人旁边，脸上显出友好的微笑。一名黑人妇女在下车时，被一名白人男子掴了一巴掌，但她没有还手。后来她说："我自己就可以把那个家伙的脖子拧断，但我昨晚参加了集会，决心按照金牧师的要求去做。"《蒙哥马利广告报》在第一天共乘结束时报道说："人们平静而谨慎地接受了这一蒙哥马利生活方式的重大转变，没有任何重大骚乱发生。"

"勇敢的新黑人"

蒙哥马利运动标志着黑人们首次对南方的生活方式，有组织地进行了持续而大规模的非暴力反抗。在蒙哥马利，人们勇敢地、集体性地挑战了美国秩序。这一秩序曾经对所有人都做出庄重承诺，但长期以来却侮辱和践踏着处于被压迫地位的少数族裔。

蒙哥马利的反对种族隔离的斗争，是美国黑人的心理转折点。在蒙哥马利诞生的革命，不同于以往那些孤立的、无效的暴力奴隶起义，也有别于以个人方式反抗自身所遭遇的压迫的零星的种族隔离事件。所有的蒙哥马利黑人，无论其身份地位如何，在同一时间团结了起来，共同抗议，拒绝乘坐公共汽车。通过步行、私车公用系统和临时拼车等方式，将抵制坚持到了最后，直到取得胜利。

99 此外，蒙哥马利运动为黑人革命贡献了一个新式武器，那就是非暴力抵抗。这次运动是非暴力抵抗这一社会工具被首次应用于美国的社会环境，是通过一种集体的方式实施的。就在这座城市，这一武器历经磨砺，以备未来之需。这一武器之所以有效，是因为它解除了对手的武装，暴露了对手的道德防线，削弱了对手的士气，同时也作用于对手的良知。非暴力抵抗还为黑人提供了一种以道德手段来实现道德目标的方法。这是一种创造性的力量，人们可以通过它来表达心中的不满。

最后，蒙哥马利运动胜利的标志是美国最高法院的判决。然而，在真正意义上，抵制者早已经获得了胜利，他们已经向自己、向社会、向全世界证明，黑人能够团结一致，以集体行动反抗种族隔离制度，他们有能力坚持到底，直到取得最终胜利。总而言之，蒙哥马利诞生了一个勇敢的新黑人的形象，全世界对此有目共睹。他的出现好似最鲜明的浮雕，使得白人们不得不直面，甚至勉为其难地表示尊重；他的出现也使得黑人们钦佩不已，进而纷纷效仿。他完全摒弃了黑人们原来那种停滞不前的消极态度和放任情绪，浑身洋溢着全新的尊严感和使命感。蒙哥马利的黑人获得了新的自我和自尊，他们有决心去追求自由和人性的尊严，无论要为此付出多大的代价。

第 10 章

斗争的扩大

历史赋予我们这一代人一个重要的使命——完成国家的民主化进程。我们在民主化方面一直发展缓慢，但民主却是我们赢得全世界尊重并争相效仿的最有力武器。如何处理这一关键局势，将影响到我们个体的道德健康、地区的文化健康、国家的政治健康，以及作为一个自由世界的领袖的威望。 100

1957 年 2 月 14 日

金就任南方领袖大会（Southern Leaders Conference，后改为南方基督教领袖大会 SCLC）负责人

5 月 17 日

金在华盛顿特区“为自由祷告朝圣之旅”活动中发表演讲

9 月 25 日

金赞同艾森豪威尔总统使用武力促进小石城中央中学（Little Rock's Central High School）种族融合的决定

10 月 23 日

马丁·路德·金三世出生

1958 年 6 月 23 日

艾森豪威尔会见金和其他民权运动领袖

1957 年 1 月 9 日，拉尔夫·阿伯内西和我前往亚特兰大筹备黑人领袖大会，这次大会是由我召集召开的。半夜，我们被拉尔夫的

101 妻子胡安妮塔·阿伯内西（Juanita Abernathy）打来的电话惊醒。我知道，她在凌晨两点叫醒我们，一定是出了大事。拉尔夫接完电话后，脸色阴沉，我猜想一定是出了什么严重的状况。他说：“我家被炸了，在城里另外还听到了三四声爆炸，但胡安妮塔还不知道是哪里。”我问了胡安妮塔和他们女儿的情况，他说：“感谢上帝，她们很安全。”我们还没来得及谈及其他，电话又响了，这次还是胡安妮塔。她说，第一浸信会教堂也被袭击了。一夜之间，拉尔夫的家和他的教堂都遭到了炸弹袭击，我不知怎样去安慰他。第二天早上，我们一起向上帝祷告，请求他赐予我们忍受的力量和继续前行的勇气。

拉尔夫和我计划飞回去，暂时缺席黑人领袖大会。我们从蒙哥马利机场开车直奔拉尔夫家。当时，整条街都被围了起来，数百人围站在那里，看着炸毁后的废墟。房子的前廊几乎被完全炸毁，房间里的东西散落各处。胡安妮塔虽然受了惊吓，面色苍白，但仍然相当镇定。

那个早上，我们又去看了其他几处爆炸地点。贝尔街和奥利弗山浸信会教堂几乎被夷为平地，另外两座教堂虽然损毁得不那么严重，但仍然损失巨大。

那天下午，我返回亚特兰大，在黑人领袖大会上露了面。在会议上，我发现，来自南方各地的近百人热情高涨，他们支持用非暴力的手段，将最高法院有关种族隔离公共汽车的判决执行下去。我们致电德怀特·D. 艾森豪威尔（Dwight D. Eisenhower）总统，请求他立即南下，在南方某个主要城市发表一次演讲，敦促所有南方人接受并遵守最高法院的裁决。我们还敦促他，利用其职位的巨大影响向南方人指出，目前尚未解决的民权问题在国内外所引发的一系列问题的道德本质是什么。会议闭幕前，与会者投票组建了南方领袖大会（后来改名为南方基督教领袖大会，简称 SCLC）。这是一个永久性组织，目的是促进各地抗议活动的协调行动。后来，我当选为该组织的主席，这一职位我担任至今。

“恐怖浪潮”

周末我回到了蒙哥马利，发现黑人社区情绪低落。爆炸事件 102
发生后，市政委员会下令所有公共汽车不准上街。现在看来，市政当局可能利用这种暴力事件作为借口，来取消公共汽车公司的特许经营权。这一局面让许多人以为，我们所有的成功都打了水漂。我自己心里也开始忧虑，也许我们不得不进行另一场长期的斗争，来争取恢复公共汽车服务。我怀疑，对黑人社区狂轰滥炸的恶毒传单也起了一定的效果。不知为什么，我对所发生的一切感到了愧疚。

我带着这种情绪，参加了星期一晚上的群众集会。这是我第一次当众情绪失控。我邀请教友和我一起祷告，请求上帝在所有的活动中指导我们，带领我们。然而，我一时没有控制住情绪，说道："主啊，我不希望任何人在斗争中死去，因为我们是在为蒙哥马利的自由而战。我当然不想死，但如果必须有人死，那就让我去死吧。"听众闻此一片哗然，四面八方传来呼喊："不，不。"听众的反应如此强烈，我无法继续祈祷。两位牧师同事走上讲坛，建议我坐一会儿。他们搀扶着我，我站着却无法挪步。最后，在朋友的帮助下，我坐了下来。就是这一场面，让新闻界错误地报道说我已经崩溃了。

出人意料的是，这一幕反倒让我大大地松了一口气。许多人在集会后来到我身边，第二天也有人打来电话，向我保证他们会和我们一直斗争到最后。接下来的几天，城市相当平静，公共汽车很快就恢复了，虽然只有白班。

然而，又一波恐怖浪潮袭来。1 月 28 日早晨，大众服务与出租 103
车站遭到炸弹袭击；另有一枚炸弹落在一个医院护工的家里，这是一位 60 岁的黑人。同一天早上，我家门廊里发现了一枚未及爆炸的炸弹，炸弹由 12 支炸药简单组装起来，当时正在闷燃。

致芬尼·E. 斯科特夫人（柯丽塔的祖母）的信

亲爱的斯科特夫人：

感谢您最近的来信。得知您对蒙哥马利的境况的关注，我很高兴。请放心，我和家人都很好，柯丽塔和孩子也都很好。我们下定决心，一如既往地在蒙哥马利继续为自由和正义而战斗。前几天报纸说的都是错的，我没有崩溃，也没有痛哭，我还像原来一样强壮和健康。请为我们祈祷吧。

1957 年 1 月 28 日

发现闷燃的炸弹时，我和朋友正在城市的另一端，而柯丽塔和约兰达在亚特兰大，所以，我再次从电话上得知了这个消息。在我回家的路上，我查看了附近的其他几处爆炸现场，所幸无人伤亡。

回到家中，门廊里炸弹闷燃的痕迹很明显。我就在门廊里对聚在外面的人群做了演讲：“我们在任何情况下，都不能使用暴力。我知道，这很难遵守，特别是我们已经遭受了不止十起爆炸。但是，这是基督的方式，这是十字架的方式。我们必须坚信，不必承受的苦难就是救赎。”因为当时是星期天早上，我催促人们赶快回家，准备好去教堂，人群渐渐地散了。

这些爆炸事件让人们意识到，蒙哥马利正急速陷入混乱状态。最后，市政当局开始了认真的调查。他们悬赏 4 000 美元，征询施爆者的信息，打算逮捕，依法定罪。1 月 31 日，震惊黑人社区的消息传来，确实有 7 名白人男子因与爆炸有牵连而遭到了逮捕。

104 白人的辩护律师们花了两天时间，企图证明他们的委托人无罪。他们狡辩说，这些爆炸事件是由蒙哥马利促进会主使的，因为财务日渐衰竭，我们想通过这种手段来赢得外界捐款。第二天庭审结束前，我被传唤到证人席上作证。在一个多小时的问讯时间里，他们询问了我许多与爆炸案无关的事情。律师们从我的证词中断章取义，让人感觉我是一个仇恨和暴力罪行的肇事者。他们编造了很多对白人的贬损之词，然后归罪于我。这 7 名白人已经在供词上签了字，然而，尽管证据确凿，但陪审团却判决他们无罪。

正义又一次流产了。但是，顽固分子已经到了强弩之末，骚乱突然停止了。公共汽车取消种族隔离的措施进展顺利，交通在几个星期内恢复了正常，两个不同种族的人一同乘车，无论他们喜欢与否。种族融合的公共汽车在蒙哥马利的大街小巷行驶，天并没有塌下来。

“运动的象征”

1957 年 2 月，自从《时代周刊》报道了一篇关于此次运动的封面文章后，我觉察到，社会上反对我本人和本次运动的紧张情绪在逐渐减弱。

致柯丽塔·斯科特·金的电报

亚特兰大蒙哥马利南杰克逊街 309 号柯丽塔·金夫人：

亲爱的，我真高兴能从事关国家利益的重要事务中暂歇一刻，分身来处理这世上头等重要的大事，即选择世上最温柔可爱的妻子和母亲做我的情人。时间流逝，我的爱与日俱增，你是我永远的情人。

马丁

于路易斯安那州新奥尔良

1957 年 2 月 14 日

那段时间，我去国内的任何城市演讲，都受到当地人的热烈欢 105
迎，他们来自不同种族，有着各种信仰。我的任何一次演讲，总有成千上万的听众，每次会场都是人满为患。演讲结束后，我总是要硬冲出那些围着等我签名的人群。我走在任何城市的街道上，几乎都能遇到有人跑过来说："这不是亚拉巴马州的金牧师吗？"生活在这种氛围之下，很容易让人飘飘然。

当意识到自己是某个运动的象征时，你就应该深入探索自己的灵魂，透彻地自我剖析，看自己是否担得起那些拥护者的崇敬，要致力于减少公众自我和个人自我之间的差距。

我每天都向上帝祷告，其中的一个祈祷就是："哦，上帝，请帮助我看到真实的自我。哦，上帝，请帮助我认清，我只是这个运动的一个象征；请帮助我看到，我只是受到德语中所谓的'时代精神'的摆布，受到历史潮流的推动，即便我没来到亚拉巴马州，亚拉巴马的蒙哥马利也照旧会发生抵制乘车运动。上帝啊，请帮助我认识到，我之所以成为现在的我，是因为历史力量的推动，是因为亚拉巴马州的五万黑人一直不曾登上报纸的头条新闻。上帝啊，请帮助我看到，我今天站在这里，是因为有其他人帮助我站在这里，是因为历史的力量将我投射在这里。"

"南方的新黑人"

显而易见，当前的情势已经比 1955 年 12 月 5 日之前好了很多，但蒙哥马利的种族问题仍远未解决。蒙哥马利的问题，仅仅是一个更大范围内的国家问题的一种表征，是经年沉疴势力引起的种族关系的危机。两次世界大战带来了社会动荡、经济大萧条以及汽车的推广，使得黑人有可能也必须离开他们以前与世隔绝的农村种
106 植园。农业的衰落和工业的相应增长，将大量黑人吸引到城市中谋生，他们的经济地位也因此逐步得到了改善。他们与外界构建了各种各样的新式联系，这极大地扩展了他们的生活视野，增加了他们受教育的可能性。

声名之累

对年轻人而言，生活挫折的表现之一就是年纪轻轻就登上了

人生的巅峰。一般人达至巅峰多是在四十出头，或者五十多岁，而如果你很年轻就达到了巅峰，那么你未来的生活就进入了一种减弱的节奏。你会觉得自己在本该开始向目标努力的年龄，已经在谢幕了。

坦白地说，我对此深感忧虑。如果一个人在 27 岁就达到了巅峰，那么他注定前程艰辛。在我的余生里，人们会一直期待我能从帽子下面变出兔子来，如果我不能，或者帽子下根本就没有兔子，那么他们就会说我不够好。

引自 1957 年 4 月 14 日《纽约邮报》

所有这些因素结合在一起，使得黑人能够重新审视自己；而不断扩展的生活经验，也培养了他们的一种意识：他是一个更大的社会群体中的一个平等分子，因此，他应该拥有与其新职责相称的权利和特权。恰恰是奴隶制和种族隔离的恶劣影响，让他们产生了可悲的自卑感，迫使他们重新评估自我。他们的自我开始觉醒了。

这种日益增长的自尊感激发了黑人们奋斗和牺牲的决心，直到平等的公民权利得以实现。这正是蒙哥马利运动的真正含义。如果一个人无法理解南方的新黑人，以及他们的尊严感和使命感，他就永远无法参透蒙哥马利的公共汽车抗议运动。

黑人形象的转变，也唤醒了千百万美国白人在种族隔离问题上的道德良知。自从《独立宣言》签署以来，美国在种族问题上一直表现出分裂的人格。她一直在两个自我之间徘徊：一个自我自豪地高标民主，另一个自我则可悲地实践着反民主。与奴隶制度一样， 107
种族隔离制度同样与民主和基督教理想发生着冲突。确实，在一个以“人人生而平等”为立国之本的国家里，种族隔离和种族歧视却大行其道，这真是一个奇怪的悖论。

这个运动的高潮，是美国最高法院下令禁止在公立学校实行种族隔离制度。对心怀善意的人而言，1954 年 5 月 17 日是一个快乐的日子，标志着强制种族隔离漫漫长夜的结束。最高法院明确表示，“隔离但平等”设施从本质上讲是不平等的，而根据种族将儿童隔离开来，就是否认了法律对儿童平等的保护。这一决议给遭受不公正待遇、只敢梦想自由的千百万黑人带来了希望，它进一步增强了黑人的尊严感，鼓励他们以更大的决心去追求正义。

美国黑人不屈服于压迫而追求自由的决心，激发起了世界各地被压迫人民内心深处同样的渴望。长期遭受殖民主义和帝国主义迫害的亚非人民，奋起抗争，争取自由和人性尊严。因此，从真正意义上说，美国的种族危机是更大范围内的世界危机的一部分。

“赋予我们选举权！”

1957 年 5 月 17 日，民权倡导者们在华盛顿特区举行活动，纪念最高法院将种族隔离裁定为非法的重大决议实施三周年。那一天，成千上万的黑人和心怀善意的白人从全美各地赶来，聚集在林肯纪念堂前，举行了大约两个小时的为自由祷告活动。我们得到了有关组织的大力支持。例如，沃尔特·路瑟（Walter Reuther）给各地工会写信，要求他们派代表参加我们的活动，也为我们捐款。这次运动的总体目标是，激发起这个热爱种族平等的民族的良知；而更具体的目的是展示黑人们在争取自由斗争中的团结力量，揭露我们目前在南方遭受的暴力与恐怖，并呼吁国会通过民权法案——该法案一直被南方国会议员压制在委员会中，未得提交。

108 在这种情况下，我们来到华盛顿，对那些政府高官们说，民权问题不是一个一下子就能解决的国内问题，现状的反动卫道士们很有可能奋力抵抗；相反，民权是一个永恒的道德问题，它可能会决定我们国家在与极权主义意识形态的斗争中的命运。

> 我们向美国总统和国会议员提出的最紧迫的要求，是赋予我们选举权。赋予我们选举权，我们将不再烦扰联邦政府解决我们的基本权利问题；赋予我们选举权，我们将不再要求联邦政府通过反对私刑的法律，我们会行使自己的权利去书写南部

> 的法律，结束蒙面暴力肇事者的卑劣行为；赋予我们选举权，我们将把嗜血暴徒的昭著暴行，转化为守法公民的适当善行；赋予我们选举权，我们将让立法大厅中站满心怀善意的人们，派往神圣的国会大厅的人也不会签署南方宣言（Southern manifesto），因为他们忠实于正义的宣言；赋予我们选举权，我们会把行事公正、心怀怜悯的人安置在法官席上，我们推选的南方政府领袖不仅能体现人性关怀，而且能光大上帝的荣耀；赋予我们选举权，我们将安静地、非暴力地、毫无敌意和怨恨地执行最高法院在 1954 年 5 月 17 日的裁定……
>
> 如果政府的行政和执法部门能像联邦法院一样保护我们的公民权利，那么从种族隔离过渡到种族融合的过程，必然更加平稳。我们常把期待的目光投向华盛顿，但却屡屡失望。在法律和秩序惨遭蹂躏时，政府的行政部门却表现得过于沉默和冷漠；在迫切需要为民权立法时，政府的立法部门却太过呆板和虚伪。
>
> 联邦政府缺乏积极的领导，这一现象并不局限于某一个特 109
> 定的政党。两个政党都背叛了正义的事业：民主党人屈服于南方狄西党[1]人的偏见和专制做法，而共和党人则妥协于右翼（反动的北方人）的公然伪善。这些人往往说着高血压的话，却行着贫血症的事。

“公民权运动”

1957 年夏天，为了让黑人为行使选举权而接受必要教育和行动指导，南方基督教领袖大会计划组织一次公民权运动。我们认为，如果黑人无法行使他们的选举权，那么最近颁布的民权法案很

① 狄西党（Dixiecrat）是美国的一个因认同种族隔离制度而从民主党分裂出来的短命政党，其支持者基本上来自美国南部。该党从未获得过任何地方议会及州议会的议席，只存在了短短一年，1948 年美国总统选举后解散并合并回民主党。

可能只是一纸空文，而这次公民权运动就是要让整个南方的黑人都能够去行使这一权利。

我坚信，如果黑人在整个南方都享有了选举权，那么我们面临的许多问题都会迎刃而解。一旦我们获得了选举权，一个全新的南方必将呈现。我逐渐明白，对黑人而言，最有决定意义的步骤之一是走进投票站，因为我们只有享有了选举权，将合适的人选推举到公职人员的位置，才能改善目前这种状况，使之不会持续下去。

1957 年 9 月，阿肯色州小石城的中学生要在联邦军队的保护下走进学校上学[1]，我对此深感遗憾和不安。然而，我认为更加不幸的是，阿肯色州州长奥维尔·法布斯（Orval Faubus）不负责任的举动让美国总统别无选择。我坚定地信仰非暴力，但同时，我也不是一个无政府主义者。我相信，警察力量如果使用得当，是能够解决一些问题的，而我认为联邦军队入驻小石城，这是当时唯一的选择。此举并非美国军队在与另一个国家或种族对抗，而只是警察部队在执行美国的法律。艾森豪威尔总统是一个享有世界声誉的人，是一个具有深刻的道德影响力的人。当时，他完全是时候站出来谴责南方所发生的一切了，所以，我支持总统的决定，给他发了一封电报，赞扬他在小石城事件中采取的积极而明确的立场。他向整个国家和世界表明，美国是一个由法律和秩序统治，而不是由暴民统治的国家。

110　尽管如此，我仍深感困惑：联邦政府对发生在布达佩斯的事情，似乎比对发生在美国伯明翰的事情更加感兴趣。我相信，艾森豪威尔认为种族融合是一件好事；但是，我觉得他也认为，现在推力越猛，造成的紧张情绪可能就会越大，所以不如给它几年时间，

---

① 小石城事件又称“小石城九人事件”（Little Rock Nine），是指 1957 年发生在美国阿肯色州小石城的非洲裔美国学生进入当地小石城中央中学就读的事件。事件的导火索是小石城中央中学招收黑人学生，与白人学生同校就读。起初，支持种族隔离的阿肯色州州长奥维尔·法布斯阻止学生们进入学校，后来美国总统艾森豪威尔介入事件，学生们才得以进入学校上课。

局面自会好转。我认为，艾森豪威尔并不想成为一个为种族融合而战的斗士。艾森豪威尔总统为人正直而善良，但在种族融合问题上，我觉得他并不了解其中所涉及的社会变革的诸多维度，也不清楚如何解决这一问题。

第11章

一个新国家的诞生

111 加纳给了我们很大的启示。它首先告诉我们，压迫者永远不会自愿将自由赐予被压迫者，你必须为此奋斗。自由是争取来的。特权阶级从来不会毫无抵抗地交出特权。

1957年3月4日
金一行人到达黄金海岸，参加加纳独立庆典
3月6日
金出席标志加纳独立的午夜庆典
3月12日
金取道尼日利亚，从阿克拉（Accra）出发前往罗马
3月25日
金在巴黎和伦敦逗留后返回纽约

得知要来加纳时，我内心激动难抑。一个新国家即将诞生！这象征着一种新秩序正在构建，而旧秩序正在消亡，因此，我对此十分关注。我想要参与其中，成为亲历者，亲眼见证这个新国家的诞生。在这次出行中，我们还访问了非洲的几个其他国家，也在欧洲的几个地方做了停留，可以说此行具有极其重要的文化价值，也建立了许多意义深远的社会联系。

112 加纳在独立前经历了多年的抗争。大英帝国认清自己再无力继续统治黄金海岸，于1957年3月6日同意解除对加纳的殖民统治。而所有这些胜利的取得，都归功于夸姆·恩克鲁马（Kwame Nk-

rumah）总理和那些与他并肩作战的领袖们，以及进行了艰苦卓绝的抗议和斗争的广大普通民众。

“一个即将到来的新时代”

这一天终于来临了。1957 年的一个午夜，一个崭新的国家诞生了。这是一个伟大的时刻。当我们走进会场时，注意到这个马球场地里差不多聚集了 50 万人，他们等待这一刻，已历经年。

来自世界 70 个国家和地区的人们，对这个新生的国家表达着欢迎之情：“我们欢迎你，给予你道义上的支持。我们祝愿你在上帝的指导下，成为一片独立的疆域。”我很高兴地看到美国的很多民权领袖也在场：在我的左边是查尔斯·迪格斯（Charles Diggs），右边是亚当·鲍威尔（Adam Powell）和拉尔夫·邦奇（Ralph Bunche）。除了民权领袖，现场还有一些美国人，他们是莫迪凯·约翰逊（Mordecai Johnson）、霍勒斯·曼·邦德（Horace Mann Bond）、A. 菲利普·伦道夫（A. Philip Randolph）。再向远处看去，我还看到了美国副总统。

这时，只见一个英俊的黑人男子带领着八到十个人走上了平台。他站定后说道：“这里不再是英国的殖民地了。现在，我们是自由的拥有主权的人了。”话音甫一落定，我们回过头去，看到一面旧旗帜缓缓降下来，而一面新旗帜在冉冉升起。我心想：“那面降下的旧旗，所蕴含的并不只是当前这个场面的历史意义，它更象征着一个古老秩序的灭亡。那面升起的新旗帜，是一个即将到来的新时代的象征。”我听到人们的欢呼声响彻整个会场：“自由！自由！自由！”

我的眼泪情不自禁地流了下来，这是喜极而泣的泪水。我知道，人们经过了怎样的抗争、痛苦和困惑，才最终迎来了这一时刻。

恩克鲁马总理做完闭幕演讲后，我们也离开了会场。一路上，我们听到从六岁孩童到八九十岁的老人们，都在阿克拉的街头高

喊："自由！自由！"从某种意义上讲，他们高喊的东西，是他们原
113 来从来没有听说过的。那首古老的黑人圣歌再次在我耳边响起："终于自由了，终于自由了，万能的上帝，我终于自由了。"这就是他们的心声啊。我们在所过之处，听见家家户户都传出欢呼声，那声音响彻城市的每个角落："自由！自由！"就犹如当年脱离了埃及的统治①。

有关加纳的布道

今天早上，我好像听到了上帝的声音。我听到他在宇宙中说："安静吧，要知道我是神。如果你不停止作恶，如果你不整饬完好，如果你不停止剥削别人，我就要站出来，粉碎你权力的骨干。你的权力将不复存在！"大英帝国的权力就不复存在了，看看法国，看看英国，曾经夸下海口的"日不落帝国"，现如今变成了一个太阳几乎照不到的地方。

1957 年 4 月 7 日

那个晚上给我留下的最深刻的印象是，恩克鲁马和与他一同坐过牢的部长们出席庆典的情形。他们走进来时，没有戴着王冠，没有穿王袍，而是戴着监狱的狱帽。恩克鲁马站了起来，穿戴着在监狱里穿戴了几个月的狱服和狱帽，向国会做了闭幕演讲。那条通往自由的路，确实常常会将人带往监狱。

恩克鲁马出身卑微，他的父母都是文盲。他们只是平民老百姓，根本不是什么部落首领。他在非洲学习了一段时间后，想办法去了美国，就读于宾夕法尼亚州的林肯大学，并获得了神学学位。他一度在费城传道，然后去了宾夕法尼亚大学，并在那里获得了哲

① 根据《旧约·出埃及记》，当年以色列人在埃及受到迫害，摩西带领他们逃离了埃及。

学和社会学硕士学位。

恩克鲁马意识到，殖民主义的本质是奴役和剥削。殖民主义意在保持某些群体的优势，并利用这些优势来剥削其他群体。经过认真研究和思考后，他决定回到非洲。

很快，他当选为黄金海岸联合党（United Party of the Gold 114
Coast）的执行秘书。他努力工作，得到了大家的拥护，党内的某些人——那些长期掌权的元老们——认为他有些操之过急，并且，他的影响力也让他们心生嫉妒。所以，他不得不脱离了黄金海岸联合党，在 1949 年时组建了大会人民党（Convention People's Party），而就是这个政党后来领导着黄金海岸取得了独立斗争的胜利。

他呼吁人民团结起来争取自由，敦促大英帝国统治者给予他们自由，但英国殖民者迟迟没有反应。于是，他带领群众，团结一致，将政党发展为该地区有史以来最强大、最有影响力的团体。

恩克鲁马本人入狱多年。他是个鼓动者，并因此而入狱，但他已经激励起了监狱外的人。在他入狱几个月后，他们组织集会，选举他为总理。英国殖民者认识到，最好还是把他放出去。他被判刑 15 年，但实际上只服刑了八九个月，出狱的时候他的身份已经是黄金海岸的总理。

“希望的象征”

我认为，这个新国家的诞生将给世界各地被压迫人民带来巨大的动力。我相信，此举将在国际范围内产生意义深远的影响——不仅对亚洲和非洲，而且对美国。就如同 1776 年美国获得独立时，纽约港成为成千上万欧洲被压迫人民的希望灯塔一样，我认为，加纳也将成为全世界成千上万被压迫人民的希望的象征，因为他们都在为自由而战。

这个新国家的诞生，再次坚定了我的信念：正义终将胜利。在我看来，公义的力量最终会取得胜利，这是一个不争的事实；而在某种程度上，宇宙本身就是自由和正义的体现。这让我在争取自由的斗争中，看到了新的曙光。

115 星期三上午，加纳国会举行了开幕仪式，我们也列席了。现任黄金海岸最高领导人恩克鲁马，发表了首次演讲。英国女王的代表肯特公爵夫人也参加了仪式，但是，她只是一个普通的被邀嘉宾，与马丁·路德·金、拉尔夫·邦奇或柯丽塔·金一样，因为这是一个新国家。国会开始运作后，恩克鲁马驱车出去，人们沿街站立，高呼："恩克鲁马万岁！"人们高呼他的名字，因为他们知道他曾为他们而受苦受难，自我牺牲，为了他们去蹲监狱。

这个国家已经走出埃及，跨过红海，眼前是一片旷野了。恩克鲁马已经意识到了面临的问题。例如，加纳是一个单一农业作物的国家，主要物产是可可。为了稳定经济，国家实行工业化是必要的。恩克鲁马对我说，他的首要任务之一就是推进国家的工业化进程。

该国90%的人是文盲，而只有提高了社会的整体文化水平，这个国家才能在自由世界中立足。我非常希望有人能从美国移民过来，因为美国黑人可以向这个新生国家提供技术援助。我很高兴地看到，已经有人搬来了。一位来自纽约布鲁克林的医生本周刚刚举家迁来，他的妻子是一名牙医，他们受到了所在地区人们的热烈欢迎。恩克鲁马向我明确表示，他欢迎任何人移民来这里。

我知道这个国家的前途必然充满艰辛。任何过渡时期或任何制度转换，都注定要面临困难。然而我认为，只要人们有足够的智慧、足够的决心、足够的勇气和信心，就一定能够克服发展中的困难。

有人说"人们还没有准备好"，这就好像是告诉一个想要学习游泳的人："学会游泳之前，不要下水。"事实上，如果你不下水，你就永远学不会游泳。人们必须有机会自我发展，自我完善。

116 我经常想起恩克鲁马说过的一句话："与其挨着奴隶的太平日子，不如过上自主的冒险生活。"这句话说得真好，他们甘愿面对危险和困难。我认为，加纳一定能够借鉴其他国家这么多年来的经验教训，发展成一个伟大的国家。

我们与夸姆·恩克鲁马会面后，又在尼日利亚逗留了一天左右，然后取道欧洲返回美国，回来处理这里的问题了。

第 12 章

与死神擦肩而过

这一年我磨难重重。我不但要面对野蛮的警察和无端的拘捕，而且一个精神失常的女人几乎让我一刀丧命。这一切就如寒冬里汹涌的寒流，扑面袭来。 117

1958 年 9 月 3 日
金在蒙哥马利被捕
9 月 5 日
金因不服从警官而被定罪，蒙哥马利警察局长为金支付了罚款
9 月 20 日
金在哈勒姆（Harlem）遭遇行刺
10 月 3 日
金从哈勒姆医院出院后，住在桑迪 · F. 雷（Sandy F. Ray）牧师家中养伤
10 月 24 日
金回到蒙哥马利，仍在恢复中

1958 年的一个星期六的下午，我在哈勒姆的一家百货商店里签名售书，周围围着几百人。我签售的是一本关于蒙哥马利抵制公共汽车运动的书，名字是《迈向自由》（*Stride Toward Freedom*）。这时，一个黑人妇女走了过来，我听她问道："你是马丁 · 路德 · 金吗？"

我正低头写字，只答道："是的。"猛然间，我感到一个尖锐的

东西有力地刺入了我的胸口。我未及做出任何反应，就被这个妇女用开信封的刀子捅了一刀。后来，这个妇女被诊断为患有精神病，她叫伊佐拉·韦尔·库里（Izola Ware Curry）。

118 救护车把我送到哈勒姆医院。我在床上躺了几个小时，医生才做好准备，从我体内取出了那把锋利的刀。几天后，我慢慢恢复了，已经能与在这个高难度手术中给我主刀的外科医生奥布尔·梅纳德（Aubrey Maynard）说话了，我才知道为什么手术拖延了那么长时间。他告诉我，刀尖已经碰到了我的主动脉，他们必须打开我的整个胸部，才能把刀取出来。

“如果你在这段时间里打了个喷嚏，”梅纳德医生说，“你的主动脉也许就会被刺破，你也就被自己的血淹死了。”

第二天早上的《纽约时报》就报道说，如果我当时打了个喷嚏，我也许就死掉了。

大约在开胸取刀手术四天之后，他们允许我坐在轮椅上，在医院里四处活动一下，也允许我阅读来自全国以及世界各地的信件了。我读了一些信，其中的一封我永生难忘。这是一个小女孩写来的信，她是怀特普莱恩斯中学的一名学生。她写道：“亲爱的金博士，我是怀特普莱恩斯中学九年级的学生。尽管没什么，但我还是想提一下，我是一个白人女孩。我在报纸上读到你遭遇的不幸和痛苦，我听说，如果你当时打个喷嚏也许就死掉了。我只是想写信告诉你，我真高兴你没有打喷嚏。”

“前途未卜，但大有希望”

如果我在最近遭遇的事件中表现出了不寻常的平静，那绝不是因为我拥有任何非凡的力量，相反，这是因为上帝一直通过我在做工。在这场争取种族正义的斗争中，我一直祈求上帝消除我心底的仇恨，赐予我力量和勇气去面对任何灾难。这种不断的祈祷和对神的依赖让我感觉到，在斗争中，我有神的陪伴。我不知怎样去解释，但事实就是，无论外部境况怎样紧张，上帝给予了我内心的平静。

在我和家人屡屡遭受攻击时，我必须说，是上帝再次赐予 119
我们每个人以力量，来适应这种暴力行为。这些攻击对我来讲并不出乎意料，因为在斗争初期，我就已经预料到要付出的代价。我知道，非暴力并不意味着不会受到暴力袭击，非暴力提倡者甘愿自己成为暴力的承受者，但绝不会对他人施以暴力。他的信念是，通过自己的苦难和承受来唤起社会的救赎。

致蒙哥马利促进会的信

亲爱的蒙哥马利促进会的朋友和同事们：

我在纽约恢复刀伤已经两个星期了，这期间我一直记挂着你们。在这艰难的日子里，我一次又一次地想到了你们，想到了我们一起奋斗的岁月。

首先，请你们放心，我现在相当好。手术后，我的 5 名医生一致认为我的恢复速度惊人，力气在恢复，术后疼痛也越来越弱……

我恳请大家，将我们发起的这个萌芽在“联邦的摇篮”中、为自由和正义而战的崇高斗争进行下去。幸运的是，上帝赐给了蒙哥马利这么多了不起的领袖，即便我缺席，也不会妨碍了我们的运动的进程……我们的终极目标是抵达自由之城（City of Freedom），我们一定要坚持到底，直到我们进入那座伟大而崇高的城市……

基督和自由事业的仆人

小马丁·路德·金

1958 年 10 月 6 日

在纽约养伤时，我有了更多时间思考。我相信，如果我们坚持非暴力的运动精神，那么，能从这一斗争中得到帮助和救赎的不仅是美国，而且是世界。我希望，我们的灵魂能够摆脱恐惧的束缚和绝望的镣铐，迈步走向前途未卜，但大有希望的未来。我们坚信，新的曙光就在地平线处。

120 这次经历的可悲之处在于，它伤害的不只是我这一个体。这一事件揭示出，我们的国家处处渗透着仇恨和痛苦，各种极端的暴力行为势不可免，随时可能发生。并且，这一事件更广泛的社会意义在于，由于我们的社会缺乏对暴力的克制，特权阶层藐视法律，这些因素势必成为滋生凶暴行为的温床。

我迫不及待地想要投身到工作中去，继续完成那些付出再大代价也在所不惜的事业。我再次加入了斗争的行列，在这里，人们为了实现所有人的自由和正义而不断地努力着。我丝毫没有回头的打算。

第 13 章

拜访非暴力运动圣地

会晤印度的伟大领导人，在这个地大物博的国家与千千万万的 121
民众交流，我确实备感荣幸。这些体验将永远存留于我的记忆中。

1959 年 2 月 3 日
金夫妇在 L. D. 雷德迪克（L. D. Reddick）博士的陪同下，出发前往印度
2 月 10 日
在巴黎逗留后，金一行人到达印度，与尼赫鲁总理共进晚餐
3 月 10 日
金一行人离开印度，前往耶路撒冷和开罗
3 月 18 日
金一行人返回美国

我想去印度一游的愿望由来已久。记得还在孩童时代，我就对整个东方充满了好奇——大象，老虎，寺庙，耍蛇，以及故事中林林总总的人物。

在蒙哥马利抵制公共汽车运动中，印度的圣雄甘地就是我们非暴力社会变革的指路明灯。所以，当我们抵制种族隔离公共汽车取得胜利后，就有朋友说：“你怎么不去印度，瞻仰一下你如此钦佩的圣雄？”

1956 年，印度总理潘迪特·贾瓦哈拉尔·尼赫鲁（Pandit 122

Jawaharlal Nehru）对美国进行了短暂访问，他很亲切地说到希望能和我会面。他的外交代表也征询了我在合适的时间访问印度的可能性，前美国驻印度大使切斯特·鲍尔斯（Chester Bowles）也就这个问题给我写了信。

然而，每当我计划前往印度时，总是受到其他事情的干扰。比如，一次是因为我答应了访问加纳，另一次是出版商催促我尽快写完《迈向自由》，然后就是伊佐拉·韦尔·库里太太的行刺。她不仅阻止了我的旅行计划，而且几乎要了我的命。

我从这次九死一生的刀伤中恢复过来，医生终于同意我出院了。我觉得，在再次投身到南方反隔离斗争之前兑现我的印度之行，似乎是上策。

这么漫长的旅行，我不想独行，于是邀请妻子和我的朋友劳伦斯·雷德迪克博士陪我一同前往。柯丽塔对印度妇女问题非常感兴趣，而雷德迪克博士对印度这个伟大国家的历史和政府管理体系也很好奇。雷德迪克已经为我写了传记《非暴力的征程》（*Crusader Without Violence*），他说，只有由那些真正了解甘地的人来评判我和蒙哥马利运动，才是真正考验我的时刻。这样，我们三个人组成了“三头六眼六耳”的参观学习团队。

在 1959 年 2 月 3 日午夜时分，我们乘飞机离开了纽约。途中，我们在巴黎暂停，与雷德迪克的老朋友理查德·怀特（Richard Wright）会面，他给我们讲了欧洲对于黑人问题的最新态度，也带我们品尝了最好的法国美食。

因为大雾，我们在瑞士错过了转飞航班，不得不绕道而行，结果晚两天抵达印度。从 2 月 10 日飞机冲破云层在孟买降落，直到 3 月 10 日我们在新德里机场挥手告别，这期间，我们体验了有生以来活动安排最密集，也最眼界大开的一次经历。

“我们被视如兄弟”

123 我们在印度受到了热情的款待，人们向我们表达了最热烈的欢迎。所到之处，几乎所有的大门都为我们敞开，我们一行人因此看到了印度最重要的一些社会试验。我们与政府内外的领导人和领袖交流，上到总理尼赫鲁，下到乡村议员和土地改革运动的神圣领袖维诺巴·巴维（Vinoba Bhave）。我们的照片时常被刊登在报纸上，所以我们在公共场所和公共交通工具上被人认出也是家常便饭。偶尔，我早上在城市里散步，在最意想不到的地方也会有人问："你是马丁·路德·金吗?"

我们收到了数以百计的邀请，但因时间有限而未能一一赴邀。因为肤色的原因，我们被视如兄弟。然而，我们之间最牢固的情谊纽带，还是美国、亚非少数族裔和殖民地人民的共同事业：为摆脱种族主义和帝国主义而战斗。

我们在各种场合下与成千上万的印度人对话和讨论，分享观点。我在印度各地的大学团体和公众集会上发言，由于印度人对种族问题非常感兴趣，这些会场通常都挤得水泄不通。偶尔有一些场合需要翻译，但总体来说，我的听众都能理解英语。

印度人喜欢听黑人圣歌，因此，柯丽塔举办的演唱会和我的演讲一样频繁。我们还发现，要求签名并不是美国人独有的喜好。在印度，公众集会后或者参观村庄时，我们经常被人围住要求签名。即使坐飞机时，飞行员们也不止一次从驾驶舱来到座舱，让我们签名。在整个访问期间，我们都获得了当地新闻媒体的好评。得益于印度报纸的报道，蒙哥马利抵制公共汽车运动在印度已经广为人知，印度媒体对我们那场持续了 381 天的抵制运动的报道，也许比我们美国的大多数报纸做得更好。

我们在所有的大城市，比如德里、加尔各答、马德拉斯和孟 124
买，都举行了记者招待会。在所有场合中，我们都与新闻记者坦诚交流。他们提的问题很尖锐，有时甚至是充满敌意的，但这只是他们的报道风格。作为记者，他们公正客观地报道了我们的运动，他们的社论表现出他们对美国和世界其他地区的情况了如指掌，这着实令人惊叹。

对印度之行的反思

印度有4亿人口，但超过3.65亿人的年收入不到60美元，当你得知这一情况时，怎能不感到沮丧呢？这些人大多一辈子都未看过医生或牙医。

目睹这种状况，我想我们美国不能再袖手旁观，对此漠不关心了。我内心在高喊："哦，不能，因为美国的命运与印度的命运联系在一起——与世界上任何一个国家的命运联系在一起。"我知道，我们每天要花100多万美元来储存多余的食物，我想："我知道哪里可以免费存储这些食物——在数以百万计的晚上饿得空瘪瘪的胃里。"也许，我们把太多的经费花在了在世界各地建立军事基地上，而不是花在建立人与人之间真正彼此关心和理解的根基上。

1961年6月6日在林肯大学的演讲

"人口众多的国家"

印度这个大国还存在着很多重大社会问题。我们从北到南，从东到西，足迹遍布印度各地。路途较短时，我们便乘坐火车；而要去穷乡僻壤和不容易到达的地方，我们就乘坐轿车和吉普车。

我们所到之处，满眼见到的都是拥挤的人群。公路上，城市街道和广场上，甚至在村子里，到处都是人。他们大多数是穷人，衣衫褴褛。例如，孟买有超过50万人（大多是单身、失业或打零工的男性），每晚都要露宿街头。

印度的贫穷导致社会充满苦难，但奇怪的是，这里犯罪率却相对较低。印度人民美好的精神品质，还可以通过另一个现象体现出来。这贫穷的、人口众多的国家，人们整日半饥半饱，但他们不迁

1958年9月3日，在亚拉巴马州蒙哥马利，金因争取参加拉尔夫·阿伯内西的庭审而被捕，柯丽塔在侧。[查尔斯·摩尔（Charles Moore）]

“1960 年，一触即发的黑人学生示威运动打破了南方校园和城市表面的宁静。”1960 年，金参加亚特兰大学生运动的一次会议。［霍华德·瑟丘瑞克（Howard Sochurek)，时代公司《生活》杂志］

“我被转移到里兹维尔州立监狱之后，哈里斯·沃夫福德（Harris Wofford）等人强烈呼吁肯尼迪先生，敦促他利用自己的影响力有所行动，他最终同意了。”1960 年，金因为交通违规而被判刑，关押在位于里兹维尔的佐治亚州立监狱，图为金获释后受到家人与朋友的欢迎。（美国联合通讯社图片）

“亲爱的，想到要离开你、约兰达和马丁 4 个月的时间，我心里实在太难过了。”金与儿子马丁三世（3 岁）、女儿约兰达（5 岁）和柯丽塔共享家庭时光。［唐·乌尔布罗克（Don Uhrbrock），时代公司《生活》杂志］

20 世纪 60 年代，金与美国职业棒球大联盟中第一位非洲裔球员杰基·罗宾森（Jackïe Robinson）在一起。（美国联合通讯社图片）

“我曾经与马尔科姆·X在华盛顿见过一面，但当时时间有限，我们的交流前后还不到一分钟。”1964 年 3 月，金偶遇马尔科姆·X。（美国联合通讯社图片）

怒于人。

与这些贫苦人形成对比的是印度的富人。他们居住在豪华的房子和别墅里，衣饰精美，因为暴饮暴食而大腹便便。资产阶级，无论是白人、黑人还是棕色人种，在世界各地都大体相同。 125

印度的领袖们，无论是执政还是在野，都意识到了国家当前问题之严重，都积极下决心去解决问题。但是，在如何解决这一点上，人们似乎存在着分歧。有人认为，印度应该尽快实现西方化和现代化，这样才能提高人民的生活水平；而另外一些人——也许是大多数人——认为，西方化势必带来唯物质主义、残酷的竞争和贪婪的个人主义。他们说，如果印度只向美元看齐，就将失去自己的灵魂；而大型机器只能提高少数获得工作的工人们的生活水平，但更多的人会流离失所。

知识分子出身的尼赫鲁总理全面负责政府工作。他看似在这些极端态度之间找到了一条中间道路。在我们的交谈中，他表示，他认为某种程度的工业化是绝对必要的，对一个国家而言，某些事情只有大工业或重工业才可以承担；只要政府对势态发展保持警惕，就应该能够避免大多数工业化陷阱。同时，尼赫鲁先生也支持鼓励和扩大手工业生产，如家庭和村镇中的纺织业，从而尽可能保持当地经济的自给自足。

我们与尼赫鲁总理共进晚餐的那个晚上，在座嘉宾中有一位蒙巴顿夫人，她是印度独立前的印度总督蒙巴顿勋爵（Lord Mountbatten）的妻子。他们之所以能长久保持友谊，是因为共同遵循了甘地的爱和非暴力的思想。非暴力理念创造出充满爱心的社会氛围，所以当战争结束时，压迫者和被压迫者之间形成了一种全新的关系。

“巴霍丹主义者”

印度发生过一场伟大的运动，但在当今的美国几乎无人知晓。 126
这一运动的核心就是著名的巴霍丹（Bhoodan）土地改革运动，它主张通过协商而非武力的手段，来实现印度重大的经济和社会变革。巴霍丹主义领导人是圣人维诺巴·巴维和在美国接受过教育的敏锐的知识分子贾普拉卡什·纳拉扬（Jayaprakash Narayan）。他们的理想是建立自给自足的村庄。他们希望说服大地主部分地放弃他们的土地，分给无地的农民；说服小地主放弃其个人土地所有权，由村庄共同合作所有；还鼓励农民在农闲之余纺棉织布，以解决穿衣问题：这些措施解决了农村的就业和温饱问题。可见，村庄通过村民互助合作就可以实现自给自足，或者也可以通过与其他村庄的交换来达到自足。如果每个村庄都可以自给自足的话，村庄就可以摆脱城市中心的控制，因为这些城市就像邪恶的磁石，将人们从农村土地上吸引走，人们汇集到城市贫民窟中，沾染上城市的恶习。至少，这是巴霍丹主义者和部分甘地思想支持者的论点。

这样的想法对西方人来讲有些匪夷所思，也颇为过时。然而，印度人通过这一运动取得的成果，比我们预想的要大得多。例如，大地主们已经放弃了数百万亩的土地，小地主们也让出了上百万亩的土地，集中起来进行合作化管理。同时，巴霍丹主义者尽量避免给他们的这一运动赋予任何组织性和驱动力；而我们在美国处理这种人人关注的社会问题时，为了保持信息同步，必然要强调其组织性和驱动力。

倘若这个拥有 4 亿人口的世界大国，无须屈服于“右”或“左”的独裁统治，就可以让每个人都过上美好的生活的话，那么，这无疑是民主的福音。无论是在国内还是在国际上，印度都有一支追求和平与非暴力的强大队伍。在这片土地上，理想主义者和知识分子受到尊重。我们应该帮助印度保护她的灵魂，以此来拯救我们自己的灵魂。

“光芒可以穿透所有的黑暗”

127　2 月 22 日，我与妻子启程南下，前往印度的一个名叫特里凡得琅（Trivandrum）的城市，然后，又从特里凡得琅向南，前往科莫林角（Cape Comorin）。广阔的印度次大陆终结于这里，浩瀚的海洋也起始于这里。这里堪称世界上最美丽的地方之一，三大水系——孟加拉湾、阿拉伯海和印度洋——在此交汇，景象壮丽恢宏。

那壮观的景象至今依然历历在目：古老的巨岩矗立在海水中，视线所及皆尽汹涌浩瀚、一望无际的海洋。我们坐在一块略微凸向海洋的巨大岩石上，水面浩瀚，气势磅礴，我们被深深地折服了。这些巨大的波浪在我们眼前，有节奏地一浪一浪地袭来。海浪撞碎在我们所坐的岩石的底部，我们耳边于是奏响了一曲恢宏的海洋乐章。我们向西望去，只见壮丽的夕阳——一个红色的宇宙火球——正在缓缓滑入海洋。就在它将落未落时，柯丽塔碰了碰我，感叹道："看，马丁，多美啊！"我环顾四周，猛然间，看见另外一个星球——那轮闪烁着银光的美丽月亮——在太阳看似隐入海面时，恰巧从海面上升起。太阳终于从我们的视线中消失，黑暗笼罩了大地，但是，那轮光芒四射的月亮，从东方升起了！正如我说过的那样，这是世界上最美丽的一幕景象，只有在满月的时候才可以看到。这里是世界上少数几个可以同时看到日落月升的观察点之一。

看着眼前的一切，我脑海中思绪翻滚，我急切地想要与柯丽塔、雷德迪克博士和其他陪同的人分享我的想法。上帝的光芒可以穿透所有的黑暗。我们都体验过天光消失、自己被弃于漆黑荒凉的午夜的悲惨处境，比如，我们最迫切的希望变成了迷茫的绝望，或者自身饱受可怕的不公正和残酷的剥削。在这样的时刻，我们不可 128
避免地悲观绝望，生活变得暗无天日。但是，只要我们坚持望向东方，就会发现，即便是在黑暗中也还闪耀着另一种光芒——"挫折之矛"转化为"光明之剑"。

关于圣雄甘地的布道

如果你问印度人，为什么圣雄甘地能在印度成就他的事业，他们会说，他们跟随他是因为他纯粹的诚意和无上的奉献精神。这个人在有生之年，就架起了自我和本我之间鸿沟上的桥梁。甘地有着惊人的自我批评的勇气，而这些都真实地反映在他的个人生活、家庭生活和与他人的相处之中。但凡需要，甘地就会自我检讨；如果他犯了错，他一向公开承认。他总是对人说：我并不完美，我并非不犯错；我不希望你们把我神化，我不是一个神。我坚信，如果不是甘地坚决反对的话，他在有生之年就会成为一种信仰。但他对此是反对的：我不想被人崇拜，因为我也是人，我也容易犯错，不要以为我从不犯错。任何时候，只要他犯了错，无论是在他的个人生活方面，还是在他领导的独立斗争中，他都会站出来，对公众说："我犯了错。"

1959 年 3 月 22 日于蒙哥马利

"甘地的人民张开双臂接受了我们"

3 月 1 日，我们有幸在阿姆尼亚巴德（Amniabad）修道院逗留了一天。我们站在了当年甘地迈开步伐的那一点上，他就是从这一点迈步，开始了长达 218 英里的步行路程，前往一个叫班比（Bambi）的地方。和他一起步行的，开始时只有 8 个人，渐渐地，人数增加到了数百万。甘地继续步行，最终到达了海边，他用手抓起了一点海盐，来表明他们违反了《食盐专营法》。他们以此举来
129 抗议他们多年来遭受的不公正的食盐管控制度。甘地对追随者说："如果有人打你，你不要还手；如果有人向你射击，你不要还击；如果有人骂你，你也不要回嘴：坚持继续向前走。在到达目的地之前，我们中有人可能就死了，有人可能被投进了监狱，但我们要继续前进。"他们就这样坚持走着，走着，数以百万计的人和他们走到一起来。

告别印度的声明

我谨向印度人民和政府提出一个吁请。当前，世界和平问题事关重大，我在与维诺巴·巴维谈话时萌生了一个想法，我觉得有必要在此提出。世界上爱好和平的人们还没有成功地说服美国和苏联消除戒备，解除武装；不幸的是，美国和苏联也没有表现出如此行动的信心和道德勇气。维诺巴·巴维说过，印度或任何其他有信仰和道德勇气的国家，都能随时解除武装，甚至是单方面裁军。印度或许可以做出一个表率，就如向世界表明它可以通过非暴力手段实现国家独立一样，印度也可以领导和呼吁全球大裁军。即使其他国家没有立即响应，印度也应该宣布单边裁军。这样富有勇气的行动将是对圣雄精神的一个伟大展示，也会极大地敦促世界其他地区如此行动。

1959 年 3 月 9 日

甘地在世时，他比历史上的其他任何人，都更加擅长于调动人的积极性和鼓舞人心。他只是用爱心、一点善意的理解，以及拒绝与邪恶的法律合作等手段，就敲断了大英帝国的脊梁。我认为，这是世界历史上最重要的事件之一，超过 3.9 亿人得到了自由，而他们没有动用武力！

我很高兴，甘地的人民张开双臂接受了我们。他们称赞我们在蒙哥马利所进行的非暴力抵抗的实践，在他们眼中，这似乎是非暴力思想应用于西方文明的可能性的一个杰出案例。对他们而言（在我看来也一样），这表明如果计划得当，行动积极，那么即便在极权主义政权下，非暴力抵抗同样能够奏效。

我们与当时在印度留学的一群非洲学生，也就这个问题展开了 130
辩论。他们认为，非暴力抵抗只有在对手也具有潜在良知的情况下才能发挥效用。我们很快发现，他们和许多人一样，可能也是将“消极抵抗”与“非暴力抵抗”混为一谈了，而这是完全错误的。

真正的非暴力抵抗不是一味地屈服于邪恶力量，它更像是一股对抗邪恶的、爱的勇敢力量。从信仰上讲，非暴力抵抗者更多的是暴力的承受者，而不是暴力的施予者，因为后者只是成倍扩大了宇宙间的暴力和痛苦，而前者可能激发起对手的羞耻感，进而可能转变他们的思想和心地。

“贱民问题”

我们还访问过一些小村庄。在那里，人们直接睡在地上，他们没有床，没有自来水，更没有水来洗刷清理。一走进这些村庄，映入眼帘的就是低矮的小木屋和小窝棚，耕牛和人住在同一个屋檐下，如果家里有鸡的话，他们住的房间也就是鸡舍。我们所说的舒适生活，他们完全没有，他们与牲畜住在一起，而这就是他们所有的一切。

很快我们就明白了，这些人就是贱民。印度的种姓制度由来已久，贱民是印度社会中最苦的劳力，却被包括印度人在内的所有人践踏。

甘地对这一制度忍无可忍。他对他的人民说：“现在你们选举了我当领袖，让我将你们从英国的政治统治和经济剥削中解放出来，但是，你们却践踏和剥削着自己的七千万同胞兄弟。”他下定决心绝不向这一制度妥协，他要批判它，用自己的余生去反抗它。

“我是一个贱民”

131 我记得在印度时，一天下午，我和太太去了印度最南端的喀拉拉邦的特里凡得琅市。那天下午，我在一所我们称之为中学的学校里发表了演讲，这所学校里的大部分学生是从前的贱民的孩子……

校长在介绍我时最后说道：“孩子们，我向你们介绍一位来自美国的贱民。”听到他把我介绍成一个贱民，我第一反应是有些震惊，也颇觉恼怒……

> 然而，我想起了这样的事实：我的两千万兄弟姐妹虽然生活在一个富裕的国度里，但他们仍然挣扎在令人窒息的贫困线上。我又想到：这两千万兄弟姐妹虽然居住在大城市里，但他们仍然辗转在老鼠出没的肮脏的贫民窟里，他们就读的学校数量有限，娱乐设施相当贫乏。我自言自语说："是啊，我是一个贱民，美国的黑人都是贱民。"
>
> 1965 年 7 月 4 日在埃比尼泽浸信会的布道

甘地首先的举动就是收养了一个贱民出身的女孩做女儿。甘地的妻子是一个高种姓人，以为他疯了。她说："你怎么能收养一个贱民？我们不该接触这些人。"他说："我要收养她做我的女儿。"他把她带到自己的修行院，安排她住在那里。他用自己的行动来说明，贱民制度必须废止。

有一天，圣雄甘地对追随者说："你们在剥削这些贱民，尽管我们为了摆脱大英帝国的剥削，投入全部身心去战斗，但我们仍在剥削这些人，我们剥夺了他们的自我，扼杀了他们的自尊。我决定绝食，直到种姓制度的领袖和贱民的领袖过来告诉我，贱民制度终结了，印度教的寺庙会对贱民打开大门。"他开始绝食，时间一天 132
天地过去了，就在甘地奄奄一息时，一些贱民和婆罗门种姓的人来到他身边，签署了一个声明，声称他们不再坚持种姓制度。寺庙祭司也来到他面前，宣布说："从现在起，寺庙将向所有贱民开放。"那天下午，印度各地的贱民一起涌向寺庙，成千上万的贱民和婆罗门以及其他种姓阶层的人热烈拥抱。在过去的两千年中，数以亿计的人在种姓制度的约束下，不曾越过雷池半步，现在，他们在一起歌唱与礼赞。这是圣雄甘地的巨大贡献。

"对不公正待遇的赔罪"

印度在融合贱民方面的步伐，比美国融合作为少数族裔的黑人要快得多。虽然两个国家都有反对歧视的联邦法律，但是在印度，从政府领导人、宗教领袖，到教育机构和其他机构的领导人，都公开支持促进等级融合的法律。总理承认说，许多印度人对这些长期遭受压迫的人仍然怀有偏见，但以任何形式表现出的歧视都已经不被接受。这种社会氛围的变化，一方面是已故的圣雄甘地在道义上的影响，另一方面也是印度宪法的效果，因为宪法规定歧视贱民是一种犯罪行为，可判处监禁。

关于甘地的布道

这个世道不喜欢像甘地这样的人。这很怪，不是吗？他们不喜欢像基督这样的人，也不喜欢像林肯这样的人。他们刺杀了甘地——这个为印度奉献了一切的人，这个激励和鼓舞了4亿人民争取国家独立的人……他的一个印度教教友认为他对顽固派太宽容了……于是，这个崇尚非暴力的人，倒在了一个暴力之人的手中；这个充满爱的人，倒在了一个满腔仇恨的人的手里。历史似乎就是这样。他在星期五遇难，与耶稣基督死于同日，这难道不能说明什么吗？这就是历史。但是，感谢上帝，历史没有就此停止；感谢上帝，耶稣受难日永远不是结局。刺杀甘地的人，只是将子弹射入了他的心脏，就像亚伯拉罕·林肯被枪杀的情形一样。请注意，林肯和圣雄甘地被枪杀的原因一样，都是试图治愈分裂国家的创伤。当亚伯拉罕·林肯被枪杀时，国务卿斯坦顿就站在旁边，他说："他永垂不朽。"同样的话，也适用于圣雄甘地：他永垂不朽。

1959年3月22日于蒙哥马利

133 印度政府每年花费数百万卢比，来改善贱民集中居住的村庄的居住条件，给贱民提供就业机会。总理还提到，如果两个申请人竞争一个进入大学的名额，其中一个申请人是贱民，另一个是高种姓人，那么学校必须接受这个贱民出身的人。

和我一同参加访谈的劳伦斯·雷德迪克博士问道："这难道不是另一种歧视吗？"

"也许吧，"总理回答说，"但是，这也算是我们对千百年来强加给他们的不公正待遇的一种赔罪吧。"

在印度，从国家总理到村镇议员，所有人都公开承认贱民制度是错误的。但是，在美国，连一些最高级别的领导人都拒绝对种族隔离制度做出道德批判，而南方的一些官员则公开鼓吹自己维护种族隔离制度的决心。这种行径在印度是不可思议的。

尽管印度的种姓歧视尚未根除，但歧视贱民就是违反法律的。事实上，即使没有这些强制性的法律手段，政府也已经成功地将这个问题与道德和伦理责任联系起来，任何政府官员和领袖都不敢为种姓歧视的做法撑腰。要是我们美国人也达到这种道德水平，那该多好啊！美国也必须寻求某种方式，来弥补其对黑人公民所造成的不公正。

甘地精神在印度正被发扬光大，他的一些追随者对他为争取国 *134*
家独立而斗争的情形记忆犹新。他们放眼全世界，发现当今英雄中仍然无人能望圣雄项背。任何一位公正的观察者都得承认，甘地是印度历史上最伟大的人物，而且，他的影响力几乎已经波及社会生活和公共政策的各个方面。

这次旅行对我个人产生了很大影响。在甘地的国土上，我与他的儿子、孙子、表亲和其他亲戚交谈，与他亲密的战友分享光辉的记忆，参观他的修行院，向他的遍布各地的纪念碑致敬，最后，在拉吉加特（Rajghat）向他的骨灰敬献花圈。此行虽然收获巨大，但我们并不会轻率地认为，自己已经对印度这片广阔的次大陆了如指掌了，我们对她的人民、她存在的问题、她与美国社会的差异以及她自身的成就，还所知甚少。

离开印度时，我比以往任何时候都更加坚信，非暴力抵抗是被压迫人民争取自由的最有力武器。我此行目睹了非暴力运动的惊人成果，所见确实鼓舞人心——印度人民不曾使用暴力，但是，他们赢得了国家的独立！在印度，根本看不到暴力抵抗后通常遗留在人们心中的深仇大恨。顺从和懦弱无异于道德和精神上的自杀，而暴力运动常常让幸存者心存痛苦，让毁灭者更加残暴。只有非暴力方式才能孕育救赎的心态，创造和谐的社会环境。

我怀揣着更加坚定的决心回到美国，立志通过非暴力手段为我的人民争取自由。印度之旅加深了我对非暴力的理解，也让我以更加饱满的热情投身于非暴力运动。

第 14 章

静坐示威运动

年青一代黑人已经从几十年的心理阴影中走了出来，敢于无所 135
畏惧地直面国家强权，他们通过投身于自我解放斗争而体验到了崇高的尊严感。这些年轻人已经与自己的历史——奴隶起义、不彻底的内战、亚非殖民地有色人种间的兄弟情谊——贯通了起来，他们是重塑世界的一股力量，是现代民主代替将死旧制度的历史潮流的一个组成部分。

1960 年 2 月 1 日

金举家迁居亚特兰大；同日，在北卡罗来纳州的格林斯伯勒（Greensboro），午餐柜台静坐运动开始

2 月 17 日

金被捕，被控伪造 1956 年和 1958 年亚拉巴马州所得税申报单

4 月 15 日

金在学生非暴力行动协调委员会（Student Nonviolent Coordinating Committee）成立大会上讲话

5 月 28 日

一个全部由白人组成的蒙哥马利陪审团宣判金逃税罪名不成立

在担任了 4 年蒙哥马利促进会主席、在蒙哥马利居住了 5 年之后，我决定举家迁往亚特兰大。我将在亚特兰大的埃比尼泽浸信会教会担任联合牧师一职。无论从时间还是从地理位置上讲，这样的

安排都更有利于我指导南方基督教领袖大会在整个南方的活动。

136 一年来，南方基督教领袖大会一直希望我能将最大的精力放在它的组织工作上，因为将民权运动推广到整个南方的时机已经成熟。经过认真思考和虔诚的祷告，我认识到从道义上讲，我有责任将更多的时间和精力赋予整个南方，而如此一来，唯一可行的办法就是搬到离总部更近的地方。那里的交通更加便利，这样一来，原来在路上奔波的时间就可以用来规划、指导和监督各种运动了。

因此，我不得不忍痛离开蒙哥马利，前往亚特兰大。蒙哥马利这个城市见证了我们的胆量、智谋和推翻旧秩序的决心，统治者在这里威风扫地，尽管他们在过去的几个世纪里那么不可一世！要离开这样一个地方，实在让我依依不舍。在这里，黑人勇敢地反抗了不公正待遇，他们遵循着非暴力抗争的理念，成就了20世纪的一部光辉史诗！要离开这样一个地方，着实不易下定决心。虽然我不希望离开蒙哥马利，但是，这里的人们也意识到，对整个南方民权运动的召唤不能置之不理。

当前，对种族隔离制度展开全面进攻的千载难逢的时刻已经来临。大胆规划，全方位推进，将南方争取平等的民权运动推向纵深，其时机已经成熟。

与德克斯特教友告别的演讲

出乎意料地，我被推举为蒙哥马利运动的领导人。有时，我感到自己还没有充分准备好去承担历史赋予我的这个象征性角色，但是我别无退路。我和任何一个蒙哥马利人一样，被历史的溪流挟裹着，汇入了滔滔巨流。由于在蒙哥马利运动中承担了领导角色，我的职责和工作成倍增加。全新的责任像洪流一样，铺天盖地地倾泻到我身上，让我苦于自己没有三头六臂。本来我以为在抵制运动成功后，工作就会逐渐减少，但时至今日，在抵制公共汽车运动终止三年后，形势依然严峻，有些时候还要付出更大的努力。

1959 年 11 月 29 日

另外，我还为自己无法暂时停下事务、专心于思考而深感沮丧。即便是在写作《迈向自由》的时候，我也只能每次抽出一两周的时间暂停处理事务。从印度回来后，我决定，每个星期要抽出一天时间保持静默，用于反思。我试过几次，但是，事情总是堆积如山，我发现，自己其实是用这一天时间来处理这些冗积事务了。我知道，我不能再这样高强度地生活下去了。我的整个生命似乎一直处于一种输出状态，而很少有输入的东西。我无法反思，这种状态不仅对自己有害，而且对整个运动有害，因此，我觉得反思也是我的道德义务之一。 137

我搬到亚特兰大也是为了解决这一问题，我以为这样我就有更多时间来思考和全面谋划即将展开的斗争。然而，不幸的是，我在亚特兰大的事务比在蒙哥马利时更加烦冗。

“学生示威运动”

1960 年，一触即发的黑人学生示威运动打破了南方校园和城市表面的宁静。南方的青年学子们通过静坐和其他示威方式，以有克制、有尊严的非暴力行动来反对种族隔离制度，给美国人民树立了一个光辉的榜样。虽然学生们在许多场合不得不面对流氓暴徒行凶、警察开枪、催泪弹袭击、逮捕和监禁等，但他们顽强地静坐下去，强烈要求在所有的午餐柜台得到一视同仁的服务。青年学生的抗议行动，在一个又一个城市间传递开来。午餐柜台静坐运动完全是自发的，但同样是在非暴力抵抗理论指导下进行的。它以民权运动中前所未有的发展速度，迅速地联合起了数以百计的城市。在某些城市，比如亚拉巴马州的蒙哥马利，抗议的学生遭到驱逐，但是，他们身后站着全体学生。他们游行示威，州政府心惊胆战，调动武力前来恐吓，就像应对战时入侵者一样。然而，学生们的自我牺牲和奉献精神无比坚定，州政府这才发现，他们面对的这批学生不再害怕监狱和体罚。

138 黑人大学的校园里不仅洋溢着行动的动力，而且涌动着哲学讨论的蓬勃活力。在 30 年代时，大学校园也活跃着各种社会思潮，但通常只有少数人参与实际行动；然而在本次静坐运动中，如果有几个学生遭到休学或开除处分，那么全体学生都会参与到抗议行动中来，这种情况在不止一所大学中出现。这是学生运动中的一个意义深刻的变化。在美国历史上，某一学生运动席卷整个大学的状况即便出现过，也属于凤毛麟角。

许多学生在表达他们的内心感受时，与非洲、亚洲和南美洲的学生产生了共鸣，尤其是非洲的解放运动对美国的黑人学生产生了巨大的国际影响。我经常听到他们说，如果他们的非洲兄弟能够打破殖民主义的束缚，那么美国的黑人肯定能够颠覆吉姆·克劳法。

我认为，我们必须持续挑战种族隔离制度，无论是在学校、公园、教堂，还是在午餐柜台或者公共图书馆。种族隔离必须从我们的社会中根除，而黑人们必须做好准备，在达到目标之前承受苦难，做出自我牺牲，甚至面对死亡。不实现我们的民主理想，我们就决不罢休。我为南方的局势祷告许久，得出的结论是，我们进入了一个受难期。

在争取种族融合学校青年游行上的讲话

6 月临近，你们就要参加毕业典礼，聆听到大量的毕业演讲了，因此我也萌生了一个想法。我想，你们会听到很多关于职业、保障和财富的讨论，我就把这些话题留给你们的院长、校长和致毕业辞的学生们去讨论吧。我想向你们传达的是有关毕业的另一个规划：无论你们将来选择了怎样的职业——医生、律师或者老师——我都想提醒你们，不要忘记一个副业，那就是成为一个民权斗士，遵奉它为你生活的核心。

你会因此而成为一个更好的医生、一个更好的律师，或者一个更好的老师。它能比任何其他东西都更加丰富你的精神，带给你难能可贵的崇高感，因为这种感觉只能从大爱和无私帮助同胞中得来。将人道奉为职业吧，投身于争取平等权利的斗争，你会因此成为一个更崇高的人，成就一个更伟大的国家，创造一个更美好的世界。

1959 年 4 月 18 日于华盛顿特区

我鼓励学生继续斗争，但要在最大限度上保持尊严。他们已经 139
正确地选择了非暴力抵抗这条道路。我们的终极目标不是打败或羞辱白人，而是赢得他们的友谊和理解。我们有道德义务去提醒他们，种族隔离是错误的。我们抗议的最终目的是与白人兄弟达成和解。

新的斗争阶段开始了，运动的重点从遵循缓慢拖沓的法庭程序，转向诉诸非暴力的“直接行动”，如公共汽车抗议、经济抵制、在首都和州首府举行大规模游行和示威等。此次学生运动最有意义的一点是，年青一代黑人改变了老一代黑人事不关己、高高挂起的冷漠自满状态。在我们看来，种族隔离制度如若在南方持续下去，势必造成国家混乱和社会分裂。人们可能会问：为什么这一运动开始于午餐柜台？这个答案就在于，黑人在那里饱受侮辱，遭遇不公正的待遇，却申诉无门。几乎每个黑人都在午餐柜台经历过种族隔离造成的不便。他无法理解：为什么商店里的大多数柜台都接待他，唯独这个柜台例外？只因为它出售食物和饮料，就可以拒绝为他服务？从真正意义上说，静坐抗议不仅仅是要求服务，更是呼唤尊重。

我相信，1960 年南方的学生运动是整个民权斗争中最重要的发展之一。毫不夸张地说，这些事件具有历史性意义。众多学生为了追求人性尊严和自由，展开了如此大规模的斗争，这在美国历史上是空前的。学生运动最终驳斥了黑人们安于种族隔离现状的论调，他
140 们把争取正义斗争的主动权，牢牢掌握在自己手中。黑人自由战士们不但向美国，而且向全世界，表达了他们的决心和勇气。他们逐渐放弃了那些适合于缓慢和长期的社会变革的战术，当前局势已经到了被压迫人民奋起反击的时刻了。从世界范围内而言，广大被剥夺了自由和尊严的人民，在每一块大陆上都用游行示威表达着他们的诉求。

“我生命中的转折点”

作为南方黑人运动的亲历者，我至今仍对我生命中的这个转折点记忆犹新。那是 1960 年，在亚拉巴马州的蒙哥马利，轰轰烈烈的午餐柜台静坐运动已经引起了所有美国人的关注。南方的白人权力机构为了削弱我们的力量，转移我们的注意力，起诉我作伪证，并公开扬言我至少要坐 10 年牢。

在学生非暴力行动协调委员会成立大会上的发言

今天，来自 10 个州和大约 40 个城市的静坐运动领导人在此集会，来评估近期的静坐抗议的成果，规划未来的行动蓝图。他们意识到，为了斗争的胜利，现在是讨论斗争策略的时候了。亟待讨论的问题如下：(1) 需要组建某种坚持斗争下去的组织……(2) 学生们必须考虑在全国范围内，呼吁发起一个“选择性购买”的运动……在得不到尊重的地方花钱是不道德的。(3) 学生们必须认真考虑培训一批志愿者，他们愿意去坐牢，而不是支付保释金或罚款。这种不畏惧坐牢的举动，可能会唤醒我们许多白人兄弟沉睡的良知。在我们所处的时代，为了争取自由而入狱是一种荣誉的象征。(4) 青年人必须把为自由而战的烈火，燃向南方的每一个城市和社区，战火必须蔓延到每个角落。斗争形势的扩

大以及它所蕴含的决心，势必赢得民众的声援和有力支持；同时，此举也能给联邦政府施加压力，迫使其采取干预行动。(5) 学生们有必要更加深入地理解非暴力哲学。他们必须明确了解，抵抗和非暴力的益处并不在于其本身，而在于我们的斗争必须传达出另一个因素，这个因素就是和解；只有这样，我们的抵抗和非暴力才能体现出真正的意义，我们最终的目标必须是创造一个充满爱的社会。

1960 年 4 月 15 日于北卡罗来纳州罗雷（Raleigh）

这个案子的南方陪审团全部由白人组成，在所有的州，证人都是白人，法官和检察官也是白人，法庭是实行了种族隔离制度的法庭。大家群情激愤，怒火随时可能爆发，新闻界和其他媒体的报道也并不友好。从局面上看，我们是输定了。但是，我们是为自由而战，我们对任何不可避免的局面都做好了准备。我们的团队中有两个人坚持认为，在当前这种局面下，我们可以通过列举事实，一一对照法律条文来赢得辩护。这两个人就是来自北方的黑人律师：芝加哥的威廉·明（William Ming）和纽约的休伯特·德莱尼（Hubert Delaney）。 *141*

在法庭上，两位律师充分展示出了智慧、勇气和高超的辩论技巧；但最重要的是，他们体现了律师特有的排除万难、争取胜利的决心。审判进行了 3 天，他们运用法律这一强大武器，战胜了南方那些在污秽肮脏中溃烂的最恶毒的禁忌，说服了一个全部由白人组成的陪审团接受了黑人的话，而不是白人的陈述。陪审团经过几个小时的和议，最终宣布我无罪释放。

坦率地说，通过这个案件我认识到，一个机智的辩护律师凭借手中的事实和心中的信念，可以敦促一个怀有偏见的陪审团最终选择正义的道路。我不禁暗自希望，威廉·明和休伯特·德莱尼为我的案件所表现出的法律技巧和奉献精神，也能够提供给我们成千上万的民权斗士，提供给千千万万的普通黑人，因为他们每天都在面临着不公正的法庭。

第 15 章

亚特兰大被捕与总统政治

142 我觉得，我们的政府目光短浅，缺乏历史感和真正的道德感。

1960 年 6 月 23 日
金与美国总统候选人、参议员约翰·F. 肯尼迪（John F. Kennedy）讨论民权问题
10 月 19 日
金在亚特兰大静坐运动（Atlanta sit-in）中被捕
10 月 25 日
有关静坐抗议的指控被撤销，但金仍因先前的交通违规而遭到羁押，被转移到里兹维尔州立监狱（Reidsville State Prison）
10 月 26 日
总统候选人约翰·F. 肯尼迪致电柯丽塔·斯科特·金表示慰问，并提供帮助；罗伯特·肯尼迪（Robert Kennedy）致电佐治亚州州长 S. 欧内斯特·范德维尔（S. Ernest Vandiver）和法官奥斯卡·米切尔（Oscar Mitchell），寻求金的保释
10 月 27 日
经唐纳德·L. 豪威尔（Donald L. Hollowell）律师斡旋，金获释
11 月 1 日
金感谢肯尼迪参议员的援助
11 月 8 日
肯尼迪得到黑人选民的大力支持，赢得大选

我第一次与约翰·F. 肯尼迪接触时，他还是个参议员，正在 143
争取总统候选人的提名。几个月间，我们一直计划见个面，但每次都是我有时间的时候他没有时间，最后，我们终于商定了在他位于纽约的公寓会面。那是 1960 年 6 月，大约是遴选总统候选人大会前的一个月。

我们在早餐中交流了大约一个小时。我坦率地向他表明了我的想法，我认为，我们国家需要一个坚强有力的领导班子，而这在艾森豪威尔执政期间没有实现，如果新政府仍然无法兑现这一点，我们就将更加倒退。谈及民权问题时，他的态度坦率而诚恳。他对民权问题十分关切，也愿意更加深入地了解这个问题。这些都给我留下了深刻的印象。

我特别提到，政府有必要制定一项行政命令，禁止在联邦援助住房制度中实行种族歧视。我还提到，国家需要强有力的民权立法。同时，我还强调了投票问题，因为当时我们正在深入推广选民登记运动，但在亚拉巴马州和密西西比州遇到了一些困难。

我记得，他同意我的所有看法。他认为，美国确实有必要建立一个强有力的领导班子，而这到目前为止还没有实现；如果他能够得到提名并当选总统的话，他立志成为这样的领袖。他让我放心，他认为选举权是一个关键而基本的问题，也是他即将考虑的一个紧迫问题。他说，他一直支持民权运动。于是我问他：那么他为什么在 1957 年投票反对我们认为是民权法案中非常重要的一个部分？他回答说，以后这类事情再也不会发生了，因为静坐运动期间的事态发展表明，黑人在南方确实遭受着种种不公正和屈辱待遇，现在他对这些事情有了新的认识。

当时，约翰·F. 肯尼迪对这个问题的理解和把握，还不像后来那样深刻。他认识到，从道德上讲种族隔离是错误的，从思想上
讲他可以致力于种族融合。但我可以看得出，当时的他并没有在情 144
感上投入进来。他还没有真正参与到这个问题中来，他对黑人不甚了解。他从来没有真正地体验过黑人对自由的深沉呐喊，对平等的激情渴望，因为他还不了解黑人，也没有任何民权斗争的经验。所

以，我认为这只是一个理智的承诺。

几个月后，也就是他获得提名之后，我们二人在他位于乔治城的家里再度会晤。我发现，短短几个月的时间内，他确实掌握了很多民权方面的信息，并且得到了相当好的建议。当他首次宣布他的候选人资格时，我并没有表现出多少热情，但我毫不怀疑，如果他当选总统，他会在民权问题上有所作为。

肯尼迪当时的全部精力都在选举上，很担心可能落选。他的一些朋友对此也很关注，认为他必须有些大举动，来向选民表明他对民权运动的承诺。某些智囊建议他南下，在南方进行一次民权演讲，这样才能真正服人。他们希望，肯尼迪能在我的主持下，在南方基督教领袖大会会议或者由其赞助的晚宴上，做一次演讲。我回复说，除非尼克松[1]先生也来参加活动，否则我不能这样做，因为我们是一个无党派组织。我说："尼克松先生可能不会来，但我还是不得不邀请他。"很自然，他们认为这是不可能的。所以，在某种程度上，我相当于拒绝了他们的提议，因为我认为这么做不妥。

在总统竞选的几个月里，一些好朋友纷纷敦促我赶快表态支持约翰·F. 肯尼迪。我对此反复思量，希望自己能做出一个负责任而公正的评判。肯尼迪本人的思想素质、政治履历和竞选主张，都给我留下了深刻的印象，他的个人魅力和聪明才智也让我颇为欣赏和尊重。然而，我非常清楚地向他表明，我不会公开支持任何总统候选人，在这个问题上，我没有改变的余地。

"我不知道他们要把我带到哪里去"

145　不过，我确实很感激肯尼迪参议员对我 1960 年 10 月被捕所表

---

① 指理查德·米尔豪斯·尼克松（Richard Milhous Nixon，1913 年 1 月 9 日—1994 年 4 月 22 日），美国政治家，曾于 1969 年至 1974 年担任第 37 任美国总统。尼克松曾于 1953 年至 1961 年担任第 36 任美国副总统，还曾任加利福尼亚州联邦众议员和联邦参议员。1960 年他参选总统，但以微弱劣势不敌约翰·F. 肯尼迪。1968 年，他再度参加总统竞选并胜出。

现出的真正关切。我此次被捕，是因为参加了佐治亚州亚特兰大市的非暴力运动。我参与了在瑞奇（Rich）百货商店的午餐柜台静坐抗议，但我只是一个参与者，不是领导者。这次活动是学生们在讨论了相关问题后发起的，他们给我打电话，希望我加入抗议。他们需要我参与其中，我觉得这是我义不容辞的责任。

此次午餐柜台静坐运动是为了寻求种族融合的公平待遇，大约 280 名学生及其他人在静坐示威中被捕，我是其中之一。在前往富尔顿县监狱（Fulton County Jail）时，我表明我不能昧着良心寻求保释，我会留下来服役，无论刑期是一年、五年还是十年。当然，学生们也同意留下来。

> 法官大人，如果我们真的触犯了法律，也请您相信，我们这样做是为了将种族歧视的问题，暴露于亚特兰大有良知的人的眼前。恕我直言，我们坚信，种族隔离是一种邪恶，除非这一顽疾被彻底根除，否则我们南方永远无法实现其潜力，无法达到道义上的成熟。我们就是要推翻这个不公平的制度，这不仅是为了我们自己，也是为了我们的白人兄弟。种族隔离这一毒瘤的溃烂之痛，使得白人和黑人都痛不欲生。所以，如果我们的行动能以任何方式将这个问题暴露于社会良知之前，那么它就不是徒劳无功的。
>
> 先生们，我知道，你们此时此刻肩负着法律义务，你们可能会遵循这些司法责任，把我们交给另一个法庭，而不是撤销指控。但是，先生们，我必须说，我此时此刻肩负着道德义务。这种状况迫使我表态，即使你们觉得有必要取保，我也不能昧着良心让任何人来保释我。我会选择坐牢而不是保释，即使这意味要坐上一年甚至十年的班房。也许，无数黑人的这种自我牺牲，最终会冲破我们白人兄弟错误的道德防线，最终唤醒一直沉睡着的社会良知。

被捕五六天后，大家意识到我们还没有出狱，这在社会上引起了极大关注。商家撤销了指控，这意味着每个人都不需要保释就可以立即获得释放。然而，当我获释时，他们递给了我另一份文件，理由是我违反了察看期规定，需要转移到迪卡尔布（DeKalb）监狱，在那里接受庭审。

146 那件事情发生在1960年5月4日。那天晚上，警察在佐治亚州迪卡尔布县拦下了我的车，发现我仍然持亚拉巴马州的驾驶执照在驾车，所以，他们给了我一张罚单。当时，我去了法庭，我的律师承认我有罪，但是，我对认罪这个情况毫不知情。他们罚了我25美元或50美元的罚款，并判处我大约半年的察看期。此事微不足道，我完全没有在意，也不知道我的律师认过罪，他只是告诉我："问题都解决了。"他的表述给我的印象是此事已经处理完毕，我只要缴纳罚款就可以了。事实上，警方后来在法庭上也承认，他们以前从来没有以这样的指控理由，对任何人处以过罚款或逮捕；他们也确实没有任何法令规定，在亚特兰大多长时间之内必须变更驾照。所以，这个案件很显然是迫害。

致柯丽塔的信

亲爱的：

你好！

我现在在一个离你和孩子们都很远的地方。我在里兹维尔州立监狱，离亚特兰大约230英里。他们是今天早上4点多，把我从迪卡尔布监狱送到这里的。我知道，这对你来讲很难接受，尤其你目前还怀有身孕。但就像我昨天对你说的那样，这是我们为争取自由而必须肩负的十字架，所以，你一定要有信心，这会让我更加坚强。相信我，想到要离开你、约兰达和马丁4个月的时间，我心里实在太难过了，但我请求上帝每时每刻都给我忍耐的力量。我相信，我们家面临的这种痛苦，在某种程度上，会把亚特兰大变成一个更美好的城市，把佐治亚州变成一个更美好的州，把美国变成一个更美好的国家。虽然我无从知晓这个过程会有多艰辛，但我相信结果会是这样。如果我说对了，那么我们所受的苦就不白受。

据我所知，那里一个月中有两次探监的机会，是每个月的第二个和第四个星期天。我还知道，就在这个星期天，无论是白人还是黑人都有一次探监机会。我多希望你能想办法来看我一下，我知道，以你现在的状况，这实在是不方便，但我实在太想你和孩子们了。

永远属于你的马丁

1960 年 10 月 26 日于佐治亚州里兹维尔

审判当天，我坐在法庭的后面，由我的黑人辩护律师查尔斯· 147
M. 克莱顿（Charles M. Clayton）先生与法官沟通，法庭气氛十分紧张。在律师的据理力争下，法官判处我服刑 6 个月苦役，判决不允许上诉。

于是，他们把我带回楼上，关进了迪卡尔布监狱。第二天一大早，大约凌晨 3 点钟，警察就过来带上我，押送我去里兹维尔。里兹维尔是距离亚特兰大约 220 英里的一个州立监狱。在押送路上，他们对待我的方式就像对待那些重刑犯，我的全身被锁链捆住，双腿也被固定在地上的一个装置上，这样我就插翅难飞了。

在漫长的路途中，押送警察自顾自地聊着天。我不知道他们要把我带到哪里去，但走了一段时间后，我判断出目的地一定是一个州立监狱了。这一路上，我感受到的精神痛苦比死亡更加折磨人。路途漫漫，我又饥又渴，全身被绑，孤立无助。我等待着吉凶未卜的结局，对将要面临的情况一无所知。而所有这一切，竟是因为一次交通违规！

“肯尼迪展示出道德勇气”

当人们发现警方在凌晨时把我转移到别处时，立刻群情激愤。

我认为，当我还被关押在富尔顿县监狱时，人们就已经开始敦促尼克松和肯尼迪有所行动，希望他们能就此发表一个声明。我被转移来的里兹维尔州立监狱，是一个关押袭警罪犯、精神病罪犯和其他特殊犯人的地方。我被转移到里兹维尔州立监狱之后，被关押在一个隔离牢房里。哈里斯·沃夫福德（Harris Wofford）等人强烈呼吁肯尼迪先生，敦促他利用自己的影响力有所行动，他最终同意了。

148 他首先给我的妻子打了电话。她当时正怀有身孕，我入狱对她来讲是个巨大的打击，所以他致电表示关切和慰问。他说，他会和他的弟弟筹划一下，尽其所能施加影响，来帮助我获释。

同时，罗伯特·肯尼迪给法官打了电话，询问有关保释的问题。据说，当罗伯特·肯尼迪了解了案情的来龙去脉后，十分气愤，一气之下就给法官打了电话。我不知道他和法官具体谈了什么，但后来透露出的信息表明，他的要点就是："金为什么不能保释？"于是，我第二天就获释了。这时，距离大选大约还有两个星期。

我最终能从里兹维尔州立监狱获释，肯尼迪参议员发挥了巨大作用。我个人非常感激他和他的哥哥对我被囚一事所进行的积极干预。他这样做，既是基于他的关切之情，也是他的人道主义的本心使然。我愿意相信，他是出于关心才打了那个电话，因为当时我们俩已经熟识。他参加了总统竞选辩论，在谈及民权和黑人处境时，他讲得很好。有关他出手援助一事，一方面是由于哈里斯等人敦促他如此，另一方面，我觉得他自然也会有政治因素方面的考量。他正在竞选总统，迫切希望当选，我相信，他意识到了争取黑人选民的必要性。所以我认为，他的做法既表达了深切的道德关怀，从政治上讲也是明智的。他这么做确实需要很大的勇气，因为他当时并不知道，这么做在政治上是否明智。

我一直认为，尼克松失去了一次真正的机会，因为这个机会不仅是支持某个个人，更是对整个民权运动的支持。这一举动表明的是他当选总统后其政府的政治走向。

其实，我认识尼克松的时间要早一些。他本来和我很亲密，经常给我打电话，询问我对某些事情的看法。然而，当我大祸临头时，他就像根本不认识我这个人一样。因而我认为，他确实是一个道德上的懦夫，一个缺乏勇气来采取行动、承担风险的人。我相信，他落选也是因为这一点。其实，当时许多黑人都持观望态度，还没有最终决定把选票投给谁，他们甚至倾向于尼克松。

关于理查德·尼克松

首先，我必须承认，在遇到尼克松副总统之前，我坚决地反对他。在交往之初，我仍对他心怀成见。我记得他攻击海伦·嘉哈根·道格拉斯[①]的言辞，也无法忘记他支持共和党右翼的事实。对当时的我来讲，这些几乎是不可原谅的罪恶。然而，与这位副总统深入接触后，我不得不承认，我对他的印象在某种程度上改变了。坦率地说，我认为，是副总统这一职位和他所接触的世界，让他的为人和判断成熟了起来。我不敢说他是否已经完全转变，但我相信，他成长了很多，改变了很多原来的观点。 149

因为我对民权很感兴趣，我大致可以在这个问题上谈谈他的立场。我相信，尼克松在这个问题上表现出的态度是绝对真诚的。在各地考察时，他已经看到了种族问题是如何妨碍着美国的国际关系，他完全有可能没有任何种族偏见。尼克松还是一个贵格会[②]教徒，而贵格会教徒很少有种族偏见。我也认为，尼克松在应对种族关系危机方面所起的作用，比艾森豪威尔总统还要大……

最后，我想说，尼克松在示人以诚意方面很有天分。与他接

① 海伦·嘉哈根·道格拉斯（Helen Gahegen Douglas，1900—1980），美国女演员和政治家。她是第三位当选美国国会议员的加利福尼亚州女性，也是第一位成功进入国会的民主党女性党员。

② 贵格会（Quaker）又称公谊会或教友派，是基督教新教的一个派别，成立于 17 世纪的英国。该教派反对任何形式的战争和暴力，不尊称任何人，也不要求别人尊称自己，不起誓；主张任何人之间都要像兄弟一样；主张和平主义和宗教自由。该教会坚决反对奴隶制，在美国南北战争前后的废奴运动中起过重要作用。

触时，他那感人至深的诚意会让你几乎完全放弃戒备心理。你完全无法想象，几年前在加利福尼亚州参加竞选的那个人，与1952年在电视上为辩解自己的错误而发表催人泪下的演讲的那个人，竟然是一个人。所以，我的结论是，如果理查德·尼克松的真诚是虚假的，那么他就是美国最居心叵测的人。

1958年9月2日致厄尔·马佐（Earl Mazo）的信

我的父亲在肯尼迪打那通电话之前，一直都支持尼克松。他知道我和尼克松的熟识关系。我认为父亲支持尼克松，是因为他相信尼克松会处理好民权问题。我猜想，在父亲的内心深处，可能还有一点宗教情感方面的原因，他认为一个天主教徒不应该成为总统。我敢肯定，我父亲在某种程度上受到这些思想的影响，所以他公开支持尼克松。但那通电话后，父亲改变了态度，还说了些措辞强硬的话。

150 我非常感谢肯尼迪参议员对我被捕一事的诚挚关心，于是向新闻界发表了一份声明，感谢他的援助，但是，我仍然没有公开支持他。坦率地说，我当时并没有觉得肯尼迪和尼克松之间有很大的区别，这两个人身上都有一些我不太赞同的东西。一方面，回想起尼克松在加利福尼亚州对海伦·嘉哈根·道格拉斯说过的那些话，我觉得，他很多时候就是一个机会主义者，他的信念缺乏真正的根基。另一方面，他的竞选记录并不让人看好，虽然当选副总统后他的境况有所改善，但在担任国会议员和参议员时，他还是没有多少选票。

而肯尼迪的竞选档案让我感觉到，他是如此渴望当选美国总统，哪怕为此牺牲了基本原则也在所不惜。当然，我还看了他们任用的那些人，我觉得肯尼迪的智囊团比尼克松的要好些。基于这个原因，我觉得肯尼迪当选总统更好。

我从来不曾公开支持过任何一位总统候选人，我父亲公开表过态，但我没有。我采取这一态度，是为了保持一个无党派人士的立场；而我之所以如此，是为了在任何时候都能客观地看待两个政党。正如我曾经告诉过肯尼迪的那样，我不能也不会改变我的立场，即使在他慷慨相助我获释之后。我发表了声明，感谢他打电话呼吁解救我；但我在声明中也阐明，我不倾向于任何一位候选人，不要把我的感谢解读为政治支持。

必须承认，就我当时对肯尼迪的了解，我还不足以对他做出一个整体评价。我确实感觉到，他在后来的政治生涯中成长了许多。我认为，自从他担任美国总统后，我们确实看到了两个肯尼迪：一个是就任总统前两年的肯尼迪，另一个是 1963 年之后的肯尼迪。第二个肯尼迪已经做好了准备，打算抛开政治顾虑，去直面真正的道德问题。如果肯尼迪总统还活着，我可能会在 1964 年支持他。但是，就 1960 年的情况而言，这两个候选人各有长短。

第16章

奥尔巴尼运动

151 为什么是奥尔巴尼（Albany）？因为它象征着道德和正义力量要联合攻击的种族隔离的堡垒。

1961年1月30日

金的第三个孩子德克斯特·斯科特出生

5月21日

首批检验种族融合公共汽车落实状况的“自由乘车者”（Freedom Riders）在亚拉巴马州遇袭后，金在暴徒围攻蒙哥马利教堂的情况下，在群众集会上发表演讲

12月15日

金接到奥尔巴尼运动领袖威廉·G. 安德森（William G. Anderson）医生的电报后，到达奥尔巴尼

12月16日

金与700多名奥尔巴尼抗议者一同被捕

1962年7月10日

金与拉尔夫·阿伯内西一起，因领导了十二月抗议而被判刑45天，并开始服刑

7月12日

一个匿名者为金支付了罚金，第二天金得以出狱

7月25日

奥尔巴尼爆发种族暴力冲突后，金呼吁在“赎罪日”为暴力赎罪

7 月 27 日

金在奥尔巴尼市政厅祈祷守夜，再次被捕

8 月 10 日

金出狱，同意停止示威

1961 年，肯尼迪政府就民权问题，与顽固不化的反对派展开 152
了一场谨慎的防御性斗争。在一年的时间中，联邦政府的行动力度越来越微弱，撤退收兵势在必行，前景令人心寒。

黑人们中的绝大多数把选票投给了肯尼迪总统，以此来表明他们对他的信任，他们对他的期望要比对上届政府高得多。而肯尼迪政府似乎觉得，它已经采取了一系列积极的行动，在政治上已经尽其所能了，并且在民权方面已然获得了足够的政治资本。从政治上讲，这个结局也许并不让人意外。在肯尼迪政府执政的头两年，又有多少人能看得清楚，那些要求“现在”就消除种族隔离的黑人，与那些信奉着“绝不”的种族隔离主义者，两派有着同样的战斗到底的决心？

尽管黑人们面临着重重困难，但他们的反抗已经从星星之火的小规模行动，发展成声势浩大的运动，运动体现出了前所未有的广度和深度。过去，当一个白人迎面走来时，黑人要站在路边让路。而现在，他们选择在这样的城市道路上示威，这反映出了一种全新的精神面貌。

密西西比州以及佐治亚州的乡村地区也失去了原来的宁静，卷入了选民登记和自由乘车运动的洪流。在佐治亚州奥尔巴尼这样的城市，黑人们甘愿集体坐牢，这真是黑人们精神面貌变化的一个最显著的表现。

佐治亚州的奥尔巴尼是当代南方社会氛围紧张和冲突的集中之地。一方面，这里的种族隔离主义者奉行花岗岩一般坚定的强硬政策；另一方面，黑人通过非暴力抵抗，将争取种族平等的运动推向前进。在这里，种族歧视现象引人关注，例如，学校仍然实行种族隔离，黑人公然被剥夺选举权，在公园、图书馆、餐馆和公共汽车上，种族隔离制度都大行其道。

奥尔巴尼的黑人一直默默地忍受着种族隔离的悸痛与苦楚，隔离虽然无法被看到，但却时时折磨着他们的心灵，在黑人生活的每
153 个角落都留下了累累伤痕。他们居住在隔离区内，吃喝在隔离制度中，上的是隔离学校，在隔离中祈祷、坐车和工作，最后也在隔离中死去。他们默默忍受着这一切，其结果就是自尊心饱受侵蚀，道德意识随之迟钝麻木，他们对自己越发不自信。然而，这一切随着抗议的开始都告以终结。

“我知道我必须留下来”

就如同罗莎·帕克斯事件点燃了蒙哥马利公共汽车抗议运动的烈火一样，1961 年 12 月，11 名“自由乘车者”① 的到来，在奥尔巴尼引发了具有历史意义的非暴力抵抗运动。“自由乘车者”运动的兴起，揭露出了南方黑人在诸如州际旅行这类简单事情上，所面临的侮辱和不公正。这一运动最初由年轻人发起，后来得到了广泛的响应，最终，各种年龄的人都参与了进来，共同推动这一运动取得了很大成就。事实上，州际商务委员会（Interstate Commerce Commission）早就说过，所有的公共汽车站都必将取消种族隔离制度，激动人心的奥尔巴尼运动就体现了这个预言的高潮。

威廉·G. 安德森医生领导的奥尔巴尼运动，在黑人社区已经发展了一年多，在纾解黑人痛苦方面发挥了很大作用。当时，奥尔巴尼聚集了关注社会关系的形形色色的人物，这给人造成了一种印象：奥尔巴尼已经成为一个焦点城市。而这个预兆在几个月前就已经出现了——可能是在“纽约一个酒店的烟雾缭绕的房间”里。事

---

① 自由乘车者运动最初由一些美国民权活动家发起，他们从 1961 年开始乘坐跨州公共汽车，前往种族隔离现象严重的美国南部，以检验美国最高法院对与种族隔离公共汽车相关案件的判决的落实情况。

实上，十分偶然地，奥尔巴尼几乎已经成为种族隔离的最后一座堡垒，持续百年的种族隔离的挫败感在这里已经发酵得透彻淋漓。而从社会学角度来看，奥尔巴尼具备一座焦点城市所应具备的全部要素，但它又只是整个南部地区一百多个城市中很普通的一个。在奥尔巴尼生活着 2.7 万黑人，一百年来，来自政治上、经济上和教育上的压制，将他们禁锢于暗无天日的奴役之中，而那些老谋深算的种族隔离主义者却不择手段地想要将这种剥削永久化。

当代黑人富有创意地运用非暴力抗议的武器，挑战公共场所中 154
种族歧视的规章，挑战选举权剥夺和隔离学校制度，争取遭褫夺的言论和集会自由。在这广阔的斗争前线，奥尔巴尼运动采取了所有的非暴力手段，例如，大规模示威、坐牢抗议、静坐、徒步和跪地抗议、政治行动、抵制，以及法律行动。在南方，没有其他任何城市同时采用了所有这些非暴力抗议的方法。

奥尔巴尼市政当局也被棘手的局面搅得焦头烂额：他们既想促进城市发展，扩大城市规模，又想维持落后的半封建社会的社会习俗。面对黑人非暴力抗议的威力，市政当局想要摆出一副强硬架势，但事实上，他们节节败退，原来的狂妄自大甚至正常思维也消失得无影无踪。他们是想用湿滑的沙子建造墙壁，来支撑一幢摇摇欲坠的非正义的大厦。

南方基督教领袖大会从道义和经济方面，给予奥尔巴尼运动以充分的支持，支持该市为实现正义、平等和结束黑人“二等公民”待遇所付出的崇高努力。

我们认为，第一阶段的目标是要求黑人们打破沉默忍耐和逆来顺受的状态。这种状态已经压抑了他们几十年，也妨碍了他们最基本的进步。非暴力抗议唤醒了社会上的每一个人——男女老幼，数以万计——这就证明，这一步成功了。在街头，在监狱里，社会地位的差异已经消失，家佣、职员、工人、商人、教师和洗衣工都成了狱友，他们因为寻求人类正义而被关押在一起！

1961 年 12 月 16 日，奥尔巴尼市的黑人向自由迈进了大大的一步。黑人社区的所有居民都走出家门，为反种族隔离制度做道义上的见证。他们心甘情愿地去坐牢，使抗议运动取得了更大的成效。

我也被捕入狱了。他们指控我擅自游行，扰乱秩序，堵塞人行通道。我拒绝支付罚款，打算在监狱里度过圣诞节。我希望此举能够唤起民众的支持。本来，我来奥尔巴尼参加运动，并没有想到要坐牢。最初，我只打算在这儿逗留一天左右，提完建议后就回家。但是，谈判破裂了，我知道我必须留下来。我选择留在奥尔巴尼的
155 个人原因，是我想要亲历这个对我而言十分重要的运动。我和一百多名士气高昂的黑人一起自愿入狱。但对这种呼唤良知的举动，市政当局的反应却是非常冷漠强硬。我们的一些支持者的信心开始动摇了，他们紧张地清点了人数后，过早地抛出断言：这场运动失去动力了。

我永远不会忘记那些拥挤在牢房里的人。人群中既有七十多岁的老太太、十多岁的青少年，也有年富力强的中年人；他们有的是医生，有的是律师，有的是教师，而有的只是看门人或体力劳动者。抵抗运动的发展趋势表明，黑人们不推翻种族隔离的藩篱，誓不罢休。面对这种局势，南方也必须做出自己的决定：是遵守国家法律而取消种族隔离制度，还是听任整个南方陷入混乱和社会停滞？

700 多名黑人公民最终从监狱获释的那个晚上，确实让人很难找到合适的词汇，去描述他们在群众集会中表现出的热情和尊严。就是这些从监狱中走出来的医生、牧师和家庭主妇们，在勇敢的学生领袖的带领下，参加了非暴力抵抗种族隔离制度的示威游行。

不久，商人们敦促市政官员签署了一个协议，他们也极不情愿地签署了。然而，市政当局终究违背了这份协议，他们对 700 多人的案件穷追不舍，他们拒绝在公共场所结束种族歧视。这一系列事件势必导致又一轮非暴力运动的浪潮，于是，新的行动又开始了。

奥尔巴尼运动恪守承诺，于 1962 年 7 月恢复抗议活动时，邀请了南方基督教领袖大会共同参与领导。我以南方基督教领袖大会主席的身份，调派了我们队伍中一批富有非暴力行动经验、选民登记资格和法律知识的人员前往参加。

我和拉尔夫・阿伯内西以及另外两名奥尔巴尼市民，在 2 月份被传唤来参加庭审。法庭的 A. N. 德顿（A. N. Durden）法官将判决推迟到 7 月 10 日星期二举行。

7 月 10—11 日狱中日记

7 月 10 日，星期二

我们一行 7 人乘坐南方航空公司的航班，离开亚特兰大， *156*
前往佐治亚州的奥尔巴尼出席庭审。我们这队人包括：胡安妮塔和拉尔夫・阿伯内西、怀亚特・沃克（Wyatt Walker）、泰德・布朗（Ted Brown）、文森特・哈丁（Vincent Harding）、柯丽塔和我。我们在早上 7 点 45 分左右离开亚特兰大，8 点 50 分准时抵达了奥尔巴尼。安迪・杨（Andy Young）于前一天晚上到达，所以他和威廉・安德森医生，以及另外两个由市政当局指派给我们的调查人员，在机场迎接我们。我们直接前往安德森的住所，在那里吃了早餐，讨论了我们在被控案情中可能采取的行动。安德森也给我们介绍了当前黑人群众的情况，他向我们保证，人们普遍热情高涨，有决心与我们一同坚持到底。他还提到，有几个人已经明确表示要再次入狱，并且计划在狱中一直坚持到最后。通过这些谈话，我们意识到，如果被判刑的话，我们除了服刑别无选择。然而，考虑到我们的教会工作和目前担任的机构领导职位，我们在狱中服刑的时间不能超过三个月。如果刑期不超过三个月，我们是会服满全部刑期的。大家做出决定后，就出发去了法庭。

上午 10 点，德顿法官宣布开庭，接着马上宣读了一份准备好的声明。简而言之，他认为所有 4 名被告均有罪，这 4 名被告指的是拉尔夫・阿伯内西、艾迪・杰克逊（Eddie Jackson）、所罗门・沃克（Solomon Walker）和我。拉尔夫和我被处以罚款 178 美元，或街道劳役 45 天。杰克逊和沃克的罚款金额和服役天数都相对少些，因为根据法官的说法，他们不是领导者。

拉尔夫和我立即告知法院，我们的良知不允许我们支付罚款了事，我们选择服刑。艾迪·杰克逊决定和我们一起服刑，沃克先生决定上诉。

参加了在法院的前厅召开的简短的新闻发布会后，我们立即被带到奥尔巴尼市立监狱。这座监狱与法院、市政厅处在同一座建筑里，位于该建筑的地下室。这里是迄今为止我见过的最糟糕的监狱，环境脏乱，气味难闻，没有一点文明社会的样子。牢房里藏污纳垢，铺位的床垫硬得像石头，脏得无法形容。蟑螂和蚂蚁到处乱爬，大家都习以为常了。有几个牢房根本没有床垫，犯人们就直接睡在光秃秃的硬钢架子上。

狱中信息

157 我们是经过深思熟虑才做出这个决定的。我们考虑过各自的妻子儿女、各自负责的教会、身为南方基督教领袖大会主要领导者所肩负的责任以及许多长远的目标，然而与此同时，我们也不得不考虑另外一些基本因素，这些考量让我们除此之外别无选择。

我们选择了服刑，因为我们对其他700多个等待受审的人的困境感同身受。这么多人的罚款和上诉费用，将是一个天文数字。种族主义者妄图通过提高保释金和延长法庭辩论的方法，来拖垮南方的种族斗争，我们对这些伎俩已经深有体会。现在，是通过实际行动来践行公民不服从的真谛，还是无限期地拖延我们对自由的渴望？决定的时刻已经来到。

1962年7月14日

拉尔夫和我被安置在同一间单人牢房里。我们进了牢房，发现这间牢房和其他牢房一样脏。然而，监狱长可能是意识到了他手上的一些政治犯将来可能把这里的情况闹得全国尽人皆知，因此立即下令打扫整个监狱。人们用水、肥皂和来苏消毒液，把这个急需清理的地方打扫了一番。

这一天剩下的时间，我们就用来适应这个未来 45 天的“家”了。监狱本身就让人沮丧，尤其是当你就被关押在牢房里时。很快我们得知，我们不能到街道上做工，用所长的话说，这“恐怕不安全”。对我来说，这实在是个坏消息。我希望能在马路上干活，这样至少可以把我的注意力转移到日常生活上。监狱之所以令人压抑，是因为它与世隔绝，千篇一律，单调乏味，就像一座活死人墓。要适应这种毫无意义的生存状态，谈何容易啊！我唯一方法就是不断提醒自己，我是为了一个伟大的事业和目标，才自找这种痛苦的。这种想法在一定程度上缓解了我的痛楚和压抑。尽管如此，我仍然要经历这种苦 158
难，那情形就如母亲分娩。母亲的疼痛不是毫无意义的痛苦，虽然这一事实可以暂时给她以安慰，但此时她仍然要经历那痛苦。尽管她意识到，她的痛苦会换来一个生命力四射的婴儿，但此刻她就在体验着疼痛。这就是我身陷囹圄的感受。这里没有鸟儿歌唱，没有太阳，没有月亮和星星，也呼吸不到新鲜的空气。总之，生活的美好在此全然消失，在这里只是活着——冷酷、无情和颓废。

单调的监狱生活中的一个调剂是亲戚朋友的探监。大约下午 1 点半，也就是我们被捕后的 3 个小时，妻子们就来探望我们了。柯丽塔像往常一样镇定自若，体贴入微，处处鼓励着我。感谢上帝赐给我这样一位伟大的妻子，没有她的爱、理解和勇气，我也许早就动摇了。我问及孩子们的情况，她告诉我，约兰达一听说爸爸进监狱就哭了起来。不知为什么，我总是没法接受让自己的孩子在这种莫名其妙的环境下成长。你怎么向那么小的孩子解释明白你必须蹲监狱？柯丽塔想出了一个回答，她告诉他们：爸爸是为了帮助别人才去蹲监狱的。

这一天中剩下的时间，我们就睡觉、适应难忍的闷热，以及与前来探监的朋友沟通交流，他们是怀亚特、安德森医生、安迪·杨、泰德·布朗、文森特·哈丁和金律师。晚上11点左右，我终于睡着了。我以前从来没有在这么差的条件下睡过觉，床很硬，硌得我后背生疼。监狱里实在太脏了。

7月11日，星期三

今天我很早就醒了，确切地说，是6点左右。后背仍然很疼。大约8点钟，早餐送来了。我们昨天已经断食了一整天，在精神上为即将到来的考验做好了准备。今天我们结束断食，吃了早餐。这个监狱的食物还是相当不错的，可能是因为这里的饭是附近的一家咖啡馆给烹制的，而不是监狱自己做的。我们早餐吃了香肠、鸡蛋和玉米糁。真是出乎我的意料，咖啡里竟然还有奶和糖。我待过的其他监狱都不往我们的咖啡里加糖或奶。

159 10点钟时，有人来探访我们：C.K. 斯蒂尔（C.K. Steele)、安迪·杨和亨利·埃尔金斯（Henry Elkins)。亨利是我的夏季助理牧师，他给我捎来了一些我妻子从亚特兰大带给我的文章。他们向我们讲述了群众集会的情况。据说群众非常活跃，参加运动的人很多。他们低声告诉我们，有人计划在中午时分到市政厅前游行。

到了中午，确实发生了游行，就是由C.K. 斯蒂尔领导的。所有游行的人都被捕了，大约有50人，他们马上被带到了市立监狱。他们一边走，一边高唱自由歌曲，我们听到了他们的歌声。当然，这大大地激励了我们。

当这群人靠近监狱的时候，两名狱警走过来，命令我和拉尔夫搬到一处他们称之为“牛栏”的地方。这间牢房里住着9个人，又暗又脏。在所谓的文明社会里能有这样一个牢房，也真是让人难以相信。

7月13日大约早上7点半时，我们接到电话通知，说警察局长劳里·普里切特（Laurie Pritchett）要见我们。他们让我们穿上自己的衣服，我们照办了。大约9点钟，我们去见了普里切特局长。他对我们说，我们获释了，换句话说，有人为我们支付了罚款。我说："长官，我们想要服刑，这既是为了我们自己，也是为了那 700 多名案子还悬而未决的人，我们觉得应该这么做。"他只回答道："天知道，牧师，我可不想把你关在我的监狱里。"这是我第一次可以出狱，却不想出狱。这倒不是说我特别享受监狱里的不便和不适，我只是不喜欢把我们弄出监狱的这种不明不白的手段。我们目睹过人们在午餐柜台静坐时被踢下凳子，在教堂跪着抗议时被轰走，在自由乘车运动中被扔进监狱，但是，这是我们第一次亲历被轰出监狱。

7 月 24 日，市政当局开始调动警力，制止我们的和平示威游行。他们残忍地殴打了一名孕妇，还殴打了我们的一名律师。一些黑人围观者——他们并不是我们有组织的示威者——满腔怒火，向警察投掷了瓶子和石块。在此紧急关头，我只好暂停了大规模示威游行。在接下来的几天里，我走访家庭、俱乐部和台球室，告诫人们不要回击报复，最后，连火气最大的人也都同意了。

"赎罪日"

> 虽然我们确信，和平示威者和奥尔巴尼运动的积极分子都 *160*
> 没有参与昨晚的暴力事件，但我们憎恶暴力，而这起暴力事件发生在黑人群众中，我们决定承担其部分责任。
>
> 为了践行我们对非暴力的承诺，为了证明我们和平抗议的决心，我们宣布，从今天中午 12 点开始为"赎罪日"。我们呼吁，在"赎罪日"里，奥尔巴尼运动的所有成员和支持者，都为黑人社区中还没有找到非暴力指导思想的兄弟们祷告。我们认为，既然我们在"赎罪日"忏悔，市政委员会和心怀善意的白人也应该认真思考奥尔巴尼的现状和存在的问题。我们必须坦率地说，市政委员会傲慢地拒绝与奥尔巴尼运动领袖交流，不断压制黑人对自由的渴望，而奥尔巴尼警方不惜任何代价来维持种族隔离制度，这些都给暴力和仇恨情绪

推波助澜了。

虽然我们会竭尽全力向人们宣讲和教导非暴力思想，但我们担心，如果奥尔巴尼市政当局不遵守诚信契约，那么这些训诫终究会被置若罔闻。

奥尔巴尼市政当局很快意识到，全美数千万人正在关注着我们在奥尔巴尼的运动，会意识到我们在道义上的正义性。于是，他们也摇身一变，转而支持非暴力，普里切特警长毫无羞耻心地向新闻界宣布，他也是一个倡导非暴力的人。由于表面上不再使用武力，这个前日还充满惊涛骇浪的城市，现在风平浪静了。

7月27日—8月10日狱中日记

7月27日，星期五

161 下午3点15分，拉尔夫·阿伯内西和我在奥尔巴尼再次被捕（这是7月的第二次，去年12月以来的第三次）。和我们一起被捕的还有安德森医生、斯拉特·金（Slater King）、本·盖伊（Ben Gay）牧师和另外7位女士。为了敦促市政委员会和奥尔巴尼运动领导人坐下来谈判，抗议队伍在市政厅前举行祈祷守夜活动。我们到达市政厅时，大量媒体已经等候在那里了，警察局长劳里·普里切特直接来见我们，让我们去他的办公室。我们拒绝了，他立即下令逮捕我们。

晚上9点钟左右，一名狱警来到我的牢房，说普里切特局长在他的办公室等着见我。我心中起疑，记得两个星期前，我们被叫到普里切特的办公室，然后被哄骗出狱（一位神秘人士为我们每个人支付了178美元的罚款）。今天，我们下定决心，不能让这种事情重演，所以，我告诉狱警说，这次恐怕得普里切特亲自来我们的牢房了。狱警非常生气，但显然他还是把信儿带给了普里切特，因为局长很快就来了。他对我们说：“来吧，博士，这次我并不是想赶你走，是一个姓斯皮瓦克的人给你打来了长途电话。”

电话原来是《与媒体见面》① 电视节目组的劳伦斯·斯皮瓦克（Lawrence Spivak）打来的。他们把对我的访谈安排在了 7 月 29 日星期天的节目上。他非常紧张，请求我申请保释。我立即打电话给舍维尔·鲍维斯·金（Chevene Bowers King）律师和我的助手怀亚特·沃克牧师，让他们来监狱见我，我想征询一下他们的意见。大家一致认为，我不应该离开监狱，并建议由奥尔巴尼运动的总指挥安德森医生申请保释出狱，代替我参加节目访谈。安德森医生也同意了，我决定继续留在监狱里。

7 月 28 日，星期六

监狱同意，我只要告知普里切特局长一声，就可以随时与我的运动成员讨论问题，这样，我们就可以在监狱里组织会议了。柯丽塔也在今天返回亚特兰大之前，来看了我两次。

怀亚特来监狱时，我强调说，可以在市政厅前举行更多的小规模示威活动，但不要举行大规模游行，因为现在的局势太紧张了。

我刚和怀亚特谈完，就又有大约 15 名示威者在市政厅前被捕，他们走进监狱时都在高声歌唱。这极大地激励了我们。这批人立即被送往州内的另一个监狱。

当天晚些时候，普里切特来了。他说，为了我好，让我离 *162*
开监狱。有人已经送来现金，要给我交付保释金。确切地说，他现在就可以放我走。我告诉他，我当然不想被拖出监狱，我不想离开监狱，因为我想服刑。

普里切特对我们说：“你们当真不知道局势有多紧张吗？

---

① 《与媒体见面》(*Meet the Press*)，也称《会见媒体》《会见新闻界》，是由美国全国广播公司（NBC）制作的一档新闻访谈节目。《与媒体见面》主要专访国家元首及主要社会活动家，或是谈论政治、经济、外交和其他公共政策等内容。该节目是全世界存续时间最长的电视节目，从 1947 年 11 月 6 日首映起持续播出至今，也是美国收视率最高的晨间访谈节目之一。

你们真不知道发生了什么?”我们说不知道，他说:“有人差点把舍维尔·鲍维斯·金的脑袋打开了花。”这太可怕了，我们听后十分气愤。我问他是谁干的，他平静地说:“县监狱的治安警。”我立刻找来怀亚特，要求他给总统发一封电报，并打电话给根（Gen）律师、罗伯特·肯尼迪和司法部的布尔克·马歇尔（Burke Marshall）。我告诉他们，我非常担忧执法机构的这种暴行，现在必须采取一些措施了。

7月29日，星期天

今天早上很安静。我们仍然坚持例行祈祷，我读了《约伯记》。我们每天早晨和傍晚都祈祷，需要的话也唱圣歌。只有拉尔夫和我关在一个牢房里，我们看不到其他囚犯，但是，我们也总能听到他们在唱歌。斯拉特关押的地方距离我们有两间牢房，马文·里奇（Marvin Rich）、爱德·迪肯森（Ed Dickenson）和厄尔·戈顿（Earl Gorden）——他们是白人示威者——被关在大厅对面的另一间牢房中，他们也加入了我们的祈祷。祈祷结束后，我就读自己带来的书。

8点钟，他们送来了常规早餐，还是香肠、玉米糁和一个鸡蛋，在一个锡盘上放着两片面包，另外还有一杯咖啡。10点10分时，狱警出人意料地又送来了一盘子肉丁土豆、青豆、米饭和玉米面包。他说，这是晚餐，也是当天的最后一顿饭了，因为今天厨师要提前下班。很快，沃克牧师、亚特兰大的罗伊·贝尔（Roy Bell）医生以及《战斗机》[1] 杂志的作家拉里·斯蒂尔（Larry Still）一起来探监。罗伊检查了拉尔夫的牙齿，说他会让普里切特给我们提供“专门食谱”的。我告诉他，这确实很有必要，因为这些监狱食物会把我们饿死的。奥尔巴尼监狱肮脏恶臭，条件极差。我待过许多监狱，但是，这

---

① 《战斗机》(*Jet*)是一本以非洲裔美国读者为主要对象的杂志。它由伊利诺伊州芝加哥约翰逊出版公司的约翰·H. 约翰逊于1951年创立，以周刊形式发行。该杂志最初被称为“每周黑人新闻杂志”，最初几年在记录民权运动方面做了大量工作，比如记载了蒙哥马利公共汽车抵制运动，也记载了民权领袖马丁·路德·金的很多活动。

里真的是我见过的最糟糕的监狱了。

7 月 30 日，星期一

在联邦法院召开听证会之前，我把大部分时间都花在写作那本关于黑人布道的书上了。牢房里闷热难忍，我几乎无法静下心来做事。我觉得，我们这间牢房应该是监狱里最闷热的一间，因为它窝在一个角落里。牢房里有四个床铺，但不知为什 163
么，他们从来没有把其他人安排在这里。拉尔夫说，我们每次去洗个手都要撞到一起。他真是一个不可多得的朋友，总能让我们情绪高昂。今天的食物似乎比平常要糟，只有咖啡还能勉强入口。

我和怀亚特聊过，他告诉我，外面的示威活动仍然按计划进行着。我们很快就得到了他们的消息，因为又有大约 15 人被捕了。由于该市请求联邦政府下令禁止示威活动，我们得到通知，马上准备去法院参加听证会。我高兴地得知，全美有色人种协进会纽约办公室的康妮·莫特里（Connie Motley）律师也来到了现场。在听证会开始之前，亚特兰大的金律师和唐纳德·L. 豪威尔律师也来看我。我们讨论了如何同时在四条战线上全面发起奥尔巴尼战役，这四条战线是：在法庭上展开法律斗争；游行示威、下跪抗议和静坐抗议；经济抵制；展开深入的选民登记运动。这注定是一个漫长的夏天。

7 月 31 日，星期二

今天，我很高兴去了法院，因为这样才有机会看到我的妻子，以及那些正在坚持奥尔巴尼运动的朋友和同事们。在休庭期间，我们还抓住机会与怀亚特沟通了一下。他告诉我们，此刻当我们在法庭上时，示威活动就在外面进行着。由学生非暴力行动协调委员会领导的一些青年团体，正在试图把活动扩展到药店、外卖店和汽车旅馆等场所。

后来，我父亲在艾伦·米德尔顿（Allen Middleton）牧师的陪伴下也来了。艾伦·米德尔顿是南方基督教领袖大会在亚特兰大的负责人。我很欣慰地得知，我的母亲已经理解了我在奥尔巴尼运动中的角色，她知道，我还必须留在监狱里。我告诉父亲，可以邀请一些牧师来帮助他打理教会工作，但他说：“只要你能在监狱里面坚持，我就能在外面坚持。”

8 月 1 日，星期三

今天早上，我父亲和米德尔顿博士又来看我，告诉我，昨天晚上他们在锡安山浸信会教堂集会上讲话了。由于现场的人太多了，只好分流到街道对面的示罗浸信会教堂（Shiloh Baptist Church）中，那里也经常是晚上群众集会的地方。父亲说，他今天要继续参加听证会，听听普里切特局长的证词，看他如何狡辩逮捕黑人是为了让他们免受白人的袭击。父亲说，普里切特告诉人们说，我并不是自己要来奥尔巴尼的，我是应市政官员之邀来参观监狱的。

8 月 2 日，星期四

164 我了解到，肯尼迪总统指示说，奥尔巴尼市政当局应该与黑人领袖沟通对话。我认为这个声明非常坦诚，于是马上口授了一个致肯尼迪总统的声明，高度赞扬了他的举动。

8 月 3 日，星期五

法庭听证会休会到下个星期二。我感觉他们把时间拖得太长了，但无论如何，人们都应该坚持示威。

8 月 4 日，星期六

今天一天又抓进了许多示威群众。后来，普里切特进来了，让大家为他唱歌。“就唱那首《不让普里切特警长阻挡我》。”他说。我觉得，他是真的很喜欢听那首歌，其他狱警只是瞪着眼听着。

8 月 5 日，星期天

今天我太高兴了，因为孩子们——约兰达、马丁·路德三世和德克斯特——来看我了。我已经 5 个星期没见过孩子们了，我们在一起待了大约有 25 分钟。他们让我振奋了一些。

8 月 6 日，星期一

今天我又见到了柯丽塔一次，然后她就带着孩子们返回亚特兰大了。今天，我的大部分时间都花在阅读报纸和读来自世界各地的信件上了。有些信封上只写着“奥尔巴尼，国家第一号捣乱者收”，连州名都没有。当然，除了个别这种有敌意的信之外，绝大多数信是黑人和白人写来的友好信件，充满了鼓励的话语。晚餐和祈祷后，我继续写我的书。我原本计划在今年夏天完成这部书，但截至目前，我只写完了 18 篇布道中的
11 篇。我在监狱里已经完成了 3 篇，内容都是关于如何建立基 *165*
督福音与人的社会和经济生活之间的关系的，目的是指导基督徒处理种族关系、战争与和平，以及经济不公正等问题。这些文章都是在我原来的布道稿的基础上写成的。我在狱中写的 3 篇布道，名字分别是《温柔的心和坚强的脑》、《爱在行动中》和《爱你的敌人》。我计划把这本书命名为《爱你的敌人》。

致肯尼迪总统的电报

尊敬的总统先生，感谢您对奥尔巴尼危机的坦率声明。阿伯内西牧师和我恳切希望您继续发挥总统办公室巨大的道德影响力，来促进危机的解决。

1962 年 8 月 2 日

8 月 7 日，星期二

我们今天又出庭了。听到州证人陈述他们如何防止暴力、保护人民的证词时，我对拉尔夫说，目睹市政官员上演这出法庭闹剧实在令人沮丧。

8 月 8 日，星期三

今天是听证会的最后一天，由我和拉尔夫出庭作证。虽然参加联邦法院的听证会可以暂时逃避一下牢房里的酷热，但我还是很高兴听证会终于结束了。从开着空调的法庭回到闷热的牢房，真是折磨。我浑身乏力，病倒了，安德森医生不得不第

二次来给我检查身体。

8月9日，星期四

我们决定留在监狱里继续服刑。“今早我们醒来，心中充满自由。”大家仍然情绪饱满，灵修功课也进行得非常顺利，大家唱了所有的自由歌曲。

今天稍晚时候，怀亚特和安德森医生来告诉我，如果拉尔夫和我明天被判入狱，他们就计划组织两场游行。许多坐牢的人的妻子都同意来牢里和我们团聚，其中包括我的妻子、安德森的妻子、怀亚特的妻子、杨的妻子、拉尔夫的妻子和威廉·昆斯特勒（William Kunstler）牧师的妻子。

8月10日，星期五

我对今天宣判的缓刑并不觉得十分意外。我仍然觉得这个处罚有失公正，想要上诉，但我们的律师还有些举棋不定。拉尔夫和我同意退出游行，回到亚特兰大自己的教会去。这样不仅可以让市政当局“挽回面子”，也可以表现出我们对奥尔巴尼运动的美好信念。

我认为，联邦政府在此次运动中应该采取更多行动，因为这种情况已经触犯了公民基本的宪法权利。佐治亚州奥尔巴尼抗议中的人们，通过和平与非暴力的手段，寻求的只是宪法赋予的基本权
166 利。我认为，奥尔巴尼黑人被剥夺权利的法律基础是宪法第一修正案。我相信，如果联邦政府在这个问题上明确表明立场，将会对局面大有益处，当然，这意味着政府要与正致力于解决这个问题的黑人律师们通力合作。

争取选举权的惨痛代价

上个星期，我去看了位于佐治亚州里斯伯格的林荫浸信会教堂（Shady Grove Baptist Church）的废墟。在废墟现场，我的眼中含着泪，我的心里浸着泪。那天的黎明时分，我的助理牧师怀

亚特·沃克把我唤醒，他告诉我，学生非暴力行动协调委员会的一位工作人员刚刚打来电话报告说，他们一直在里面举行投票咨询和注册课程的教堂，被大火或炸药毁掉了……

赤裸裸的事实就是，黑人们的任何一个抵制目标——无论是针对午餐柜台还是州际公共汽车，无论是第一修正案中的特权还是祈祷游行，无论是学校种族隔离还是选举权制度——都会遇到一个死敌：南方白人种族主义者。无论我们追求什么，只要它涉及完整的公民身份、人格自尊、人类尊严，或者与改变“南方生活方式”稍微搭界，黑人们的行动几乎就不可能得到种族隔离分子的批准、认可和包容，佐治亚州的林荫浸信会教堂焦黑的废墟就是一个明证。这就是南方黑人为争取选举权而付出的惨痛代价。

引自 1962 年 9 月 1 日报纸专栏

致肯尼迪总统的电报

据可靠消息，在许多暴力冲突频发地区，黑人们也在自我武装。我将继续敦促我的同胞对极端敌对势力保持非暴力抗议，但如果联邦政府不采取果断行动，恐怕他们对我的劝说也会置若罔闻。一旦黑人在对抗中诉诸报复性暴力，整个南方将陷入暴乱的黑暗之中。

1962 年 9 月 11 日

“奥尔巴尼黑人已经挺直了脊梁”

我们在奥尔巴尼举行的运动，最大限度地升华了黑人的思想境界。有超过 5%的黑人自愿坐牢，与此同时，有约 95%的黑人民众 167

自觉抵制种族隔离公共汽车，抵制羞辱他们的商店。这些抵制成效显著。公共汽车无法上路，停在车库里生锈，公交线路不得不停用。许多商家眼看着销售量逐周下降，许多全国连锁的商场甚至取消了在奥尔巴尼开设分店的计划，因为这里局势动荡，不利于企业投资。对手为了挫败我们，关闭了市里的公园和公共图书馆，但事实上，此举也把白人拒诸门外了，没有了这些娱乐和文化设施，这座现代化城市与乡村相差无几。

奥尔巴尼的示威和坐牢持续了几个月，但仍未实现运动的全部目标。媒体和其他报道宣称，本次非暴力抗议已经不了了之。

奥尔巴尼运动确有不足之处，参与的每个人都对此负有责任。我们缺乏明确的战术理论指导，因而无法将实际行动与之一一参照，具体执行。人类本身既有优点又有缺点，而恰恰是这些矛盾构成了社会的运行机制。吃一堑长一智，我们应该从不断的错误中吸取教训，既要品尝成功，也要经历失败，在成功与失败的交错中学会生存。回顾这一运动，我很后悔答应了被保释出狱。当时，我对形势认识不足，坐失了主动权。我们的打击对象是政治强权机制，而不是经济强权机制；而如果没有选举权，又谈何赢得政治权利呢？

168 如果再有机会来领导这次运动，我会用一种新的方式来引导黑人群众。我所犯的错误在于笼统地抗议种族隔离制度，而没有聚焦于某一个具体的、明确的方面。我们的行动目的模糊而宽泛，因而最终什么都未能兑现，人们情绪低落，濒于绝望。如果我们当时聚焦在公共汽车或午餐柜台等任何一个具体问题上，情况都会好得多，因为任何一次这种性质的胜利都具有象征性意义，能大大地激发和鼓舞士气。当然，我并不是说奥尔巴尼运动一无是处。我们从奥尔巴尼运动的错误中吸取的教训，极大地帮助了我们今后在其他城市更加有效地组织运动。从那以后，我们再也没有把精力分散在笼统地攻击种族隔离制度上，而总是聚焦于具体的、具有象征意义的目标。

然而，要求废除奥尔巴尼种族隔离法律的呼声清楚地表明，奥尔巴尼市政当局事实上已经面临着在法律上废止种族隔离做法的局面。在“坐牢抗议”之后，市政委员会废止了所有实行种族隔离条例的城市法规，公共图书馆“试行”了 30 天的种族融合式开放。当然，这些都算不上全面胜利，但是，这至少不是失败。

几个月后，当我们制定伯明翰运动的斗争策略时，我们花了很长时间来评估和总结奥尔巴尼运动，希望从中吸取经验和教训。这次评估不仅让我们后来的斗争策略更加行之有效，而且表明，奥尔巴尼远远不能说是一次彻底的失败。虽然午餐柜台仍然实行种族隔离，但是成千上万的黑人加入了选民登记的行列。在那个夏季后的州长选举中，一个温和的候选人与一个狂热的种族隔离主义分子展开了竞争。由于黑人选民的增加，温和派候选人在奥尔巴尼市击败了种族隔离主义分子，这反过来又促成了他在州选举中的胜出。结果，佐治亚州选出了第一位承诺要遵守法律、秉公执法的州长。

总而言之，我们的运动在道义上采取攻势，虽然这条抗争之路仍然漫长而艰巨，但这次斗争丰富了黑人们争取平等和自由的经验。奥尔巴尼黑人已经挺直了脊梁，正如甘地所说，除非你自己弯下腰，否则没人能骑得上去。

奋起反抗残暴压迫者的汹涌力量，取代了原来低落绝望的情 *169*
绪，黑人们发现，原来那些暴君并不是不可打败的。在自卑的重压下生活了几个世纪的南方黑人，终于勇敢地直面压迫者，承受他们的暴力，自愿坐牢。他们用自己的行动，让那些实行种族隔离的公共汽车停止运营，让公园、图书馆和游泳池无法运作；他们前往白人教堂中参加礼拜；他们的抵制削弱了城市贸易；他们向全美和全世界人民展示出，他们遭受了怎样的非人道待遇；他们为了争取自由和公平，放声高歌，公开演讲和祈祷：这些都称得上是巨人的作为！再没有人能迫使黑人逆来顺受，这就是无法泯灭的胜利！奥尔巴尼已经今非昔比，我们在奥尔巴尼赢得了局部性的胜利，但是，这个胜利并非结局，而仅仅是一个开始。

第 17 章

伯明翰运动

170 全美国再也没有任何一个地方能与伯明翰相提并论。作为南方最大的工业城市，在 30 年代组织工会的时候，伯明翰就成了一个血腥的象征。在这里，长久以来，人权惨遭践踏，空气中弥漫的恐惧和压迫气息之浓，可以与工厂中排放出的烟雾相媲美。在这里，经济利益集团与权力机构相互勾结，影响遍布南方，辐射直达北方。我们在这里展开非暴力抵抗的直接行动，真是找到了再合适不过的舞台。

1963 年 3 月 28 日

金的第四个孩子伯妮丝·艾伯丁出生

4 月 2 日

在伯明翰市长竞选的决胜投票中，阿尔伯特·布特韦尔（Albert Boutwell）战胜了警察局长尤金·“公牛”·康纳（Eugene “Bull” Connor），但康纳与其他市政官员拒绝离职

4 月 3 日

为了避免干扰市长选举而决定延迟行动后，南方基督教领袖大会和亚拉巴马州基督教人权运动（Alabama Christian Movement for Human Rights）在伯明翰发起了抗议运动

4 月 12 日

由于触犯了州巡回法院的抗议禁令，金被捕

4 月 15 日

肯尼迪总统致电柯丽塔·斯科特·金，对她丈夫的被捕表示关心

如果你在 4 月 3 日纪念黑人解放 100 周年庆典之前来到伯明翰，这个城市很可能会让你大吃一惊。你可能会觉得，这里就如同瑞普·凡·温克尔[①]的故事一样，已经沉睡了数十年。那些市政官员们显然从来没有听说过亚伯拉罕·林肯、托马斯·杰斐逊(Thomas Jefferson)、权利法案、美利坚合众国宪法前言，以及美利坚合众国宪法第十三、第十四、第十五修正案，甚至 1954 年美国最高法院做出的公立学校种族隔离非法的裁决。 171

请你展开想象力，假设自己是一个黑人孩子，生于伯明翰，长于伯明翰，那么，你的生活境况注定是这样的：

你出生在一家实施吉姆·克劳法的医院，父母可能住在贫民窟，你只能去实行吉姆·克劳法的学校。你的童年时光基本上是在马路上玩耍，因为“有色人种”公园少得可怜。如果联邦法院下令禁止在公园实行种族隔离，你就会发现，伯明翰政府的对策是关闭公园，停止棒球队的活动，而不是促进种族融合。

如果你与父母外出购物，无论在大型购物中心还是在小商店，你们可以在很多柜台前流连消费，但是，只有一个柜台除外。无论你有多饿、多渴，你都不要忘了要回到城中的黑人区吃喝，因为在伯明翰，为白人服务的食品柜台把东西卖给黑人是违法的。

如果你的家庭要参加教堂礼拜，那么只能去黑人教堂。如果你想参加某个黑人教会，为了安全起见，你选择的那个教会的驻地牧师最好从来不公开谈论民权。如果你想加入一个白人教会，那你就等着受白眼吧。虽然这些白人同胞坚称他们是基督徒，但是他们在上帝的殿堂中也严格地实行种族隔离，那种执着劲头就像在剧院里一样。

如果你想为全美有色人种协进会做点事情，申请成为会员，你就会发现，伯明翰当地根本没有分支机构。在亚拉巴马州，种族隔

---

① 《瑞普·凡·温克尔》(*Rip Van Winkle*) 是 19 世纪美国小说家华盛顿·欧文所写的一篇短篇小说。故事描述了一位荷兰裔美国村民瑞普·凡·温克尔在卡兹奇山睡着了，20 年后才醒来，发现小镇已经人事全非。

离当局已经成功地宣布，全美有色人种协进会是一个“外来组织”，它的各种民权运动都被认定为非法。

172 在这个号称全美最大的钢铁生产中心之一的城市，如果想找份工作，你最好还是试试搬运工或卖苦力之类的粗重工作。即便你幸运地得到了一份体面工作，无论你本人多么出类拔萃，得到晋升或提薪的可能性也大大不如白人雇员。

如果你相信了历史书中所言，认为美国的各级政府官员——无论是市级、州级还是国家级——都是民主选举产生的，那么，当你尝试行使选举权时，你的幻想就破灭了。黑人占该市人口的五分之二，但所占有的选举权重只有八分之一。

在伯明翰，对待黑人野蛮粗暴是毋庸置疑的事实。尤金·“公牛”·康纳是市政委员会领导之一，主管市政事务，他是一个种族主义者，经常自诩擅长对付黑人，知道如何让他们安分守己。康纳是负责公共安全的警察局长，他多年来把持着伯明翰权力机构中的关键位置，一贯蔑视黑人权益，就像蔑视联邦政府的权威一样。

身在伯明翰，你能时时感受到一种暴力和野蛮的嚣张气焰。当地的种族主义者肆意恐吓、抢夺甚至杀害黑人，但绝对不会受到惩罚。反映伯明翰恐怖气氛的一个生动例子是，一个黑人惨遭阉割，他的尸体遭到肢解后被遗弃在一条荒路上。黑人的房子随时都可能爆炸或遭受大火的袭击，得不到丝毫保护。从 1957 年到 1963 年 1 月，黑人教堂和民权领袖家里发生的 17 起爆炸事件悬而未决，但是，伯明翰当局仍然声称，黑人们对现状“很满意”。

在康纳控制下的伯明翰，民众沉默的密码是恐惧。这种恐惧不
173 仅弥漫在黑人被压迫者心中，而且存在于白人们心中。伯明翰当然有白人温和派。他们并不赞成康纳的策略，伯明翰有正义感的白人私下里也对黑人遭受的虐待感到遗憾，但是，他们在公开场合都缄口不言。这是源于恐惧而产生的沉默——他们害怕来自社会、政治和经济方面的报复。伯明翰的最大的悲剧不是恶人的暴行，而是善良人的沉默。

在你生活的这个城市里，黑人长期屈服于白人的暴政，他们放弃了希望，滋生出本不该有的自卑感。在你生活的这个城市里，代表经济和政治权力的头面人物，甚至拒绝与黑人领袖谈论社会公正问题。

你生活的这个城市是警察的天下，而这个警察国家由州长乔治·华莱士（George Wallace）坐镇指挥，他在就职典礼上的誓言就是“现在隔离，明天隔离，永远隔离”！毋庸置疑，伯明翰是美国种族隔离最严重的地方。

“C 计划”

伯明翰白人至上的统治现在面临着威胁了。伴随着蒙哥马利抵制公共汽车运动的发展，在南方的很多城市里，抗议运动风起云涌。在伯明翰，美国历史上最勇敢的自由战士之一弗雷德·萨特尔华斯（Fred Shuttlesworth）牧师，于 1956 年春天组建了亚拉巴马州基督教人权运动组织。萨特尔华斯这个人体格健壮，精力充沛，斗争起来不屈不挠。他下定决心改变伯明翰，永远结束“公牛”康纳的恐怖统治和伯明翰的种族歧视。

萨特尔华斯初建这个组织时——它很快就成了南方基督教领袖大会的第 85 个分支机构——康纳无疑认为，该组织不过是另一群惹是生非的“黑鬼”的把戏。然而，康纳很快意识到，萨特尔华斯是认真的。早在 1956 年圣诞节，萨特尔华斯的家就被炸过，完全炸毁了。1956 年的冬天，他所在的伯特利浸信会（Bethel Baptist）教堂也被种族主义者炸毁。1957 年下半年，萨特尔华斯和妻子都遭到过抢劫和殴打，被行刺致伤。他们还 8 次被捕入狱，其中 4 次是在“自由乘车者”运动中。

1962 年 5 月，南方基督教领袖大会在查塔努加（Chattanooga） *174*
召开了委员会会议。在会上，我们认真讨论了与萨特尔华斯和亚拉巴马州基督教人权运动并肩作战，向伯明翰的种族隔离制度发起大规模的直接行动的问题。我们和萨特尔华斯都相信，伯明翰运动必然会是我们民权事业中最艰难的一场战斗，但是，如果此役取得了成功，那么它将在全美范围内敲断种族隔离制度的脊梁。在伯明翰的一次胜利，很可能会加速人们追求自由与公正的整体进程。我们深知，即将在伯明翰展开的运动意义重大，所以我们预先制定了最全面的规划，全力进行祷告准备。我们制定了一个绝密文件，称之为“C 计划”。字母“C”代表着伯明翰为争取种族关系的平等与道德而进行的抗争（confrontation）。

在准备过程中，我告假 3 天，在佐治亚州萨凡纳（Savannah）附近的培训中心，与南方基督教领袖大会成员和委员们召开了筹备会。我们尽量完善时间表，讨论每一种可能性。我们分析了佐治亚州奥尔巴尼运动的经验和教训，认为我们在那里犯下的一个主要错误就是目标过于分散。在奥尔巴尼运动中，我们笼统地反对种族隔离制度，却未能有效地集中精力去反对任何一个主要方面。我们的结论是，在面对强硬对手时，如果我们集中精力，主攻邪恶而错综复杂的隔离制度的某一个方面，我们的抗争势必会更加有效。因此，我们决定将伯明翰的斗争目标集中在商业区。我们知道，黑人购买力强大，一旦他们不去购买商品，必然会影响到很多商家的盈亏状况。

两个星期后，我前往伯明翰。与我同行的，一位是我那位能干的助理怀亚特·沃克牧师，另一位是自蒙哥马利运动起就与我共渡难关的老朋友、老战友拉尔夫·阿伯内西，他也是南方基督教领袖大会的财务主管。到达伯明翰后，我们见到了亚拉巴马州基督教人权运动的委员们，协助他们在黑人社区筹备这场注定艰难、漫长而危险的运动。

175 我们的开会地点就在后来很有名的加斯顿汽车旅馆（Gaston Motel）30 号房间。拉尔夫和我就住在这个房间，在随后的几个月，这里也成了商讨战略的总部；再之后，在 5 月 11 日星期六晚上，也就是母亲节前夜，这里成为重大炸弹暴力事件的目标之一。

我们面临的首要任务，是确定“C 计划”的启动日期。由于我们的目标是给商人施加压力，所以我们认为活动时间应该定在复活节期间，这是一年中的第二大购物季。如果从 3 月份的第一个星期算起，那么在 4 月 14 日复活节之前，我们还有 6 个星期的时间可以在群众中展开动员工作。但是，我们忽然想到，伯明翰市长选举将于 3 月 5 日举行。

目前，领先的市长候选人有阿尔伯特·布特韦尔、尤金·“公牛”·康纳和汤姆·金（Tom King）。这些人都是种族隔离主义者，无论谁当选都会维持现状。然而，与康纳相比，大家认为金和布特韦尔都是温和派。我们希望康纳彻底下台，那样我们就不必去应付他了。我们不希望此次运动被政客利用成政治足球，所以我们决定推迟行动时间，计划在选举结束两周后开始示威。

截至 1963 年 3 月 1 日，该计划一直处于紧锣密鼓的筹备状态，松散的组织已经被拧成了一股绳。有大约 250 人自愿参加最初的示威活动，他们承诺至少会在监狱中待上 5 天。

谁都没有料到，3 月 5 日的选举结果出现了一个意外情况，进而干扰了我们的计划。当天，没有一个候选人赢得明显优势，他们决定在 4 月份的第一个星期，再举行一次“决胜投票”，参加决胜投票的候选人是布特韦尔和康纳。

我们不得不重新规划行动战略。如果我们在康纳和布特韦尔忙于决胜投票竞选时开始行动，康纳无疑会在这件事上大做感情文章，为自己争取政治优势。他会大张旗鼓地宣传，他，也只有他，有能力维护本市的种族隔离的官方政策。倘若我们此时行动的话，很有可能就助了康纳一臂之力，我们只好决定，把示威时间推迟到决胜投票后的第二天。

我们心情沉重地离开了伯明翰，意识到这第二次延迟会让我们先前对黑人所做的准备工作，在效果上大打折扣。我们已经召集了 *176*
大约 250 名愿意加入我们的队伍、愿意坐牢的志愿者，现在，我们可能会在几个星期之内与这些刚招募的新兵失去联系。但是，我们也不敢逗留于此，大家一致认为，所有南方基督教领袖大会成员都应在决胜投票后，才能返回伯明翰。

在纽约市，南方基督教领袖大会的老朋友和支持者哈里·贝拉丰特（Harry Belafonte），同意在他的寓所里召开一次会议，大约有75名纽约的重要人士出席了会议。弗雷德·萨特尔华斯和我向大家介绍了目前伯明翰存在的主要问题，以及可能出现的情况，我们解释了推迟行动到决胜投票之后的原因，以及为什么我们觉得无论是康纳还是布特韦尔当选都有必要继续行动。我们讲完后，他们问了最常见的问题："我们可以帮你们做什么？"

我们回答说，毫无疑问我们需要大量的资金作为保释金。我们可能需要组织大规模的公众集会，来争取更多的支持。哈里·贝拉丰特当场就组建了一个行动委员会，当天晚上就落实了筹款的相关事宜。贝拉丰特这个人一向不干则已，要干就全力以赴。在接下来的3个星期里，他把自己的工作完全放到一边，集中精力组织人员和钱款。建立了这些社会联系之后，我们返回伯明翰的时间也到了。决胜投票在4月2日举行，我们于当晚飞抵伯明翰。我们通过口头联络，设法召集我们的那250名志愿者开一个秘密会议，结果只有大约65人到场。第二天，我们这支力量弱小的队伍，在伯明翰发起了直接行动的战役。

"人们纷纷前来加入我们的队伍"

1963年4月3日星期三，《伯明翰新闻报》出现在报摊上，头版是一幅色彩明亮的图画，一轮金色的太阳升起在城市上空，标题是"伯明翰崭新的黎明"，以此来庆祝阿尔伯特·布特韦尔在市长选举的决胜投票中胜出。如该标题所示，现在，象征着种族和谐的金色光芒降临了这座城市，后来的事态发展显示，这确实是伯明翰的崭新的黎明，但却不是因为布特韦尔赢得了选举。

177 尽管新闻媒体和其他方面都显示出乐观情绪，但我们相信，阿尔伯特·布特韦尔——用弗雷德·萨特尔华斯的话说——"只是体面一些的'公牛'康纳"。我们知道，这位前州参议员和副州长是《亚拉巴马州学生安置法》的主要始作俑者，一贯支持种族隔离主义思想。他在当选后几天的一个声明中声称"我们伯明翰公民彼此尊重，互相理解”，这表明他根本不了解那五分之二的伯明翰市民，对他们来说，即便是彬彬有礼的种族隔离，也谈不上任何尊重。

与此同时，尽管决胜投票结果已出，但包括康纳在内的一些市政委员表示，他们要到 1965 年才能合法离任。他们会诉诸法院来捍卫自己的立场，也拒绝搬出他们在市政厅的办公室。如果他们赢得了诉讼，他们将继续执政两年；如果输了，他们的任期也要到 4 月 15 日——复活节后的第二天——才结束。无论上面的哪种情况发生，我们都要面临两个政府管理一座城市的局面。

我们决定，开始几天的行动主要是静坐。为了准备打持久战，我们觉得最好循序渐进，确保每天被逮捕人数在可控范围内。这种分配力量的方式，有助于我们运动的发展和彰显运动效果，所以，最初的示威活动组织有序，但是并不轰轰烈烈。第一天活动结束后，我们举行了一次群众集会。在接下来的时间里，这种晚间集会在黑人社区的不同教会一共举行了 65 次。通过这些集会，我们聚集了力量，增强了信心，最终调动起了整个黑人社会的积极性。在每晚的群众集会上，我都要宣讲非暴力的哲学和方法。

“运动的灵魂”

群众集会的一个重要内容是合唱自由歌曲，从某种意义上说，自由之歌是此次运动的灵魂。这些妙语歌曲并不是为了激励某次运动而设计出来的，它们与美国黑人的历史一样久远。这些歌曲由奴隶歌谣改编而成，由哀歌、欢歌、战歌和运动团歌等组成。我知道，人们曾谈论这些歌曲的节拍和韵律，但是在运动中，真正激励
我们的却是那些歌词。“清晨醒来，我的心流连于自由”，这样的歌 178
词无需音乐就能打动人心。我们高唱自由歌曲，与当年的奴隶唱这些歌的原因一样，因为我们同样处于被压迫的地位，而这些歌曲带给我们希望，筑实我们的信心：“我们要战胜一切，黑人和白人团结一致，我们总有一天能战胜一切。”这些歌曲把我们团结在一起，给我们勇气，助我们前行，让我们有勇气直面盖世太保般的警察。

冥冥之中，我们自有陪伴，因为我们高唱：“支持我，主啊，支持我。”

这种音乐是我们祖先的宝贵遗产。黑人凭着执着的耐力和特有的道德潜质，能从这些支离的音乐片段中找到美丽。他们虽然目不识丁，但他们的思想能构建出简单却雄辩的信仰，并能为其找到希望和理想主义的表达。我们可以用这种音乐，来申诉最深沉的呻吟，表达最激情的渴望，最终，总能满怀希望地看到上帝助我们解决了问题——就在这里，就在南方，就在这个黑人被邪恶驱赶出自己摇篮的地方。借助着这种音乐，黑人能沿着阴暗悲观或危机四伏的深井，探寻到奇妙耀眼、愉悦畅达的乐观主义精神。他知道，虽然他的世界仍然一片漆黑，但或多或少地，他看到了一缕光。

每次群众集会结束的时候，阿伯内西、萨特尔华斯或者我，都会号召大家自愿加入到我们的非暴力队伍中来。我们明确地表示，如果谁无法证明自己能骂不还口、打不还手，我们是不会让他参加抗议游行的；同时，我们也敦促志愿者不要携带任何形式的武器。数百人积极响应我们的呼吁。有些人带着铅笔刀、童子军刀等刀具，他们并不是想用它们来对付警察或其他攻击者，只是想要用来对付康纳先生的警犬。我们说服他们相信，我们不需要任何武器，哪怕是一根牙签，因为我们拥有最强大的武器，那就是我们的信念——我们是正义的。我们更注重的是实现这个正义的目标，而不是避免肌肤之痛。

179 我们在群众集会上邀请大家参加我们的非暴力队伍，就像每个星期天早上，牧师在黑人教堂招呼人们加入教会一样。人们纷纷前来加入我们的队伍，在年龄上，二十多岁、三十多岁和四十多岁的都有。我们干脆就把我们的队伍称为军队。这是一支特殊的军队：没有装备，只有诚意；没有制服，只有决心；没有火药，只有信仰；没有军饷，只有良知。这支军队会行军，但不会进攻；这支军队会唱歌，但不会杀戮。

我们的目标是实现一个伟大的社会变革，而这只有靠大家同心协力才能达成。然而，黑人社会已被分化割裂，我们的目标在这种情况下永远无法实现。大家决定，应该在黑人社会的各种组织和领袖中发起一次旋风式集会，争取把所有的重要团体和个人都争取到我们这边来。

在伯明翰，各行各业的团体数不胜数，我和同事们一起展开了与它们的沟通交流。我负责与商界和专业人士沟通，还在一个 200 名牧师的集会上发表了演讲。在忙碌紧凑的一个星期内，我拜访了许多小团体。在大多数情况下，刚一接触时，气氛都比较紧张生硬，我知道这里的工作不好做。

我开门见山地解释，为什么我们没有提前告知他们时间就发动了抗议行动，这样就解决了有关时间安排上的争议。我对各位牧师强调说，现在需要一个社会的福音，来代替个人救赎的福音。我说，只有“枯燥乏味”的宗教才会让牧师只知道赞美上天的荣耀，而无视导致世人堕落的社会环境。我恳求黑人牧师发挥出他们强大的影响力，我指出，他们比社区中任何其他人都更加自由，更加独立。

我还要应付那些说我是“局外人”的人。我指出，作为南方基督教领袖大会的主席，我来到伯明翰，是为了帮助南方基督教领袖大会的分会机构组织运动。我针对这老掉牙的“局外人”的指控，阐述了自己的观点，这也是我们帮助其他城市时经常面临的一个问题。事实上，没有一个黑人，没有一个美国人，在争取社会自由和
公正的事业中，可以是一个局外人。无论是在密西西比州，还是在 *180*
亚拉巴马州或者佐治亚州，只要还有一个卑微的黑人孩子被剥夺了尊严和体面，就没有一个黑人——无论他的社会地位、经济状况或声望职位如何——可以声称他是一个局外人。

在那个星期，上帝以某种方式赐予我以力量，一种将怨恨、怀疑、恐惧和误解转化为信心与热情的力量。我的发言源自内心，每次集会都得到了听众坚定的支持和参与的响应。我们的联盟不断发展，新鲜血液源源不断地注入了抗议组织。旧秩序的根基注定要覆灭，而新秩序必然要诞生，这不是任何偏见力量或哪位“公牛”康

纳能够阻止的。

“我的生命把我推到了这个中心位置上”

在午餐柜台静坐运动的前三天里，已经有35人被捕。1963年4月6日星期六，我们开启了运动的另一个阶段，在市政厅前面展开游行。从那时起，示威游行的规模日渐壮大起来。我们对市中心商家的抵制，成效明显。复活节前几天，我们仔细调查了市中心的所有商店，结果显示只有不超过20个黑人进过商店。与此同时，非暴力志愿者的人数在逐日增加，我们也有能力在多个目标地同时开展行动了，比如，在教堂中跪地抗议，在图书馆中静坐，在政府大楼前游行以敦促开放选民登记。同时，监狱里的人数在缓慢但稳步地上升。

在运动开始阶段，康纳的克制态度让伯明翰的白人和黑人都大感惊讶。诚然，警犬和警棍在棕枝主日[1]就亮了出来，但只是露了个面，很快就撤走了。观察家们可能没有意识到，康纳是在试图照抄奥尔巴尼的警察局长劳里·普里切特的伎俩。普里切特局长认为，指示警察们采取非暴力形式是击败非暴力示威的一个新方法。但是，随着事态发展，康纳先生再也按捺不住性子去坚持非暴力了，警犬就在不远处的狗舍里狂吠，高压水管里充满了水。

181 康纳率先打破非暴力戒律的另一个原因是，他以为自己抓到了另外一根救命稻草。4月10日，市政府得到了法院的强制令，命令我们停止抗议活动，因为法庭要充分讨论我们抗议示威的权利。现在，我们不得不决定如何来应付他们的法律操作了。两天后，我们做了一个大胆的决策，一个我们在其他运动中不曾使用过的策略：我们决定不遵守法院强制令。

---

① 棕枝主日（Palm Sunday），公教称圣枝主日，亦称“棕树主日”或“基督苦难主日”，因为耶稣基督在该周被出卖、审判，最后被判处十字架死刑。这是主复活日前的主日，标志着圣周的开始，为罗马公教、正教会、圣公宗、信义宗等各派庆祝的节日。

我是想通过此举树立一个“公民不服从”的例子。示威开始 10 天后，有 400～500 人被捕入狱，有些人被保释，但仍有 300 人处于监禁中。现在，统一黑人群众思想的工作已经完成，我的入狱时间也到了。考虑到其象征意义，我们决定，在 4 月 12 日耶稣受难日这一天，我和拉尔夫·阿伯内西出现在活动现场，见证这场运动。

关于强制令的声明

良知让我们无法服从这样一份强制令，这是一份不公正、不民主、滥用法律程序而违反宪法的禁令。

我们这样做，不是因为不尊重法律，而恰恰是出于对法律的最高尊重。我们并非企图逃避惩罚或违抗法律，或制造无政府状态。良知告诉我们，我们既不能遵守不公正的法律，也不能尊重不公正利用法庭的行为。

我们信奉基于正义和道德的法律体系。出于对美国宪法的伟大的爱，以及净化亚拉巴马州司法制度的愿望，我们决定冒险采取这一关键举措，我们意识到了此举可能产生的后果。

1963 年 4 月 11 日

我们宣布将在 4 月 12 日领导示威并甘愿被捕，但是，我们很快得到了一个令人不安的消息，这个消息差不多摧毁了整个运动。星期四深夜，为示威者提供保释金的担保人通知我们，他无法再继续做下去了，因为市政当局已经通知他，说他的金融资产不足。很显然，这是市政当局阻止我们行动的又一个伎俩。

这一打击着实沉重。我们手头所有的资金，都已经用于支付保 182
释金，而我们对监狱里的人负有道义上的责任。根据计划，包括我和拉尔夫在内的 50 人还将入狱，这会是迄今为止逮捕人数最多的一次。没有保释金，我们怎么能确保大家最终获释呢？

星期五耶稣受难日的一大早，我和另外 24 位主要运动领袖，坐在加斯顿汽车旅馆 30 号房间里，讨论这场危机。房间里的气氛十分压抑，我望向四周，第一次在这些最有奉献精神、最忠诚的领袖们的脸上，看到了绝望的表情。人们不知道该说什么，也不知道该怎么做。最后，有个人发言了，我看到，他说出的这番话道出了所有人的心声。

“马丁，”他说，“这意味着你不能去坐牢了。我们需要钱，大笔的钱，现在就要。只有你有关系能弄到钱，如果你进了监狱，我们就完了，伯明翰的战斗就彻底失败了。”

我坐在那里，感到 24 双眼睛注视着我。我想到现在囚禁在监狱里的人，也想到伯明翰黑人已经站在街道两旁，等着见证我把自己热情鼓动的东西付诸实施。如果我现在放弃了坐牢的想法，我该怎么向人们解释呢？对一个鼓动了几百人奋不顾身而自己却临阵脱逃的人，这个国家又会如何评判呢？

然后，我又反过来考虑这个问题：假如我进了监狱，一切又会如何？那 300 个人将会怎样？他们的保释金从何而来？我们的运动又会怎样？如果人们不知道什么时候或者能否再见到伯明翰的阳光，谁还愿意跟着我们去坐牢呢？

虽然房间里还有二十几个人，但我感觉到，我坐在一片最寂静的沉默中。房间里出现了这样的氛围：一个人虽然被忠诚的朋友和盟友围绕着，但他不得不独自面对自己，独自面对无情的现实。房间里人很多，但我倍感孤独。

183 我走到套房后的另一个房间里，站在房间的中心。我觉得，我的生命把我推到了这个中心位置上。我想到了那 24 个人，他们在隔壁房间等着；我想到了那 300 人，他们在监狱里等着；我想到了伯明翰的黑人群众，他们也在等待。然后，我那饱受折磨的思绪飞出了加斯顿汽车旅馆，跨过城市监狱，越过城市和州界，我想到了 2 000 万黑人同胞们，他们梦想有一天可以跨过那不公正的浩渺红海，寻找到通向种族融合和自由的应许之地的道路。我没有犹豫的

余地了。

我低声自语："我必须去。"

所有的怀疑、恐惧和优柔寡断，瞬间消逝无踪了。我脱下衬衫和裤子，穿上工作服，回到另一个房间里。

"朋友们，"我说，"我决定了，我必须履行这个信仰之举。我不知道会发生什么或者结果会怎样，我也不知道钱从哪里来。"

我转向拉尔夫·阿伯内西，对他说："我知道你要在复活节礼拜上布道，可是，我现在要请你和我一起去履行这个信仰之举。"

拉尔夫站了起来，没有疑问，毫不犹豫。我们所有人不由自主地拉起了手，好似感受到了一种神圣的讯息。在亚拉巴马州伯明翰加斯顿汽车旅馆的 30 号房间，25 个声音响起，齐声高唱运动战歌《我们要战胜一切》。

"单独关押，与世隔绝"

我们从汽车旅馆开车前往锡安山教堂，游行将从那里开始。数百名黑人走出家门来看我们，我们经过时，那些微笑的面孔让我萌生出巨大的希望。伯明翰的所有警力，好像都被调遣到这一地区来了。随后，又有 50 名同道来到教堂和我们会合，我们离开教堂，沿着戒严的街道向市中心走去。这真是一次痛快的游行。我们游行的路程比先前警察允许的要远得多，我们一路高唱歌曲，歌声中不时点缀着人行道上迸发出的掌声。

我们的游行队伍靠近市中心的时候，康纳下令逮捕我们。有警 184
察靠过来提醒他说："康纳先生，我们已经没有地方关他们了。"两个身强力壮的警察抓住拉尔夫和我的衬衫，把我们拖走，其他人也马上被逮捕了。在监狱里，他们把拉尔夫和我与其他人分开关押，再之后把我俩也分开了。

我被单独关押，与世隔绝了超过 24 个小时。我不被允许见任何人，甚至我的律师。这是我体验过的最漫长难熬、最令人沮丧也最让人困惑的时间。我完全失去了外界的消息，不禁开始担心：运动进展如何？弗雷德和其他领袖从哪里能筹到钱款来给抗议者支付保释金？黑人群众的士气如何？

在狱警手里，我倒是没有受到肉体伤害。有些监狱人员简单粗暴，虐人成性，这在南方监狱中本来就不足为奇。但是，与外界隔绝本身就足够残酷了。早晨，太阳升起，阳光从牢房墙壁上高高的窗子射进我狭小的牢房里。如果不曾在这样的地牢里待过，你永远也不会知道“暗无天日”的真实含义：阳光从头顶射进来，但下面漆黑一片。你可能以为，我是因为忧虑过度而产生了幻觉。当然，我是忧心忡忡，但是，确实是黑暗而不是忧虑的思绪，让我更加痛苦。不管怎样，客观事实就是：我看不到光明。

几天前我离开亚特兰大时，柯丽塔刚刚产下我们的第四个孩子。虽然刚降生的小姑娘让我们非常高兴，但柯丽塔因为自己的状况无法陪我一起前来伯明翰，她对此非常失望。在蒙哥马利运动中，她是我的力量和灵感的源泉；在佐治亚州的奥尔巴尼运动中，她也很活跃，在运动结束前，准备和其他民权领袖的妻子一起进监狱陪伴我们。

现在，她不仅被关在家中无法出门，而且连获得丈夫的电话安慰的权利也被剥夺了。我入狱后的那个星期天，她觉得她必须有所行动了。回想起 1960 年总统竞选期间我在佐治亚州入狱时，约
185 翰·F. 肯尼迪曾给她打过电话，她就又给总统打了一个电话。几分钟之内，总统的弟弟、司法部部长罗伯特·肯尼迪就回了电话。她告诉他，她得知我被单独监禁，很担心我的安全。司法部部长答应会尽一切所能，改善我的处境。几个小时后，肯尼迪总统本人从棕榈滩打电话给柯丽塔，向她保证他会立即调查此事。显然，总统和他的弟弟立即给伯明翰市政当局打了电话，因为柯丽塔接到他们电话后不久，狱警就问我是否想给我的妻子打个电话。总统干预后，我的条件确实大大改善了。

致肯尼迪总统的电报

非常感谢您在复活节周末抽出时间，就我在伯明翰的处境一事给我妻子打来电话。您的鼓励和关怀给予她力量去面对当时的艰难处境，现在我们已经渡过困境。这种道义上的支持极大鼓舞了我们为实现美国梦付尽微薄之力。

1963 年 4 月 16 日

与此同时，在星期天复活节的下午，我们的两名律师，奥尔泽尔·比林斯利（Orzell Billingsley）和亚瑟·肖斯，获准前来探视我。他们告诉我，我的律师朋友克拉伦斯·B. 琼斯（Clarence B. Jones）明天会从纽约来看我。两位律师离开时，让我忧虑不已的问题一个都没有得到解决。然而，第二天，克拉伦斯·B. 琼斯来了，我还没顾得上说我有多高兴见到他，他的几句话就卸下了我心头的千钧重担：

“哈里·贝拉丰特已经筹到了 5 万美元的保释金，马上就能用。他还说，无论你需要什么，他都能筹集到。”

我当时的心情真是难以用语言表达。琼斯的信息带给我的，不只是缓解了保释金的燃眉之急，不只是对远方的忠诚朋友的心怀感激，不只是伯明翰运动无法被扼杀的事实，它更让我无以言表的是我内心深深的敬畏之情。这时，一种感觉在我的心头升腾起来——其实它一直蛰伏在我的潜意识之中，只是因为我只关注运动本身而被压抑了。我从来不曾真正被单独囚禁过，牢房的门挡不住上帝，186
上帝曾在牢房中陪伴我。在星期五耶稣受难日，我们在加斯顿汽车旅馆 30 号房间做出坐牢决定，那时，上帝就在那里。在纽约市第五大道的一间公寓里，一位富有奉献精神的年轻人夜以继日地工作，给所有能想到的人打电话，为亚拉巴马州被囚禁的人募集保释金，那时，上帝就在那里。破晓总是孕育于最黑暗的午夜时分。我不知道此刻外面是否阳光明媚，但我知道，我将再次看到光明。

第 18 章

伯明翰狱中书信

187 我记得在那封信里说，因为没有得到教会的支持配合，我常常备感失望。我记得说过，在我们的斗争中，教会通常充当一个尾灯，而不是开路明灯；教会往往只是一个回声，而不是主调。

1963 年 4 月 12 日
伯明翰白人牧师致信金，呼吁结束示威
4 月 16 日
金写信回应

我永远不会忘记那天早上——可能是我被隔离监禁的第二天早上——一份报纸送到了我手上。我翻开报纸，发现了一篇启事声明类的文章，是由美国主流宗教的 8 位神职人员联合发表的。他们谴责我们的示威游行，把我们称为极端主义分子，还给我们冠以“法律破坏者”“无政府主义的信徒”这类称号。这些话引起了我的关注，我越读越气愤，在愤怒难抑中，决定写一封信来驳斥这篇文章。

这 8 位亚拉巴马州的神职同事是：C. C. J. 卡朋特（C. C. J. Carpenter）主教、约瑟夫 · A. 德瑞克（Joseph A. Durick）主教、希尔顿 · L. 格拉夫曼（Hilton L. Grafman）拉比、保罗 · 哈丁（Paul Hardin）主教、霍兰 · B. 哈蒙（Holan B. Harmon）主教、乔治 · M. 默里（George M. Murray）牧师、爱德华 · V. 拉马奇

(Edward V. Ramage）牧师和厄尔·斯泰林斯（Earl Stallings）牧师。我写给他们的这封回信，是在非常恶劣的条件下完成的。因为 188
牢房里既没有信纸，也没有便签本，这封信的开头就写在这份报纸声明旁边的空白处，中间部分写在了一个友好的黑人狱友给我的一叠废纸上，后来他们终于同意律师留给我一个便签本，于是末尾部分就写在这上面了。最后，我是通过律师才把这封信送到我的助理手里的。

在不影响文章内容的前提下，我还是尽了一个作者的最大努力，在文辞上润色了一番。

亲爱的神职同事们：

虽然被关押在伯明翰市监狱里，但我还是碰巧读到了你们最近发表的声明，批评我们的运动“不明智，不合时宜”。一般来讲，我很少理会别人对我工作或想法的指指点点，如果要一一回应这些摆在我书桌上的指责，我的秘书恐怕要把全部时间都花在处理这些问题上了，我也没有时间去做任何建设性的工作了。但是，因为我觉得你们是心怀善意的人，你们的批评也很真诚，所以，我希望自己有机会来耐心而合理地回应你们的声明。

我认为，既然你们已经受到反对“外人介入”观点的影响，我就应该先说明，我为什么会在伯明翰。我有幸担任南方基督教领袖大会的主席，这个组织在南方的所有州都有活动，其总部设在佐治亚州的亚特兰大。我们在南方有大约 85 个附属分支机构，而“亚拉巴马州基督教人权运动”就是其中之一。我们与分部之间经常共享人力、教育和财务资源。几个月前，伯明翰分部请求我们，在必要的情况下参与一个非暴力运动的直接行动。我们欣然同意，待时机成熟时，我们就履行了这个承诺，所以，我和几位工作人员一起应邀来到了伯明翰。我出现在伯明翰，是因为我在这里存在组织关系。

但从更根本上看，我来到伯明翰，是因为这里存在着不公 189
正。就如公元前 8 世纪的先知们离开村庄，带着“主如是说”

的承诺远走他乡；就如使徒保罗（Paul）离开塔塞斯（Tarsus）村，把耶稣基督的福音传播到希腊-罗马世界的偏远角落；同样，我也带着自由的福音，离开了自己的家乡，像保罗一样，我必须随时回应马其顿人的呼救。

此外，我还认识到，所有城市之间、各个州之间是相互关联的。我不能端坐在亚特兰大，对伯明翰发生的状况坐视不理。任何地方的不公正，都是对其他地方的公正的威胁。我们都陷在一张彼此关联的网中，捆绑着同一件命运的外衣。某件事情或许只是直接影响了一个人，但是，它会间接影响所有人。我们再也不能接受那种狭隘的、带有地方色彩的“外来煽动者”的说法。在美国境内，任何人在任何地方都不能被当作外人。

你们强烈反对在伯明翰发生的示威游行，但我很遗憾地说，你们的声明并没有同样关注这次示威发生的原因。我相信，你们中没有一个人会满足于那种肤浅的、只说结果不考虑深层原因的社会分析。伯明翰发生游行示威，这很不幸；然而更加不幸的是，是这个城市的白人当权者让黑人们除此之外别无选择。

任何一次非暴力运动都有四个基本步骤：搜集证据，核实是否存在不公正；谈判；自省；直接行动。在伯明翰，我们施行了所有这四个步骤。种族歧视的嚣张气焰弥漫在这座城市的每个角落，这是无可否认的事实。伯明翰可能是美国种族隔离最严重的城市，它的丑恶行径尽人皆知。黑人在法庭上遭遇到极不公正的待遇，伯明翰的黑人家庭和教会发生爆炸案的未破案率，比全美任何其他城市都高。这就是冷冰冰的残酷现实。基于这些事实，黑人领袖曾试图与市政官员谈判，但后者一直没有表现出谈判的诚意。

去年9月，我们有机会与伯明翰的商业联盟领导人沟通，在谈判过程中，商家做出了某些承诺，例如，取消商店里的羞
190 辱性种族标志。根据这些承诺，弗雷德·萨特尔华斯牧师和亚

拉巴马州基督教人权运动的领袖们同意暂停所有示威活动。然而，随着时间的流逝，我们意识到自己受骗了。有些标志当时倒是撤走了，但很快又现身原处，而有些一直就没有摘掉过。

和我们曾经遭遇的许多经历一样，我们的希望破灭了，失望的阴影笼罩在我们头上，除了准备采取直接行动之外，我们别无选择。我们将以自己的身体作为武器，将我们的处境陈布于国家和社会的良知面前。虑及此举所涉及的困难，我们决定自省，净化心灵。我们举办了一系列非暴力理论培训班，我们不停地扪心自问："你能做到被打而不报复吗?""你能忍受监狱的折磨吗?"我们决定选择在复活节期间开始启动直接行动，因为我们意识到，除了圣诞节，这是一年中最重要的购物季。我们知道，严重的经济倒退会是直接行动的副产品；我们认为，这是给商人施压、敦促其改变的最佳时机。

接下来就是 3 月份的伯明翰市长选举，于是，我们将行动时间推迟到选举结束后。后来我们得知，公共安全委员尤金·"公牛"·康纳拉到了足够的票数，进入了决胜投票，于是我们再次推迟行动时间，决定在决胜投票后的第二天开始行动，这样我们的示威活动就不会被他利用了。和许多人一样，我们希望康纳倒台，为此，我们一再推迟行动时间。但迫于社会形势，我们感到，我们的直接行动不能再推迟了。

你们可能会问："为什么要直接行动？为什么要静坐、游行等等？谈判不是更好吗?"你们呼吁谈判，这没错，事实上，这就是我们直接行动的目的。非暴力直接行动的主旨就在于，创造一种危机，营造一种紧张气氛，从而敦促总是拒绝谈判的人坐下来面对问题。它意在将问题戏剧化夸大，使之不能再被置之不理。我提到制造紧张气氛是非暴力抵抗的一个目的，这似乎骇人听闻，但我必须承认，我并不害怕使用"紧张气氛"这个词。我一直极力反对暴力所致的紧张气氛，但是，建设性的、非暴力的紧张气氛是社会进步所必需的。苏格拉底认为，有必要在思想中建立一种张力，这能使个体从神话和真假参半 191

的束缚中挣脱出来，从而提升到创造性的分析和客观评价的自由境界中。所以，我们必须看到，社会需要非暴力的讨人厌者来制造一种紧张气氛，这有助于人们走出偏见和种族主义的深渊，最终攀登上互相理解和兄弟情谊的辉煌顶峰。

我们采取直接行动的目的就是制造一个危机局面，从而无法回避地打开谈判的大门，所以，我赞同你们所呼吁的谈判。只是，长久以来，我们深爱的南方一直处于一种自说自话而非双方对话的困境之中。

你们声明的基本要点之一是，我和我的战友们在伯明翰所采取的行动是不合时宜的。有人问："你们为什么不给新政府一点时间来采取行动呢?"对这个问题，我唯一的回答就是，新履职的伯明翰市政府必须像即将离任的旧政府一样受到激励，否则，它不会采取任何行动。如果我们寄希望于阿尔伯特·布特韦尔当选市长后就会把新纪元带到伯明翰，那就大错特错了。虽然布特韦尔是比康纳温和些，但他们都是种族隔离主义者，他们都誓死维持现状。我希望布特韦尔先生能够理智地看到，抵制种族融合是徒劳的；而如果没有来自民权践行者的压力，他是不会意识到这一点的。朋友们，我必须强调，如果没有坚定的法律压力和非暴力的压力，我们在民权运动方面就注定会一无所获。可悲的历史事实一再证明，特权阶层极少主动放弃特权。个人也许还能看到道德之光，自愿放弃自己不公正的姿态；但是，正如霍尔德·尼布尔提醒我们的那样，群体往往比个人更加不道德。

我们的苦难经历告诉我们，压迫者不可能自愿将自由赐予被压迫者，自由必须由被压迫者自己争取而来。坦率地说，我参加的那些直接行动，在一个从未受过种族隔离之苦的人看来，没有一个是"恰合时宜"的。多少年来，我已经听厌了"等待"这个词。它萦绕在每一个黑人的耳边，所有黑人都对它再熟悉不过。这种"等待"几乎就意味着"绝不"，至此，我们不得不同意一位杰出的法学家所说的"拖延太久的正义就是被剥夺的正义”。

对于宪法和上帝赋予的权利，我们已经等待了 340 多年。 192
亚洲和非洲的许多国家正在以喷气式飞机的速度，走向政治独立；而我们则以老马拉破车的节奏，争取在午餐柜台买到一杯咖啡。也许，对那些从未感受过种族隔离飞镖的刺痛的人来说，“等待”确实很容易。但是，当你看到恶毒的暴徒用私刑处死你的父母，随心所欲地溺死你的姐妹兄弟；当你看到充满种族仇恨的警察咒骂、踢踏甚至杀死你的黑人同胞；当你看到 2 000 万黑人中的大部分人，在一个富足的社会中还挣扎在扼喉的贫困牢笼中；当你忽然舌头打结，吞吞吐吐，不知道怎么向 6 岁的女儿解释她为什么不能去刚刚在电视里看到的公共游乐园，你跟她说那个游乐园不让黑人孩子进去，你会看到她的眼睛里盈满了泪水，自卑的阴云开始在她的小世界的天空中聚集，她的人性渐渐扭曲，对白人的仇恨无意识地疯长起来；当 5 岁的孩子问你“爸爸，为什么白人对我们那么不礼貌”，你要绞尽脑汁去编造一个理由；当你跨州旅行时，必须一晚接一晚地难受地窝在自己的汽车里，因为没有一家汽车旅馆会接待你；当你进进出出于公共场所，日日蒙受着“白人”“有色人种”这些无处不在的标志的侮辱；当你的名字变成“黑鬼”，中间名变成“小子”（无论你多大年纪），姓氏都变成了“约翰”，而你的妻子和母亲永远都得不到“夫人”的尊称；当身为黑人的你永远生活在战战兢兢中，不知道明天会发生什么，这让你烦恼不已，内心的恐惧和外在的仇恨时时煎熬着你；当你深陷令人沮丧的“人下人”的感觉中，永远无法挣脱时：你就会明白，为什么“等待”对我们来讲是如此难熬了。总有那么一天，忍耐会达到极限，人们会不想再沉溺于绝望的深渊。先生们，我希望你们可以理解这种迫切感的合理性和必然性。

我们有意违反法律的举动，引起了你们的深切关注。这确 193
实是合理的关注。我们曾经竭力敦促人们服从最高法院 1954 年有关公立学校禁止种族隔离的决定，而这次却又故意违反法律，乍一看，我们的做法似乎有自相矛盾之嫌。也许有人会问：“你们怎么能遵守这些法律，却违背那些法律呢?”这个问题的答案在于，世界上存在着两种类型的法律：公正的法律和不公正的法律。我坚决提倡遵守公正的法律，人人都应该遵守公正的法律，这不仅是我们的法律责任，而且是道德义务；反之，每个人也都有道德义务，去拒绝服从不公正的法律。在这一点上，我同意圣奥古斯丁（Saint Augustine）的说法：“不公正的法律根本不是法律。”

那么，这两种法律之间有什么区别呢？该如何确定一项法律是公正的还是不公正的？公正的法律是由人制定的、与道德律令或上帝律令一致的法令；而不公正的法律则是不符合道德规则的法令，用圣托马斯·阿奎那（Saint Thomas Aquinas）的话说就是：不公正的法律就是违背永恒和自然律令的人造律令。任何能提升人格的法律都是公正的，任何贬损人性的法律都是不公正的。所有的种族隔离法律都是不公正的，因为隔离扭曲了灵魂，损害了人格。它给种族隔离主义者以虚假的优越感，而让被隔离者产生错误的自卑感。用犹太哲学家马丁·布伯（Martin Buber）的术语来说，隔离就是用“我-它”的关系代替了“我-你”的关系，最终把“人”降格到了“东西”的层面。因此，种族隔离制度不仅在政治上、经济上和社会上站不住脚，而且在道德上也是错误的、邪恶的。保罗·提利希（Paul Tillich）说过，罪是区分。种族隔离不就是人类可悲的区分、罪恶的隔阂以及可怕的原罪的外在表达吗？因此，我可以敦促人们遵守最高法院1954年的裁决，因为这个裁决在道德上是正确的；我可以鼓励人们不服从隔离条例，因为它在道德上是错误的。

让我们来更加具体地说一下公正的法律与不公正的法律。不公正的法律是多数群体迫使少数群体服从，但他们自己却不受约束的一种法规，这是“差异”法规。同理，公正的法律是多数群体强迫少数群体服从，而自己也自愿服从的一种法规，这是"同一"法规。

让我再来解释一下。如果一个法律导致少数群体被剥夺了选举权，致使他们无法参与法律的制定和颁布，那么这项法律就是不公正的。谁敢说亚拉巴马州立法机构通过的种族隔离法律，是经过民主投票而产生的？在亚拉巴马州各地，各种不正当伎俩轮番上阵，来阻止黑人成为注册选民。在某些县里，即便黑人占人口大多数，也没有一个黑人拥有选举权。在这种情况下颁布的法律，能认定是民主产生的吗？ 194

有时，某个法律表面上看似公正，而实施起来并不公正，例如，我因为没有获得游行许可而被捕。在当前形势下，制定一个规范游行许可的法令本无可厚非，但是，如果这个法令的目的是维持种族隔离、阻止公民行使和平集会和抗议权利的宪法第一修正案，那它就不公正了。

我希望你们能理解我所指出的差别。我绝不像那些狂热的种族隔离主义者，主张逃避或藐视法律，那只会导致无政府状态。一个违反了不公正法律的人，必须行为磊落，充满爱心，并心甘情愿地接受处罚。我认为，如果一个人的良知告诉他这个法律是不公正的，因而他敢于去违背这个法律，也甘愿用坐牢来唤醒社会对公正的良知，那么这个人其实表达了对法律的最高尊重。

当然，公民不服从并不是什么新生事物。为了避免让更高的道德面临威胁，沙得拉、米煞和亚伯尼歌拒绝服从尼布甲尼撒国王的律法[①]，就是对此的一个崇高证明。而早期的基督徒们也对此做出了表率，他们宁愿面对饥饿的狮子和难以忍受的断头台之苦，也不屈服于罗马帝国的某些不公正的法律。今天，我们之所以能在理论上实现自由，在某种程度上，也要归

① 沙得拉（Shadrach）、米煞（Meshach）和亚伯尼歌（Abednego）是《旧约·但以理书》第3章中的人物。这三位希伯来人因为拒绝在巴比伦国王尼布甲尼撒（Nebuchadnezzar）的画像前鞠躬而被国王扔进火窑，但这三个人毫发无伤，国王看到有四个人在火焰中行走，"那第四个的相貌好像神子"。

功于苏格拉底倡导的公民不服从。在我们国家，波士顿倾茶事件[①]代表了一个大规模的公民不服从行为。

我们永远不要忘记，阿道夫·希特勒在德国的所作所为都是“合法的”，而匈牙利自由战士在匈牙利所做的一切都是“非法的”。在希特勒的德国，帮助和安慰犹太人是“非法的”，即使如此，我相信如果当时我住在德国，我还是会帮助和安慰我的犹太兄弟。

195 基督教兄弟和犹太教兄弟们，我必须向你们坦率承认两件事情。首先，坦诚地说，在过去的几年里，我对白人温和派非常失望。我几乎可以非常遗憾地说，在黑人奔向自由的道路上，最大的障碍不是白人公民议会的议员，不是三K党，而是白人温和派。他们更关注的是“秩序”，而不是正义；他们更倾向于没有紧张气氛的消极和平，而不是寻求公正的积极和平；他们总是说“我同意你的目标，但我不认同你采取直接行动的方法”；他们家长式地认为，他们可以为别人的自由设定时间表；他们生活在自己虚构的时间框架里，絮絮地建议黑人等待一个“更适合的时机”。来自善良人的肤浅理解，比来自恶人的完全误解更令人沮丧；不冷不热的接受，比断然拒绝更让人困惑。

我曾寄希望于温和派白人能够理解，法律和秩序存在的目的是建立公正，而如果它们实现不了这个目的，它们就会成为阻碍社会进步洪流的危险的堤坝。我曾寄希望于温和派白人能够理解，南方目前的紧张局势，是从令人憎恶的消极和平过渡

---

① 波士顿倾茶事件是1773年发生在当时的英国殖民地马萨诸塞湾省首府波士顿的一场政治抵抗运动。该运动由殖民地民间反抗组织“自由之子”领导，旨在反对英国政府在殖民地征税并借此控制殖民地政府，以及反对英国东印度公司利用法案垄断北美的茶叶进口贸易。1773年12月16日，亲英派总督哈钦森仍拒绝遣返英国东印度公司的茶船，因此数十名或上百名“自由之子”成员趁夜色登船，将全部茶叶抛入海中销毁。事件发生后，英国殖民政府采取了一系列强硬措施，引发了一系列殖民地反抗行动。对抗接连升级，最终导致1775年美国革命战争爆发。

到实质性的积极和平的一个必然阶段；在前一个阶段，黑人是被动地接受不公正的待遇，而在后一个阶段，所有人都平等享有人格的尊严和人性的价值。事实上，我们虽然发起了非暴力性直接行动，但我们并不是紧张气氛的制造者，我们只是把客观存在的紧张暗流摆到了桌面上。我们把问题公开化，只有这样它才能够引起重视，最终得以解决。它就像一个长久不曾治愈的疖子，一直被掩藏着，而我们就是要将它的丑陋状态，直接暴露在空气和阳光这些天然药物之下；同理，我们遭遇的不公平也必须被揭露出来，暴露在人类良知之光和全国人民的评议之下，这样它才有望被治愈，即便这个揭露之举会产生紧张气氛。

你们的声明断言，即便我们的行动是和平的，也必须受到谴责，因为这些行动酝酿了暴力。但是，这个说法符合逻辑吗？这难道不就像是谴责一个遭到抢劫的人，是因为他的钱让人心生歹意？这难道不就像是谴责苏格拉底，是因为他坚信真 196
理，他的哲学探寻唤醒了老百姓，他们才被迫让他喝了毒酒？这难道不就像是谴责耶稣，是因为他特有的神性和永不停歇地为上帝奉献，才迫使别人把他钉死在十字架上？我们必须认识到，正如联邦法院一贯申明的那样，因为害怕追求基本宪法权利可能导致暴力对抗，而放弃了个人努力，这是完全错误的。社会必须保护受害者，惩罚恶人。

我也曾寄希望于温和派白人，在争取自由的斗争中，放弃关于时间的不切实际的幻想。我刚刚收到一封来自得克萨斯州的白人兄弟的信，他写道："所有的基督徒都知道，有色人种最终必将获得平等的权利，你们也许只是太心急了。基督教发展到今天的局面，大约经历了 2 000 年时间；基督的教义贯彻到世间，同样也需要时间。"这种态度源于对时间的一种可悲的误解，源于一种莫名其妙的非理性概念，那就是时间终将治愈所有的伤痛。从客观上讲，时间本身是中性的，但是，它既可以是一个破坏性因素，也可以是一个建设性因素。我越来越感觉到，心怀恶意的人比心地善良的人更懂得有效地利用时间。我们这一代人必须忏悔，不仅为恶人的仇恨言论和行为，而且为善良人的缄默。人类的进步永远不会自动出现，人类的进步只有通过那些愿意与神同工的人的不懈努力才能实现；如果不付出这种艰辛的努力，时间本身只会成为社会进步的黏滞剂。既然行正义的事情在任何时间都合适，那么我们必须创造性地利用时间。现在，是时候去兑现民主的承诺了，让我们把即将唱响的国家挽歌转化成和谐的创造性赞歌吧！现在，是时候去改变国家政策了，让我们把它从种族歧视的流沙转移到人性尊严的坚实岩石上吧！

你们说，我们在伯明翰的运动是极端主义的。初闻此言，我感到相当失望，因为神职兄弟们竟然把我的非暴力斗争与那些极端分子相提并论。于是，我认真思考了我的处境。事实
197 上，我发现我是站在两种截然不同的黑人群体中间。一个群体是自我满足型的黑人群众，这些人常年遭受压迫，自尊心和人格尊严惨遭践踏，他们已经安于种族隔离制度；这一群体中还有一部分人是中产阶级黑人，他们在职业和经济上有着一定的安全保障，也在某种程度上受益于种族隔离制度，他们对大部分黑人面临的问题已然失去了敏感性。而另一个黑人群体则满腔仇恨，愤恨不平，倾向于暴力表达，这表现为在全美各地层出不穷的黑人民族主义团体。这些人对黑人种族歧视的顽固感到沮丧，对美国失去了信心，完全否定了基督教，认为白人群体就是不可救药的“魔鬼”。

我一直努力站在这两股力量中间，主张我们既不能满足于“无所事事”的自我满足，也不能陷于黑人民族主义的仇恨与绝望之中，因为，我们拥有更好的抵抗方式——爱和非暴力。感谢上帝，通过黑人教会的影响，非暴力抵抗已经成为我们斗争中不可缺少的一个组成部分。

我深信，如果没有非暴力抵抗这一原则的指导，现在南方的许多街道上已经血流成河。我更加相信，如果白人兄弟把我

们这些奉行非暴力直接行动的人当作“捣乱分子”和“外来鼓动者”加以摒弃，如果他们拒绝支持我们的非暴力努力，那么，数以百万计的沮丧而绝望的黑人，为了寻求安慰和安全，必定会投奔黑人民族主义思想，这将不可避免地导致一场可怕的种族主义噩梦。

被压迫的人不能永远安于现状，对自由的渴求终究会浮出水面，这就是美国黑人的现状。源自内心的力量告诉他们，自由是与生俱来的；不曾拥有的权利提醒他们，他们也可以拥有这些权利。他们已经自觉或不自觉地为时代精神所激励，与非洲的黑人兄弟，与亚洲、南美和加勒比地区的黄色皮肤和棕色皮肤的兄弟，携手并肩，迫切地走向种族平等的应许之地。人们只要意识到这种洋溢在黑人社会中的势不可挡的潮流，就很容易理解为什么会发生那些游行示威。黑人们已经忍受了太多的压抑和怨恨，已经一再地承受了挫折，这种情绪必须得到释放。那么，就让他们去游行吧，就让他们在市政厅祷告吧，就 *198*
让他们自由乘车吧——并且，尽量理解他们为什么需要这样做。如果这些被压抑的情绪不能通过非暴力的方式释放出来，那么，它们必然寻求一种暴力的表达，这不是威胁，而是历史事实。所以，我从来不曾劝说我的同胞：“不要有不满情绪。”相反，我力图让他们相信，这种不满情绪是正常的、健康的，它们可以通过非暴力性直接行动这种富有创意的方式加以发泄。而现在，这种方法却被冠以了极端主义的帽子。

尽管最初我对被归类为极端主义者感到失望，但经过深入思考，我竟然从这个标签中逐渐体会到了一种满足。难道耶稣不是一个奉行爱的极端主义者吗？他说：“爱你的仇敌，祝福那些诅咒你的人，对那些恨你的人行善，为那些轻蔑地利用你、迫害你的人祷告。”难道阿莫斯不是一个奉行公正的极端主义者吗？他说：“让公正像大水滔滔，正义像湍流涌动。”难道保罗不是一个奉行基督福音的极端主义者吗？他说：“我身体上带着主耶稣的印记。”难道马丁·路德不是一个极端主义者吗？他说："我站在这里，我只能这样做，上帝啊，救救我。"还有约翰·邦扬（John Bunyan），他说："为免屠杀良心，我甘愿终生坐牢。"还有亚伯拉罕·林肯，他说："这个国家不能一半人遭奴役，一半人获自由。"还有托马斯·杰斐逊，他说："我们认为，这样的真理是不言而喻的：所有人生而平等……"可见，问题不在于我们是否是极端主义者，而在于我们是哪类极端主义者：我们是博爱的极端主义者，还是仇恨的极端主义者？我们是维护不公正的极端主义者，还是伸张正义的极端主义者？在卡瓦瑞圣山上，有三个人被钉死在十字架上。我们不能忘记，被钉死在十字架上的三个人，都犯有同样的罪行——极端主义。但是，其中的两个极端主义者是由于不道德行为而被钉死的，这降低了他们的境界；而另一个人——耶稣基督，则是一个信奉爱、真理和善良的极端主义者，因而他高蹈于周围环境之上。也许，南方、美国乃至整个世界，都迫切需要这种富有创造性的极端主义者。

我曾寄希望于温和派白人也能与我一样看到这种需求。也许，我过于乐观了；也许，我期望得太多了。其实，我应该意识到，几乎没有压迫者能够理解被压迫者那深沉的呻吟和激情的渴望，也几乎无人能富有远见地看到必须采取强有力、长坚持、大决心的动作，直到根除所有的不公正。然而，我还是很感激地看到，一些南方的白人兄弟理解了这次社会革命的意
199 义，并积极投身于其中。他们人数不多，但个个都是精英。有些人——比如，拉尔夫·麦克吉尔（Ralph McGill）、莉莲·史密斯（Lillian Smith）、哈利·戈尔登（Harry Golden）、詹姆斯·麦克布赖德·达布斯（James McBride Dabbs）、安·布拉登（Ann Braden）和莎拉·巴顿·博伊尔（Sarah Patton Boyle）——针对我们的斗争，发表了很多雄辩而富有预言性的言论；另外还有一些人和我们并肩携手，在南方那些无名的街道上游行，同在肮脏的、蟑螂出没的监狱中受苦，遭受警察的虐待和惩罚，因为警察把他们看成是"肮脏的黑鬼爱好者"。

他们与那些温和的白人同胞不同，他们认识到了当前情况的紧迫性，意识到要用药效强大的“行动”这副解毒剂，来对抗种族隔离这个顽疾。

我还想谈谈我另外一个主要的失望之处：我对白人教会及其领袖深感失望。当然也不是没有例外的情况，我对诸位中任何一位曾在这个问题上发挥作用的人，都铭记在心。我要称赞你，斯泰林斯牧师，因为在上个礼拜日，你欢迎黑人参加你的教堂礼拜，体现出基督教的种族融合的立场；我要称赞本州的天主教领袖，因为几年前他们支持春山学院（Spring Hill College）的种族融合。

尽管有这些突出事例，但是我仍必须坦诚地重申，我对教会深感失望。我这样说，并不同于那些对教会总是吹毛求疵的消极批评；我这样说，是出自一个深爱教会的福音牧师的肺腑。我孕育于福音的怀抱，它的属灵的祝福滋养了我的生命，我会倾尽我的一生服务教会。

几年前，当我意外地被推举到亚拉巴马州蒙哥马利抵制公共汽车运动的领导地位上时，我以为我们会得到白人教会的支持。我觉得，南方的白人牧师、神父和拉比将会是我们最强大的盟友之一。然而事实上，有些人公然反对，拒绝了解这一自由运动，肆意歪曲运动领导人；而大多数人则小心翼翼而非挺身而出，他们躲在教堂的彩色玻璃后面，缄口不言。

尽管我的梦想破灭过，但是我这次来到伯明翰时，仍然寄希望于当地的白人宗教领袖能够理解我们事业的正义性，能够基于深切的道德关怀，承担起将我们的冤屈通达上层权力机构的桥梁作用。我曾寄希望于你们的理解，但是，我再次失望了。

我听到许多南方宗教领袖告诫他们的教众，要遵守种族隔 *200*
离制度，因为那是法律。可是，我一直渴望听到白人牧师们宣讲：“要持守‘种族融合’这个信条，因为种族融合符合人类道德，因为黑人是你的兄弟。”在黑人遭受明目张胆的不公正待遇时，我看着白人牧师袖手旁观，假模假样地念叨着一些无关紧要、道貌岸然的琐事。在这场旨在消除全美种族和经济不平等的大规模斗争中，我听到许多牧师说："这些都是社会问题，与福音没有什么真正关系。"我看到，许多教会致力于追求完全超脱世俗的宗教，这使得身体与灵魂、世俗和神性被奇怪地隔离开来，这并不符合圣经精神。

我走遍了亚拉巴马州、密西西比州和其他南部诸州的每个角落。在炎热的夏日，或者清爽的秋日清晨，我凝视着南方那些美丽的教堂，看着那些直耸天空的塔尖，看着那些宏伟壮观的建筑，我一遍又一遍地自问："在这里礼拜的是一些什么人？谁是他们的神？当巴尼特（Barnett）州长插科打诨、废话连篇时，他们的声音在哪里？当华莱士州长大肆鼓吹种族歧视和仇恨时，他们的声音在哪里？当伤痕累累、疲惫不堪的黑人男女决意从自卑的黑暗地牢中走出来，攀向光明的山顶时，他们声援的呼声又在哪里？"

确实，这些问题仍然萦绕在我的脑海中。在深深的失望中，我为教会的冷漠而伤心落泪，但是，请放心，我的眼泪是爱的流露，唯有爱之深切，失望才会如此之深。是的，我深爱着教会。我怎能不深爱它呢？身为牧师的儿子、孙子以及曾孙，我对教会的感情自是独特的。是的，我把教会看作基督的身体。但是，哦！由于社会的冷漠，由于害怕成为异己者，我们已经怎样地玷污了他的身体，已经怎样地让他伤痕累累！

曾经，教会是那么强大——早期的基督徒为了自己的信
201 仰，即便受难也欢欣鼓舞。那时，教会不仅仅是一个反映民意的温度计，更是一个孕育社会习俗转变的恒温器。早期的基督徒所到之处，当地的当权者都会深感不安，想马上给这些基督徒扣上"扰乱分子"和"外来煽动者"的帽子。但是基督徒们一向坚决反抗，因为他们坚信自己是"天堂的会众"，他们要服从的是上帝的意志，而不是世俗个人的意愿。这些人虽然为数不多，但意志强大。他们完全信靠于上帝，任何"天大的恫

吓”也吓不倒他们。他们就是通过这样的努力，最终结束了一系列古老的罪恶，比如杀婴和角斗。

现在的情形今非昔比。当代教会的声音通常犹疑软弱，对社会没有任何功效，它扮演的是现状的卫道士的角色。一般社会的权力机构对教会的存在不再心感不安，而是深感安慰，因为教会只会对现状保持沉默，甚至直言它不会干预现状。

但是，上帝的裁决已经以前所未有的力度，降临到了教会头上。今天的教会如果不重新找回早期教会的牺牲精神，就将失去其权威性，失去数以百万的虔诚信徒，只被当作一个 20 世纪可有可无的社交俱乐部。每天我都能遇到一些年轻人，他们对教会深感失望，这种情绪已经转变成了彻底的厌恶。

也许，我又一次过于乐观了。有组织的教会已经与现状建立了过于密切的联系，是不是已经无法承担起拯救我们的国家与世界的责任？也许，我必须把信仰转向自己的心灵——教会中的教会，将它作为真正的教会和世界的希望。但是，我再次感谢上帝，因为教会中的一些高尚灵魂，已经从教会不作为的控制链条中挣脱了出来，加入了我们为自由而战的队伍。他们已经走出了原来的安全氛围，和我们一同走在佐治亚州奥尔巴尼的街道上；他们奔走在南方争取自由的各条大路上；是的，他们还和我们一起蹲监狱。有些人被驱赶出了教会，主教或牧师都不支持他们的行动，但他们坚信，正义的失败比邪恶的胜利更加可贵。在这艰难时世中，他们的见证就是真正福音精神的保鲜剂。他们在黑暗的失望之山中，凿刻出了一条希望的隧道。

我希望，教会能作为一个整体来迎接这一决定性时刻的挑 *202*
战。然而，即便教会不出面援助正义，我也对未来充满希望。即便伯明翰斗争的动机目前仍被误解，但我对斗争的结局毫无恐惧。我们终将在伯明翰以及全美各地实现自由的梦想，因为美国的目标就是自由。虽然我们可能要承受虐待和蔑视，但我们的命运与美国的命运紧紧地联系在一起。英国清教徒的前辈移民在普利茅斯登陆之前，我们就在这里；杰斐逊写下意义深远的《独立宣言》之前，我们就在这里。两个多世纪以来，我们的先辈虽然遭受着严重的不公正和可耻的羞辱，但是，他们在这里无偿劳作，他们种出的棉花成为南方的主导产业，他们为主人建造着家园。而今，他们自身成长和发展的源泉已经枯竭。既然奴隶制度那非人的残酷都无法阻止我们的脚步，那么今天任何反对我们的人也必将失败。我们一定会赢得自由，因为我们的吁求体现了国家的神圣遗产和上帝的永恒意志。

在结束全文之前，我觉得你们声明中的另一点也深深困扰着我。你们热烈赞扬伯明翰的警察保持了“秩序”，“防止了暴力”。我怀疑，如果你们目睹了警犬的利齿深深咬入手无寸铁的非暴力抵抗的黑人的身体，你们就不会热烈赞扬他们了；我怀疑，如果你们看到他们在监狱里对待黑人的那些丑恶、不人道的做法，如果你们看到他们如何推搡、咒骂黑人老妇和年轻女孩，如果你们看到他们如何掌掴、脚踩黑人小伙子和老人，如果你们看到他们一而再、再而三地拒绝给我们提供食物，只是因为我们想要一起唱圣歌，你们就不会这么痛快地赞扬他们了。我实在无法和你们一起赞美伯明翰警察当局。

诚然，警察在与示威者对峙当中保持了一定程度的克制，在这个意义上，他们认为自己在公共场合已经相当“非暴力”了。但是，他们这么做的目的是什么？是为了保护种族隔离这一邪恶的制度！在过去的几年里，我一直宣讲，在非暴力抵抗中，我们使用的手段必须与我们追求的目标同样纯正。我曾竭力表明，使用不道德的手段来实现道德的目的，是错误的；而现在我要申明，使用道德的手段来维护不道德的目的，同样是
203 错误的，或者是更严重的错误。也许，康纳先生和警察们就像佐治亚州奥尔巴尼的普里切特局长一样，在公开场合显得相当非暴力。但是，他们同样都是利用了非暴力这一道德的手段，来维持种族歧视这个不道德的目的，这种情况正如托马斯·斯特恩斯·艾略特（T. S. Eliot）所说：“最后这个诱惑是最大的

叛国行为：用正确的行为去实现错误的目标。”

我多么希望，你们也赞扬了伯明翰黑人静坐者和示威者表现出的崇高勇气，以及他们宁愿受苦、面对肆意挑衅而保持了惊人的自律。总有一天，南方人民会意识到谁是真正的英雄——他们是詹姆斯·梅雷迪斯（James Merediths）式的人物，胸怀崇高的使命感，勇敢面对嘲讽和暴徒，他们是体验了痛苦的孤独的时代先锋；他们是那些被压迫、遭殴打的年迈黑人妇女，那个亚拉巴马州蒙哥马利抵制公共汽车运动中的72岁的老太太，她自有一种尊严，决定不再乘坐种族隔离的公共汽车，有人问她累不累，她的回答虽语法不通但意义深刻——“我的脚累，但我的灵魂在休息”；他们是年青一代的中学生和大学生、年轻的福音牧师和他们的长辈，他们勇敢地静坐在午餐柜台前，为了唤醒社会良知，他们心甘情愿地去蹲监狱。总有一天，南方人民会知道，当这些被剥夺继承权的上帝的儿女们在午餐柜台前静坐时，他们实际上是在捍卫美国梦中最美好的东西，是在保卫我们犹太-基督教遗产中最神圣的价值，只有如此，我们的国家才能找回民主的源泉——那些由开国元勋在制定《宪法》和《独立宣言》时深挖出的伟大的民主之井。

我从来没有写过篇幅这么长的信，恐怕已经占用了你们太多的宝贵时间。我敢肯定，如果我是在一张舒适的办公桌上写作，这封信本来可以短得多；但是，对一个被单独关押在狭小的牢房里的人而言，除了写写长信、更深入地思考、更虔诚地祈祷之外，他还能干什么呢？

在这封信里，如果有任何言过其实之处，或什么地方表现出不近人情的急躁，我恳请你们的原谅；如果有任何贬低真理之处，或什么言语体现出兄弟友爱不是我最看重的东西，我祈求上帝的宽恕。

我希望，这封信能让你们坚定信念；我也希望，能有机会 *204*
和你们见面——不是作为一个种族融合主义者或民权领袖，而是作为一个牧师同道、一个基督徒兄弟。让我们共同期盼，种族偏见的乌云很快消散，误解的浓雾彻底从这座恐惧密布的城市上空消逝，在并不遥远的未来，爱和兄弟情谊的明星耀眼地闪烁，照亮我们整个伟大的国家。

忠诚于和平与博爱事业的
小马丁·路德·金
1963年4月16日

第 19 章

终获自由！

在我的早年生涯中，我体验过许多运动，但像亚拉巴马州伯明翰运动这样的经历是独一无二的。这是美国历史上前所未有的最鼓舞人心的运动。

1963 年 4 月 20 日
金和拉尔夫·阿伯内西缴纳保释金获释
5 月 2—7 日
伯明翰警方使用消防水龙和警犬镇压“少年抗议运动”，1 000 多名青少年被捕
5 月 8 日
抗议领袖决定暂停大规模抗议
5 月 11 日
达成暂停和解后，种族隔离分子轰炸了金在加斯顿汽车旅馆的临时住处和金的弟弟阿尔弗雷德·丹尼尔·金（A. D. King）牧师的家
5 月 13 日
联邦政府军队进驻伯明翰

经历了 8 天的隔离囚禁后，拉尔夫·阿伯内西和我接受保释出狱。这么做的原因有二：首先，我必须与南方基督教领袖大会的领袖和律师们进一步沟通，以便为巡回法庭即将审理的一系列藐视法庭案件制定出应对策略；其次，我决定将运动推入一个新阶段，我

相信此举会加速我们的胜利。

206 我将同事们召集在一起，重申了自运动开始以来我一直强调的一个信念：要想取得运动的胜利，我们必须让本市的青年学生也参与进来。尽管我们也意识到，将青少年拉进来，会给我们招来狂轰滥炸一般的批评和非议，但我们觉得这次运动需要这股强大的新鲜血液。黑人群众每天都在示威，大批人被捕入狱，但我们仍然用自己的头颅，撞向市政官员那顽固维持现状的砖墙。如果我们的斗争取得胜利，所有年龄的人都将从中受益。激励我们这样做的最重要的原因是：我们都希望年青一代能切身体会到争取自由和正义之不易。我们相信，他们会勇敢地响应我们的召唤。

“孩子们明白他们为之斗争的事业的利害关系”

南方基督教领袖大会的工作人员詹姆斯·比威尔（James Bevel）牧师、安迪·杨、伯纳德·李（Bernard Lee）和多罗西·科顿（Dorothy Cotton），开始走访本社区的大学和中学，他们邀请学生们在放学后来教堂参加集会。这个消息传播得很快，伯明翰年轻人的反响之热烈，超出了我们最乐观的预想，他们成群结队地来参加集会和培训班。我们告诉他们，我们力图在伯明翰实现自由——不在遥远的未来，而就在当下——他们听后热血沸腾。我们向他们传授非暴力的哲学，指导他们将满腔的活力和青春的创造力，规范为民权运动中在纪律指导下的奉献精神。我们发现，他们渴望找到归属感，渴望参与到这一意义重大的社会运动中来。回想起来，吸收伯明翰的年轻人加入我们的抗议队伍，是我们做出的最明智的举动之一。它增加了运动的影响力，也是我们最终赢得胜利所需的原动力。

果然不出所料，抗议声轰然四起。截至 4 月底，全美新闻报纸对我们的运动的态度已经发生了很大变化，主要媒体都对我们持同情态度，但是，许多人对我们“利用”孩子的这种做法表示遗憾。我们不禁要问，几个世纪以来，种族隔离制度持续蹂躏和虐待着黑人儿童，那时，你们这些作家为何视而不见？这么多年来，黑人婴儿出生在贫民区，他们呼吸到的第一口社会空气不是清新的自由空气，而是种族歧视的恶臭空气，那时，你们可曾为他们说过一句话？

对报纸上这些引人误解的同情，孩子们自有回答。其中，最振 207
聋发聩的一个回答来自一个不到8岁的小女孩。她跟着妈妈一起参加游行，一个警察觉得好玩，就弯下腰用嘲弄的语气问她："你想要什么呢？"

孩子直视着他的眼睛，毫不害怕地给出了答案："自由。"

她可能连发音都不够标准，但是，即便是天使的号角也吹奏不出如此真诚的声音。

那些年龄小到还无法参加游行的孩子，也想要参与到我们的抗议队伍中来。有一次，我们发出寻找志愿者的呼吁，结果来了6个小孩子。安迪·杨告诉他们，他们的年龄还不够去坐牢，但他们可以去图书馆。"在那里，你们不会被逮捕，"他说，"并且还可以学点东西。"于是，这6个孩子就去了一座位于白人区的图书馆。要是在两个星期以前，他们毫无疑问是会被赶出大门的。现在，他们虽然还有些不自在，但是也勇敢地走到了儿童阅读室，坐下来，很快就沉浸到阅读中去了。他们以自己的方式为争取自由而战。

孩子们明白他们为之斗争的事业的利害关系。这让我想起一个十几岁的男孩，他的父亲参加了抗议运动，但得知儿子也要参加时，这位父亲却阻止了儿子。"爸爸，"儿子说，"并不是我不听你的话，但我已经答应要参加了。如果你把我关在家里，我也会想办法溜走的，就算你惩罚我，我也认了。因为，你看，我这样做，不只是因为我想要自由，我这样做，也是为了让你和妈妈得到自由，在你死之前就得到自由。"

这位父亲思之再三，放儿子走了。

这场运动由于许许多多这样的年轻人的参与而充满了激情，让人兴奋。随着伯明翰青少年大量地加入了游行队伍，一个历史性的场面出现了：在民权运动中，我们第一次实现了甘地所主张的"填满监狱”。

208 吉姆·贝维尔（Jim Bevel）提出了一个想法：设置一个“D”日[1]，这一行动将以最大规模的学生被捕入狱为特征。那一天终于到来了。在“D”日即5月2日，年轻人一波接一波地汇合到第十六街浸信会教堂，当天，共有1 000多名参加示威的年轻人被关进监狱。在一所学校，校长为了阻止学生走出校园，下令锁上大门，结果年轻人爬过学校大门，奔向自由。学校管理者用开除来威胁学生，但他们还是日复一日地来参加抗议。据保守估计，在这场运动的高潮时，一度有2 500名示威者被关押在监狱里，其中很大一部分是年轻人。

学生们手无寸铁，面临险境，他们严阵以待，但也表现出强烈的幽默感。大家听从统一组织，糊弄警察，和警察开玩笑。一小组学生充当诱饵，聚集在教堂的一个出口，警察见状，急忙开着警车和摩托车赶过去，在警察搞明白怎么回事之前，别的小组已经分头行动，从其他出口溜了出去，两个人一组，向城里我们的聚集点走去，许多人都在警察遇到和逮捕他们之前赶到了目的地。他们在示威队伍行进时高声歌唱，被塞进警车时仍在高唱。警车已经不够用了，于是警方不得不征用治安官的汽车和学校校车来装人。

看到伯明翰的年轻人，我不禁想起在蒙哥马利联合抵制公共汽车运动中的一个小插曲。有人问一个老年妇女为什么要参与斗争，她回答说：“我这样做是为了我的孩子和我的孙子。”

7年过去了，这些儿孙辈纷纷投身进来，为自己争取自由了。

“非暴力的骄傲和力量”

伯明翰监狱里人满为患，伯明翰运动也吸引来了全国各地充满

---

① “D”日（“D” Day）在军事术语中常用来表示一次作战或行动发起的那天。这个术语之所以使用D，是借用了英文“日期”（date）的第一个字母。迄今为止，最著名的D日是1944年6月6日诺曼底战役打响之日，即第二次世界大战中同盟国反攻被纳粹德国占领的欧洲大陆的开始。

谴责与反对的灼热目光。康纳已经彻底放弃了他的非暴力姿态，由此造成的恶劣局面，不仅在美国而且在世界范围内都臭名昭著。5 月 4 日，各地报纸上都刊登了一系列照片：妇女们趴倒在地，警察在她们头顶高高举起警棍；警犬张牙舞爪，直接逼向参与游行的儿童；消防水龙高压横扫，将示威者扫倒在街道上。

在第十六街浸信会教堂的声明

我摒弃“以眼还眼”哲学的原因，是它最终只能导致众人皆 209
瞎。人们必须保持理智，人们必须对此坚信不疑。我记得几年前，我和弟弟一起开车从亚特兰大到田纳西州的查塔努加。不知为什么，那天晚上的司机都非常没有礼貌，或者他们只是忘记了把车头大灯调暗……最后，A. D. 金对我说：“我可受够了，如果下一辆车还没有调暗车灯，那我也不调了。”我说：“不，不要这样。在这条路上开车，总得有人要有这种意识，如果所有人都不调暗车灯，我们最终也会丧命在这条路上。”现在，在伯明翰，我也要这么说。我们正行驶在一条通向自由之城的高速公路上，这条路上注定会有蜿蜒曲折，会有一些曲折和困难的时刻，有人可能会想，以其人之道还治其人之身。但我要对你们说：“不，不要这样。在伯明翰，总得有人有这个意识。”

1963 年 5 月 3 日

在这一时刻，我们承受着自运动以来的最大压力，但也正是青年学生和成年人的勇气与信念，使它成为我们最美好的时刻。我们骂不还口，打不还手，但我们没有屈服，痛苦没有压到我们。只有少数没有接受过非暴力纪律培训的围观者，无法忍受警察的残暴行径，对警察投掷了石块和瓶子。但是，示威者没有表现出任何暴力行为。抗议者表现出的坚决和勇敢，深深地激发起了国家的道德良知。在全美范围内，我们的斗争变成了所有种族、所有信仰的美国人为争取尊严而战的斗争。

弥漫于全美的道义上的愤慨、儿童的遭遇所激发起的同情心、黑人群众日渐壮大的参与热情，所有这些因素汇集在一起，给我们的运动营造了一种气氛，那是一种进步的骄傲，是一种我们必将胜
210 利的信念。这种日益增长的乐观主义让我们坚信，我们面临的障碍看似不可逾越，但它注定要灭亡——事实上，它已然开始分崩离析。我们十分确定，负面宣传、运动抵制的压力和白人购买力的相应下降，使得白人的商业已经呈现颓势，江河日下。

在群众集会上的发言

有人书写历史，有人创造历史，有人体验历史。我不知道今晚的伯明翰有多少历史学家，我不知道你们中有多少人将来会撰写一部历史；但我可以确定的是，你们正在创造历史，你们正在实践历史。因为有了你们，未来的历史学家们才能撰写出一个壮丽的章节。在美国的历史上，从来没有这么多人因为争取自由和人类尊严，而遭到逮捕。

1963 年 5 月 5 日

奇怪的是，伯明翰的白人公民在这次运动中并没有联合起来反对我们，这是伯明翰抗议行动中最令人惊讶的现象之一。如果我们是在一年前发起这个运动，那么康纳只要利用白人的愤怒，就能达到自己的目的了。然而，现在大多数白人都严格恪守不参与的策略。我并不奢望他们来同情我们的运动，不奢望他们效仿我们去抵制商店；我只是觉得，伯明翰的大多数白人公民在运动中保持中立，这有力地象征着南方对待种族问题态度上的转变。这种中立态度让我们更加确定，我们正迈步走在通向胜利的道路上。

一个戏剧性的场面表明甚至连康纳的自己人都动摇了。那是一个星期天的下午，数百名伯明翰黑人决定在市立监狱附近举行一次祈祷集会。他们聚集在新朝圣浸礼会教堂，在那里开始了秩序井然的游行。康纳下令警察带出警犬和消防水龙待命，当游行队伍靠近白人区和黑人区的边界时，康纳命令他们退回去，领导这次游行的牧师查尔斯·比勒普斯（Charles Billups）礼貌地拒绝了。康纳十分愤怒，对他的手下大喊："妈的，给我开水管！"

然而接下来30秒钟内发生的事情，是伯明翰运动中最精彩的 211
一幕。康纳的手下与游行者面对面站立着，游行队伍中的很多人双膝跪伏在地——他们已经准备好，仅用他们的身体和灵魂的力量，来对付康纳的警犬、警棍和消防水龙，但是，没有人有任何害怕和动摇。慢慢地，黑人们站起身来，继续前进。康纳的手下仿佛受到了催眠，向后退去，手中的消防水龙无力地耷拉下来，几百个黑人就这样从他们身边走过去，没有一个警察出手干预。黑人们最终按照计划举行了祷告集会。从这一场面中，我第一次感受到了非暴力的骄傲和力量。

"尾声的来临"

尽管我们的运动对伯明翰的商业环境造成了巨大的压力，但是，还是有些身处其中的顽固商人，宁可眼睁睁看着自己的商店倒闭，也不想坐下来与我们谈判。然而，白宫感受到了来自全美各地的压力，这压力在臭名昭著的5月3日达到了高潮，迫使联邦政府采取行动。5月4日，司法部部长指派首席民权助理布尔克·马歇尔（Burke Marshall）和助理副部长约瑟夫·F. 多兰（Joseph F. Dolan）前来，寻求解决紧张的种族危机局势。虽然马歇尔没有解决方案的最终决定权，然而在谈判中，他可以全权代表总统。这是联邦政府第一次在这种局势下发挥如此积极的作用。

在伯明翰群众集会上的声明

别担心你们的孩子，他们会没事的。如果他们想去坐牢，也别拦着他们，因为他们所做的一切，不仅为了他们自己，而且为了所有的美国人，为了全人类。我们曾经读到过："小孩子要牵引它们。"请记住，还有一个年仅12岁的小孩，在耶路撒冷参与了一场讨论……他说："我一定要以我父的事为念。"现在，这些年轻人就是以他们父亲的事为念。他们在绝望的高山之中，凿刻出一条希望的隧道。我们会看到，他们将受到公正的对待，不要担心……继续斗争下去，我们不仅要填满这里的监狱，如果有必要，还要把亚拉巴马州所有的监狱都填满。

1963年5月5日

212　我必须承认，虽然我很赞赏联邦政府终于迈出了这具有决定意义的一步，但是在最初阶段，我对马歇尔的意图心存疑虑。我曾担心，他此行的目的就是寻求一个"冷却"期，要求我们单方面停战，以此作为谈判的条件。然而，值得称赞的是，马歇尔并没有这样做；相反，他做了一件很有价值的工作，那就是打开了权力上层人物与运动领袖之间的沟通渠道。一个顽固的种族隔离分子与马歇尔交谈后，评价道："他会倾听，我也不得不听他说。我觉得自己成熟了一些。"

由于布尔克·马歇尔的催化剂作用，我们开始与高层市政委员会举行秘密会议。这些会议起初并没有什么突破性进展，但它们为最终签订体现我们主要诉求的协议，打下了基础。

与此同时，一连几天，暴力席卷了伯明翰的大街小巷。康纳那原本就怪异的警力装备中，又多了一辆装甲车；而一些没有受过非暴力抵抗培训的黑人，再次投掷砖块和瓶子来回应警察的暴力。一天，康纳的消防水龙的水压太高了，把树皮都从树上剥了下来，弗雷德·萨特尔华斯牧师被一股水流击中，撞到了一座建筑物的墙上，胸部受伤，被救护车拉走了。康纳得知这个消息后，他的反应倒是很典型："我多希望是灵车把他拉走了。"好在萨特尔华斯恢复得很快，第二天他强忍疼痛，回到了谈判会议桌旁。

伯明翰警察也对自己造成的破坏深感不安，他们呼吁州警察入驻城区。许多白人领袖也意识到他们必须着手解决问题了，然而，有些人仍然顽固不化。这时发生了一件事，将顽抗对立转化为诚信合作。那是 5 月 7 日星期二，高层市政委员会的成员在市中心的一 213
栋楼里开会，讨论我们提出的要求。在会议开始的几个小时里，他们态度强硬，布尔克·马歇尔非常失望。会议气氛十分紧张，大家都火药味十足。

在这种情绪下，这大约 125 名商界领袖休会，出去吃午饭。他们走到街道上，不寻常的一幕映入了他们的眼帘。那一天，有数千名黑人在城里游行。监狱已经人满为患，警察只能逮捕少数人。视线所及，人行道上，马路上，到处都是黑人；他们有的站着，有的坐在商店的过道上。那是一片黑色的海洋，名符其实的由黑色面孔组成的海洋。黑人们恪守非暴力的宗旨，只是在那里歌唱，伯明翰市中心回荡着自由之歌。

见到此景，这些商人——这个大城市的关键人物——惊呆了，他们突然意识到这一运动势不可挡。他们没有吃成午饭。返回会议现场的时候，一个曾经的最顽固的反对者，清了清喉咙，说道："我仔细考虑了这件事，我觉得，我们应该想办法解决这个问题。"

这标志着伯明翰运动尾声的来临。当天傍晚，布尔克·马歇尔告诉我们，商业和工业界的代表想立即与民权运动领袖会面，共同制定一个解决方案。与这些人交流了三个小时后，我们逐渐相信，他们的确是心怀诚意地来谈判的。基于这样的信任，我们呼吁从星期三早上开始，实行 24 小时休战。

那天，肯尼迪总统在他的新闻发布会的整个开场阶段，都在谈论伯明翰的情况。他强调了正视问题、解决问题的重要性，鼓励对立双方之间展开对话。但是，在总统发表讲话时，拉尔夫和我突然因为一个过去的指控，被关进了监狱。24 小时休战协议一度因此受到威胁，我的一些同事觉得他们再次被出卖了，又穿上运动鞋准备游行。然而，他们克制住了情绪，我们很快得到保释，谈判得以继续。

214 经过星期三一整夜，以及星期四整整一天一夜的谈判，我们达成了一项协议。这项协议于5月10日星期五正式宣布，主要包括以下条款：

1. 废止在午餐柜台、休息室、试衣间和饮水机等公共设施处的种族隔离，签订协议后90天为预备期。

2. 在伯明翰所有工业领域内，在无种族歧视的基础上，聘用黑人，提高黑人待遇，包括在签订协议60天内雇用黑人为职员和销售人员。立即组建一个商业工业与就业领导委员会，制定区域性计划，加速黑人在过去无权申请的工作领域内的晋升和就业进程。

3. 与抵抗运动的法律代表展开正式合作，在缴纳保释金或个人担保的基础上，让所有被监禁者获释。

4. 在协议签订后的两个星期内，通过高层市政委员会或商会的工作，黑人和白人之间实现公开交流，以防再度发生示威和抗议活动。

> 今天下午，我很高兴地告诉大家，我们得到了承诺，伯明翰的种族隔离之墙即将崩溃，很快就会坍塌。此刻，不要让任何人蒙骗你，这些墙并不是自然而然坍塌的。它之所以坍塌，落得残垣满地，是因为这个城市里的人们比美利坚合众国任何其他城市的人们，更加情愿为自由而战，为自由而坐牢。

“对和平协议的粗暴反应”

我们的麻烦还远没有结束。在伯明翰签署和平协议的新闻被百余名外国记者传播到世界各地，然后是铺天盖地的现场报道。它跃居为美国国内的头条新闻，也是电视频道的报道热点。伯明翰的种族隔离势力气急败坏，发誓要报复那些“背叛”了他们的白人商人，因为那些商人屈服于黑人的平等事业。

星期六晚上，他们采取了对和平协议的粗暴反应。在此前的四五天里，我每晚的睡觉时间都没有超过两个小时。那天晚上，我正打算闭上眼睛，好好休息一下，忽然电话铃响起。三 K 党在郊外开完会后，我的弟弟阿尔弗雷德·丹尼尔·金牧师的家被炸了。同一天晚上，加斯顿汽车旅馆附近也被安置了一颗炸弹，目的是除掉或致伤那个住在 30 号房间——我的房间——里的人。很显然，计划暗算我的人并不知道，那天晚上我在亚特兰大。 215

这些爆炸发生的时机选择得很好。黑人区的酒吧通常在午夜打烊，炸弹爆炸时，正值一些周末深夜的酗酒者从酒吧里出来。因此，成千上万的黑人涌上街头，怀亚特·沃克、我的弟弟和其他运动领导人劝说黑人们回家。然而，此时的他们不再受非暴力运动的纪律约束，也没有心情听取和平的劝告。暴力开始了。他们对警察投掷石块，毁车放火。而这正中那些实施爆炸的人的下怀，他们就是想要让黑人暴动，想要让和平协议失败。

州长乔治·华莱士的州警察和所谓的“保护人”，荷枪实弹地封锁了黑人区，殴打无辜黑人。他们的“骑士行为”就是欺负弱小，比如，他们殴打了怀亚特的妻子安妮·沃克（Anne Walker），她当时正打算进入被炸得只剩一半的加斯顿汽车旅馆，去她丈夫的房间。怀亚特去医院探望妻子后，正打算开车回家，却又遭到了警察的毒打。

我永远不会忘记，在那个血腥暴力的星期六晚上，我的弟弟给我打往亚特兰大的那个电话。他的家刚刚被炸毁，加斯顿汽车旅馆中也有几个人受伤。他向我描述了城市街道上爆发的骚动和灾难，我只能听着；忽然，在他说话的背景音中，我听到了一首美妙的歌曲。斗争者的脚步踏在废墟上，虽然他们受到暴力和仇恨的威胁，但他们仍在高声歌唱《我们要战胜一切》。在这悲剧性的时刻，黑人们仍然饱含着希望和信心，这着实令人佩服。

第二天晚上，高度警觉的肯尼迪总统向全国发出通告，联邦政府不会容忍极端分子破坏这样一份公平而公正的和平协议。他命令 3 000 名联邦军队士兵进驻伯明翰附近，并计划将亚拉巴马州国民 216

警卫队联邦化。这一强硬措施有效压制了肇事者的气焰。

然而，种族隔离的顽固分子仍然企图再次破坏和平。5 月 20 日的新闻头条宣布，伯明翰教育委员会对 1 000 多名参加过示威游行学生，处以停学或开除处分。我相信这又是一个阴谋，企图怂恿黑人群众采取不明智的冲动举动。此举在某种程度上奏效了，一些人当真认为，作为报复，伯明翰所有的学生都不应该再去学校，黑人应该恢复示威游行。

我当时正好在外地，听闻消息后，我急忙赶回伯明翰，说服了运动领袖决不能落入他们的陷阱。我们决定把这个问题诉诸法庭。我们确实这样做了，并得到了全美有色人种协进会的法律援助与教育基金（NAACP Legal Defense and Educational Fund）的帮助。5 月 22 日，伯明翰市联邦地区法院法官宣判，维持伯明翰教育委员会的决定。但是，就在同一天，第五巡回上诉法庭的埃尔伯特·P. 图特尔（Elbert P. Tuttle）法官不仅推翻了地区法官的裁决，而且强烈谴责了伯明翰教育委员会的举动。当时正值美国大力整顿学生辍学问题，图特尔法官的裁决指出，这些年轻人只是用法律允许的方式，来实现宪法赋予自己的权利；为了报复他们而把他们赶出学校，这是一种不负责任的行为。这项裁决下达的那个晚上，我们举行了一次大规模群众集会。集会上群情欢腾，这是我们伟大斗争的又一次胜利。

第二天，亚拉巴马州最高法院裁定，永久免除尤金·“公牛”·康纳及其同伙的职务。此举为这一运动画上了圆满的句号。

217 在结束关于伯明翰运动的记载之前，我必须提到，在示威游行的 6 个星期以及接下来的数月间，我们接到了来自世界各地的巨大的道义援助和财力支持。在这次运动中，因为我们要全力以赴地处理各种日常运动事务，根本无暇有组织地向外界呼吁资金援助，然而，声援信件和各种捐助——既有储钱罐里的硬币，也有数额巨大的支票——源源不断地涌向加斯顿汽车旅馆和我们在亚特兰大的总部。

最令人欣慰的状况之一是，全美黑人为支持我们的运动而表现出前所未有的团结。来自全美各地的黑人牧师、民权领袖、演艺人员、运动明星和普通公民，都愿意在我们的集会上发表演说，或者和我们一起坐牢。全美有色人种协进会的法律援助与教育基金委员会，更是数次为我们提供资金和法律人才的援助。许多其他组织和个人也纷纷为我们的运动贡献了宝贵的时间，以及金钱和道义上的支持。

和平协议的签署，是这场为实现正义、自由和人类尊严而战的漫长斗争的高潮。全人类的幸福时代还远未到来，但是，伯明翰朝着平等迈出了崭新而大胆的一步。

> 伯明翰的种族隔离并没有奇迹般地消失，骚乱与暴力仍时有发生，奉行种族隔离的州长仍在负隅顽抗。目前的形势仍然需要总统运用他的最高权力来加以干预，只有这样，黑人孩子与白人孩子同校就读才有可能得以实现。然而，这些事实只是进一步证实了一个真相，一个连种族隔离主义者也心知肚明的真相：他们所钟情的制度已经行将就木。而唯一无法预测的就是，他们打算为这个葬礼付出多大的代价。
>
> 我相信，在未来的某一天，伯明翰会成为南方种族关系的典范。我相信，伯明翰过去的极端和消极必定会转化为未来的积极与美好，明日的光明业绩将赎回昨日的黑暗之罪。我之所以抱有如此希望，是因为在一个夏日里，一个梦想变成了现实：伯明翰市发现了良知。

第 20 章

华盛顿游行

218 毫无疑问，即使是最心怀偏见的人也得承认，8 月 28 日在华盛顿举行的游行，是美国历史上争取自由和正义的斗争中意义最重大，也最令人感动的游行示威。

1963 年 6 月 11 日

肯尼迪总统宣布新的民权提案

6 月 12 日

全美有色人种协进会领袖梅德加·埃弗斯（Medgar Evers）遭到暗杀

6 月 22 日

肯尼迪会见金

8 月 28 日

金在华盛顿“为了工作与自由”集会上发表演说

1963 年夏天，争取自由的呼声响彻美国大地。这呼声，来自那些长期逆来顺受、等待了太长时间的人们的心底；这呼声，不但在南方回荡，而且在北方响起；这呼声，传到总统的耳朵里，激励他成为一位非凡的政治家；这呼声，抵达国会大厦，促使国会恢复了立法机构的大辩论；这呼声，唤醒了数千万美国白人的良知，促
219 其反省，开始考虑 2 000 万黑人兄弟的深重苦难；这呼声，让传教士们走下只在礼拜日口头传授大爱的神坛，走上街道，加入实际的斗争中。2 000 万意志坚定、充满斗志的示威黑人们，在白人同盟

军的陪伴下，组成了一支目标明确的志愿者队伍，他们的目标就是实现空前辉煌的自由。

这呼声，曾在伯明翰上空回响。为自由而战的斗志广泛传播，对胜利的渴望洋溢在心头：这些只有黑人们以爱心代替仇恨，以信心代替恐惧，团结起来，并肩战斗，才有望最终实现。这颗胜利的种子从伯明翰扩展到了整个美国，如火如荼的反种族隔离的斗争之夏，终将让位给种族平等的宜人之秋。黑人革命即将爆发。

伯明翰运动表明，如果黑人们把战场转移到人行道和大街上，转移到市政厅和监狱，必要时还要具有梅德加·埃弗斯那种为运动而牺牲的英雄主义精神，那么他们的斗争就有望取得胜利。南方的黑人革命已进入成年期，它的发展已臻成熟，浑身洋溢着勇气。它具有史诗般的意义，从美国传统角度来看，这是对权利法案、独立宣言、美国宪法和解放宣言的迟到的礼赞。

生活在北方的黑人也猛然意识到，北方微妙而隐晦的种族歧视，其可耻和邪恶的程度丝毫不亚于南方那些露骨而公开的罪恶行径。在南方，争取平等体现为呼唤民权：在酒店、汽车旅馆、学校和公园取消种族隔离制度。而在北方，这呼声体现在实现个人发展方面：消除学校中存在的事实上的种族隔离，消除在住房和就业方面的种族歧视。在伊利诺伊州的芝加哥市，住房歧视的状况日益加剧。

从这个角度看，1963 年夏天具有历史性意义，因为这是美国历史上黑人第一次发起的全线进攻。在美国内战前，南方发生过许多奴隶起义，虽然英勇顽强却零星孤立；在一个多世纪后，这种起义汇聚成了同时并举、大规模进攻的反种族隔离斗争。一直被视为南方白人独有的美德——英勇、忠诚和骄傲——在那个夏天的激烈斗争中，在黑人示威者身上也得到了体现。

有的观察家在评价 1963 年夏季运动时，妄图贬低运动的成就， 220
认为此次示威活动只是为了游行而游行。在他们的眼中，游行的全部意义就是游行者体现出的英雄主义精神，以及与警察的激烈对抗。确实，这些因素意义重大，但是，这种看法忽略了在种族隔离架构解体过程中的那些实际而具体的收获，这就如同只注意到了雨景的美丽，却忽视了雨对土壤的滋润。一场只是鼓动了人心的社会运动，只能算是反抗；而只有改变了人和社会制度的运动，才是一场革命。

1963 年夏天的运动就堪称一场革命，因为它改变了美国的面貌。自由是会传染的，它的热情让美国全境近一千座城市沸腾起来。在运动的高潮阶段，成千上万的午餐柜台、旅馆、公园和公共场所，都取消了种族隔离制度。

伯明翰的爆炸声终于惊动了华盛顿，原本态度强硬地宣布要搁置 1963 年民权法案的肯尼迪政府，终于意识到了这一事项的紧迫性，将民权立法列为国会日程的重中之重。

“自由在 1963”

1963 年夏天的一系列振聋发聩的事件，需要一个适当的高潮。黑人领袖 A. 菲利普·伦道夫一向具有非凡的想象力和孜孜不倦的战斗精神，数十年来，他一直活跃在民权斗争的最前线。这次，他再次提供了一个格外恰当的答案。他提议在华盛顿举行一次游行，将所有力量凝聚在一起，发起一次闪亮的集体行动。

要支持这样一个想法，是需要胆量和勇气的。广大黑人群众一直坚定地要求洗雪冤屈，但是在具体策略上，他们却存在分歧。他们可以游刃有余地在某一座城市中组织行动，但要召集全美范围内的大规模集会，这还是史无前例的。让情况更加错综复杂的是，很多人担心，任何一点暴力事件都可能会得罪国会，从而让立法的希望彻底成为泡影。即便略去这些干扰，他们也担心，游行可能得不到足够黑人的支持，从而把这个不该暴露的弱点公之于众。

221 对这个提案的辩论截然分化为两个极端。一个阵营是对黑人的能力、耐力和纪律性充满信心的人，他们欢迎这一挑战；而在另外一个阵营里，除了那些胆小怯懦、举棋不定和立场摇摆的人，还有一些人从来不相信黑人能做出任何有意义的事情。但是，最后的决议不容置疑，因为在那个夏天，强大的革命势头已经把所有反对势力都横扫到一边。

对公正的呼声响彻美国各地，这呼声抵达了美国的首都华盛顿。8 月 28 日，超过 20 万人——既有黑人，也有白人，他们宗教信仰不同，社会阶层迥异——聚集到了亚伯拉罕·林肯纪念堂前。反对种族正义的人不希望我们集会，反对民权立法的人警告我们不要集会。有人预测，此举可能会引发大规模暴乱，黑暗的南方也在伺机报复。

就连那些对我们的事业持友好态度的人，也对我们的行动忧心忡忡。美国总统公开表示，怀疑这样一个运动是否明智；来自各州的开明的国会议员也在各种场合暗示，此次游行不会对他们的审议过程产生任何影响。为游行进行的各种准备工作如火如荼地展开，极大地渲染了气氛，自由派白人和主要宗教组织的领袖都意识到，本次游行势不可挡。就像合唱团的声音由弱到强，终将爆发出壮丽强劲的高潮咏唱一样，许多人踊跃前来支持和加盟。

伯明翰运动曾敦促肯尼迪总统将民权立法作为国会优先讨论事项，同样，这次势在必行的游行所体现出的精神，也促使他在政策层面上成为我们的一个强有力的同盟者。肯尼迪总统的转变表现在，他不仅对即将到来的游行表现出浓厚的兴趣，而且希望它能对国会产生切实的影响。

华盛顿是一座景象壮观的大都市，四年一度的总统就职典礼吸引着各色社会名流和权势人物蜂拥而至。在过去的 150 年里，这里迎来送往过许多国王、总理、英雄和名人，然而，纵观其辉煌历史，华盛顿从来没有像 1963 年 8 月 28 日那般气象恢宏过。那一 222
天，近 25 万人来到首都，其中包括许多政要名人。然而，现场昂扬奋进的情绪主要来自普通老百姓，他们庄严地站在那里，显示出立志实现民主的时代呼声。

几乎美国的每个州都有人来参加游行。他们乘坐各种交通工具来到华盛顿，此行会使他们损失一到三天的工资，还要加上额外的交通费用，这对许多人来说，在经济上都是一个很大的牺牲。他们都心情愉快，情绪放松，但也严格自律，考虑他人感受。他们对自己的领袖热情欢呼，而领袖们则在心里为这些听众鼓掌。通过那天的活动，许多演讲者对黑人的尊重加深了，因为他们感受到了黑人群众的奉献精神所蕴含的巨大力量。在这个无比崇高的运动中，广大人民群众就是那颗强劲有力、蓬勃跳动的心脏。这是一支没有枪支但充满力量的军队，这是一支不必征召而人们自愿入伍的军队，这是一支有白人也有黑人的军队。这些男女老幼，信仰各异，阶层有别，从事不同的职业，追随不同的政党，但是，他们因为一个共同的思想走到一起来。这支军队战斗力强大，而所有人都理解，它最有力的武器是爱。

这次游行的另一个意义重大的特征是白人教会的参与。在此之前，他们从来没有像这样全身心投入地直接参与过这类行动。一位作家观察到，这次游行示威“在国家和平时期，前所未有地将美国的三大主流宗教更加紧密地凝聚在了一起”。1963 年夏天，美国各派宗教领袖决定摒弃积习，投身成为黑人争取民权运动的一个组成部分，依我看，没有任何其他因素比这个更能推动革命的进展，更能激发全国人民的良知了。

与此形成对比的是，美国劳工联合会暨产业工会联合会（AFL-CIO）的全国委员会拒绝支持游行，采取了中立的立场。然而，一些国际联盟宣布支持本次运动，并且派来大量人员参加。此外，数以百计的地方工会也热情投入到运动中来。

我们力量强大，因为我们有众多的支持者，而他们又代表着更广大的人民。我们富有尊严，因为我们知道我们争取的是正义的事业。我们没有愤怒，充溢于我们心胸的只有激情——对自由的激情。所以，我们最终站在了那里，面对林肯先生，面对自我，面对命运，面对未来，面对上帝。

223 我的演讲稿一部分在纽约市准备，一部分是在华盛顿特区完成的。27 日晚上，我到达华盛顿的时候已经大约 10 点钟，我直接去了酒店。我大约花了一个小时来深入思考要说什么，然后，我起草了一个大纲。大纲大约在午夜时分完成，而完整的讲稿直到 8 月 28

日凌晨 4 点钟才告竣。

和其他与会发言者一样，华盛顿全国游行委员会曾要求我在 8 月 27 日下午或晚上之前，向新闻界提供一份简短的发言摘要或节选。但是，由于在集会前一晚我的讲稿还没有完成，所以我没能把这份直到 8 月 28 日早上才准备好的发言稿，提前发给他们。

“我有一个梦想”

我在演讲开始时，是照着演讲稿来朗读的。那天，现场听众的反响十分热烈，忽然，一件往事跃入我的脑海。那是去年 6 月，在密歇根州底特律市中心那次数千人的和平集会之后，我在科博厅（Cobo Hall）发表了一次演讲，在那次演讲中，我用到了“我有一个梦想”这个句子。我以前也曾多次使用过这个句子，我忽然觉得，我想在这里再次用上它。我不知道为什么会这样，在演讲之前，我根本没有想到过这个。于是，我就使用了这个句子，也是从这句话开始，我的演讲就完全脱离了讲稿。

> 今天，我很高兴与你们一道，参加了这个将要被载入我们国家史册的最伟大的争取自由的示威游行。
>
> 一百年前，一位伟大的美国人签署了一份解放宣言，今天，我们就是在他的雕像前集会。这一庄严宣言犹如灯塔的光芒，给千百万在那摧残生命的不义之火中饱受煎熬的黑奴带来了希望。它之到来犹如欢乐的黎明，结束了束缚黑人的漫漫长夜。
>
> 然而，一百年后的今天，我们必须正视黑人还没有得到自 224
> 由这一悲惨的事实。一百年后的今天，在种族隔离的镣铐和种族歧视的枷锁下，黑人的生活备受压榨。一百年后的今天，黑人仍然生活在物质充裕的海洋里一个穷困的孤岛上。一百年后的今天，黑人仍然畏缩在美国社会的角落里，并且意识到自己是故土家园中的流亡者。
>
> 今天我们在这里集会，就是要把这种骇人听闻的情况公之

于众。就某种意义而言，今天我们是为了要求兑现诺言而汇集到我们国家的首都来的。我们共和国的缔造者在草拟宪法和独立宣言中气壮山河的词句时，曾向每一个美国人许下了诺言。他们承诺给予所有的人以“生存、自由和追求幸福”的不可剥夺的权利。

就有色公民而言，美国显然没有实践它的诺言，没有履行这项神圣的义务。美国只是给黑人开了一张空头支票，支票上盖着“资金不足”的戳子后便退了回来。但是，我们不相信，正义的银行已经破产。我们不相信，在这个国家巨大的机会之库里已经没有足够的储备。因此今天我们要求将支票兑现——这张支票将给予我们宝贵的自由和正义的保障。

我们来到这个圣地也是为了提醒美国，现在是非常紧迫的时候。现在绝非侈谈冷静下来或服用渐进主义的镇静剂的时候。现在是实现民主承诺的时候。现在是从种族隔离的荒凉阴暗的深谷，攀登到种族平等的光明顶峰的时候。现在是把我们的国家从种族不平等的流沙中拯救出来，置于兄弟情谊的磐石上的时候。现在是将公正兑现给上帝所有的儿女的时候。

如果美国忽视了时间的迫切性和低估了黑人的决心，那么，这对美国来说将是致命伤。自由和平等的爽朗之秋如不到来，黑人义愤填膺的酷暑就不会过去。1963 年并不意味着斗争的结束，而只是开始。如果国家安之若素，毫无反应，那些希望黑人只要消消气就会满足的人，必会大失所望。

黑人得不到公民的权利，美国就不可能有安宁或平静。正义的、光明的一天不到来，叛乱的旋风就将继续动摇这个国家的基础。

225 但是对于等候在正义之宫门口的心急如焚的人们，有些话我是必须说的。在争取合法地位的过程中，我们不要采取错误的做法。我们不要为了满足对自由的渴望而抱着敌对和仇恨之杯痛饮。我们斗争时必须举止得体，纪律严明。我们不能容许我们具有崭新内容的抗议蜕变为暴力行动。我们要不断地升华到以精神力量对付物质力量的崇高境界中去。

现在黑人社会充满着了不起的新的战斗精神，但是我们却不能因此而不信任所有的白人。因为我们的许多白人兄弟已经认识到，他们的命运与我们的命运是紧密相连的，他们今天参加游行集会就是明证。他们的自由与我们的自由息息相关。我们不能单独行动。当我们行动时，我们必须保证向前进。我们不能倒退。

现在有人问热心于民权运动的人："你们什么时候才能满足?"只要黑人仍然遭受警察难以形容的野蛮迫害，我们就绝不会满足。只要我们在外奔波而疲乏的身躯不能在公路旁的汽车旅馆或城里的旅馆找到住宿之所，我们就绝不会满足。只要黑人的基本活动范围仅仅是从少数民族聚居的小贫民区转移到大贫民区，我们就绝不会满足。只要我们的孩子不断受到"白人专用"标牌的侮辱而丧失了自我和尊严，我们就绝不会满足。只要密西西比仍然有一个黑人不能参加选举，只要纽约仍然有一个黑人认为他投票无济于事，我们就绝不会满足。不！我们现在并不满足，我们将来也不满足，除非正义和公正犹如江海之波涛，汹涌澎湃，滚滚而来。

我并非没有注意到，参加今天集会的人中，有一些受尽苦难和折磨。有些人刚刚走出窄小的牢房。有些人由于寻求自由，惨遭疯狂迫害的打击，在警察暴行的旋风中摇摇欲坠。你们长期承受着人为的痛苦，坚持下去吧，要坚决相信，忍受不应得的痛苦就是一种赎罪。

让我们回到密西西比去，回到亚拉巴马去，回到南卡罗来 *226*
纳去，回到佐治亚去，回到路易斯安那去，回到我们北方城市中的贫民窟去，要心中坚信，这种状况是能够也必将改变的。

我们不要陷入绝望而无法自拔。朋友们，今天我对你们说，在此时此刻，虽然我们遭受种种困难和挫折，但我仍然有一个梦想。这个梦想是深深扎根于美国的梦想中的。

我梦想有一天，这个国家会站立起来，真正实现其信条的真谛——我们认为这些真理是不言而喻的：人人生而平等。

我梦想有一天，在佐治亚的红山上，昔日奴隶的儿子将能够和昔日奴隶主的儿子坐在一起，共叙兄弟情谊。

我梦想有一天，甚至连密西西比这个正义匿迹、压迫成风、如同沙漠般的地方，也能够变成自由和正义的绿洲。

我梦想有一天，我的四个孩子能生活在一个不是以他们的肤色，而是以他们的品格优劣来评价他们的国度。

今天，我有一个梦想。

我梦想有一天，亚拉巴马州能够有所转变。尽管该州州长现在仍然满口异议，反对联邦法令，但有朝一日，那里的黑人孩子能与白人孩子情同骨肉，携手并进。

今天，我有一个梦想。

我梦想有一天，幽谷上升，高山下降，坎坷曲折之路变成坦途，圣光播洒，满照人间。

这就是我们的希望。我怀着这种信念回到南方。有了这个信念，我们就能从绝望之山劈出一块希望之石。

有了这个信念，我们就能把这个国家刺耳的不和谐争吵，改变成一支洋溢着手足之情的优美交响曲。有了这个信念，我们将一起工作，一起祈祷，一起斗争，一起坐牢，一起维护自由；因为我们坚信，终有一天，我们是会自由的。

227 在自由到来的那一天，上帝的所有儿女们将以崭新的含义高唱这支歌：“我的祖国，美丽的自由之乡，我为您歌唱。您是父辈逝去的地方，您是最初移民的骄傲，让自由之声响彻每个山岗。”如果美国要成为一个伟大的国家，这个梦想必须实现。

让自由之声从新罕布什尔州的巍峨峰巅响起来！

让自由之声从纽约州的崇山峻岭响起来！

让自由之声从宾夕法尼亚州阿勒格尼山的顶峰响起来！

让自由之声从科罗拉多州冰雪覆盖的洛基山响起来！

让自由之声从加利福尼亚州蜿蜒的群峰响起来！

但是，不只如此。

> 还要让自由之声从佐治亚州的石山响起来！
>
> 让自由之声从田纳西州的瞭望山响起来！
>
> 让自由之声从密西西比州的每一座丘陵、每一片山坡响起来！
>
> 当我们唱响自由之声，让自由之声从每一个村庄、每一个州和每一个城市响起来时，我们就会加速这一天的到来，那时，上帝的所有儿女，黑人和白人，犹太教徒和非犹太教徒，耶稣教徒和天主教徒，都将携手合唱一首古老的黑人灵歌："终于自由了！终于自由了！感谢全能的上帝，我们终于自由了！"

如果有人质疑这一运动究竟在多大程度上震撼了美国白人的良知，其实这个答案可以轻易地从媒体对华盛顿游行的报道中反映出来。通常情况下，黑人活动成为媒体关注的对象，多是因为他们的举动可能引发戏剧性的效果，或者带有怪诞的特点。而这次有组织的黑人集会游行，第一次得到了相应的尊重报道和适当的媒体覆盖。数以千万计的人通过电视观看了这一历史事件，而这一事件的历史意义不仅在于事件本身，也在于它被直接送进了千家万户。

千千万万的美国白人，第一次这样近距离地深入了解黑人，认真对待黑人。数以千万计的人，第一次聆听了来自各行各业的黑人所做的内容丰富、思维缜密的演讲。通过这次游行，人们对黑人的刻板印象得到了极大改观。从某些评论可以明显看出，人们对参与 228
者的尊严感、组织性甚至穿着的服装和友好精神，都感到非常惊喜。如果媒体原来预期看到的是娱乐节目、吵闹斗殴或身着奇装异服的喜剧表演一类的东西，那么他们一定大失所望了。黑人与白人之间的对话这个问题，已经引起了很多关注，而要真正实现它，还需要所有的媒体在未来都能大开渠道，就像他们在这个阳光灿烂的 8 月所做过的那样。

电视屏幕上连续播放着群众集会的壮观场面，每一个相信人心向善潜力的人都有那么一刻，体会到了对未来和人类的信心。每一个富有献身精神的美国人都会感到由衷的自豪，因为这场充满活力、广泛传播到世界各地的民主活动，发生在美国的首都。

第21章

幻想破灭

229 人与人之间的不人道，不仅是由于坏人作恶，也是由于好人的一贯不作为。

1963年9月15日

在伯明翰的第十六街浸信会教堂，炸弹爆炸夺去了主日学校4名黑人女孩的生命

9月19日

金和其他民权领袖与约翰·F. 肯尼迪总统会面

9月22日

金为4个孩子发表悼词

11月22日

肯尼迪总统遇刺，林登·B. 约翰逊（Lyndon B. Johnson）就任总统

疾风骤雨过后，伯明翰建设性地走向人们对它寄予的美好希望，那该是一幅多么令人欣慰的景象！但事实上，事与愿违。勉强接受了和平协议中的部分条款之后，那些20世纪的黑夜杀手又在历史的舞台上上演了血腥的一幕。在9月份的一个极其恐怖的早上，他们在伯明翰的第十六街浸信会教堂，炸死了4名无辜女孩：爱迪·弥·柯林斯（Addie Mae Collins）、丹妮丝·麦克奈尔（Denise McNair）、卡洛尔·罗伯森（Carole Robertson）和辛西娅·韦斯利（Cynthia Wesley）。同一天，警察当街杀死了另一个黑

人孩子，一些满怀仇恨的白人青年肆意谋杀了一个骑自行车的无辜黑人男孩。这些暴行让当天的种族暴力达到了登峰造极的地步。

我永远无法忘记，在那个可怕的9月的早晨，我所感受到的锥 230
心刺骨的悲伤和痛苦。我无法忘记，一个女人隔着破碎的玻璃窗哭喊："上帝啊，我们连在教堂里都不安全！"我无法忘记，爆炸是怎样震碎了彩色玻璃窗上耶稣基督的脸。我记得我当时在想：这一切值得吗？这还有希望吗？

伯明翰，一座我们以为已经得到救赎的城市，又被钉上了十字架。在这些震惊世界的暴行中，儿童是受害者；在坠落的炸弹中，上帝啊，您在哪里？

在每一场争取自由的战斗中，都会有奉献出生命的烈士，他们的牺牲给自由带来了新的希望。这些女孩就是为黑人争取自由的神圣运动而牺牲的。她们既不是像梅德加·埃弗斯那样的民权领袖，也不是像巴尔的摩的邮递员威廉·摩尔（William Moore）——他在试图将民主的信息传递进不公正的堡垒时中枪牺牲——那样的正义斗士，她们只是孩子，是不久前还吃着婴儿食品的孩子。而我们一直相信，婴儿是来自天堂的最新讯息。

孩子预示着辉煌的希望，无人能预言这些孩子将来会怎样，也许她们会是另一个玛丽·白求恩（Mary Bethune）或玛哈莉亚·杰克逊（Mahalia Jackson）。但是，她们现在已经成就了能够成就的最大辉煌，她们成了我们运动的象征。她们牺牲了自己的生命，确保了我们的自由——当然，她们并非有意为之。她们这样做，只是再次展现出了那神秘的、人类无法参透的上帝的意图。而今，她们已经返回天堂，与上帝同在。

"她们并没有白白死去"

或许可以这么说，这些儿童烈士的葬礼，充分暴露出了伯明翰大多数白人的社会良知之贫乏。白人官方人员无一人出席，除了几个富有同情心的勇敢牧师之外，现场没有其他白人的面孔。那一天，被埋葬的不仅仅是孩子，一起被埋葬掉的还有荣誉和体面。

231 那天，当我们凝视着这些盛装着孩子们遗体的棺木时，我们的传统、信仰和忠诚，都备受拷问。有些人无法理解，为什么上帝会允许死亡和毁灭降临到这些完全于人无害的孩子身上。

> 今天下午，我们聚集在这个肃穆的教堂，向上帝的这些美丽的孩子致以最后的敬意。她们几年前才刚刚迈上历史舞台，在短短的时间里，她们在这个人间舞台上表演得非常精彩。现在，帷幕落下，她们已经通过出口，离开了舞台。她们尘世生活的剧目奏响了尾声，她们已经回到她们所来自的永恒。
>
> 这些孩子——无害、无辜、美丽——是对人类犯下的最令人发指的滔天罪行的受害者。
>
> 但是，她们死得光荣，她们是为争取自由和人类尊严的神圣运动献身的女英雄。所以，她们的死传达给我们一些信息：她们有话对那些福音牧师说，他们一直躲在教堂的彩色玻璃窗后面缄口不言；她们有话对那些政客说，是他们让选民吞咽着仇恨的陈面包和种族歧视的烂腐肉；她们有话对联邦政府说，它向南方狄西党的专制做法和北方右翼共和党人的公然虚伪不断妥协；她们有话对那些对邪恶的隔离制度逆来顺受的黑人说，他们一直站在这场正义之战的边缘观望；她们有话对我们每一个人说，无论是黑人还是白人，以勇气来替代谨小慎微的时刻到了。她们告诉我们，我们要关注的不只是谁谋杀了她们，我们要关注的更应该是这个制度、这种生活方式以及催生这些凶手的社会哲学。她们的死告诉我们，我们必须满腔热情、不遗余力地投入工作，将美国梦变成现实。
>
> 所以，她们并没有白白死去。上帝自有方法来厘清善恶，历史一次又一次地证明，不该承受的苦难就是救赎。这些小女孩的无辜鲜血很可能成为一种救赎的力量，将崭新的光明带回
> 232 到这个黑暗的城市。就如圣经里所说：“小孩子要牵引它们。”这些孩子的死亡也可能会引导我们整个南方，从非人道的崎岖小路走向和平与友爱的光明大道。她们的惨剧可能会引导我们

的国家，从以肤色取人转变为以人格优劣取人。这些无辜女孩的鲜血可能会引导全体伯明翰公民，从对黑暗过去的极度消极转变为对光明未来的极度积极。事实上，这一惨剧可能会唤醒南方白人的良知。

所以，此刻尽管黑暗笼罩，但我们不能绝望。我们绝不能心怀仇恨，也绝不能寄希望于以牙还牙。我们绝不能对白人兄弟失去信心，在某种程度上，我们必须相信，他们中绝大多数误入歧途的人能学会尊重他人的人格尊严和价值。

我想对失去孩子的家人们说几句话。我知道，此时此刻，任何话语都无法安慰你们，无法驱散笼罩在你们内心深处的失望的浓云。但是，我希望，你们能从死亡的普遍性中得到一点安慰：人终有一死。死亡体现出惊人的民主，它从来不是某些人的特权，死亡向来公平地对待所有人。国王死，乞丐死；富人死，穷人死；老人死，青年死；无辜的人死，有罪的人也死。死亡是所有人不可化简的公分母。

我希望，你们能从基督教的教义中得到一些安慰：死亡并不是终结。死亡不是生命刑期的句号，而是奔向更加崇高意义的一个逗号；死亡不是引人陷入虚无状态的死胡同，而是一扇让人类进入永生的敞开之门。在这艰难的日子里，让这个无畏的信仰、这个不可战胜的伟大猜想，成为你们源源不断的力量源泉。

“杀人犯的同谋”

就像大多数美国公民一样，在这危急时刻，我转向白宫寻求慰藉。虽然白宫永远无法让这4个无辜的孩子死而复生，但是，在我的头脑中，在我的内心里，在我的灵魂深处，活跃着一个梦想，滋长着一个希望，希望这个骇人听闻的恐怖事件能够带来长久的益处。当肯尼迪总统召集我和伯明翰运动领袖去与他交换意见时，这个梦想更为迫切了，这个希望似乎更加真实了。

> 233 我们今天来见您，是因为我们觉得伯明翰的局势已经十分严峻。它不仅威胁到伯明翰和亚拉巴马州的生活与稳定，而且威胁到了我们整个国家，我们国家的命运与此息息相关。我们认为，伯明翰已经处于一种内乱状态，很多事实可以证明我们这个结论。
>
> 我们面临的真实情况是，黑人群众因为遭受了太多的挫折，面临着太多的困惑，而几乎到了崩溃的地步。他们孤立无援，没有安全感。走在街上，不安全；待在家里，不安全；身在教会，也不安全。所以，黑人认为，无论在哪儿，只要他待着不动，都有可能遭到袭击。
>
> 这种局面给我们这些领导运动的人提出了难题，因为我们宣讲的是非暴力哲学和方法。我们一直在坚持非暴力，但是，人们越来越频繁地对我们提出质疑："这有什么用？"我们发现，要坚持非暴力越来越难了。我相信，如果不提供给黑人以新的希望和安全感，我们国家就很可能面临史无前例的种族暴乱的危险。

离开白宫时，我怀着一种近乎大胆的信念，相信政府终于要采取一些积极果断而实际的措施，来拯救这个恐怖挥之不去的国度了。因为我有这个信念，所以我表现出了极大的耐性。在这个过程中，我违背了一些人的意愿，而他们曾在各种争取自由的危险运动中与我并肩作战。我知道，我的沉默和克制引起了许多人的误解，而他们曾毫不怀疑地追随我。我这样做，是因为我天真地相信，我的信念终究会得到证明。

然而事实证明，这是一个错误。那个在电视机屏幕上泣不成声的市长，甚至没有出于常情来参加这些无辜孩子的葬礼，也没有派
234 来一个特使。我回顾整个事件时才意识到，甚至连联邦政府当局都认可种族隔离的格局，因为他们是分别会见白人领袖和黑人领袖的，当然，我也很想知道这些会议是否是公平的。总统特使们似乎相信，他们只要与白人会面聊一个小时，再与黑人会面聊一个小时，就可以弄出一个拯救性的解决方案。我们知道，他们办不到；

当然，总统也必然知道这是不可能的。

致丹妮丝·麦克奈尔家人的圣诞信

亲爱的麦克奈尔先生和夫人：

在这圣诞之际，我十分记挂你们。这一年来，你们生活得很不容易。圣诞节即将到来，这是一个家庭团圆的节日，你们的丧女之痛会更加深切。然而幸运的是，在悲伤的记忆中还有些美好的回忆，想想丹妮丝和你们在一起的日子，或许能聊以寄托你们的哀思。

你们知道，我们很多人今年都不欢庆圣诞节，以此来纪念今年一年中为自由斗争献身的人们。我知道，这无论如何也无法弥补你们破裂的家庭，但是，我们确实想为你们分担一些苦楚。也许，我们这份小小的礼物，能够安慰你们的心。

当初我们前往伯明翰参加运动的时候，我们就知道，这是一次考验，一次验证黑人革命是否会成功的严峻考验。如果让那些企图摧毁伯明翰运动成果的人得逞的话，那么这场为自由而战的斗争就彻底失败了。我们面临的情况极端严峻，我们的补救措施也必须很严厉。

> 我担心，上至白宫，下到流出鳄鱼泪的伯明翰市政当局，他们都误解了黑人斗争的目的及其坚定性。所以，我必须对这个国家提出警告，我必须对白宫提出警告，我必须对伯明翰市政当局提出警告，我必须对美国人民的良知提出警告。8月28日，我们在首都举行了游行，那是一次和平的游行，一次安静的游行，一次祥和的游行。因而，恐怕有些人——从白宫而下的一些人——错误地解读了这次游行的和平、安静和祥和。他 235
> 们一定以为，这意味着革命已经结束，革命之火已然熄灭，惊人的战斗力也已经消逝。他们真是大错特错了。我们争取自由

的激情，我们与尊严和正义并肩前行的决心，从来未曾有过一丝动摇。我们比以往任何时候都更加坚信，非暴力抵抗是我们应该采取的方式。让他们来轰炸我们吧！让他们用种族隔离的罪恶来折磨我们吧！自由，我们志在必得。

“总统是被险恶的道德氛围暗杀的”

很悲哀的是，黑人们太了解政治暗杀是怎么回事了。在黑人民权领袖的生活中，子弹从树丛中呼啸而出，炸弹的轰鸣打破夜晚的宁静，这些都是司空见惯的场景。这些手段已经取代了过去的私刑，成了一种政治武器。十多年前，佛罗里达州的全美有色人种协进会领袖哈里·T. 摩尔（Harry T. Moore）先生和夫人突然身亡。密西西比州贝尔佐尼的乔治·李（George Lee）牧师，在一个乡村法院的台阶上遭到枪杀。爆炸事件更是层出不穷。1963 年是一个暗杀之年，密西西比州杰克逊的梅德加·埃弗斯、亚拉巴马州的威廉·摩尔、伯明翰的 6 名黑人儿童——谁会怀疑这些不是政治暗杀呢?

未能逮捕暗杀者是我们社会不可原谅的过失。这个评价很严厉，但却是不可否认的事实。造成社会如此冷漠的原因是受害者的身份：几乎所有的受害者都是黑人。所以，暗杀如瘟疫一样蔓延开去，直到它夺走了美国最杰出的、广受爱戴和尊敬的总统的生命。耶稣说过：“这些事你们既作在我这弟兄中一个最小的身上，就是作在我身上了。”这些话不只是一个类比，更是实实在在的预言。

肯尼迪总统遇刺的消息，震惊了全世界。我们眼睁睁地看着美国第 35 任总统，像一棵参天巨杉一样轰然倒下。对个人而言，这个损失惨痛无比，令人心碎，而对整个世界而言，这个损失也产生了强烈的冲击。一位精神饱满、充满活力、朝气蓬勃的人，就这样离开了我们，这实在令人难以置信。

肯尼迪总统的个性前后形成了强烈的对比，事实上，美国政坛上存在过两个约翰·F. 肯尼迪。前一个是总统任期前两年的肯尼迪，当时，他以微弱优势当选，政治前途未卜，面临如山压力。他 236
摇摆不定，一方面竭力维持支持率，另一方面致力于探索政府的管理方向。然而，在 1963 年，一个新的肯尼迪出现了。他已经意识到，公众舆论并不是一成不变的。美国的政治思潮既不局限于保守主义，也没有特别热衷于激进主义或者温和派思想，这些都处于一种动态变化之中。当然，这里包含着潮流的成分，但绝不是铁板一块，一个积极的领导人是可以将其引导到建设性发展的轨道中去的。

肯尼迪总统不是一个多愁善感的人，然而，他对社会的动态发展和必然趋势有着深刻的把握。他为世界和睦友好所做的工作，是国际范围内的一个大胆努力。他关于种族关系的最后一次演讲，是美国建国以来的所有总统演讲中，对种族理解和正义发出过的最真诚、最深刻也是最富于人性的呼吁。他将自己的领导才能与社会的进步进程结合了起来。遇难时，他正从一个优柔寡断、目标不定的领导者，蜕变为一个目标明确、坚强有力的领路人。

约翰·F. 肯尼迪的墓志铭揭示出，他是一个不怕变革的领导人。他的总统任期是人类历史上最动荡不安的灾难性时期之一，世界性难题层出不穷，错综复杂。在国际舞台上，人类正面临着陷入核毁灭深渊的不祥威胁；在国内，美国人正在吞食歧视黑人导致的可怕恶果。这些问题引起了约翰·F. 肯尼迪的深切关注，他调动了全部智慧，体现出敏锐的历史感。他勇敢地成为民权运动的朋友，成为坚定的和平主义倡导者。数以千万计的人对他的去世表达出由衷的哀痛，这其中蕴含的感情确实不简单。它揭示出，肯尼迪总统已成为人们渴望正义、经济福祉与和平的象征。

> 肯尼迪总统遇害，我们的国家应该在灵魂深处进行一系列的反思。绝不能把那颗从第五层楼射出的子弹，轻描淡写地理解为一个疯子的孤立行为。我们要诚实地敦促自己，去探寻促成这一卑鄙行为的疯狂思想背后的东西。尽管“谁杀了肯尼迪总统?”这个问题很重要，但是“是什么杀死了他?”这一问题

更为重要。

237 我们已故的总统是被险恶的道德氛围暗杀的。在这种氛围中，诬告如波涛汹涌，仇恨之风强劲，暴力风暴怒吼。

在这种氛围中，人们无法接受异议，他们诉诸暴力和谋杀来表达不同意见。就是同样的氛围，谋杀了密西西比州的梅德加·埃弗斯和亚拉巴马州伯明翰的6名无辜的黑人儿童。

从某种意义上说，我们都是这些可怕行为的参与者，而这些行为玷污了我们国家的形象。我们沉默，我们宁愿向原则妥协，我们总是尝试着用渐进温和的凡士林来治疗种族不公正的癌症，我们允许人们随意购买武器、动用武力，我们允许电影和电视教导孩子们，会射击、会杀人的人才是英雄。我们对这些状况听之任之，最终制造了一种氛围，那就是暴力和仇恨成为流行的消遣娱乐。

所以，肯尼迪总统的死向我们每个人都传达出一些重要信息。他有话对那些政客说，是他们让选民吞咽着仇恨的陈面包和种族歧视的烂腐肉。他有话对那些福音牧师说，他们一直躲在教堂的彩色玻璃窗后面缄口不言。他有话对那些极端右翼主义者说，是他们以恶毒的口舌对最高法院和联合国大放厥词，他们给任何一个与其意见相左的人都扣上共产主义者的大帽子。他有话对引人误入歧途的极权主义哲学思想说，是它教导人们为达目的可以不择手段，它用以实现无阶级社会的正当方法是暴力和对基本自由的否定。

他有话对我们所有人说，仇恨的病毒已经渗入我们国家的血脉，如果不对其加以控制，它势必导致我们道德和精神的毁灭。

因此，约翰·F. 肯尼迪的墓志铭敦促我们抛开悲痛，以更坚定的决心砥砺前行，来消灭我们国家种族隔离与歧视的残余。

238 肯尼迪总统遇害，这不仅仅是一个个体的死去，更是一个幻想的破灭。它证明了以下说法的荒诞不经：仇恨和暴力可以被控制在一个密闭的空间内，只用来对付少数人。因为，真相忽然昭示于世人面前：仇恨就是一种传染病，它以疾病的方式增长和扩散，而没有一个社会能健康到自动具有免疫力。当时，如果南方蔓延着天花疫情，那么肯尼迪总统可能会得到警告避免进入该地区；其实，当时的南方确实经历着一场瘟疫的折磨，只是人们并未察觉它的危险性。

约翰·F. 肯尼迪遇害，我们大家都难脱干系。我们容忍仇恨，我们容忍暴力在各个层面泛滥，我们容忍因人而异地执法，因为据说只有同意一个人的观点，他才算是受到尊重。这或许可以解释为何在 11 月下旬，悲痛的泪水流淌在整个国家。我们哀悼的不仅是一位已经成为国家骄傲的人，我们也为自己悲痛不已，因为我们知道自己病了。

第 22 章

圣奥古斯丁市

239 这项提请国会审议的法案，是暴风骤雨孕育出的孩子，是国家和平时期最暗流涌动的提议的产物。

1964 年 2 月 9 日
种族隔离分子的暴行促使佛罗里达州圣奥古斯丁市（St. Augustine）的民权领袖罗伯特·海灵（Robert Hayling），邀请南方基督教领袖大会加入，协同作战
5 月 28 日
数百名示威者在圣奥古斯丁被捕，金呼吁外界援助
6 月 11 日
金在圣奥古斯丁被捕后，双种族委员会（bi-racial committee）成立
6 月
《我们为何不能等待》（*Why We Can't Wait*）一文发表
7 月 2 日
金出席 1964 年民权法案签署仪式

1963 年年底，一些质疑的声音响起：把一百多万黑人引上街头示威游行，这一举动到底取得了什么重要成果？而时至 1964 年年底，胜利的欢歌已经平息了这种悲观的论调。总而言之，这两年时间标志着民权运动的一个历史性转折点。与 19 世纪相比，黑人的境遇已经发生了前所未有的巨变。现在，即使是最悲观的人也得

承认，伯明翰就如当年的康科德①一样，打响了震撼世界的枪声。

黑人们斗志昂扬，“妥协”和“撤退”这些字眼在他们听来都是 240
亵渎的、有害的。我们进行的是一场真正的革命，因为娩出它的子宫，同样孕育了巨大的社会动荡，孕育了令人无法忍受的社会条件和环境。黑人决心自我解放，他们对正义的诉求，已然成为一种不容忽视、无法抗拒的力量。他们不愿意倒退，甚至不愿意维持现状。

南方基督教领袖大会工作的主要核心仍然是非暴力的直接行动。我们认为，在世界舆论面前，这种做法能比任何其他做法都更好地暴露出黑人的现状和社会的不公正，也更有利于敦促政府采取行动。

“四百年的偏执和仇恨”

佛罗里达州的圣奥古斯丁是一个美丽的小城，也是美国最古老的城市。但是，那里戾气横行，充斥着暴力，是除了密西西比州之外种族隔离势力最嚣张的地方。三 K 党和约翰·伯奇协会②在这里势力强大，三 K 党甚至把此地当成反对非暴力运动的最后据点。他们横跨北佛罗里达州、佐治亚州和亚拉巴马州，蜂拥聚拢到圣奥古斯丁的奴隶市场大厦（Slave Market Plaza），绑架了 4 个黑人，用棍棒、斧柄和枪托将他们打得不省人事。

佛罗里达州政府是害怕此事影响本州的旅游业，才对事件做出了回应。虽然布赖恩特（Bryant）州长认识到，只有秉持正义才能维持良好形象，但他还是诉诸老南方③的惯用手法，试图打压那些

---

① 康科德（Concord）是美国马萨诸塞州米德尔塞克斯县的一个镇，1775 年这里爆发了美国独立战争的第一场战役。美国文学作品将在这里打响的枪声形容为“震撼世界”。

② 约翰·伯奇协会（John Birch Society，JBS）是一个支持反共主义的激进的极右组织，1958 年由商人兼社会活动家罗伯特·韦尔奇成立。

③ 老南方（Old South）是指美国最早的 13 个州中位于南部的弗吉尼亚州、北卡罗来纳州、南卡罗来纳州和佐治亚州，有时也包括特拉华州和马里兰州。老南方是美国最早得到开拓的地区，老南方的移民大多是信仰英国国教的贵族后裔，允许奴隶存在，支持奴隶制度。

争取自身宪法权利的人。只有联邦地区法院法官、共和党人布赖恩·辛普森（Bryan Simpson）能够不同流合污，尽力保护圣奥古斯丁黑人的宪法权利。

南方基督教领袖大会应当地组织的要求，来到圣奥古斯丁。当时，他们正着手于几件事：（1）成立一个黑人和白人双种族委员会；（2）取消公共场合中的种族隔离设施；（3）在市政机构中雇用黑人警察、消防员和办公室工作人员；（4）撤销对以和平抗议手段争取宪法权利的人的指控。

241 圣奥古斯丁成了一个试验场。美国深南部①有可能发生改变吗？面对变化，南方各州能否维持法律和秩序？当地的黑人和白人公民能否齐心协力，使民主在整个美国成为现实？对这些问题，非暴力运动都希望能够给出一个响亮的回答："是的——这是上帝的意愿！"

一到圣奥古斯丁市，南方基督教领袖大会就揭开了这里的仇恨、暴力与无知的疮毒，认识到其毒液已经渗透佛罗里达州的商业和政治生活的各个领域，并且潜移默化地影响到了白宫。圣奥古斯丁的警察纵容暴力并参与暴力的野蛮行径，激起了当地 3 700 名黑人公民的英勇反抗。这里的毫无法治和某些残暴行径，是我们前所未遇的，甚至更甚于伯明翰。一天接着一天，黑人们就在雨点般袭来的砖块、瓶子和污言秽语中游行；一日挨过一日，黑人们在餐馆、海滩和奴隶市场里演讲与歌唱，表达争取自由的决心。

几个月的暴力肆虐中，超过 300 名由南方基督教领袖大会领导的示威者遭到逮捕，还有几十人被三 K 党党徒挥舞的轮胎链和其他武器打伤。但是，我们仍然可以宣称，在这次进攻种族隔离与歧视的坚实堡垒的斗争中，我们取得了一定程度的胜利。

我们与当地防务基金会联合行动，着手为推行民权法案铺平道

① 深南部（Deep South 或 Lower South），又称棉花州（Cotton States），与之相对的是上南方（Upper South）。深南部常被视为最能代表南方文化和传统的美国东南部地区，一般情况下，其所指范围包括亚拉巴马州、佐治亚州、路易斯安那州、密西西比州和南卡罗来纳州。

路，并积极促成议案的通过。对那些纵容当地治安团维护老南方传统的硬核社区，我们的处理方式是法律手段与直接行动战略相结合，这也为我们将来处理这类问题提供了一个操作先例。

我们与佛罗里达州地方官员以及联邦政府官员，就圣奥古斯丁的情况进行了沟通与对话。经过不懈的努力，我们成功地让州长说服了圣奥古斯丁的 4 位杰出公民参加双种族委员会，讨论如何解决圣奥古斯丁的种族问题。为了表明诚意，也为了证明我们并非像某些人所误解的那样要破坏圣奥古斯丁，我们同意，在委员会寻求解决方案时停止一切示威游行活动。俗话说“千里之行，始于足下”，这一进展只是圣奥古斯丁追求自由和正义的漫长征程中的第一步，但这一步意义重大，因为它至少打通了沟通的渠道，而这正是圣奥古斯丁长久以来所缺乏的。

当我们离开圣奥古斯丁时，一份具备国家法律效力的民权法案 242
即将通过。在 7 月 4 日美国独立日[①]的前两天，约翰逊总统正式签署了这份民权法案。在我们离开前，圣奥古斯丁的商界人士保证说他们会遵守这份法案，我们对此深感欣慰。这代表了一定程度的进步，我想，也许圣奥古斯丁的良知觉醒了。

“弥足珍贵的立法成果”

国会两院一致批准了这一民权法案，这是对杰斐逊总统“人人生而平等”思想具有历史意义的、里程碑式的肯定。这项由肯尼迪总统首倡和推动的法案，在数千万美国人——黑人和白人——的压倒性的支持和坚持不懈的斗争下，最终得以通过。在漫长而充斥着动荡的争取民权的斗争中，这个法案的通过，堪称一个充满希望的乐章：它开启了第二份解放黑奴宣言，为黑人争取机会平等提供了

---

① 美国独立日（Independence Day）是为纪念 1776 年 7 月 4 日在大陆会议中宣布《独立宣言》而成立的节日。这一天是美国宣布脱离大英帝国独立的日子，故独立日也是美国的国庆日。

全方位的法律保障。伴随着法案的通过，我们的斗争也站在了一个有利的位置上。然而，我们不能自我陶醉与松懈下去，我们要加倍地感恩与奉献。该法案诞生于“鲜血、汗水、辛劳和眼泪”之中，而这些支持来自两个主要政党中的无数国会议员、业余社会活动家以及普通老百姓。来自黑人和白人两个族裔的支持者们，播种下抗议和政治说服的种子，最终收获了这一法律上的光辉成果。更进一步地讲，该法案的萌芽可以追溯到1963年的黑人抗议，这些抗议集中体现为伯明翰的高压水龙、警犬和无数次的“不容抵赖”的示威活动；可以追溯到华盛顿的大规模群众集会游行；可以追溯到肯尼迪总统殉难；可以追溯到他的继任者——一个南方血统的总统——继承和提升了肯尼迪的遗产；还可以追溯到那些逝去的先烈，是他们抛头颅洒热血，挽救美国于种族隔离的罪恶深渊。

在林登·约翰逊担任副总统期间，我有幸与他见过一面。当时，他并不打算参加总统竞选。时任的肯尼迪总统不仅志在四年任期，而且想要谋求连任，约翰逊则希望能在肯尼迪手下出任政府的首席执行人。因此，一些基本问题在他这里比较容易得到解决，也不会为各种政治顾虑所掩蔽。

243 我和他在民权问题上的看法不尽相同，这并不出乎我的意料。然而，他是一个讲求实际的人，不做作，不伪装；解决问题时情感真诚，见解卓著，毫不花哨。很明显，他完全清楚种族隔离问题是美国社会的一个致命短板。与约翰逊总统会面结束离开时，我更加坚定了我的想法：不加区别地认为南方白人都一样，这很有可能是一个严重错误——而那些陷入痛苦狂热的黑人领袖很容易就这样想。后来，我在《国家》（*The Nation*）中写道，南方白人正在发生分化，而要促进这种进步，我们就要挑起强硬的种族隔离主义者与新白人之间的分化。这些新白人对这片土地的热情，远比维持那些老习惯、旧习俗来得更加强烈。我在写下这些话时，脑海中浮现的正是约翰逊副总统。

后来，约翰逊掌控的权力从地方上升到中央。他在公开场合和私人场合的发言都表明，他对当代种种社会问题有着全方位的了解。他看到，贫困和失业问题日益严峻，终将酿成弥天大难，而他已经意识到，这场经济浩劫中最关键的因素是黑人。因此，当他对贫困宣战的时候，他也决心向种族歧视宣战。

毫无疑问，我们在应对迫在眉睫的危机问题上，在施政速度和战略手段上仍然会有分歧，但我毫不怀疑总统对待问题的真诚、务实而智慧的态度，我希望他的行动进程仍然能够坦率真诚。我将尽我所能去助其实现，无论是在适当的时候表达赞同，还是在必要的时候坚持异议。

当约翰逊总统签署法案时，我有幸站在他身旁。在我珍藏的物品中，有一件就是约翰逊总统用来签署该法案的那支钢笔。这是一个伟大的时刻。这份法案是国家的立法机构与司法机构合作，共同执行各州废止强制性种族隔离法的决定。总统办公室在这一立法过程中也发挥了卓越的行政执行力，而其强大的行政执行力在历史上还体现为以下法令的签署：林肯总统的解放宣言、罗斯福总统的禁止就业歧视的战时法令、杜鲁门总统的废除武装部队种族隔离的法 244
令，以及肯尼迪总统的禁止在联邦福利住房上实行种族歧视的法令。

“这项法案诞生于街头”

如果放慢立法和执法程序，最终是否就能以较小的代价取得更大成果？我们的经验表明，示威游行本身就是推动立法和执法进程的一个组成部分。通常只有在地方发生冲突而呼吁政府干预的情况下，联邦政府才会对事件做出更快速的反应。除此之外，示威游行还会对社会和心理环境产生创造性的影响，而这经常是立法程序所无法企及的。示威活动能让那些习惯了恐吓和侮辱的人们，体验到勇气和自尊，增强他们的尊严感。通过示威，黑人们了解到，团结的力量远比子弹更富有威力；他们发现，棍棒、电动赶牛棒和拳头带来的疼痛，远远小于逆来顺受的痛苦。同样，示威游行也让种族隔离主义者了解到，那些被教育要驯服的人，也可以在教导下学会无所畏惧。最后，千千万万只作壁上观的美国人从这些游行中得知，在这个他们引以为傲的民主国度里，非人道佩戴着官方徽章，肆意挥舞着法律权力的指挥棒。

那么，我们在 1963—1964 年间具体取得了什么成果呢？1964 年的民权法案具有深远的历史意义，其重要影响难以估量。它是一个由白人和黑人的联盟力量共同促生的法案，国会也从一个世纪的浑噩沉睡中苏醒过来，取得了这个弥足珍贵的立法成果。民权法案颁布，群情激昂振奋，使得法案中的很多条文在南方的某些强硬州也得到了快速贯彻。

许多遭受种族隔离学校制度之苦的人，也寄希望于民权法案来改善处境。然而，人们尤其认为，法案中关于公共设施的规定将遇到激烈的抵制。但是，持这种悲观观点的人忽略了一个至关重要的
245 因素，那就是这项法案既不是美国白人慈善团体怜悯黑人的产物，也不是司法机构开明领导的结果。这项法案诞生于街头。1963 年，数千万黑人走上数百个城市的街头，展示出史诗般恢宏的勇气和魄力，赢得了白人同盟者的强大支持，最终取得了这个胜利。他们携手创建了一个“良知联盟”，唤醒了浑浑噩噩不作为的国会。这项法案虽然在国会的大理石厅里经过了修改和完善，但它蓬勃的生命力最初源于大规模群众集会和游行。它的诞生充满了动荡和抗争，生生不息的活力伴随它获得通过，最终得以大规模推行。

这部新法案还唤起了人们对经济问题的关注，政府制定了消除贫困的规划。至此，民权需求与经济举措相结合，无所畏惧地将民权法案贯彻到老南方的每个角落，南方与北方共同推行大规模黑人选举，这些举措共同将黑人争取自由的斗争推向了一个崭新的高度。

第 23 章

密西西比运动

美利坚合众国的未来很可能就由这里——密西西比州——决 246
定，因为民主在这里面临着前所未有的严峻挑战。密西西比能否建立一个代表所有人的政府？美国若想继续担当自由世界的道德领袖，就必须对这个问题做出肯定的回答。

1964 年 6 月 21 日

据报道，在密西西比州"自由之夏"运动前夜，三名民权运动人士在密西西比州费城被捕后失踪

7 月 16 日

金断言，共和党参议员巴里·戈德华特（Barry Goldwater）获得总统候选人提名将助长种族主义气焰

7 月 20 日

金到达密西西比州，协助组织当地民权运动

8 月 4 日

失踪的民权运动人士的尸体被发现

8 月 22 日

代表密西西比自由民主党（Mississippi Freedom Democratic Party）在民主党大会上作见证

所有人在 1964 年都清楚地看到了所谓的"黑人革命"的意义，而 1964 年民权法案正是对这种意义的司法认可。然而，这项法律通过后，随即发生了一系列震惊全美的事件。这些事件告诉了人们

一个严峻的事实：这场艰苦的斗争将继续下去，直到完全的自由彻底取代奴隶制度。

247 我所指的事件是：共和党大会在旧金山召开，密西西比州发生了三起骇人听闻的私刑事件，以及在几个北方城市发生了骚乱。

共和党的施政方针鼓吹和推行种族主义、保守主义和极端主义。三 K 党和种族极右势力在牛宫[①]举行了狂热的“婚礼”，这让心怀善意的人无不深感震惊，此举也给他们敲响了警钟。这场“喜宴”的“伴郎”就是那位参议员巴里·戈德华特，他的竞选主张、哲学思想和政治纲领，与我们过去十年为之奋斗的目标格格不入。

共和党把巴里·戈德华特提名为美国总统候选人，不仅是不幸的，而且是灾难性的。在外交政策中，戈德华特先生奉行狭隘的民族主义和跛足的孤立主义，而他的好战态度可能让全世界陷入毁灭的深渊。在处理社会和经济问题上，戈德华特先生则代表了不切实际的保守主义，其主张与 20 世纪的现实生活完全脱节。贫困问题已经引起了全美人民的关注，但戈德华特参议员对此既不关心也不理解，更不知该如何顺应历史潮流来解决贫穷问题。在民权这个紧迫问题上，戈德华特参议员所奉行的哲学在道德上站不住脚，在政治上无异于自杀。虽然戈德华特本人不是种族主义者，但他的政治主张明目张胆地支持种族主义者，助长他们的气焰。他的总统候选人资格及其宣扬的政治主张，为形形色色的极端主义分子提供了保护伞。鉴于以上这些事实，也出于我的爱国之情，我别无选择，只能敦促黑人和善良的白人对戈德华特先生投下反对票，也不再支持任何没有与戈德华特参议员及其政治思想公开划清界限的共和党候选人。

虽然我一直奉行不支持任何政治候选人的原则，但我意识到，如果戈德华特参议员当选美国总统，就将威胁到我们国家的健康、

---

① 牛宫（Cow Palace），原名加利福尼亚州家畜展览馆（California State Livestock Pavilion），是位于美国加利福尼亚州戴利城的一座室内体育馆，当时经常用以举办运动会、展览和表演。1964 年，美国共和党全国代表大会在这里召开，巴里·戈德华特被提名为总统候选人，但在竞选中输给了民主党候选人林登·约翰逊。

道德和生存，所以从内心而言，我不能不反对他。

民权法案终获签署的喜悦之情凝滞了，变味了，深深的忧虑与 248
恐惧代替了胜利的欣喜。反动势力为了阻挠黑人的解放斗争，很有可能在国家最高领导人这个职位上，公然推举一个与种族主义者斯特罗姆·瑟蒙德[1]之流握手言欢的候选人。现实的冷酷与恐惧，深深触动了 2 000 万黑人的心。他们刚刚从“埃及”的黑暗之地走出来，在那里，他们的兄弟仍处于牢笼之中，仍然得不到基本的尊严；而现在，阻碍自由之路的力量要将他们驱赶回“埃及”，这力量看起来强大无比，充满权威，看似不可战胜。

“密西西比新黑人”

一位年轻英俊的黑人穿着长裤和短袖衬衫，他擦了擦额头，对警察局长说：“局长先生，你要看明白，你没必要威胁我们。害怕白人的人已经搬到北方去了，要知道，对留下的这些人你可得客气点。”

密西西比州克拉克斯代尔市的亚伦·亨利（Aaron Henry）的这番话，典型地体现出了密西西比新黑人的特点。尽管面临着死亡威胁、经济报复和持续恐吓，但他们追求自由之心未曾有过丝毫动摇。

值得一提的是，密西西比黑人对解决自己的问题，已经摸索到了一个行之有效的方法，并且贯彻到了整个州内。1962 年，作为南方基督教领袖大会的“人与人”（people-to-people）项目的一个部分，我与其他几个成员前往密西西比三角洲。那里土地肥沃，但生活于其中却并不尽如人意。在这次旅行中，我有机会与上千人面对面地交流。在农场里、乡村商店里、城市街道上、教堂中，我们随时随地交流沟通。我倾听了他们的问题，了解到他们的恐惧，感

---

[1] 斯特罗姆·瑟蒙德（Strom Thurmond，1902—2003），美国政治家，于 1947—1951 年任南卡罗来纳州州长。他在 1954 年当选参议员，连续在任长达 47 年之久。他原本是民主党人，但他和其他南方民主党人支持种族隔离政策，与当时民主党认同非洲裔美国人民权运动的立场有分歧。他于 1964 年民权法案颁布后退出民主党，加入共和党。他于 2003 年退休，同年逝世，是美国唯一一位在任内超过 100 岁的参议员。

受到他们对希望的渴望。

有些情景是那么生动鲜活，至今仍留驻在我的记忆中。我们最早前往调查的几处场所中包括一所天主教学校，这所学校设有小学
249 部和中学部。班级的负责修女问：“今晚你们要去哪儿啊?”孩子们齐声回答：“去浸信会教堂!”他们所说的浸信会教堂，就是我要在那里进行集会讲道的教堂，修女敦促他们都去参加。争取自由和人类尊严的斗争，已经超越了天主教和新教的教派冲突，这该多么令人惊喜！这一点让我在密西西比三角洲看到了希望。当然，这里也有悲怆。我很痛心地看到，这里有些人一年只能工作 6 个月，年收入平均只有 500～600 美元。

在密西西比州，黑人除了饱受经济剥削以外，他们遭受人身暴力伤害的问题也由来已久。我们沿着三角洲尘土飞扬的道路一路行来，同行的人告诉了我们许多警察对黑人实施令人发指的暴行，以及黑人被白人暴徒残忍杀害的事例。

尽管如此，一线希望尚存。这希望之光就是黑人们争取自由的坚定决心。

在鲍勃·摩西（Bob Moses）的领导下，一千多名北方白人学生和当地黑人公民组织起来，制订了一个促进选民登记和实施政治行动的计划。这是我在密西西比看到的最富有创造性的尝试之一，此举可以从根本上改变黑人在密西西比州乃至整个国家的被压迫状况。密西西比的黑人已经意识到，他们只有立足于改革这一地区的政治结构，这个毫无法治、野蛮粗暴的警察社会才会发生变化。1964 年，他们通过密西西比自由民主党开始了这项改革。

任务之艰巨不言而喻。我们调动了南方基督教领袖大会、全美有色人种协进会、种族平等大会（Congress of Racial Equality)、学生非暴力行动协调委员会和其他一些机构的当地工作人员，专门负责三角洲地区的工作。尽管这个任务困难重重，但我们毕竟行动起来了。我们鼓励密西西比州千千万万的黑人站起来，争取自由，就在今天！

1964 年 7 月，代表密西西比自由民主党的密西西比之行，前所

未有地启发了我。这里的人民非常了不起，仅仅凭借着顽强的精神力量，在这种集中营般的生活环境中幸存下来。他们身无分文，没有枪支护身，手里的选票也少得可怜，但他们是美国最强大的力量，因为他们团结一致，协调行动，立志割除这个国家最暴虐的种族歧视的毒瘤。

在即将出发前往密西西比州时，我得到消息说，某个类似于游 250
击队的组织正密谋暗杀我。有人劝我取消这次行程，但我知道，除了前往密西西比州，我别无选择，因为我在那里有工作要做。如果总是担心自己的生命安全，我怕是根本就无法正常工作了。毕竟，如果一个人总是或多或少地处于危险之中，久而久之，他就能在哲学上达观地接受死亡了。

我们先到达了格林伍德市（Greenwood），这里是拜伦·德·拉·贝克威斯（Byron de la Beckwith）的家乡，他被指控谋杀了黑人民权领袖梅德加·埃弗斯。大门的一侧站着一群脸色阴沉的白人，另一侧则是一群兴高采烈欢呼的人，这群人中有白人也有黑人。这一幕在两年前是不可能出现的。最早从事民权运动的白人因为在一家黑人餐馆吃了饭而锒铛入狱。

我们花了五天的时间，考察了杰克逊市（Jackson）、维克斯堡市（Vicksburg）和默里迪恩市（Meridian）。我们走进大街小巷，在门廊里，在群众集会上，甚至在普尔台球厅里宣讲布道，数以千计的上帝子民都聚拢过来，聆听自由的含义。我们在费城稍做停留，参观了那座遭到焚毁的教堂。6 月份时，安德鲁·古德曼（Andrew Goodman）、詹姆斯·查尼（James Chaney）和迈克尔·施沃纳（Michael Schwerner）就是在那里进行调查时，惨遭杀害。

通过自由民主党，我与联合组织理事会（Council of Federated Organizations）的成员，以及参加密西西比夏日计划[①]的学生充分

① 密西西比夏日计划（Mississippi Summer Project）也称“自由之夏”，是 1964 年 6 月美国人组织的一次义工活动，其目标是推广非洲裔美国人的投票登记工作。这个计划也在密西西比的许多小镇设立了自由学校和社区中心，来帮助当地的黑人。

合作，协力促进民主的实现，我对此感到非常自豪。这些年轻人组建起了一支国内和平队[①]组织。美国曾向全世界的欠发达国家派出大量和平队志愿者，但他们中没有任何人遭受过密西西比州选民登记工作者经历过的残酷和野蛮。

究其根底，在密西西比州发生焚烧教堂、骚扰滋事和谋杀黑人事件，是因为黑人公民无法参与投票，进而选举出能够保护所有人利益的政府公职人员。数千名黑人也曾克服暴力打击、经济报复和其他形式的恫吓，争取参加投票选举，但在 1963 年，整个州完成注册的黑人只有 1 636 名。

251 面对此种局势，美国联邦政府有两个选择：一是通过民主运动和自由民主党等代表性机构，在密西西比州循序渐进地推进政治改革；二是在该州出现任何违宪问题时，立即派驻联邦军队。密西西比自由民主党希望在民主党全国代表大会的政治纲领和平台上，将密西西比州的所有心存美好愿望的人士团结起来。我们计划派遣一个代表团前往大西洋城（Atlantic City），希望能够列席民主党全国代表大会会议。我们的国家需要至少一个不带任何种族偏见的政党，而民主党可以通过承认密西西比自由民主党为密西西比州的正式代表团的方式，朝这个方向迈出意义重大的一步。

“希望的灯塔”

大家原本以为这次民主党全国代表大会，仍会像往常一样枯燥和程式化。林登·约翰逊亲自宣布了他的竞选伙伴，看似再也没有什么其他问题能在大会上搅起漩涡了。但是，大家都低估了密西西

---

① 和平队（Peace Corps）是 1961 年 3 月美国肯尼迪政府成立的一个志愿性服务组织，并于同年得到美国国会以《和平队法案》为方式的授权。它的目标是：“促进世界和平和友谊，为有意愿的国家和地区提供有能力，且愿意在艰苦环境下在国外服务的美国男性和女性公民，以帮助这些国家和地区的人民获得训练有素的人力资源。”它向广大发展中国家提供教育、社区服务、医疗保健等志愿性工作。截至 2013 年，先后有接近 22 万美国公民参加过和平队的工作。目前，和平队在 140 个国家开展过活动。

1964 年，金与儿子马丁三世玩棒球。[复制与/或保存权利所有© 1986 -菲利普 · 斯舒克(Flip Schulke)]

金陪伴小女儿伯妮丝玩耍。(复制与/或保存权利所有© 1986 -菲利普 · 斯舒克)

金与家人共进星期天晚餐，头顶照片为圣雄甘地。(复制与/或保存权利所有© 1986 -菲利普 · 斯舒克)

金与小儿子德克斯特在一起。（复制与/或保存权利所有© 1986 - 菲利普·斯舒克）

“我难抑眼中的泪水，思绪在脑海中翻滚。” 1964 年 12 月，金在诺贝尔和平奖授予仪式后展示奖章。（美国联合通讯社图片）

“年轻人说：‘我们赢了！’我问：‘你说“我们赢了”是什么意思？’”1965 年，金在瓦茨暴乱后对当地居民发表讲话。

在 1966 年民权群众大会上，金与（从左至右）西蒙娜・西格纳瑞特（Simone Signoret）、哈利・贝拉方特（Harry Belafonte）、伊夫・蒙坦德（Yves Montand）、雅克・莫诺德（Jacques Monod）教授和柯丽塔一起。（法国新闻社档案照片）

比自由民主党。来自密西西比州的68名黑人列席了会议，展示出了非凡的能量，连林登·约翰逊本人都觉得不容易应对。他们所代表的力量就是道德的力量，而这种力量恰恰就是美国的立国之本。他们抛开一切人为制造的条条框框，直接向美国人民的内心与灵魂发起呼吁。我们在大西洋城的经历，是非暴力思想在政治舞台上展示力量的经典例证。直到密西西比自由民主党在全美人民面前、在民主党资格审查委员会面前发表陈述时，许多美国人才第一次了解真实的情况。

密西西比人知道，他们生活在一个警察社会。他们也意识到，只有通过政治手段，才能给他们的后代提供合适的教育、为家庭谋求舒适的住房、为个人找到工作，才能实实在在地改变密西西比州的整个大“气候”。这是所有美国人，特别是我们这些因为肤色而被剥夺权利的人，都要吸取的一个教训。

> 资格审查委员会的女士们、先生们，如果你们关心民主政府的未来，那么你们就别无选择，只能全票承认密西西比自由民主党。 *252*
>
> 这绝对不是威胁，这是我向你们提出的最紧迫的道德诉求。这个问题并不是通过法律细节上的精益求精，或采取某些作为权宜之计的政治妥协就能解决的。这一问题的解决必须建立在健全的道德基础之上，否则，今天的权宜之计注定给明天带来灾难性的后果。
>
> 这并非空洞的道德训诫。人类发展和世界各国的历史已然证明，如果人民没有选举权，他们就无法管理自己，无法选择自己的代表；如若听任这种不公正占了上风，它势必给社会、经济和政治机构带来一定的混乱。
>
> 最后，这不是一个无足轻重的小问题。承认密西西比自由民主党，此举对全世界被压迫人民具有象征性的意义。给予这个代表团以一席之地，就象征着美国下决心给所有人以自由和民主。这将是弱势群体长期以来反抗自身命运的一个政治独立宣言。这好比是一座希望的灯塔，在世界范围内，照亮数以千

> 万计的权利惨遭褫夺的人的前程——无论他们是在密西西比州，还是在亚拉巴马州；无论他们是被压抑在“铁幕”之后，还是挣扎在南非种族隔离的泥潭中，抑或是在古巴寻求着自由。对他们来说，承认密西西比自由民主党就意味着，在这个世界上，有一个国家崇尚正义，关心民主，维护被压迫人民的权利。

很快，自由民主党就跻身实实在在的政治事务之中了。我们在资格审查委员会面前陈述的振聋发聩的道德诉求，得到了相应的政治支持。在接下来的几天，我们从委员会争取到了足够的支持者，向大会提交了一份少数派报告。我们还争取到了足够的州来支持我们提出的唱名表决，此举可以公开表明每个州的立场。总体来说，民主党全国代表大会的气氛是倾向于自由民主党的，但是，当时林登·约翰逊与共和党的戈德华特对阵竞选，战事正酣，这使得大家都格外谨慎，避免整个南方把民主党与密西西比运动锁定在一起。

253 最后，有人提出了一个折中方案：自由民主党在进行了常规的党派宣誓后，可以获授两个“州选代表”的名额。这是意义重大的一步，虽然还称不上伟大的胜利，但充满了象征意义。它表明了政府高层在未来四年中与自由民主党进一步合作的承诺，有助于密西西比州黑人获得注册选民的权利，扩大黑人政治力量。但是，自由民主党的这些代表冒着生命危险走到了这一步，他们无意做出让步。如果我是代表团的成员之一，我也许会建议他们接受这一善意的提议，以此来巩固已经取得的成果。但是，密西西比黑人已经经历了太多的妥协退让，华盛顿在过去也做出过太多不曾兑现的承诺，黑人们这一次无法把这个承诺当真，所以，他们对此的怀疑态度也是情有可原的。

我们永远不该忘记亚伦·亨利和芬妮·卢·哈默[①]，是他们的话教育了整个国家，让政治权力追悔认罪。民主党全国代表大会决

---

① 芬妮·卢·哈默（Fannie Lou Hamer，1917—1977），美国黑人选举权维权人士，民权活动家。她以密西西比自由民主党副主席的身份出席了1964年在大西洋城举行的民主党全国代表大会。1961年，哈默在医院进行肿瘤切除手术时，白人医生未征询她的同意就将她的子宫切除。在20世纪60年代的美国南部，对黑人女性实行非自愿性绝育是政府用以控制黑人人口的常用政策。这次经历促使她走上了维权之路。

定，今后任何支持种族隔离倾向的代表团都不能获得席位。但是，真正的考验是北方城市的黑人能否听到他们的呼声，前去参加选民登记，投下自己的一票。

“选举所蕴含的希望之光”

在旧金山，共和党远远抛开了林肯时期确立下的传统。从地理方位上看，总统选举的结果无疑是对美国两党制的一个沉重打击。那些逆历史潮流而动的人遭到了惨痛失败，这一竞选不仅让他们个人，而且让其政党颜面尽失，而其失利之惨在美国的政治舞台上也实属罕见。善良和进步的力量给予右派狂热主义分子以沉重的一击，美国人为了进步、繁荣和世界和平，抛弃了他们的偏见。

此次选举所蕴含的另一个希望之光是，这个选举结果是由劳工、民权力量、知识分子和宗教领袖组成的大联盟，在一年之内获得的第二次重大胜利。我们必须继续坚持从广度和深度上培育这个联盟，才能克服我们所面临的种种问题。

约翰逊总统最终抓住了机会，完成了这项由罗斯福总统开创但 *254*
被战争打断了的事业。我们国家的生存和发展，在很大程度上依赖于几次相当激进的成功改革。未来工作推进的关键，仍然在于约翰逊总统败给戈德华特的那几个州。只有彻底打破南方的权力格局，国会的各个委员会也不再被民主党内的种族主义者和反动派掌控，我们才能指望我们的联邦政府焕发出在当代历史条件下所应具有的活力和创造力。

贫困、城市问题、失业、教育、住房、医疗以及灵活的外交政策等问题，都要靠联邦政府的积极而坦率的行动才能解决。但是，只要一些参议员，比如伊斯特兰（Eastland）、罗素（Russell）、伯德（Byrd）和埃伦德（Ellender）还把持着国会中的重要权力职位，我们国家的整体进步就面临着险境，与戈德华特参议员提名总统候选人一样的险境。我们的战斗还远远没有结束，现在只是刚刚打响。改革的重任仍然压在黑人的肩头。

第24章

诺贝尔和平奖

255 偶尔，生活会给你带来一些难以形容的满足，其意蕴无法言表，只能通过心底无声的语言去感受。

1964年12月10日
金在奥斯陆接受诺贝尔和平奖
12月11日
金在奥斯陆大学发表获奖演说
1965年1月27日
亚特兰大举行种族融合晚宴，庆祝金获奖

几个月来，我一直忙于民权运动，精疲力竭，不得不住院休息，接受全面体检。一天早上，妻子的电话惊醒了我。她说，纽约的一家电视台打电话告诉她，挪威议会在奥斯陆宣布，我是1964年诺贝尔和平奖的获得者。

接电话时，我的眼睛还没睁开，猛然间，我无法确定这是不是在做梦，或者我是否听错了。一时间，我有点反应不过来。我早已得知我被提名了，但是，像我们这样一直穿梭忙碌于各种艰巨的民权运动中的人，是根本没有时间去考虑什么荣誉的，所以听闻这个消息，我一点儿心理准备都没有。

256 但是，我马上意识到，这个荣誉所认可的，绝不仅仅是某一个人在历史舞台上的贡献，它是对民权运动这部宏伟的历史剧，以及民权舞台上千千万万的演员的肯定。成千上万的普通民众在这个舞台上，将自己的角色演绎到了极致，事实上，正是这些高尚的人赢得了这个诺贝尔奖。

“对地勤人员的表彰”

很多朋友、教友、南方基督教领袖大会的同事以及许多来自不同地方的人，都问过我一个同样的问题：“获得诺贝尔和平奖这个世界上最让人垂涎的奖项是什么感觉？这对你意味着什么？”

获得这项殊荣，我诚惶诚恐，不胜感激，但在我的脑海中，还没有对“它对我意味着什么”形成一个清晰的认识。坐在教堂的书房里，我沉浸到难得的独自思考中，然后我找到了答案。

我回忆起几年前我在芝加哥奥赫尔机场乘坐一架大型客机的情形。飞机马上就要起飞前往洛杉矶了，忽然，扬声器通报说，因为机器故障，飞机要延迟起飞，但故障很快就能排除。我向舷窗外面望去，看到六七个人正在向飞机走来。他们穿着脏兮兮油腻腻的工作服，围着飞机开始检修。有人告诉我，这些人就是地勤人员。

在那次飞行中，我一直在想，有些人会感谢那位称职的飞行员，也有些人会记住飞机上有一个能干的副驾驶，还有，空姐们也都漂亮迷人，很有亲和力。我相信，许多乘客都意识到了飞行员、副驾驶和空姐的工作，但是，在我的心目中，那些地勤人员给我留下了最为深刻的印象。

当今世界上有很多技艺高超的飞行员，比如，罗伊·威尔金斯（Roy Wilkins）、惠特尼·杨（Whitney Young）和 A. 菲利普·伦道夫，他们记载下了人类进步航程上时而艰难攀缘、时而阔步前进的历程。然而，如果没有那些地勤人员的付出，任何争取人类尊严和社会公正的抗争都不会步入轨道。

所以，我认为诺贝尔和平奖是对“地勤人员”的表彰，是对他 *257*
们的工作的奖励。他们是亚拉巴马州蒙哥马利的 50 000 名黑人，他们发现，有尊严地步行比乘坐公共汽车更好；他们是美国各地的学生，他们在餐馆和商店柜台前静坐，其实是为了真正的美国梦能屹立不倒；他们是众多的“自由乘车者”，他们知道公民只有找到了内心的安宁，国家才有希望征服外太空；他们是被谋杀的梅德加·埃弗斯，是为民权事业奉献出生命的三位密西西比烈士，是参与华盛顿游行的千千万万的美国白人与黑人。

最后，我必须说，是那些参与民权运动的可敬的人们获得了这个诺贝尔奖：他们拥有严明的纪律、明智的克制和恢宏的勇气；他们遵循着非暴力思想的指导，在这片国土上寻求建立一个由公正当家、由爱做主的王国。赫伯特·李（Herbert Lee）、芬妮·卢·哈默、梅德加·埃弗斯、查尼、古德曼、施沃纳，以及伯明翰、奥尔巴尼、圣奥古斯丁和萨凡纳（Savannah）成千上万的孩子，他们遭受毒打，锒铛入狱，但他们始终坚信，精神永远比暴力更有力量。这些普通人默默地付出，为我们的民权运动赢得了国际赞誉，即挪威议会授予我们的这个诺贝尔和平奖。

普通大众不会被授予诺贝尔和平奖，他们的名字也鲜少被载入史册。他们是第二次美国革命战争中的无名战士。然而，伴随着时间的流逝，真理即会彰显。当后世回顾我们所生活的这个伟大的时代时，人们会记得，孩子们也会知晓，这片土地之所以更加美好，人们更加友善，文明更加高尚，都是因为这些“地勤人员”让“飞机”飞行在和平友爱的晴朗天空中。12 月 10 日，我将在奥斯陆接受这个意义重大的奖励，这不是为了我个人，而是为了所有默默无闻的幕后工作者。

前去奥斯陆领取诺贝尔奖，我既惶恐又感激。在伦敦、斯德哥尔摩、巴黎以及奥斯陆，大家对我们工作的反响远远超出了我的想象。这些世界闻名的大都市，都对美国的种族不平等表示震惊和反感，但也在一定程度上相信美国能够解决这个问题，能够为世界其他地方指明道路。我请他们相信，这正是我们民权运动的目的所在，也是投身于这一运动的教会、劳工和知识分子的奋斗目标。

258 诺贝尔和平奖赋予了民权斗争以全新的意义。它提醒我们，世

界舆论站在我们这一边。虽然有色人种在美国是少数族裔，但在世界范围内，数十亿有色人口都注视着美国和美国黑人，而美国黑人可以证明有色人种既不是现代社会进步的障碍，也不是社会发展的负担。

北欧国家非常自豪地与我们站在同一条战线上，一起面对世界各地的种族问题。为了实现世界和平友爱而加强国际合作，他们的态度就是对实现这个目标的一种承诺。北欧、非洲和拉丁美洲，都表达了在世界范围内正视种族主义的意愿。一个和平的世界已经初现端倪，黑人们也必须面向世界。贫困和饥饿绝不是纽约哈莱姆区或密西西比三角洲的特有现象，印度、墨西哥、刚果和其他许多国家，与我们面临着基本相同的问题。

自从挪威议会宣布我是 1964 年诺贝尔和平奖得主的那一刻起，请我参加国际和国内活动的邀请便纷至沓来。在前往奥斯陆的途中，我有幸与英国大法官和议会议员们讨论了种族问题。在伦敦，我还参加了一个组织举办的有色人种的联合集会活动，参加者包括西印度群岛人、巴基斯坦人、印度人和非洲人，他们联合起来反抗英国的种族歧视。

> 在美国，为了争取自由和正义，我们经历了漫长而艰巨的斗争，因此，我们对南非更加艰苦卓绝的斗争产生了强烈的共鸣。我们知道，半个世纪以来，非洲人民与其他种族的朋友一起，一直奉行以非暴力的方式去争取自由，我们对卢图利[①]酋长的领导深表钦佩。我们知道，这场非暴力运动遭到了国家日益残酷的暴力镇压，最终导致了沙佩维尔大屠杀[②]以及后来发

---

① 艾伯特·约翰·卢图利（Albert John Lutuli，1898—1967），南非籍政治家。卢图利曾任南非非洲人国民大会（ANC）党主席，领导反对南非白人少数派政府的斗争。他因非暴力反对种族隔离，获得了 1960 年度诺贝尔和平奖。他是获该奖项的第一个非洲人以及欧美以外的第一人。

② 沙佩维尔（Sharpeville）大屠杀发生于 1960 年 3 月 21 日，惨案地点为南非沙佩维尔的一个警察局。南非当局通过《通行证法》后，有五六千群众前往警察局抗议，南非警察朝人群开火，造成 69 人死亡。

生的一系列事件。

259 今天，纳尔逊·曼德拉（Nelson Mandela）和罗伯特·索布克维（Robert Sobukwé）这样伟大的领导人，以及其他数百名革命战士，都被关押在罗宾岛监狱，无法发挥他们的才能。强大的武装，无情的镇压，国家动用酷刑虐待革命者，用刑讯逼供来摧毁人的意志，甚至将人活活逼到自杀的境地。所有这一切看似打击了南非国内的反对派，革命看似陷入了低潮。

当前，南非的广大人民被剥夺了人性的尊严，被褫夺了机会和权利；南非最勇敢、最优秀的人被长期关押，有些人已经被处决。身在美国和英国的我们，对此负有特别的责任。由于美国在南非的投资，由于美国政府的绥靖政策，这才助长了南非的专制暴政，我们对此深感羞愧。

这是责任，也是机会。我们可以用一种非暴力的方式，参与到南非争取自由和正义的斗争中去，这就是非洲领导人所呼吁的大规模经济制裁运动。

“我怀着坚定信念来接受这个奖项”

我们一行人中的大多数是第一次前往斯堪的纳维亚半岛，大家都期待着结交新朋友。我们认为，我们可以从斯堪的那维亚的民主社会主义的传统中，学习到很多东西；并且，他们处理困扰发达国家的社会和经济问题的经验，也值得我们借鉴。以挪威和瑞典而论，它们在经济上不如美国富裕，在技术水平上不如美国发达，但是，它们没有失业，没有贫民窟，所有人都长期享有免费医疗和优质教育。与之形成对比的是，经济富裕的美国反而在这方面步履维艰，停滞不前，这种状况深深地困扰了我。

我带来了许多心怀善意的美国人的美好问候。这些人中既有黑人，也有白人，他们积极投身于建设友爱社会与和平世界的运动中。我代表他们来到奥斯陆，接受诺贝尔和平奖。我确实深感荣幸，能代表非暴力运动来领取诺贝尔和平奖，我保证，这大约

54 000 美元的奖金都将被用于进一步推动这项事业。

> 今天，我怀着对美国社会的坚定信念，怀着对人类未来的勇敢信仰，来接受这个奖项。我不相信，人类无法超越现世人性的弱点，在道德上达到永恒的美好境界；我不相信，人类只能沉浮在生命之河上，终其一生随波逐流；我不相信，人类只能煎熬于种族主义和战争的漫漫长夜，无法企及和平与友爱的破晓黎明。我相信，即便今天炮声轰鸣，子弹穿梭，我们仍然可以期待一个更加美好的明天；我相信，虽然正义遍体鳞伤，躺在我们国家鲜血淋漓的街道上，但它终究可以从这耻辱的尘埃中站立起来，占据人类社会的制高点；我相信，全世界的人都能日有三餐来滋养身体，能以教育和文化来武装思想，能用尊严、平等和自由来丰富精神；我相信，以自我为中心的人已经垮掉，利他之人终于可以屹立不倒；我还相信，总有一天，人类将跪在上帝的祭坛前，因为克服了战争与流血而荣膺加冕，非暴力的救赎善意将一统世界的每个角落；我更相信，我们最终会克服一切困难。这种信念，向我们传递面对不确定未来的勇气，给我们疲惫的双脚注入崭新的力量，让我们大步迈向自由之城。 260
>
> 今天，我深受鼓舞，下决心以更大的热诚献身于人道主义事业。我以受托人的身份来到奥斯陆，谨代表所有热爱和平与友爱的人们接受这个奖项。

我难抑眼中的泪水，思绪在脑海中翻滚。无论我取得怎样的成就，我都永远感激我的家人，以及所有与我并肩战斗的人们的支持。而这些人中，我最感激的还是我的妻子，她让我的生命充满了意义。我能够向她、向千千万万的人做出的承诺就是：我将全力以赴，不辜负她和他们对我的期待；我将加倍努力，成为她和他们的骄傲；我会亲力亲为，完成我肩负的社会责任。

“现在怎么办?”

诺贝尔和平奖是一个值得骄傲的荣誉，但获奖并不意味着我们 261

的民权运动已经进入了“令人满意的阶段”。从奥斯陆回来后，我们没有沾沾自喜，没有沉迷在昨日的辉煌中。相反，我们丝毫没有放松，而是脚步更加踏实，信心更加坚定，意志更加坚决，更相信光明美好的明天一定会到来。

接受1964年的诺贝尔和平奖时，我扪心自问，这一殊荣为何会授予一个仍深陷重围、仍需不懈努力的运动？这个运动，还有层出不穷的风险和危险要去面对；这个运动，还远没有实现世界和平与友爱——而这恰恰是阿尔弗雷德·诺贝尔（Alfred Nobel）伯爵的伟大遗产的精髓所在。

于是，我意识到，这个诺贝尔和平奖不仅是对我们已取得成就的肯定，而且更是一个意义深刻的认可，它认可了非暴力方式——美国黑人的方式——是解决我们这个时代重要政治与道德问题的钥匙。人类不能以压迫和暴力的方式，来解决压迫和暴力的问题。

从奥斯陆回来后，几乎在每个新闻发布会上，我都会被问及一个问题：“现在怎么办？民权运动将去向何方？”当然，我不能代表整个民权运动。民权运动有数名领袖，我只是其中之一；而我担任主席的南方基督教领袖大会，也主要是一个寻求解决南方特定问题的南部组织。

在奥斯陆大学的演讲

全球应对贫困的时代已经到来。富裕国家必须利用其庞大财富，帮助欠发达国家发展起来，帮助未受教育的地方发展教育，帮助饿肚子的人吃饱饭。总而言之，一个伟大的国家应该是一个富有同情心的国家。无论是个人还是国家，如果从不关心“最弱势的人”，那么永远称不上伟大。在我们的宗教传统中深深铭刻着一个信念，那就是：人是依照上帝的样子而造的，他们是具有无限思辨价值的灵魂，他们继承了自尊和自我价值这些宝贵遗产。如果承认这个意义重大的道德事实的话，那么，当我们有能力帮助别人的时候，我们就不能坐视有人忍饥挨饿，有人因为营养不良而饱受折磨。富裕的国家必须全力以赴，来弥合少数富人和大多数穷苦人之间的鸿沟。

1964 年 12 月 11 日

南方基督教领袖大会在北方城市开设办事处，这件事所面临的压力越来越大。自从北方的 10 座城市举行了“争取就业与自由”游行之后，我们做出了一个决定，南方基督教领袖大会的主要行动基地仍然留在美国南部，我们在那里能够最有效地打击种族主义的邪恶根源。然而，尽管如此，我们还是越来越多地参与到了北方的城市问题中来。 262

在另一个层面上，我当前对我所认定的人类三大难题投入了越来越大的关注：世界范围内的种族不平等，贫穷问题，以及战争问题。这些问题看似彼此孤立，毫不相干，但事实上，它们彼此交织，织就了人类共同的命运外衣。

诺贝尔和平奖在世界范围内具有重大的影响力，我要利用这种影响力，将非暴力哲学向全世界人民推广，因为他们也正为解决种族不平等这个古老的问题殚精竭虑。我必须让他们相信，这种武器非常有效，运用这种武器，既可以不伤人而屈人之兵，又可以促人心地高尚。

我发现自己也在越来越多地思考人类的第二大罪恶：贫穷。这个罪恶既现身于印第安纳州，也游荡在印度；既存在于新奥尔良，也出现在新德里。

> 难道大家不觉得，现在已经到了向贫困打响一场全面战争的时候了吗？这场战争不仅要打响在约翰逊总统的“伟大社会”① 的

① 伟大社会（Great Society），或译为“大社会计划”，是在 1960 年代由美国总统林登·约翰逊和民主党同盟提出的一系列国内政策，旨在解决美国贫困人口的生活贫困问题，最终实现美国经济和社会的重大变革。1964 年，约翰逊发表演说，宣称：“美国不仅有机会走向一个富裕和强大的社会，而且有机会走向一个伟大的社会。”由此所提出“伟大社会”的施政方针。该施政计划的目标是，解决富裕的美国社会中日益严重的贫困人口的贫困问题。

> 构想中，而且要打响在贫困徘徊逡巡的每一个城镇村庄里。贫困——特别是美国3 500万人口所遭受的赤贫——是人类意志的可悲赤字。我们似乎对穷苦人群漠不关心，把他们排除在主流社会之外。我们已经接受了他们的默默无闻，而他们一旦想要昭示自己的存在，我们就震怒非常。正如非暴力行动能够暴露出种族不公正的丑陋一样，现在，我们也必须找到一种方法，来暴露和治愈贫困这种社会弊病——不仅是它的症状，而且是它的基本病因。

263 人类面临的第三大罪恶也引起了我的深切关注，那就是战争的罪恶。在奥斯陆，我建议，非暴力哲学和策略应该立即成为一个研究性课题，用以解决人类社会各领域——包括国家关系——存在的冲突。我认为，这并非一个不切实际的建议。

> 通过非暴力手段实现世界和平，这既不荒唐可笑，也并非不切实际。既然所有其他的方法都失败了，那么我们必须开始新的尝试，而非暴力就是一个很好的起点。信奉非暴力方法的人，可以在充满暴力、仇恨和情绪冲动的氛围中，发出自己理智、合理与宽容的声音。在一个有望达成和平的系统中，我们非常善于营造一种和平的氛围。
>
> 世界范围内的种族不平等、贫困、战争——人类只有解决了这三大难题，才能够实现道德与科学的共同进步，而且更重要的是，才能学会和谐相处的生活艺术。

诺贝尔和平奖让我更加坚信，人类会在困境中自我提升，在整个时代向厄运沉沦时，寻找到新生的方向。

在国外旅行时，无论走到哪里，我都会意识到美国的种族问题已经影响到了美国国际形象的完整性。一个戏剧性的可悲证据就是，在诺贝尔和平奖颁奖典礼的当天，奥斯陆报纸的头版就刊登了讽刺密西西比州默尔迪恩市（Meridian）毫无法治、暴行猖獗的漫画。就在民权运动获得诺贝尔和平奖的同一天，密西西比州的一位政府专员驳回了对 19 名男子的指控——他们是因为涉嫌前一年夏天参与谋杀密西西比州 3 名民权选民登记人员，而遭到联邦调查局逮捕的。我相信，必须调动起全美国人民的良知，才能够解决密西西比州的暴力与恐怖肆意横行、正义遭受公然践踏的惨状。我们考虑发起一场全国性的抵制密西西比州产品的运动。

然而，除了抵制之外，当前更为紧迫的任务是让国会表态，清楚地表明，造成密西西比州不公正的根本原因在于剥夺了黑人公民的选举权。1965 年 1 月 4 日星期一，众议院对密西西比代表团在众议院的席位提出质疑。根据 1870 年 2 月 23 日法案的规定，密西西 264
比州重获议会席位的主要条件是，所有在本州居住 6 个月以上（含 6 个月）、无犯罪记录、精神正常的年满 21 岁的公民，都有自由选举的权利。然而，密西西比州多次故意无视 50 多年前与国家签订的这个庄严协议，在国会中继续占据它无权享有的席位。密西西比州的暴力泛滥和缺乏法制的双重悲剧，理应唤醒美国的良知，进而发起对这些非道德行为的道德挑战。

在亚特兰大庆祝晚宴上的讲话

坦率地说，我喜欢身处高山之巅的感觉，也希望能留在这里，过上祥和宁静的生活。但是，内心有一个声音提醒我说，山谷在召唤我，那里充满了痛苦、危险和挫折。我必须回到山谷中去。有人告诉我，对一个人最大的考验不是在他顺风顺水时，而是在他面对挑战、饱受争议的时刻。所以，我必须回到山谷中去，那里虽然有受到蒙蔽的嗜血暴徒，但是，那里也生活着很多黑人孩子，他们成长于自卑的不祥阴云之下，那里还生活着数以千万计的人，由于经济匮乏和社会隔离，他们已经丧失了希望，生活之路对他们来讲，只是一条没有出口的漫长荒芜的走廊。我必须回到山谷中去，那里有亚拉巴马州和密西西比州的千千万万黑人，他们被侮辱，遭恐吓，甚至可能因为登记投票而丧命。我必须回到山谷中去，它们遍布南方地域和北方的大城市中，那里挤满了千千万万的白人和黑人兄弟，他们虽然生活在这个富裕的社会中，却被困在扼喉的贫穷铁笼之中。

1965 年 1 月 27 日

第 25 章

马尔科姆·X

他能言善辩，长于表达，任何人都能感觉到他对解决我们当前 265
面临的种族问题怀有满腔的热情。虽然我们在处理种族问题上的很多观点并不一致，但我对马尔科姆·X[1] 怀有深厚的感情，相信他能发现问题，并有能力探寻出问题的症结所在。

1964 年 3 月 26 日

在美国参议院记者招待会后，金与马尔科姆·X 简短会面

1965 年 2 月 5 日

柯丽塔·斯科特·金与马尔科姆·X 在亚拉巴马州的塞尔玛市（Selma）会面

2 月 21 日

马尔科姆·X 在哈勒姆（Harlem）遇刺身亡

我曾经与马尔科姆·X 在华盛顿见过一面，但当时时间有限，我们的交流前后还不到一分钟。

他是个能言善辩的人，但是，在许多政治和哲学问题上，

① 马尔科姆·X（Malcolm X，1925—1965）是一个非洲裔穆斯林人权活动家，是与马丁·路德·金同时期的著名黑人运动领袖，是历史上最具影响力的非洲裔美国人之一。如果说马丁·路德·金是非暴力倡导者的话，那么马尔科姆就是反非暴力主义者。马尔科姆于 1925 年出生在美国佐治亚州的一个黑人牧师家庭，原名马尔科姆·列特尔。据说，他认为“列特尔”这个姓是美国白人强加给他的祖宗的，绝不是他们非洲人的原姓，但至于原姓是什么却是个未知数，所以只好名之为 X。

> 我完全不赞同他的观点——至少是我所理解的他的观点。我并不想让别人觉得我自以为是，我是绝对标准，或者好像只有我掌握着唯一真理。他或许确实找到了某些问题的答案，其实，我只是希望他能少鼓吹些暴力，因为暴力无法解决我们的问题。而且，他列举出了黑人面临的种种绝望处境，却提供不出积极的、富有创造性的解决方案来，这让我觉得马尔科姆的做法不但损害了他本人，而且给我们的人民帮了一个大大的倒忙。他在阴暗肮脏的贫民窟里，发表着言辞激烈的煽动性演说，鼓动黑人武装起来，准备暴力反抗。他这么做的后果，除了悲痛，注定一无所获。
>
> *266* 发动暴力革命，我们势必寡不敌众。待暴力革命结束后，黑人面临的状况不会有丝毫改变，生活环境还是那样脏乱，生活物资仍然那样匮乏，唯一的不同是，黑人的处境会更加艰难，对手的伎俩会更加卑鄙。因此，无论是出于实际操作的考虑，还是从道德层面上分析，美国黑人除了采取非暴力抗议的方式外，别无其他明智选择。

我在纽约时，有人朝我扔鸡蛋，我认为，这应该是黑人民族主义组织鼓动的结果。他们了解我主张以温和方式解决问题，知道我有关爱的言论，于是，他们就把对白人的痛恨转移到了我身上。他们无法理解，我居然主张让他们去爱他们满心痛恨的人。我知道，马尔科姆在此前一天的一个集会上谈论起了我，谈了很多。他告诉他们，我明天晚上也会在纽约。他建议说：“你们应该到他那去，让那个老金知道你们心里是怎么看他的。”有关非暴力，他也谈了不少。他批评非暴力，认为我就是听任黑人群众被狗咬，被高压水龙冲伤。我觉得，这个想法与那种认为我是有教养的汤姆叔叔的论调如出一辙。

我认为，他们从来没有真正理解我的观点，也看不出逆来顺受的不抵抗和非暴力抵抗之间的巨大区别。我当然不是说让你坐下来，忍气吞声地忍受不公正；相反，我所说的是一股非常强大的力量，秉持着这股力量，你就有勇气面对整个邪恶的制度。你绝对不是一个懦夫，你在实实在在地抵抗着，同时，你心里清楚，无论是在战术上还是在道德上，非暴力抵抗都处于更加有利的位置。即便不考虑道德因素，对黑人大谈特谈暴力抵抗本身也是不切实际的。

然而，我觉得我们也应该清楚，马尔科姆・X 本人就是一个绝望情绪的受害者，是这个把黑人当成“人下人”的社会制度的产物。如果你和我一样，热衷于谴责这种社会哲学，那么你也该以同样的力度，去控诉那些造成种族不平等、社会压迫和非人道的现实社会条件。

“仇恨和暴力的产物”

暴力与反暴力的可怕梦魇，是美国黑人历史上最令人心痛的污 *267*
点之一。人类为了在严酷的环境下谋求生存，有时要采取主动进攻的方式，从很多方面来看，暴力与非暴力的这种冲突就是不合时宜的主动进攻的典型表现。

曾几何时，二等公民的挫败感和耻辱地位让我们盲目地彼此敌视，反而忽视了造成这种困境的真正原因。可悲可叹的是，那些明明白白把白人看成罪恶之源的人，现在却将精力花在了自我毁灭上。

作为公众人物的马尔科姆・X 能够脱颖而出，部分缘于那部叫作《冤冤相报》（The Hate That Hate Produced）的电视纪录片。这个标题恰是马尔科姆本人命运的真实写照。很显然，马尔科姆是仇恨与暴力的产物，这仇恨来源于美国黑人破灭的存在感。他与我们中的许多人一样，是绝望情绪的受害者，而无可否认地，这种绝望衍生于吞噬着千千万万黑人的种族压迫、生活贫苦和社会不公。在马尔科姆的青年时代，他寻找不到希望，也没有人向他布道，给他教导，更没有非暴力运动可以追随。对于马科斯・加维①领导的

---

① 马科斯・加维（Marcus Garvey，1887—1940）是 20 世纪初著名牙买加政治家、出版者、记者、创业家及演说家，是世界黑人进步协会（Universal Negro Improvement Association and African Communities League，UNIA-ACL）的创办者。他是一名黑人民族主义者与泛非主义者，所创建的世界黑人进步协会在世界范围内产生了巨大影响力，分支机构最多时达到 30 多个，分布在美国和加勒比国家。他鼓吹黑人重返非洲，激发黑人的种族自豪感。他凭借着杰出的演讲能力，赢得了中下层黑人的拥护。

运动来讲，他太年轻了；对于共产主义者来说，他又太贫穷了——共产主义者的工作重心大多针对黑人知识分子和工人，而他们没有意识到，最广大的黑人群众既不是知识分子，也不是工人。但是，马尔科姆与生俱来的聪明才智和胆识魄力，敦促他去探寻出路，去寻找表达途径。他首先转向了黑社会，但是，这颗充满活力的头脑并没有就此停止对意义的追寻。马尔科姆思想深邃，理论体系完整，这使得他不可能满足于只成为黑社会的沙皇。他一次又一次地转向宗教，来探寻意义和命运，就在惨遭暗杀之际，他仍处于成长和转变的阶段。

268 马尔科姆来到亚拉巴马州的塞尔玛市的时候，我正在监狱中。由于我的哲学与马尔科姆·X的学说完全针锋相对，所以当我们在塞尔玛举行非暴力抗议时，我是不会邀请马尔科姆来塞尔玛的，当然，我也不能阻止他的到来。但是，这丝毫不影响我对他个人的敬意。

在塞尔玛期间，马尔科姆详细地向我的妻子柯丽塔讲述了他的个人奋斗经历，还表达了与非暴力运动更加紧密地合作的意愿。但是，他最终还是没能放弃暴力，无法克服生活苦难带给他的阴影。还有迹象表明，他对以政治途径解决黑人问题表示过兴趣。所有这些都说明，马尔科姆是一个充满热情的人，他正积极地发挥自己的才能，寻求解决社会问题的方案。

然而，历史并未如人所愿。设想一下，一个人在某种社会制度下饱受生活的折磨——祖母被蹂躏，父亲被谋杀——显然，让这个人全盘接受这种社会秩序，心甘情愿地融入其中，绝非易事。所以，马尔科姆不得不像一个局外人一样，在这种制度中活过，然后在这种制度中死去。他催生了暴力，到头来自己又成了这种暴力的受害者。暴力在马尔科姆短暂而辉煌的一生中，从来不曾离开过他。

马尔科姆·X遇刺是一个不幸的悲剧。这噩梦般的悲剧告诉我们，暴力和仇恨只能滋生暴力和仇恨，耶稣的话是说给每一个与彼得一样的人的："收刀入鞘吧。"当然，我们仍然要继续表达不满和诉求，但是，我们不要动辄诉诸暴力。我们仍然要忍受痛苦的折磨，但我们也要明白，仇恨是如此之沉重，它对于一个走向命运之约的民族来说，是一个难以承受的巨大包袱。

美国黑人经不起再失去领袖了。有领导才能的人原本就凤毛麟角，我们再也承受不起他们在大展宏图之前，就毁在嫉妒、贪婪和集团内部斗争之中。恰如刚果共和国失去帕特里斯·卢蒙巴[①]一样，马尔科姆·X 的离去也夺走了我们黑人中的一个大有前途的卓越领导人。尽管我并不完全赞同他们两个人的观点，但是，我十分钦佩他们身上初露端倪的领导才能。他们在政治判断力与政治家素质方面，正在大步走向成熟。

我认为，更加让人感到痛心的是，马尔科姆遇刺的时刻正是他重新审视自己的哲学思想的时刻。当时，他有意愿更加深入地了解非暴力运动，他对白人的态度也渐趋宽容。 269

我想，我们每个人都应该从这个悲剧中学习到一个教训：暴力是行不通的。现在，我们要比以往任何时候都更加坚持非暴力行动原则，以此为途径，来实现全社会的公正和博爱。我们若要生存下去，就要将仇恨和暴力打入无底的地狱。

从真正意义上说，黑人民族主义思想的壮大，反映出了广大黑人群众内心深处的惶恐、不满和沮丧，这种情绪是长期以来种族歧视的后果。黑人民族主义是力图摆脱这一困境的一条出路，但是，它的出发点不切实际，是片面的、狭隘的。有关这一点，我在公开场合和私下里都给予过谴责。我认为，它只是以黑人至上的霸权主义取代了白人至上的霸权主义。我一向主张，作为一个种族，我们的目标绝对不是寻求从低人一等转变为高人一等。我们应该志在创造一个道德平等的社会，在这个社会中，人人都享有民主，人与人之间充满友爱。

---

①　帕特里斯·卢蒙巴（Patrice Lumumba，1925—1961），非洲政治家，刚果共和国的缔造者之一。刚果共和国首任总理（1960），1961 年 1 月 17 日或 18 日被杀害于加丹加。

第 26 章

塞尔玛

270 1965 年的工作重点是选举权问题，运动地点是亚拉巴马州的赛尔玛市。塞尔玛黑人被剥夺选举权的状况，在黑人占人口大多数的南方“黑带”[①] 地区，非常具有典型性。

1965 年 2 月 1 日
在亚拉巴马州的塞尔玛市爆发了争取选举权的游行，金与其他 200 多人被捕入狱
2 月 26 日
吉米·李·杰克逊（Jimmie Lee Jackson）在亚拉巴马州马里昂示威期间，被警察枪杀
3 月 7 日
争取选举权的游行者在埃德蒙（Edmund）佩图斯桥（Pettus Bridge）遭到殴打

① 黑带（Black Belt）最初指美国亚拉巴马及密西西比河沿岸棉花产区里土质丰富的黑色表层土壤。19 世纪时，该术语开始具有其他延伸意义，该地区以棉花种植业为主，种植园劳力主要是被奴役的非洲裔美国黑人，这导致黑人占据了这些地区中人口的大多数。在吉姆·克劳法时代，白人精英阶层控制着这一地区的政治格局。与其他南方各州一样，亚拉巴马州立法机构通过了法律，为选民登记设置了重重障碍，基本上剥夺了大多数黑人和许多贫穷白人的权利。另外，社会学意义上的“黑带”指的是美国南方更宽泛的一个区域，以佐治亚州、亚拉巴马州、密西西比州和路易斯安那州的黑土带为中心，从特拉华州延伸到得克萨斯州。

3 月 11 日

詹姆斯·里布（James Reeb）牧师被白人种族主义者殴打致死

3 月 25 日

从塞尔玛前往蒙哥马利的游行结束，金发表演讲；数小时后，维奥拉·格蕾格·柳佐（Viola Gregg Liuzzo）在运送游行者返回塞尔玛的途中，被三 K 党党徒杀害

1964 年 12 月从斯堪的纳维亚返回途中，我顺道拜访了约翰逊总统。我们讨论了很多问题，最后，我们谈到了选举权问题。他说："马丁，你说得对，我最终会办理这件事的，但是，要在本届国会讨论中就通过选举权法案，目前我还做不到。现在，为了实现我的'伟大社会'规划，我手头还有其他几个法案亟待通过。我认为，从长远来看，这些法案和选举权法案一样，也会对黑人大有帮助，还是让我们一个一个来吧。"

我说："您知道，要解决我们提出的其他问题，政治改革是十分必要的。" 271

"目前，我还没办法让这项选举权法案获得通过，"他说，"因为我需要南方各州的选票，只有这样，其他几个法案才能获得通过。如果我现在就提出选举权法案，他们很有可能就会全盘否定所有的规划，所以现在提出这个问题，从政治上讲既不明智，时机也不恰当。"

我离开时只说了一句："那好吧，我们都尽力而为吧。"

我离开了奥斯陆和白宫，两个星期后，与拉尔夫·阿伯内西和其他同事一起来到了亚拉巴马州的塞尔玛市，从之前所站立的山巅回到了山谷。接下来，赛尔玛的局势发生了某些变化。三个月后，那位曾在办公室告诉我现在无法通过选举权法案的约翰逊总统，在电视上呼吁"我们要战胜一切"，并积极寻求国会通过选举权法案。两个月后，该法案得以通过。

总统说现在还办不到，而我们发起了一场运动。

“剥夺选举权的丑恶行径”

1965年亚拉巴马州的塞尔玛恰似1963年的伯明翰。选举权问题已经取代了公共设施问题，成为黑人群众的主要关注点。他们渴望在阳光下拥有一席之地，渴望为自己的命运做主。

在塞尔玛，成千上万的黑人勇敢地站出来，揭露了种族邪恶势力如何阻止他们走向投票箱，赤裸裸地向美国人民、向全世界人民，展示出种族隔离主义者顽固抵抗的本质。这些剥夺选举权的丑恶行径，在亚拉巴马州、路易斯安那州、密西西比州和其他南方诸州的成千上万的黑人社区内上演，其龌龊手段大同小异。

他们的阻挠方式主要有以下四种：

第一种，由市镇和当地政府的当权人物，如塞尔玛市的吉姆·克拉克（Jim Clark）警长和密西西比州费城的雷尼（Rainey）警
272 长，对该地区进行盖世太保式控制。这些人物权势熏天，手段残暴，他们的权力背后大有文章。枪支、棍棒、赶牛棒，这些武器合力营造出一种恐怖气氛，形成了阻止黑人投票的主要心理障碍。这是长达345年的奴隶制和种族隔离制度残酷压迫的结果，也是深植于黑人种族自卑感中的恐惧。

第二种，颁布城市法令，阻挠黑人统一行动。他们颁布了所谓的集会法和当地法律，赋予当地政府官员以监督和解散公共集会的权利。而这些律令的目的就是阻止黑人集体行动，反抗不公正待遇。这些法令都公然藐视和违抗了美国宪法第一修正案。

多年来，黑人饱受恐吓之苦，他们已经意识到唯一的救赎方式是团结起来，联合行动。如果一个黑人起来反抗，他势必被驱逐出当地；而如果一千个黑人同时揭竿而起，局势必将发生天翻地覆的变化。

将黑人禁锢在奴隶状态的第三种方式是拖延登记，缩短登记办公室的办公时间。例如，在塞尔玛及周边的达拉斯县（Dallas），在15 000名有投票资格的黑人当中，完成选民登记的黑人人数不到

350 人。因此，任何限制黑人登记注册的行为，都必须遭到抗议。

剥夺黑人公民选举权的第四种方式是举行文化测试。这个测试设计得难度很大，司法部已经查明，很多县的测试操作都有失公允。

很显然，选举权的核心问题在于，执行这项基本权利的国家机器，掌握在那些由各州政府委任的官员手中，而这些官员只听命于某些人。他们相信，只要黑人没有选举权，他们就可以继续在南方为所欲为。所以，无论联邦政府已经堵塞了多少漏洞，揭露了多少违规行为，有一点很清楚，联邦政府必须撤回各州的官吏任免权，或者，必须建立起一套行之有效的监管机制。

1957 年、1960 年和 1964 年民权法案的权宜性改革，对改善黑人选举权状况有所帮助。但政府在选举权问题上的拖宕由来已久，给黑人造成的伤害根深蒂固，他们再也受不了这种缓慢推进、零敲碎打的速度，他们需要在 1965 年的国会会议上通过新的选举权法案。

在詹姆斯·贝维尔（James Bevel）牧师的领导下，我们的非暴 273
力直接行动委员会决定，通过组织一次争取黑人选举权的运动，向亚拉巴马州和南方的核心政治结构发起进攻。1964 年 12 月 17 日，赛尔玛选民登记运动开始规划，而项目实际启动于 1965 年 1 月 2 日。我们的分支机构——达拉斯县选民联盟（Dallas County Voters League），邀请我们协助更多黑人获得选民登记资格。我们计划在“自由日”向社会发出号召，而选择在这样的时间举行活动，既是测试也是挑战。我们决定，在县和州指定为登记日的那几天里，在非洲卫理公会主教教堂布朗小教堂（Brown Chapel A. M. E. Church）集会，一起步行前往法院。这次集会中，共有 3 000 多人在塞尔玛和马里昂被捕，我也是在前往法院的途中被捕的。

“塞尔玛监狱”

当挪威国王将诺贝尔和平奖颁发给我时，他一定想不到 60 天后我就又被捕入狱了，他也并不了解美国南方还有许多未尽之事。数百名黑人被投入监狱，亚拉巴马州塞尔玛市的这一举动充分地向全美国以及全世界，暴露出它坚持种族隔离的顽固不化的丑恶嘴脸。

1964 年民权法案通过后，许多正直的美国人不禁有些沾沾自喜，以为艰苦斗争的日子已经过去了。但是事实上，对赛尔玛黑人而言，姑且不论选举权问题，只说在这里要做一个起码的人，也并非易事。有记者询问赛尔玛市的吉姆·克拉克警长某个女被告是否结婚了，他回答说："她就是一个女黑鬼，名字上根本不配加什么'小姐'或'夫人'。"

这就是 1965 年的美国。我们坐牢就是因为我们不能忍受这种事情发生在自己身上，发生在我们这个国度。很显然，当前迫切需要的是完善联邦立法，进一步确保法律措施的落实，最终扫除阻挠黑人行使选举权的所有障碍。

发自塞尔玛监狱的行动指示

274 为确保全美对塞尔玛局势的关注，请完成以下工作：

1. 乔·洛厄里（Joe Lowery）：打电话给佛罗里达州州长勒罗伊·科林斯（Leroy Collins），敦促他亲临塞尔玛，与市县当局讨论如何加快选民登记速度和延长登记时间。

2. 沃尔特·福特罗伊（Walter Fauntroy）：继续建议一个国会代表团亲临赛尔玛进行调查。如果他们来了，要求他们在群众集会上露面。

3. 洛厄里通过李·怀特（Lee White）：打电话给约翰逊总统，请他以某种方式进行干预（派私人特使前来塞尔玛，让司法部介入，或者在新闻发布会上向达拉斯和塞尔玛当局提出呼吁）。

4. 查克·琼斯（Chuck Jones）：如果托马斯（Thomas）法官拒绝发布禁止令来制止逮捕和加快登记速度，请敦促我们的律师前往第五巡回法院提请上诉。

5. 伯纳德·拉法耶特（Bernard Lafayette）：保证本周内每

一天都开展某些活动。

6. 考虑在市立监狱前组织一次夜间游行，抗议我本人的被捕；再组织一次前往法院的游行，让克拉克警长现出真面目。

7. 想办法让老师们参与到游行中来。

8. 克拉伦斯·琼斯（Clarence Jones）：立即着手为被捕的行动核心人员缴纳保释金。

9. 亚特兰大办事处：打电话给 C. T. 维维安（C. T. Vivian），如果其他工作人员遭遇不测，让他从加利福尼亚州赶回来。

…………

12. 塞尔玛的一位地方编辑给总统发了一封电报，要求国会委员会出面讨论塞尔玛的情况。我们应该响应这一呼吁。无论如何，我们不能让塞尔玛当局先发制人。我感觉，他们试图给人造成一种塞尔玛秩序井然、他们已经在公共设施方面实行了种族融合、塞尔玛已经实现了和谐社会的假象。我们必须坚持，选举权问题是当前的关键问题，在塞尔玛有人暗中破坏。我们绝不能软弱，要掌握住主动，不能让贝克（Baker）牵着鼻子走。要随机应变，处理好突发事件。

13. 请拉尔夫给萨米·戴弗士（Sammy Davis）打电话，要求他在亚特兰大组织一个礼拜日慈善活动，为亚拉巴马州的运动筹款。我发现，如果我被捕或身处险境，大家捐款就会更踊跃一些。

1965 年 2 月

我向新闻界宣读了一份简短的声明，来阐明我们的行动目标： 275

在过去的一个月里，塞尔玛市和达拉斯县的数百名黑人公民，一直在为争取选民登记而努力。截至目前只有 57 人走进了登记处，与此同时，却有 280 人遭到监禁。在这 57 人中，还没有一个人收到登记成功的通知，我们对他们最终成功登记也不抱任何希望。登记注册的文化测试难度太大，难到简直荒

> 谬，某些问题可能连首席大法官沃伦本人都回答不出来。
>
> 在过去的一年里，黑人们遭到了克拉克警长及其爪牙们的肆意殴打，丢掉了工作，同时，还遭受着缓慢的注册程序和困难的文化测试的刁难折磨，而这一切都是因为他们想要投票。
>
> 现在，我们呼吁，必须停止这些不公正。种族主义者为了自身的利益，肆意藐视和糟蹋国家的民主进程，对此，有良知的美国人不能袖手旁观。我们的国家曾经在世界范围内，向极权主义宣战；今天，我们要向约翰逊总统、华莱士州长、最高法院和这个伟大国家的国会发出呼吁，我们要向自己国土上的种族压迫和专制主义宣战。
>
> 如果黑人拥有了选举权，就不会有吉姆·克拉克警长之流把持权力，也不会到处充斥着黑人贫困。黑人孩子不会因为种族隔离学校而无法健康成长，整个社会也才可能和睦相处。
>
> 我们的目标就是：向蛊惑民心的政客丑行宣战。全社会都要参与到这次抗议活动中来，我们会坚持不懈，直到选举程序得到改变，直到民主成为现实。

2月5日星期五，我离开了塞尔玛监狱，向外界宣布将乘飞机前往华盛顿。星期二下午，我与新成立的机会均等委员会（Council for Equal Opportunity）时任主席、副总统休伯特·H. 汉弗莱（Hubert H. Humphrey），以及司法部部长尼古拉斯·卡森巴赫（Nicholas Katzenbach）会了面。我和同事们向副总统和司法部部长表明，我们坚信所有公民都必须自由拥有投票的权利和责任，不应该因此受到任何刁难、经济恐吓以及警察粗暴无理的对待。

276 我指出，这几年来，虽然一些南方州在黑人选民登记方面取得了某种进展，但还有一些州自1957年之后，又制定了一系列严重妨碍公正选举的法令，来阻挠黑人选民登记。约翰逊总统在最近一次的新闻发布会上指出，“拖延黑人选民登记速度”是另一种邪恶手段。发生在塞尔玛的种种恶劣事件，就生动说明了这种慢如蜗牛的速度。如果按照这个速度进展下去，那么所有符合条件的黑人选民完成登记，大概还需要一百年。

塞尔玛监狱里的黑人，远远多于登记投票的黑人。这种缓慢无比的速度并非偶然，而是精心策划和政治运作的结果，其目的就是竭尽各种伎俩和策略来维持南方白人们的政治特权。我强调指出，选举权问题根本无法通过现有的东拼西凑的法律条文来解决，我们需要确定一个基本的法律程序，来确保在南方实现黑人选民登记不受延误或阻挠。我明确表示，1957 年、1960 年和 1964 年的民权法案中有关选举的部分，不足以确保南方许多关键地区黑人的选举权。

我向汉弗莱先生和卡森巴赫部长表示说，我很高兴看到司法部已经考虑就选举权立法。约翰逊总统曾在国情咨文中提到，“我提议要为选举权和选举扫除一切障碍”，而选举权立法恰可以把这一提议切实落到实处。

我还请求司法部部长发布一道禁令，免于对塞尔玛的 3 000 多名黑人提起诉讼。因为一旦提起公诉，他们就要在行使法律赋予的选举权之前，花上几年时间和不少金钱，去应付这场令人沮丧的官司。另外，鉴于现有法律法规之不足，我请求副总统和司法部部长在行政立法程序中增加新的规定，以确保无论是司法部部长还是平民百姓，都能够避免貌似公正的州法院在执法时的迫害和延误。

在一次与政府高层人物——与会者有约翰逊总统、汉弗莱副总 277
统、卡森巴赫部长，以及佛罗里达州州长兼新成立的社会关系服务委员会（Community Relations Service）主席勒罗伊·科林斯——的会面中，我促请政府拿出一个选举权议案，来确保选举权能不受延误和骚扰地顺利实现。

“引发对抗的事件”

就在我们全身心投入亚拉巴马州塞尔玛黑人争取选举权的斗争时，有报道称，我和亚拉巴马州官方政府与联邦政府之间达成了某种“微妙的共识”，来规避计划于 3 月 9 日星期二举行的向蒙哥马利进军的游行。

新闻报道显示出，我反对州政府禁令的一份请愿声明被断章取义地解读为我与联邦政府串通一气，压制白人牧师和黑人的愤慨情绪。事实被肆意歪曲，这令我十分苦恼。为了澄清事实，我想要在此简单陈述一下发生在塞尔玛佩图斯桥的引发游行队伍和亚拉巴马州警察之间的对抗的事件以及随后我们和平返回的情况。

与其他地方一样，赛尔玛示威活动的目的是将客观存在的不义凸显出来，并以非暴力的手段呼吁公正。多年的运动经验表明，要实现这个目标，黑人运动要具备以下四个条件：

1. 非暴力示威者走上街头，行使宪法赋予他们的权利；

2. 种族主义者以暴力手段镇压非暴力示威者；

3. 有良知的美国人以正义之名，要求联邦政府干预和立法；

4. 政府迫于舆论压力，启动紧急干预措施，实施补救性立法。

事实上，这一过程从来没有简简单单或风平浪静地实现过。每当非暴力抗议遭到地方当局的阻挠、恐吓或残酷镇压时，联邦政府从来都是先要求黑人停止抗议，不要上街，而不是对那些实施暴力
278 犯罪的人施加压力。我们总是坚决拒绝联邦政府的这种要求，并依靠我们的盟友——数千万美国民众——来给联邦政府施压，迫使它采取措施保护我们。我们的一贯立场是，黑人获得充分自由和平等这个问题只有一个答案——行或不行，在这个问题上，联邦政府不能采取中间道路。

在诸多的非暴力直接行动中，一直有人提醒我们，这种非暴力很可能招致暴力；在塞尔玛行动中，我们也得到了同样的忠告。其实，在非暴力直接行动中，我们经常左右为难，处境艰险：由于有些人对我们的示威游行心怀敌意，他们很有可能做出违法的事情来，所以，我们必须非常谨慎，确保非暴力直接行动不会被误解为挑衅行为，或者招致暴力。因此，在制订计划时，我们必须详细研究每一种情况，评估对手的实力和行事风格，还要考虑到任何可能影响战术细节的因素。尽管如此，但每当发起一次游行时，我们还是无法预知它会终止于哪里，结束于何时。

那么，这些考量因素在我们计划从塞尔玛到蒙哥马利的游行

时，是怎样具体体现的呢？

我的同事和朋友一直很担心我的人身安全。鉴于最近死亡威胁频发，他们中的许多人都劝说我不要参加星期天的游行，担心我出现在游行队伍里可能招来刺杀袭击。但扪心自问，我不能按照他们的话去做，即便面临人身危险，我还是决定领导星期天的游行，并为此做了准备工作。

通常，我在安排活动日程时，也必须考虑到我的牧师职责。生活中总是有猝不及防的紧急状况发生，这使得我不得不频繁缺席教堂的布道，我常常对此左右为难。我已经连着两个礼拜日没有亲自在教堂讲道了，我觉得我必须去见见我的教友们了。所以，那天的日程是这样安排的：晨祈结束后，我乘坐包机前往蒙哥马利，带领游行队伍离开塞尔玛，花上三四个小时参加讨论演讲，然后再次乘坐包机返回亚特兰大，来主持晚上七点半在教堂举行的星期天圣餐礼拜。

华莱士州长禁止游行的命令发布时，我和大多数同事都认为， 279
州警察最多是将所有参加游行的人关进监狱；我们怎样也没有想到，他们会用如此残酷的手段来镇压游行[①]。我曾想过，如果我在星期天被捕了，我就不能赶回亚特兰大，在埃比尼泽教堂主持晚礼拜和洗礼仪式了。因此，当同事们劝我留在亚特兰大带领星期一上午的游行时，我同意了。我是准备在星期一被捕的，这样就不会耽误星期天我在教会的工作了。我但凡知道一点州警察会使出如此残暴的手段，我都会毫不犹豫地放下教会工作，站在游行队伍的最前列。事态的发展出乎所有人的意料。我们曾以为，就在两个星期以

---

① 指 1965 年 3 月 7 日星期天，全副武装的亚拉巴马州警察在赛尔玛的佩图斯桥上，袭击了计划步行前往蒙哥马利的和平民权示威者，这起事件被称为“血腥星期天”。由于佩图斯桥的拱形设计，抗议者在桥西侧时无法看到桥东侧的武装布置，他们一直走到了桥中心才看到警察。但是，尽管前方存在警察暴力危险，抗议者仍然继续前进，遭到了等候于此的警察的袭击和殴打。在冲突中，总共有 17 名游行者入院治疗，50 人受轻伤。游行者惨遭毒打的场面，通过报纸和电视等媒介传播到了美国和世界各地，激起了人们对塞尔玛黑人争取选举权运动的支持。

前，连保守的亚拉巴马州报纸也对州警察的野蛮行径进行了严厉的批评，他们应该不会再次使用暴力。

3月7日星期天，非暴力示威者遭到了警察的镇压，我为自己没有和他们站在一起而感到无限自责，那种痛苦我永远无法忘记。因此我决定，我必须在接下来的星期二亲自领导一次游行，于是，我在星期一进行了游行动员。

3月9日星期二的游行反映出了我们经常面临的两难困境。就当时的状况而言，不再组织一次游行是不可想象的，然而，游行队伍能行进到蒙哥马利，还是最多只能到达塞尔玛市内的某个地点就被阻止，我们事先都不得而知。唯一可以确定的是，我们必须行动起来，这样才能让全部美国人都看到我们对抗不公正的决心。

接下来的问题是：这次对抗是否一定要诉诸暴力？对这个问题权衡利弊、判断后果的重任，落在了民权领袖的肩上。在这个问题上很容易走极端。一方面，大胆冒进很有可能造成人命关天的严重后果，也可能导致朋友和支持者觉得我们缺乏责任感，从而对我们失去信心；另一方面，如果为了避免直接冲突而不游行或只是象征性游行，也未必就能保证不发生暴力事件。

280 3月9日星期二，蒙哥马利联邦地区法院的弗兰克·M.约翰逊法官发布了一项命令，禁止我和塞尔玛非暴力争取选举权运动的领导人向蒙哥马利和平游行。约翰逊法官发布的禁令让我们所有人都大失所望，气愤难抑。我觉得，这个禁令将我们置于一个非常尴尬的境地，这就好比谴责一个遭到抢劫的人。对此，我做出了我经历过的最艰难的决定之一：一方面要控制好一触即发的局势，另一方面还要不违抗联邦地区法院的命令。我们只好寻求亚拉巴马州的联邦司法程序的帮助，以防止我们旨在扩大黑人在整个“黑带”地区选举权的运动遭到非法干预。

我咨询了我的个人律师，还与赛尔玛和其他地区的几个信得过的顾问一起讨论了应该采取的行动方针。有消息说，亚拉巴马州警察部队以及吉姆·克拉克警长所辖的地方武装力量，在塞尔玛80号高速公路上的佩图斯桥脚下荷枪实弹，等待着游行队伍的到来。我想到了联邦司法机构对黑人权利的保护，还考虑到了数百名神职人员和其他心怀善意的人来到塞尔玛，想要参加我们组织的向蒙哥马利进发的游行，与我一起见证这一正义的事业。虑及这些因素，我决定，我们按计划行事。我将领导着这支游行队伍，直面不公正，向我的同胞以及全世界表明我们争取选举权与自由的决心。

正当我和同事们忙于游行前的准备工作时，负责社会关系委员会的柯林斯（Collins）州长和民权事务部执行助理检察官约翰·杜尔（John Doar）来见我，劝我放弃游行的计划。

柯林斯州长肯定并重申了约翰逊总统关于实现所有人——无论其种族、肤色和信仰——完全平等的决心，以及确保每个符合条件的人都能够履行选举权的承诺。他提到，现在情况紧急，如果星期天的事件再次上演，那么美国的国家形象必然受到玷污。因而，他强烈地敦促我们取消游行。我认真听取了杜尔先生和柯林斯州长的意见后，说道："我认为，你们应该要求警察不要对我们野蛮动武，而不是要求我们不游行，因为我们的游行势在必行。"我真心实意地向他们解释了，为什么我认为有必要在 80 号公路上与不公正势力正面对峙。我感到，我对这个运动、对这个国家、对民主的健康发展——最重要的是对非暴力哲学——负有道义上的责任，我要确保这次游行以和平方式进行。否则，长期压抑的情绪一旦爆发出来，势必造成报复性的暴力行为。柯林斯州长也意识到，我们举行游行的决心已定。他离开房间时说道，他会竭尽全力阻止州警察动用暴力。 *281*

> 此时此地，我对你们说，我宁愿死在亚拉巴马的高速公路上，也不愿良心受到折磨。我对你们说，游行的时候一定不要慌乱，请记住，我们的行动必须保持完全的非暴力。我要求这里的每个人：如果你做不到非暴力，请不要参加这个游行；如果你做不到打不还手，请不要参加这个游行。如果你能够做到非暴力，你就是以某种方式挽救了这个国家；如果你能够做到非暴力，你就让警察因为它的暴虐而双手沾满了鲜血；如果你

> 能够做到非暴力，你就为改变亚拉巴马做出了自己的贡献。

我们的游行队伍即将出发，柯林斯州长匆匆赶来，对我说他觉得不会出什么问题了。他递给了我一张小纸条，上面指示出一条路线，我觉得这应该是赛尔玛公共安全负责人贝克先生希望我们行进的路线。这条路线与上个星期天的游行路线完全一致。媒体对这个细节进行了报道，给人造成的印象似乎是我和柯林斯州长曾坐下来协商，达成了某些妥协。但事实上，柯林斯州长和我之间除了上面提到的讨论，并没有任何其他交流或协议。我执意坚持游行，尽管许多人都担心这么做会违反法院禁令，更何况这个禁令还是由南方
282 最强硬、最出色的法官之一颁布的。我觉得，游行队伍至少要行进到警察对我们动武的时候，即便这意味着再次发生暴力冲突、逮捕甚至死亡。身为一个非暴力思想的倡导者，我并不主张游行队伍冲破警察人墙的做法。尽管我们迫切希望能游行到蒙哥马利，但在出发前我们就已经得知，游行队伍不可能越过佩图斯桥上的人墙。这并不是说我们不想前往蒙哥马利，而是由于对非暴力思想的承诺，我们知道在这种情况下，队伍无法继续前行。

我们找到了一条中间路线。游行队伍将一直前行到 80 号公路上肩并肩的警察人墙前，直面警察，直到他们明确要对我们动用武力了，队伍再停下来。队伍停下来，是因为我们的目的已经达到了，也就是揭发了警察仍在持续使用暴力。

3 月 11 日，我得到了一个令人震惊的消息，詹姆斯·里布牧师去世了，他是在塞尔玛遭到了残暴殴打而致死的。那帮人也曾不断地找我们的麻烦，趁着夜色干出一些卑鄙的勾当。他们去了步行者咖啡馆，尾随三位牧师出来，然后野蛮殴打了他们。三名牧师中有两名来自波士顿——米勒（Miller）牧师和里布牧师，另一位克拉克·奥尔森（Clark Olson）牧师是从加利福尼亚州的伯克利（Berkeley）来的。

> 与其他谋杀事件一样，这起牧师遇害事件是美国某些地区暴力恐怖统治的直接后果。只是走在亚拉巴马州某个城市的街

道上，却遭到了无端攻击，这在一个奉行宽容与理解的环境中，不能被看作是孤立的偶然事件。相反，这是我们社会的一个恶性肿瘤，其根源在于这个社会对有组织的仇恨和暴力的无限容忍。我们都必须承认，里布牧师是为道德上的恶劣氛围所谋杀，这种氛围中充斥着仇恨，暴力之风肆虐。他是为亚拉巴马州的不人道的社会氛围所谋杀，这种氛围不但夺去了马里昂的吉米·李·杰克逊的生命，还纵容了星期天塞尔玛佩图斯桥的残暴行径。如果警察不曾在星期天殴打争取选举权的手无寸铁的游行群众，星期二的这起谋杀也许就不会发生。这一事件再次证明了，种族隔离不分肤色。它不仅试图控制黑人的思想和行动，也同样要控制白人的思想和行动。当它无力做到这一点时，它就会把那些持不同政见者灭口了事。

“从塞尔玛到蒙哥马利”

3 月 11 日，我们得到了准许游行到蒙哥马利的法律许可。下一阶段的战果，取决于敦促州长采取切实手段禁止各种投票限制、人头税[1]和警察野蛮行为等任务的完成情况。总统和联邦司法机构都对我们的事业给予了肯定，所有美国人都将亲自见证，我们再也不打算忍受华莱士州长强加给我们的歧视和压迫，再也不打算对多年来的不义和邪恶忍气吞声了。 283

我们清楚地表明，这是一次充满善意的游行，是要激发蒙哥马利的黑人公民充分利用联邦法院提供的新机会。现在，在法律和宪法的保护下，我们可以从塞尔玛游行到蒙哥马利了。我们计划一路步行，走到蒙哥马利。这绝不是口头说说而已，我们做了大量的前期工作，花了很多时间来规划路线，讨论中途停歇点，安排帐篷，

① 人头税（poll tax 或 head tax）是一种向每个公民课以相同定额的税种。在美国部分地区，人头税曾被用来当作投票资格，主要目的为排除非洲裔美国人、美洲原住民及非英国后裔白人的投票权。

以及确定搭建帐篷的住宿地点。我们觉得，比较理想的情况是游行者不妨碍交通，不占据主路，只是沿着路边行走。霍西阿·威廉姆斯（Hosea Williams）向我报告说，这一路上有三座桥梁，窄得只能一次一个人通过，无法两三个人并排走。

一切进展得十分顺利。人们从全美各地赶来参加游行，我感觉几乎每个州都有人前来，当然，很大一部分还是来自亚拉巴马州。我们希望看到，也预计看到一个为自由而战的壮观场面，其壮观程度在任何一个南方州府的大厦前都不曾出现过，而这个目标更为这次游行注入了激情。我认为，这次徒步游行在美国历史上的影响，可以与印度历史上的“食盐进军”相比肩。

284 3月21日，部分游行者从亚拉巴马州的塞尔玛市启程出发。我们穿过荒凉的山谷，翻越连绵不断的山峦，沿着蜿蜒的公路行进。累了，我们就在崎岖的小路上休息；烈日当空，有些人的脸都被晒伤了；有时滂沱的大雨又让我们全身湿透，有的人几乎就睡在泥水里。我们疲惫不堪，我们腿脚酸痛。这数千名游行朝圣者徒步经过的一条路线，就是谢尔曼①在一百年前走过的路。但是，这并不是一条毁灭与流血之路，相反，游行者们用喜悦的泪水与满腔的爱，浇灌了亚拉巴马州的红色黏土，甚至那些站在路边嘲笑辱骂的人们也无法否认这一点。整个游行过程中，没有打响一枪一弹，没有投掷一块石头，没有打破一扇窗户，没有一个人被虐待或受侮辱。这次游行确实称得上是一次向“南方联盟的摇篮”的胜利进军，是一次旨在彻底结束种族主义寡头政治的进军。

3月25日，我们进入了蒙哥马利市，群情激昂，到处洋溢着胜利的气息。选举法案在未来几周内很有可能获得通过，5万名非暴力游行者——他们来自亚拉巴马州的每个县，来自美利坚合众国的每个州——在一个暖春的下午，聚集在蒙哥马利，向华莱士州长请愿。

---

① 威廉·特库姆塞·谢尔曼（William Tecumseh Sherman，1820—1891）是美国南北战争时期的北部联邦军将领，以火烧亚特兰大和著名的“向大海进军”战略而闻名于世，曾参与制订“东西战线协同作战”计划。

“还要多久？快了！”

今天下午，我站在你们面前，坚信亚拉巴马州的种族隔离制度行将就木，而唯一无法预测的是，他们打算为这个葬礼付出多大的代价。

我们在亚拉巴马州的所有运动，都是以争取选举权为核心的。今天，我们将美国和全世界的目光，都吸引到了黑人选举权公然遭到剥夺这一问题上，我们就是要揭开南方种族隔离的真正根源所在。

黑人和普通白人群众无法自由行使选举权，这必然造成一种分裂、隔离的社会氛围。他们把南方的财富与贫穷白人隔离开来，把南方教会与基督教分裂开来，使得南方的思想不再诚实正直；并且，他们把黑人与一切隔离开来。

对正义的肆意歪曲已经深深毒害了美国人的思想，我们已经太久地沉溺于此了。今天，我要告诉塞尔玛市，我要告诉亚拉巴马州，我要告诉美国人民和全世界：我们不会回头，我们正在行动，是的，我们已经行动起来了，任何种族主义逆流都无法阻止我们的脚步。

我们正在行动，焚烧教堂，恐吓不了我们。我们正在行 *285*
动，炸毁家园，阻止不了我们。我们正在行动，殴打谋杀我们的牧师和年轻人，不会让我们回头。我们正在行动，那些臭名昭著的凶手刚被抓起来又马上被释放，也不会让我们丧失信心。我们正在行动。

时机已经成熟，即便是再强大的军队也无法让我们停下脚步。我们正阔步走向自由之地。

让我们乘胜前进吧，向实现美国梦进发。让我们向隔离住宅区进军，直到所有饱受社会歧视和经济压迫的贫民窟都消失无踪，黑人和白人比邻而居，和谐地生活在体面、安全又卫生的房子里。

让我们向种族隔离学校进军，直到每一所隔离学校和劣质教育都永远成为历史的遗迹，黑人孩子和白人孩子并肩而坐，在气氛融洽的课堂里一起学习。

让我们向贫困进军，直到再没有一个父母不得不勒紧裤带，为的是让孩子吃饱；让我们向贫困进军，直到再没有饥肠辘辘的人在城镇的街道上游荡，寻找着根本不存在的工作。

让我们向投票箱进军，直到政治舞台上再没有人把种族主义作为诱饵；让我们向投票箱进军，直到美国所有的华莱士们都悄然退去。

让我们向投票箱进军，直到我们给市议会、州议会和美国国会选举输送过去的人，都能够无所畏惧地行正义，爱慈悲，谦卑地与上帝同行；让我们向投票箱进军，直到亚拉巴马州所有的上帝子民都能体面而荣耀地在地上行走。

对于我们每一个人而言，今天，这场战斗就在我们手中打响。前方的道路并不平坦，没有宽阔的高速公路可让我们轻松地一路畅行。我们必须摸索前行。

朋友们，朋友们，听！这场战斗就在我们手中打响！这场战斗就在密西西比人手中打响，就在亚拉巴马人手中打响，就在所有美国人手中打响。

因此，今天下午离开这里之后，就让我们以前所未有的热情，投身于这场斗争之中，投身于非暴力抵抗之中吧。我必须向你们坦白，前方仍然困难重重。在亚拉巴马州的许多隶属于“黑带”的县镇中，在密西西比州和路易斯安那州的许多地区，我们仍然要经历重重磨难。

286 我必须向你们坦白，在前方道路上，仍有监狱牢房、仍有黑暗磨难等待着你们。我们要坚信，非暴力思想及其力量终将把黑暗的昨天，转变为光明的明天。我们定能改变这一切。

我们的目标绝不是打败或羞辱白人，我们的目标是赢得他们的友谊和谅解。我们必须看到，我们最终寻求的是一个能够自我平衡的社会，一个能够良知自安的社会。那一天的到来，不只是为了白人，也不只是为了黑人，而是为了所有的人。

我知道你们会问："那一天的到来，还要多久？"此时此刻，就让我告诉你们，无论每分每秒有多么困苦难熬，无论每时每刻是多么令人沮丧，那一天很快就要来临了，因为被践踏的真理必将冲破土壤，再次蓬勃。

还要多久？快了！因为没有谎言能历久不衰。

还要多久？快了！因为种瓜得瓜种豆得豆。

还要多久？快了！因为道德宇宙的弧度虽然绵长，但终究会向正义弯曲。

还要多久？快了！因为我已经看见上帝降临的宏大光荣，他在踏尽饱含愤怒的一切不良的葡萄种[①]。他已抽出他的怒剑，发出雷电声隆隆，他的真理正行进[②]！

他已经吹响了永不退却的号角，他在审判席前举起了人心。哦，我的灵魂，快快回应他的召唤；哦，我的脚步，一起轻快向前。我们的主正在行进！

火车和汽车满载着乘客，驶向他们的目的地；欢欣鼓舞的群众返回家园，准备结束这次被信誓旦旦保证安全的政治活动。然而，空气中死亡的恶臭代替了胜利气息。有人曾提醒过我们，这次游行并不同于华盛顿游行。华盛顿游行是向一个文明国家的首都进发，而我们这次游行是要走向贫困、无知、种族仇恨和极端暴力的沼泽。

有人说，这次游行之所以能够进行，全赖几千人的联邦军队、 287
法警和联邦法院在一旁保驾。有人说，军队很快就会离开，到了那

---

① 意出自《愤怒的葡萄》(*The Grapes of Wrath*)。该书是美国作家约翰·史坦贝克于1939出版的长篇小说，是一部伟大的现实主义文学作品，曾获得美国国家图书奖，1940年获得普立兹小说奖，作者于1962年获得诺贝尔文学奖。故事发生在美国经济大萧条时期，约德一家因为干旱、经济危机、金融和农业的变革而一贫如洗，被驱逐出俄克拉何马州，被迫踏上前往加利福尼亚的道路，寻找工作、土地、尊严和未来。

② 选自《共和国战歌》(The Battle Hymn of the Republic)。这是一首美国爱国歌曲，由朱莉亚·沃德·豪作词，流行于南北战争期间。

时，我们要想在维奥拉·柳佐夫人遇刺的地方再组织起民众来，可是要费一番力气。他们既然下得了手去杀死一个支持黑人选举权的白人妇女，那么对那些打算参加登记和投票的黑人，他们又有什么做不出来呢？

我们确实不必承受更多的牺牲，也不必让更多的人在警察手里遭受毒打，忍受牢狱之苦。亚拉巴马州争取选举权的运动一贯坚持非暴力原则，但是，人们却越来越频繁地谈论如何武装自己。那些没有深入参加运动的人，那些很少参加非暴力训练的人，他们内心的愤恨和冲动越来越强烈。但是，我们不能允许任何暴力的念头和思想渗透到我们的运动中来。

我们从塞尔玛到蒙哥马利的徒步游行，是我记忆中最壮观的基督教各个教派大公合一的场景之一。新教徒、天主教徒和犹太人联合起来，在亚拉巴马州和南方各地黑人选举权问题上，在黑人饱受不公正和侮辱这一问题上，清晰地表达了声音。我看到，很多神职人员走在队伍最前列，而几年前他们并不在这里。这次游行给福音赋予了新的意义，塞尔玛运动为美国教会带来了第二次大觉醒。长期以来，教会对民权斗争一直冷眼旁观，或仅仅表示默许，如今，它终于跨步向前，恰似一支强大的军队，站在了上帝苦难的子民身旁。

我们队伍中这些坚定的非暴力活动家，在塞尔玛和蒙哥马利之间那条臭名昭著的高速公路上，唤起了国家良知的大联合。教会的觉醒也为全美各地的工人运动和知识分子，带来了新的活力。很少有人知道，全美 40 名顶尖的历史学家参加了前往蒙哥马利的游行。

那坚定的脚步声仍然回荡在耳边，那一双双充满决心和闪耀希望的眼睛传达出："我们一定要自由!"这个声音回响在整个美国，
288 甚至回响在世界各地。我仍然清晰地记得，不仅神职人员大联合，而且工人、民权组织和学术界的联合力量也加入了我们的行列，他们言简意赅地说："你们的事业是正义的事业，我们将与你们一路同行。"

蒙哥马利游行结束后，当地机场一度出现了航班延误，数千名

示威者滞留机场达五个多小时。机场的座位上、地板上和航站楼的楼梯间，到处都挤满了人。我站在他们中间，看到白人和黑人、修女和牧师、女佣和商店工人坐在一起，他们各个充满活力，享受着这难得的同志情谊。我知道，我在这一刻看到的是未来人类社会真诚友爱的一个缩影。

“塞尔玛运动给我们带来了选举权法案”

1965 年 3 月 15 日，约翰逊总统在国会联席会议上就人权问题发表了演讲。在人权问题上，他的言辞之雄辩、表达之明确、情感之激昂，超过了以往任何一位总统。他对种族公平问题理解得如此深刻，认识得如此全面，着实令人佩服。他的讲话发自内心，情真意切。他由衷地赞美了黑人的勇气，因为这唤醒了国家的良知。他宣布，政府必须依法保障落实每个黑人作为公民的所有权利。当总统签署这一议案时，他宣布：“今天是为自由而战的胜利，这个胜利可以与任何战场上赢得的胜利相媲美。今天，我们打碎了古老而野蛮的牢笼中的最后一道枷锁。”

我们十分欣慰地看到，在塞尔玛组织的这次斗争把全美的注意力都成功地吸引到彻底解决选举权问题上。让我们备感鼓舞的是，我们得到了总统的支持，他呼吁立即解决这些在自己的土地上被褫夺权利的人们所面临的问题。

南方基督教领袖大会在 1965 年 1 月进驻塞尔玛时，预期的目标并不高，只是想要解决这个小城市存在的种族不平等问题。但是，对手却对我们施以肆无忌惮的暴行，以致把问题扩大到了全美国范围内。最终，小小的塞尔玛运动反而取得了辉煌成果，那就是 1965 年的选举权法案。对于华莱士州长和克拉克警长在实现我们的立法目标中的“助力之功”，南方基督教领袖大会还真的要表示感谢哩。

总而言之，塞尔玛运动不仅给我们带来了选举权法案，而且促成了美国有识之士的空前团结，从而将我们原本不敢奢望的政治改 289

革和经济变革变成了现实。与约翰逊总统一样，南方基督教领袖大会也把 1965 年选举权法案看作“美国争取自由历史上的最具有里程碑意义的法律之一”。现在，我们拥有了一份可以行使的联邦法律，我们将要充分履行这一权利。如果法律不足以依靠，那么我们还有斗争的传统，还有非暴力直接行动这一方式。如果情势需要，我们仍会将其付诸实践。

让我们不要仅仅以流血和残暴来纪念这次伟大的运动吧。当然，我们永远不该忘记那些在这场斗争中献出生命的人，那些在监狱里遭受折磨的人。尤其是，让我们牢记以下这些为了信仰而捐躯的烈士们：吉米·李·杰克逊、詹姆斯·里布牧师以及维奥拉·柳佐夫人。在美国，那些曾经是种族隔离主义大本营的城市，反而不情不愿地成了一个个意义重大的国家法律的诞生地。蒙哥马利运动带来了 1957 年和 1960 年的民权法案，伯明翰运动产生了 1964 年的民权法案，而塞尔玛运动造就了 1965 年的选举权法案。

> 当约翰逊总统宣布，亚拉巴马州的塞尔玛与列克星敦 (Lexington)、康科德和阿波马托克斯 (Appomattox) 一样永载于美国史册时，他赞扬的不仅是我们善于斗争的黑人群众，而且是这个国家千千万万的人民——黑人和白人。塞尔玛的胜利已经被载入了美国国会的历史，在不久的将来，一百多万黑人将成为新选民，成为在心理上获得新生的人。塞尔玛折射出一个人类良知觉醒的光辉时刻。如果说美国社会生活中最令人不齿的东西曾潜伏在塞尔玛黑暗的街道上，那么，是美国民主本能中最美好的事物从全美各地赶来，最终消灭了它。

第 27 章

瓦茨地区

我们看到，南方的出路初现端倪，北方就相继陷入骚乱，其震惊和恐怖程度令人咋舌。我们由此认识到，黑人问题远远不只是种族隔离问题。事实上，洛杉矶大灾难是当今美国乃至整个世界，雷霆万钧的紧张局势发展的必然结果。 290

1965 年 8 月 11—15 日

洛杉矶爆发大规模种族骚乱，造成 30 余人死亡

8 月 17 日

金应洛杉矶当地组织邀请，到达洛杉矶

我们进入洛杉矶的瓦茨地区时，表面上看起来一切风平浪静，但是，我们仍然能够感觉得到前几天在这里如火山爆发般肆虐的敌意。就是这个地区，在前几天到处烈焰熊熊，浓烟滚滚。现在，这里仍然是警力控制区，每个街角都站着三五成群的国民警卫队①队员，人们就在瓦茨商业区烧焦的废墟中间穿行。

有人警告我不要来瓦茨，说人们没有心情去聆听什么非暴力的宣传。所有黑人领袖都受到了威胁恐吓，许多人不敢冒险前来。但是，我曾经多次来过瓦茨，每次都受到了热烈欢迎。在 1964 年争

① 国民警卫队（National Guard）是美国各州的预备役军事部队。美国各州主权与美国联邦政府主权共享，所以州政府可设置军队。国民警卫队队员皆为民兵，平时从事各行各业，战时从军，无论是否转为现役，都受联邦政府承认。

取选举权游行期间，在瓦茨的集会是我见过的反响最迅速也最热烈的集会之一，所以，尽管接到这些警告，但我还是下定决心前来，想从事件亲历者口中了解以下骚乱的情况。

291 首先我要说的是，我对过去几天发生在洛杉矶的悲剧深感痛惜。我坚信并在很多场合说过，暴力不是解决社会冲突的答案，对亚拉巴马州的白人如此，对洛杉矶的黑人也是如此。一段时期以来，为了让所有人共享公平，白人和黑人共同付出了巨大的非暴力牺牲，而此时却发生了暴力冲突，这更加令人感到遗憾。

然而，同样清楚的是，正如约翰逊总统昨天所指出的那样，所有美国人都肩负着责任，去“纠正引起这些暴力和混乱的错误”。导致洛杉矶暴力惨剧爆发的罪魁祸首是环境，而不是种族问题。数千名黑人拥挤在城市北部和西部的贫民窟里，经济剥削，种族隔离，住房不足，绝望蔓延，这些都是萌生暴行的现成种子。有人犯罪，有人渎职，在我们这个伟大的国家里，没有人为消除社会不公尽到应尽的责任。因此，请允许我冒昧建议，让我们每一个人都为前几天发生的悲剧，承担起自己的责任。

“鼓动这些饱受剥削的人们”

我深入走访了瓦茨地区各行各业的数百人后认识到，暴乱源于深深的绝望感，经济困境折磨着每一个人，大家看不到出路。

白人社会是否真正关心黑人的生活状况，这着实令人怀疑。黑人中产阶级及其衍生出的领导集团，在黑人群众中激起的失望和怨恨情绪也与日俱增。社会机构的分裂不断加深，最终导致了被囚禁于贫民窟的黑人们觉得，他们就是在孤身抗争，因此他们迫不得已采取所有可能的方式，来吸引人们关注他们的困境。

南方的非暴力运动对北方黑人来讲意义并不大，因为我们长久以来为之奋斗的权利，他们在理论上早已拥有。因此我认为，洛杉

292 矶事件是超越南北的，它具有全国性的重大意义。在瓦茨地区的所

见所闻，促使我们想要鼓动这些饱受剥削的人们行动起来，因为在过去的十年中，社会发展没有给他们提供任何便利与好处。在这里，我并不想强调种族因素的影响，而是想指出这是一个富裕社会中“贫苦人”的满腹怨声。

警察暴力对促发事态也起到了重要作用。即便是执法警官最轻微的失礼，也能让瓦茨贫民窟的居民觉得受到了侮辱。不管事实如何，贫民窟的黑人都觉得，只要是与警方打交道，他们就完全没有一个公民甚至一个人该享有的尊严和尊重。这种状况造成了警察与黑人之间的敌对态度不断升级，彼此都对对方心存戒备，情况越发错综复杂，黑人与警察的每一次交锋都可能演变成一场冲突。

比如，一辆走错路的消防车，拘捕罪犯时的一个冲撞，或者商店里买家和卖家之间的一次口角，这种最微不足道的小事，都可能触发社区内的骚乱。这些事件汇集到一起，就酿成了一个灾难性的局面，让人觉得这看起来像是一起有组织、有预谋的暴乱。洛杉矶市长山姆·约提（Sam Yorty）针对这一状况使用的说法是“由一群有组织的犯罪分子发动的暴乱”。

我认为，这个解释恐怕过于肤浅了。在洛杉矶存在着两股各自独立、毫不相干的力量。其中一股力量是一些顽固不化、屡教不改的犯罪分子，但是他们的人数并不多，而大多数参与暴乱的人并不属于此类。我确信，在洛杉矶被捕的四千多人中，绝大多数人是第一次入狱。他们没有被有效地组织起来进行反抗，饱受压迫，灰心丧气。他们的打砸抢掠行为是一种社会抗议。他们是一群被社会遗忘了的人，富裕的生活就在身边，但对他们而言却遥不可及，所以他们采取这种敌对行动来发泄愤恨，也是为了引起别人的注意。

与我交谈过的人，他们的人生目标一般都围绕着工作和尊严这两个主题。这些谈话雷同得就好像经过事前排练一样，但在每个角落里，大家谈论的就是这个。除非社会能为这些失业者和未充分就业者提供工作机会，否则每次他们与警察当局打交道时，都可能爆发这样的冲突。黑人们曾经满怀期望，但他们在现实生活中的就 293

业、教育和住房状况却在不断恶化。当前，至关重要的问题是确保社会中的这部分人维持稳定的经济收入。教育、家庭生活和社区道德方面的任何一点进步，都取决于黑人群众在我们这个富裕社会中的谋生能力的提高。

在南方，黑人与白人在某种程度上共同面对贫困；而在北方，白人只是一边冷眼旁观，一边挥金如土。甚至连电视也能成为点燃愤怒情绪的导火索，因为在那些赤贫凄惨的贫民窟中，连续播放着的是富人的豪宅和他们的奢侈生活。综合这些方面来看，洛杉矶发生暴乱也不足为奇，因为洛杉矶象征着白人的奢侈生活。与全美其他的黑人社区相比，瓦茨地区距离洛杉矶从距离上看很近，但生活水准上又相去千里。瓦茨地区的人们通过打砸抢劫这种方式来抗议社会——从历史上看，穷人们通常都是以这种破坏性举动来表达自己的诉求。

瓦茨纪事

暴动期间，我并不在瓦茨。后来，我和一个年轻人交谈，当时在场的还有安迪·杨、贝亚德·鲁斯汀（Bayard Rustin）和伯纳德·李。年轻人说："我们赢了！"我问："你说'我们赢了'是什么意思？死了三十多人，其中有两个黑人，你们毁了自己，你怎么还说'我们赢了'？"他说："我们让他们注意到我们了。"

如果一个人没有话语权，他就会像一个想要吸引别人注意的小孩一样乱发脾气。暴乱就是这样一群被人遗忘、讲话不受重视的人的情绪大爆发。

1967年7月

瓦茨暴乱的参与者心里并未觉得羞愧，而是洋溢着喜悦。他们全然不理会身后那些在暴乱中被损毁的建筑，他们摧毁的既是肉体上也是情感上的一座监狱。他们确信，自己是在与一种制度进行斗争，在这个制度中，他们曾被悄无声息地碾压到齑粉无存，而现在，他们不再是无关紧要的人。正如一个年轻人所说的那样：“我 294 们知道，暴动不是解决问题的方法，但是我们已经受够了，这么多年来根本没人在意我们，现在，至少他们知道了我们的存在。暴乱可能不是答案，但它至少是个办法。”这就是吸引了很多贫民窟居民的新民族主义情绪。他们拒绝了与白人自由主义者结成联盟，来推动社会变革。他们宣称，黑人们必须靠自己行动来争取自身的利益，因为没有人真正关心他们。

令人惊讶的是，尽管这些人言辞激烈，但他们并非嗜血好斗之徒。他们确实破坏了财物，但根据报道，在几千人参与的暴乱中只有少数人丧生，还几乎都是警察所为。如果暴乱意在大开杀戒，那么定会有更多的人死于非命。

我想要强调的是，尽管有些黑人还满腹敌意，尽管情绪还很狂暴激动，但局势还没有到不可挽回的地步。一开始，瓦茨人对非暴力思想并没有什么好感，但是，当我们真正走近他们，一再强调仇恨和暴力的危险性时，同样是他们，却欢呼了起来。在刚开始的几分钟里，气氛有些紧张，但是，我们向他们提到了塞尔玛运动中的烈士詹姆斯·里布和维奥拉·柳佐，告诉他们白人可以和我们并肩作战，寻找工作和尊严，这个想法让他们欢呼雀跃起来。

当然，我不想让任何人认为我在为那些骚乱开脱辩护。骚乱确实造成了巨大的财产损失，很多黑人工作和购物的地方都遭到了破坏，暴乱现场的损毁是我见过的最惨烈的状况之一。更不要说那逝去的 37 条生命，他们的死毫无意义，只是失控情绪爆发的牺牲品。这个数字比南方非暴力直接行动十年来丧生的人的总数还要多，而南方的这些行动带来了革命性的社会变革。

暴力只会让白人反对派的态度更加强硬，减轻白人自由主义分子的罪恶感，让他们行动起来更加肆无忌惮，从而把形势逼到不可逆转的困境。北方暴乱的反弹影响远远超出了暴力的发生地区，赛尔玛和整个亚拉巴马州的白人都武装起来，以防暴乱扩散到南方。在这种氛围下，一个黑人酒后失态就很有可能成为引发恐慌的导火索，导致许多无辜黑人丧生。

295 然而，如果只是单纯地谴责暴力，而不去揭露我们的社会事实上让很多人每天生活在暴力之下，那么这种说教也是空洞无力的。贫穷和侮辱造成的伤害，并不弱于棍棒带来的皮肉之苦。洛杉矶的局势需要由政治家和富有创新精神的领袖人物来领导，但我并没有看到这样的迹象。掌控这里的势力仍然顽固不化，对宏大的社会变革力量视而不见。如果当局继续采取这种顽固态度，那么我可以预见到形势只会日益恶化。

“非暴力运动遭遇了一场重大考验”

洛杉矶的这场浩劫并不令人意外。当地官员将联邦援助与政治操纵挂钩，黑人失业率飙升，甚至比 20 年代经济大萧条时期还要高。瓦茨地区人口密集，成为全美著名的重灾区。然而，恶劣的外部条件还不是苦难的全部，1964 年，加利福尼亚州废除了禁止住房种族歧视的法令。在全美尤其是南方黑人处境获得显著改善的形势下，加利福尼亚州成为第一个公然剥夺黑人斗争成果的大州。这条冷酷无情的法令揭示出，加利福尼亚州认可贫民窟的存在。冠冕堂皇的法律条文可能会掩盖某些穷凶极恶的行为，但受害者却不得不承受那令人痛苦的毁灭。这一切可能会被载入社会学史册，哲学家、政治家和传教士也都可以各抒己见，但让我们回归一个基本事实，那就是，人首先是作为一个经济实体参与到社会中的。从根本上讲，我们既非诗人、运动员，也非艺术家；我们的存在就集中体现在“我们是消费者”这一事实上，我们生存的先决条件是有食果腹，有屋避寒。对一个牧师来讲，要承认这一点并不容易，这也是我要不停地克服的一个问题。但是，事实就是事实，即“消费”商品和服务是绝大多数美国人的生存目标。而一个人如果因为这样或那样的原因被排斥在消费者圈子之外，那么他必然滋生不满与焦虑。

296 瓦茨暴乱不仅给洛杉矶和美国北方城市带来了一场危机，也让非暴力运动遭遇了一场重大考验。我竭尽全力来维持非暴力的氛围，因为只有在这种氛围下，我们的国家才能顺利度过社会的巨变时期。但是，也只有取得了切实的进步和胜利，我们这些倡导理性和爱的人才能够得到拥护。我们并没有输掉这场战斗。尽管非暴力思想在瓦茨这样的地区受到了一些抵制，但是大多数人仍然对非暴力理想给予了热烈的响应。

我与白宫就此事进行了沟通，请求总统尽一切力量打破僵局，使脱贫计划能够在洛杉矶得以实施。同时，我还敦促政府加大力度，为全美国的穷人——既有白人又有黑人——创造就业机会，使他们能够充分就业。总统本人对这一问题很重视，时刻准备在这动荡的局势下给我们提供指导和帮助。

总而言之，瓦茨之行让我受益匪浅。我希望，在国家公务机关、新闻机构、商界以及黑人和瓦茨地区居民中，能够涌现出一批领袖人物和政治家，以避免冲突进一步升级。冲突只会带来流血和牺牲，只会让我们的国家蒙羞。

第 28 章

芝加哥运动

297 有理由相信，如果全美第二大城市芝加哥的问题能够得到解决，那么这些问题在其他任何地方都可以迎刃而解。

1965 年 7 月 26 日

金带领游行队伍抵达芝加哥市政厅，并在芝加哥社区组织协调理事会（CCCO）发起的集会上发表演讲

1966 年 1 月 7 日

金宣布芝加哥运动正式开始

7 月 10 日

金在军人球场（Soldier's Field）举行的"自由星期日"集会中，敦促芝加哥成为住房"公开城市"

7 月 12—14 日

芝加哥西区发生种族暴乱，暴乱导致两人死亡和大范围破坏

8 月 5 日

经过芝加哥西南区的民权游行队伍遭到了愤怒白人的袭击

8 月 26 日

金安排与芝加哥市长理查德·戴利（Richard Daley）和其他领导人的"高峰协议"

1965 年初夏，我们应芝加哥黑人领袖的邀请，参与到他们争取提高种族融合学校教学质量的斗争中。其实，我们早已关注这个运动，南方基督教领袖大会的工作人员也一直与运动的相关人员保

持着联系。我的助手曾与芝加哥民权组织领袖多次会面，基于这些 *298*
交流，我接受邀请，同意从 7 月 24 日开始在芝加哥逗留一段时间。

当年晚些时候，经南方基督教领袖大会同事们的认真论证，我们决定集中精力，在北方发起一场广泛发动群众、声势浩大的非暴力运动。这一运动旨在解决困扰芝加哥的一系列社会弊病上，这些弊病是北方黑人贫民窟中随时可能爆炸的火药桶。

我对北方黑人生活福祉的关注，丝毫不亚于南方。我的良知告诉我，我应该倾尽所能，调动所有的个人与组织资源，为他们谋取福利。我们的首要目标是根除贫民窟产生和运作的条件，让全社会不仅在道德层面上而且在经济层面上，承担起解决贫民窟问题的责任。芝加哥不仅存在城市贫民窟问题，而且我们知道，这里的贫民窟条件算得上是北方城市中的典型。

“推倒种族隔离的不义之墙”

我们在芝加哥的行动，处于芝加哥社区组织协调理事会的领导之下。这个组织是一个地方民权团体联盟，由前芝加哥公立学校教师埃尔·瑞比（Al Raby）召集成立。学校问题是我们的工作重点，这是一场争取提高种族融合学校教育质量的战斗，已经在该市开展了五年之久。但是，这并不意味着我们不该在这个问题上再花费精力了，因为学校问题只是社会问题的一个表征，其深层原因在于导致千千万万黑人饱受经济剥削和精神压迫的社会体制。

推倒芝加哥种族隔离的不义之墙的唯一办法，就是我们将白人与黑人动员起来，让他们参与到一场大规模的非暴力运动中来，直到将丑陋黑暗的黑人贫民窟变成一个充满爱与公平的社区。从根本上讲，这意味着我们的子孙后代不必再生活在破旧不堪的公寓里，就业机会之门向所有人敞开；无论肤色如何，人人都能平等享有一切社会资源，从而跻身美国的主流社会。

我们岂能容忍这样的状况继续下去：一个国家把它社会中很重 *299*
要的一部分隔离在贫民窟牢笼里，却指望自己担当起世界大国所应承担的更大社会责任？亚拉巴马州的伯明翰市曾经是南方种族隔离最严重的城市，是我们消除公共设施种族隔离的重要目标城市，在那里，非暴力运动催生了1964年的民权法案。亚拉巴马州的塞尔玛市是我们1965年选举权法案的试点城市。我相信，在作为美国种族隔离最严重的城市之一的芝加哥，一次意义重大的非暴力运动可以唤醒美国人的良知，最终切实解决北方的贫民窟问题。

我们没有幻想只靠自身力量就能完成这样一个艰巨的任务。因此，由詹姆斯·比威尔牧师领导的南方基督教领袖大会先遣队，为这一运动做了大量的前期准备工作。我们相信，许多来自宗教界、公共事务领域、政界和学术界的力量，都会加入我们的运动，谋求解决芝加哥的社会问题。

我们此次行动要消灭的社会弊端，是显而易见的。任何加深贫民区黑人痛苦的企图，都是明目张胆地加剧社会矛盾，最终引爆社会危机，灼伤国家的灵魂。由此看来，并不是我或南方基督教领袖大会决定北上芝加哥，而是日益严峻的社会现实和向善的良知，召唤我们这么做。

“贫困之岛朗代尔”

1966年，我在芝加哥生活和工作。原来的民权运动往往以中产阶级为主，并没有真正落实到黑人草根阶层中去。所以，我认为民权运动面临的巨大挑战是深入基层群众当中，取得黑人区居民尤其是年轻人的认可。这就是我决定住在芝加哥贫民窟心脏地带的一个原因。这样，我不仅能体验到我的兄弟姐妹生活在怎样的境况之下，而且可以和他们朝夕相处。

300 在芝加哥这样的大城市里，贫民窟问题很难在一夜之间得到解决。但是，我认为，所有的民权组织都必须加大力度，将黑人社会的草根阶层吸收到运动中来。事实上，你只有身处其中才能感觉得到，贫困问题和绝望感绝不仅仅像学术研究中反映的那样简单。每天电话铃响起，我听到的都是人与人之间人道丧尽的故事。我发现自己每天都在与抑郁和绝望情绪做斗争，而这种情绪是由城市心脏泵入我们日常生活的精神血液的。贫穷和绝望就活生生地发生在眼前。我记得，一个芝加哥贫民窟小婴儿被老鼠袭击；我记得，有一个年轻黑人因为找工作被西塞罗的一个帮派杀害。

朗代尔（Lawndale）贫民窟仿佛是物质丰富海洋中的一个贫困之岛。芝加哥吹嘘自己是世界上人均收入最高的城市，但你永远不会相信从我租住的朗代尔贫民窟公寓的窗户望出去所见的情形。在街道上，孩子们成群结队地奔跑玩耍，他们美丽的黑眼睛中闪耀着聪慧的光芒。很快你就会发现，如果你停下来和他们打声招呼，他们就会非常开心，因为在他们的生活中，即便是父母也经常无暇顾及他们。由于经济拮据，孩子们的父母不得不两个人都出去工作，很多时候父亲要打两份工，白天和晚上都上班。父母们每天都要长途通勤去工作，再加上外界充满了敌意，他们为了生存而疲于奔命，每天回到家都筋疲力尽，根本没有时间和精力来满足这些成长中的孩子们的情感需求。

你马上还会发现恶劣的生活环境和缺乏关心爱护所带来的不良后果。孩子们都衣衫单薄，完全抵抗不了芝加哥的寒风；他们的眼角黏糊糊的，这说明他们根本买不起维生素，也负担不起注射流感疫苗。在已经能够控制绝大多数致命疾病的美国社会，贫民窟的孩子却总是流着鼻涕，这只能说明那里的医疗状况没有引起重视。允许这样的情况发生，必然是我们的社会出了问题。

我的邻居们住在朗代尔那些不符合标准的贫民窟里，这里的租 301
金却比住在郊区现代公寓里的白人付的房租还要高。同样的情况还发生在购买日常消费品、住房和其他服务之中。这种剥削之所以存在，是因为许多贫民窟居民没有个人交通工具。这是一个恶性循环。你因为受教育程度低而无法找到工作，不得不依靠福利来养活孩子，但是，如果想在芝加哥申请到社会福利，你就不能拥有任何个人财产，甚至汽车，所以你注定只能在离家最近的地方找工作和购物。一个人一旦被困于这个孤立的社区无法脱身，就无法参与到自由的经济生活中去，只能被迫接受这一地区商家的价格盘剥和掠夺。

最后，你可能千辛万苦地冲破了迷宫，一只脚踏出了贫困与剥削的丛林，但是迎接你的是来自大都市的政治和经济方面的巨大压力，那朵含苞欲放的希望小花就这样被现实碾压成了齑粉。

心理学理论认为，挫折感会促生敌对行为。确实，北方贫民窟在一天天地挫伤这里的居民。芝加哥西区汇集了贫民窟、穷人和年轻人，是各阶层黑人贫民窟的典型代表。

北方的贫民窟实际上已经成为某种形式的殖民地。它本身没有任何权力，所有影响社区命运的重要决定都是由外界做出并强加给它的。居民的日常生活都被掌控在福利工作者和警察手中，房东和商人在这里赚的钱也纷纷外流，很少再投资在这里。对大城市而言，贫民窟唯一的好处就是在经济繁荣时期，这里能提供充足的廉价劳动力。除此之外，这里的人的所有境遇都是活该。

“情绪的高压锅”

这种日夜煎熬的压迫与绝望的折磨，就是贫民窟居民遭受的暴力，而我们的社会只关心由此产生的敌对行为不要向外爆发出来。因此，他们鼓励在贫民窟居民内部消化敌意，表现为鼓动他们彼此
302 斗狠、自我堕落或对别人漠不关心。他们希望衍生于种族主义暴力的挫折感，转化成内部压迫，最后消磨掉受害者。只有当黑人的敌对行为向外爆发出来，或者贫民窟失去控制向外表现出破坏性时，美国人才会恐慌起来。几个星期以来，黑人青少年因团伙斗殴而丧生的人数几乎与在暴乱中丧生的一样多，然而，芝加哥没有对此表现出任何震惊和关注。

我自己的孩子也和我们一起生活在朗代尔，仅仅几天时间，我们就意识到他们有了很大变化。他们动辄乱发脾气，有时候行为就像小孩子一样。我意识到，整个夏天我们都居住在那个拥挤的小公寓里，家人之间脾气暴躁得随时都像要爆炸。房间里闷热难忍，拥挤不堪，没有任何娱乐活动，附近没有足够的空间让孩子们消耗掉多余的精力，除非跑到车来车往、交通拥挤的马路上去。这种体验

让我对贫民窟成为“情绪的高压锅”有了更深刻的认识。

我在美国做过各种各样的演讲，面对过形形色色的听众，甚至包括一些非常不友好的白人，而唯一一次被喝倒彩的演讲，就是在这里的一次例行群众集会上。在那次演讲中，一些情绪激动的年轻人对我大发嘘声。那天晚上，我情绪恶劣地回到家里。我很自私地想到自己在过去 12 年里遭受的痛苦和做出的牺牲。他们为什么对我这样一个与他们如此亲近的人喝倒彩呢？我躺在床上思来想去。终于，我明白了，我不能只考虑自己的感受，对这些年轻人失去哪怕一点点的耐心和理解。

12 年来，我本人，以及那些和我一样的人，一直向人们描绘着光辉的未来。我曾向他们宣讲我的梦想，我告诉他们在并不遥远的未来，他们就会拥有自由，“所有人，在这里，就现在”。我敦促他们满怀信心，对美国，也对白人社会。但是，他们的希望落空了。他们大喝倒彩，既是因为他们觉得我们无法兑现承诺，也是因为我们敦促他们去相信那些一贯不遵守诺言的人。他们产生抵触情绪，就是因为他们眼看着曾经欣然接受的美梦，变成一个令人沮丧的噩梦。

我们第一次北上前往芝加哥时，有人就说过，非暴力运动在北 *303*
方不会奏效，因为那里的问题太复杂了，北方的问题与南方的问题迥然不同，等等。但是，我坚持认为非暴力运动可以在北方奏效。

> 现在已经没有时间去侈谈冷静，或者服用渐进主义的镇静剂。现在，是真正兑现民主承诺的时候了。现在，是向上帝的所有子民敞开机会大门的时候了。现在，是结束贫民窟凄凉的漫漫长夜的时候了。现在，是抗拒变革的力量与要求变革的力量展开较量的时候了。现在，是让公正像大水滔滔、正义像湍流涌动的时候了。
>
> 今天，我们在这里申明，我们不再在痛苦中坐等，期待别人赏赐给我们自由。如果我们以为自由是一道奢侈的大餐，联邦政府和白人会把它放在银盘上端出来，而黑人只要准备好胃口就可以，那就大错特错了。压迫者永远不会主动将自由赐予被压迫者，自由从来都是被压迫者自己争取来的。

“暴力对抗压迫”

1966年7月，芝加哥发生了种族暴乱，某些政府官员对此难辞其咎。他们目光短浅，只看重眼前的政治利益，不仅没有承担起改善人民生活条件的责任，而且没有在消除贫民窟和打击维护贫民窟的势力上下功夫。我们必须谨记，真正的和平并不是没有矛盾和冲突，真正的和平是公平当道。而在芝加哥西区或其他任何贫民窟，公正并不存在。

生存条件让人忍无可忍，自然容易触发暴乱。社会环境令人发指，通常衍生暴力对抗。当一个人数众多的社会群体觉得社会发展与他们毫不相干，他们一无所有因而也一无所失的时候，情况也就到了最危险的时刻。对成长于贫民窟的年青一代而言，这个社会极大地限制了他们的生活选择，他们的人生价值已经被贬低到在多大程度上能用拳头保护自己。所以毫不意外地，他们选择了反抗，以暴力来对抗压迫。他们认为，这是他们获得认可的唯一途径。

304 1966年夏天芝加哥暴乱后，我一度非常气馁。然而，我们已经培训了大约两千名非暴力运动参加者，他们经过严明的纪律训练，能够做到打不还手。我们开始寻求宪法权利，在白人社区的房地产公司前举行游行。我们的游行坚持非暴力原则，纪律严明，不达目的誓不罢休。这也给芝加哥市造成了一定冲击，促使市政当局必须采取行动，来改善黑人的生活境遇。在我们的游行中，既没有燃烧瓶，也没有砖头或枪支，我们有的只是身体和灵魂的力量。在芝加哥，这个力量再次显示了威力。

我记得，1966年夏天的暴乱爆发时，一些帮派头目及其爪牙火上浇油，鼓动暴乱。我想要与他们对话，却一直没有机会接近他们。然后，国民警卫队来了。那天晚上，我对他们说：“你们今天晚上为什么不来呢？现在，你们要做的就是加入我们的队伍，让我们联合组织一次连国民警卫队都阻挡不了的运动。我们必须这么做。我会坚持非暴力行动，因为我已经遵行了它这么久，我看到它给我们带来了多大的成就。我永远不会背弃它。”

暴乱平息后，社会上掀起了一股抹黑非暴力运动的潮流。报纸的头版头条新闻耸人听闻，宣称这是一起准军事阴谋。当然，后来美国司法部部长宣布，这些指控是毫无根据的捏造。更加严重的是，有人企图将暴乱的责任推到我本人和奉行非暴力原则的“芝加哥自由运动”头上。这些伎俩都是试图回避种族压迫的根本问题。可见，他们把全副精力都放在了掩盖事实真相上，却拒绝从根本上改变社会结构，纠正种族歧视的错误。

“芝加哥自由运动”不会受到这些不实之词的干扰，我们也不会把精力转移到那些毫无意义的自我检讨上。我们能够补救骚乱的最好办法，就是更加有力地推进非暴力运动。我们加快实施了非暴力直接行动的步伐，来促使芝加哥成为一个开放而公正的城市。

“为争取住房公平而示威游行”

1966 年盛夏，数千名黑人和白人走上街头，为争取住房公平 305
而示威游行。这一游行导致了北方种族主义的大爆发，其嚣张气焰在芝加哥的大街小巷里蔓延。游行队伍进入某些区域时，遭到了猛烈的暴力袭击。为了扩大住房歧视问题的影响力，我们原本计划游行进入禁止黑人租住，房地产中介也从来不给黑人提供信息的纯白人区，但在队伍行进过程中，我们遭到了袭击，很多人受伤。

有人朝我们扔酒瓶和砖头，有人对我们拳打脚踢。在游行队伍中，有些人曾在塞尔玛运动中遭受过虐待，有些人曾参与过蒙哥马利议会大厦前的各种活动，他们带领着芝加哥郊区的游行者行进在燃烧的汽车中间。石头和瓶子像雨点一样向我们袭来，耳边是高声叫嚷的冷嘲热讽，许多人挥舞着纳粹的旗子，纳粹的党徽像杂草一样刺眼地装点着芝加哥的各个公园。种族主义者高声叫嚣“白人权力”，间杂着最不堪入耳的污言秽语——大多都是针对游行队伍中的天主教牧师和修女。我在南方参加过许多次示威游行，可以肯定的是，我从来没有领教过像芝加哥反对者这样的充满敌意和仇恨的暴徒，即便是在密西西比州也没有。

争取住房公平的示威游行，让许多自由派白人朋友也非常震惊，惶恐不安。他们说：“你们是在白人社会中制造仇恨和敌意，这么做只会激起白人的反弹。”他们没有意识到的是，仇恨和敌意早就潜伏着了，游行只是将其摆到了桌面上。

> 谴责一个遭到抢劫的人，理由是他的钱让人心生歹意，这是什么荒谬逻辑？我们的社会要谴责强盗而不是被夺走财物的
> 306 人。如果这个逻辑成立，那么苏格拉底应该遭到谴责，因为他热衷于哲学研究，使得统治者不得不赐他毒酒；耶稣基督也应该遭到谴责，因为他热爱上帝和真理，这才迫使别人把他钉死在了十字架上。看看吧，这究竟是些什么荒唐逻辑？我们谴责的应该是那些实施暴力的人，而不是争取自身宪法基本权利的人。

我们是芝加哥的社会医生，诊断出这个城市患上了可怕的癌症。病因不在我们。这种癌症还没有发展到晚期，还只处于早期，如果现在着手治疗，尚可治愈。我们不仅是病理学意义上的社会医生，而且是社会心理学医生，可以诊断出潜意识中的问题。芝加哥白人对黑人的敌意，已经潜伏了很多年。如果黑人斗争只发生在亚拉巴马州和密西西比州，他们可以袖手旁观，抱着事不关己的态度评论一下人性是多么可怕。而他们一旦发现要在芝加哥实现平等友爱，要爱隔壁的黑人兄弟，那么这些潜在的敌意就马上显露出来了。

芝加哥的游行进行了多日，我没有看到过任何一个游行者有过暴力报复行为。事实上，在游行过程中挑衅不断，这些挑衅不仅有白人流氓在人行道上尖声谩骂，也有黑人激进团体扬言要打游击战。有些街头帮派的领袖及其成员，也参加了我们的游行队伍。我记得，我与“黑石游侠”[①] 成员走在一起，从人行道上扔过来的瓶子打到了他们的鼻子，鲜血从脸上流下来，但是他们继续前进，没

---

① 黑石游侠（Blackstone Rangers）是一个在芝加哥成立的美国街头帮派，成立于20世纪50年代后期，后来成员超过10万人。

有一个人还手报复。因此，我相信，如果人们的有益行为可以见到效果，情绪可以通过有效渠道合法地得到发泄，那么，即便是性情暴烈的人也可以用非暴力原则加以引导。

8 月份，我因为南方基督教领袖大会年会而返回密西西比州几天，然后又回到了芝加哥。芝加哥房地产经纪人董事会发表声明，表达了着手改善现状的意愿。我们想要确定他们是否有诚意。8 月 17 日的会议持续了将近十个小时，虽然有一定的成果，但我们认为还不足以停止示威游行，所以我们继续示威。

> 我只想警告芝加哥当局，在双方谈判寻求解决问题期间妄 *307*
> 图弄出一个禁止游行的法令，这并不是一个明智之举。要知道，我们个个都是资深的监狱囚犯。对我们来说，牢房不是耻辱的地狱，而是我们寻求自由和人类尊严的天堂。我进过亚拉巴马州的监狱，进过佛罗里达州的监狱，进过佐治亚州的监狱，进过密西西比州的监狱，进过弗吉尼亚州的监狱，我现在也准备好了进芝加哥的监狱。朋友们，我要说的很简单：此刻，让我们同唱一首歌——《任何人都无法让我回头》。

我们通过几乎是夜以继日的全天候谈判，取得了也许堪称整个北方住房公平问题中意义最重大、影响最深远的胜利。芝加哥市政当局迫于非暴力运动的威压，被迫坐下来与我们谈判协商，也做出了前所未有的让步，这在该市历史上是第一次，也许对其他城市来讲也是史无前例的。我们在芝加哥的非暴力游行，促成了一项公平住房协议的签署。如果该协议得以实施的话，那么它将是美国所有城市中向住房公平改革迈出的最强有力的一步。

“消除贫民窟行动”

当我们首次与芝加哥社区组织协调委员会合作时，就策划了消除贫民窟行动的一系列计划。我们认为，贫民窟和贫民窟现象不仅仅是居住条件恶劣、住房拥挤不堪的问题，更是美国国内殖民主义的产物。这一现象体现为贫民窟住房、贫民窟学校、失业、就业不充分、隔离教育和教育资源不足、依赖社会救济，以及黑人政治地位低下。这些问题盘根错节，解决起来不可能一蹴而就，因而，我们针对每一个方面都制订了具体计划。我们开展了两大计划。

为了促使芝加哥成为一座公平开放的城市，我们发起了一场声势浩大、影响力强的运动。我们深知，尽管在芝加哥住房公平问题上，我们签署了成效显著的书面协议，但该协议在一两年内还不能变成现实。要想真正实现城市公平，还需假以时日，而在这个过程中，我们不能忽视那些还居住在贫民窟里的群众。

308 首先，黑人社区必须被改造成更加宜居的地方。模仿工会模式成立的租户工会，成了房东和租户之间集体谈判的代表。这一举措收效显著，不到一年时间，芝加哥状况最恶劣的三个贫民窟都成立了租户工会。集体协议合同在内容上包括诸如稳定房租、日常保洁卫生服务，以及一旦出现危害健康与安全的设施问题就立即予以修复等条款。芝加哥的其他社区也相继出现了 12 个规模较小的租户工会，所有的工会都定期召开非正式会议。

住房运动的另一个计划是社区重建。这项计划的独特之处在于，修缮后的房屋将交由每个街区组织的住房合作社来管理，这样，居民在管理和处置物业方面，获得了他们期待已久的发言权。我们希望通过这样的举措，打破贫民窟居民的挫败连锁效应，消除他们低人一等的心理，在改善住房条件的同时实现人性的提升。

芝加哥最引人注目的一个成功项目是“面包篮子行动”（Operation Breadbasket）。“面包篮子行动”虽然指导思想简单，但其效果颇具威力。它奉行的原则就是：“你如果想挣我的钱，就要尊重我这个人。”这项计划的哲学出发点在于，很多零售商人和制造商只顾卖东西给黑人，掏空了贫民窟，却从来不给黑人以公平的就业机会，来回报社区带给他们的丰厚利润。为了扭转这一局面，“面包篮子行动”选择了一个目标行业。我们设法获得了该行业一些公司的就业统计数据，如果某家公司的黑人雇员的比例不合理，或者黑人只被允许从事卑微的体力工作，那么我们就与该公司谈判，争取达成一个更加合理的用工原则。如果有必要，我们就会施加一些影响力。比如，通过牧师向教众宣传，让他们选择性地去或不去某些公司购物，他们的理由很简单：“如果这里不提供重要工作，我们就不在这里消费。”

截至 1967 年，南方基督教领袖大会大约在 12 个城市开展了 309
“面包篮子行动”，成效显著。在芝加哥市，这个行动成功地促成了我们与乳品制造业、饮料业和杂货连锁业三个行业的谈判。经过短期“拒买”运动后，有 4 家公司与我们达成合理协议；有 7 家公司毋庸抵制，通过桌面协商后同意按照我们的要求做出相应改变；另外还有两家公司向牧师们提供了公司的用工信息，以其公平健康的雇工做法，收到了牧师们的推荐信。

“面包篮子行动”的结果是，大约有 800 名黑人获得了新职位或就业条件得到了改善，这些职位为黑人家庭新增年收入超过 700 万美元。“面包篮子行动”除了有效增加就业机会以外，我们还要求，在贫民区拥有店铺的企业要将其收入所得存入黑人银行，黑人生产的产品也要摆放在所有店铺的柜台里。

“与犹太人的关系独特而复杂”

在芝加哥开展运动期间，我们在西区举行了多次有关房租的抗议活动。很不幸的是，大多数情况下我们抗议的对象都是犹太房东。在历史上，芝加哥西区曾是一个犹太人贫民窟，后来犹太人逐渐搬离这一地区，但他们仍然保留了这里的房产，所以，黑人租户与犹太房东之间的问题就出现了。

我们租住的这个贫民窟公寓的房东之一就是一个犹太人，我们就曾被迫抗议租金。我们租住的房子破败不堪，有 4 个房间，租金为 94 美元。我们在盖奇公园和其他地方参加住房公平游行时发现，白人们可以每月只支付 78 美元，就租到带有 5 个房间的洁净卫生的新公寓。这相当于我们多付了 20%的税。

黑人多支付的是肤色税。当黑人面对犹太房东或犹太店主的时候，就不得不支付这笔肤色税，这种矛盾自然就导致了某些不够理性的言论。

310 黑人的反犹情绪是北方贫民窟的特有现象，这种现象在南方并不存在。城市黑人与犹太人的关系独特而复杂，因为他们眼中的犹太人常在两个不同角色中转换。一方面，他们把犹太人当成争取民权斗争中最坚定、最慷慨的合作伙伴；另一方面，犹太人也是黑人每天贫民窟生活中要面对的最直接的剥削者，是精明的房东和奸诈的店主。在黑人争取权利与自由的运动中，犹太人出于宗教原因，也受到伸张正义的传统文化的影响，自愿地与黑人并肩作战。在贫民区从事商业活动的这些犹太人，是原来犹太社区留下来的老住户。许多黑人贫民区原来就是犹太社区，虽然人口流动，但这些犹太店主和房东留了下来。他们的生意是按照小本经营的商家理念来运作的，不再遵循犹太人的传统经商理念，但某些饱受剥削的黑人并不能区别出二者的不同。这些黑人在失望和愤怒情绪的控制下，鹦鹉学舌地传播着饱含种族侮辱性质的绰号，扩大社会流毒，最终害己害人。

把广大黑人群众与极少数叫嚣空洞口号、满嘴谎言的黑人混为一谈，这个错误是惨痛的，也是不道德的。同理，把广大犹太人与极少数在经济利益驱使下盘剥黑人的犹太人等同起来，这也是非常严重的错误。

黑人没有理由指望正直的犹太人去制止极少数贪婪的犹太人，因为他们并没有权利去惩罚或约束任何人。我们只能希望他们也像我们一样，对这种行为表示不齿和鄙视。同理，我们也无法指望黑人去制止和清除那些反犹主义者，因为我们无权控制他们。然而，我们可以反对他们，并且我们已经在行动。黑人反犹主义一直受到所有黑人领袖的谴责，绝大多数黑人也对此表示谴责。我本人就在黑人群众中直接抨击过反犹主义言论，因为它是错误的。我还会坚持反对下去，因为这类言论不仅不道德，而且认可这种言论就是自取灭亡。

“继往开来的一年”

1967 年 3 月，我宣布恢复在芝加哥的常规性活动，日程安排与前一年 1 月到 11 月大致相同。我暂时从民权行动中抽身出来，想要利用这段时间写作一本书，内容是总结过去几年里民权运动中出现的问题和取得的成果。我用了 1 月和 2 月两个月的时间完成了这本书，书的标题是《我们去往何处：混乱还是和谐?》（*Where Do We Go from Here, Chaos or Community?*）。在 3 月份，我与埃尔·瑞比以及芝加哥另外几位杰出的民权领袖举行了一次会议，评估了正在进行的几个项目的进展情况，并制订了消除贫民窟行动的下一阶段计划。 311

我很清楚，芝加哥市政当局在落实住房公平协议这个问题上，一直动作缓慢。对芝加哥住房管理局、城市改建部和人际关系委员会等机构的故意拖延的消极举动，我不能不表示越来越深切的失望。很明显，这些公共管理机构就是想方设法不去履行与我们签署的协议，而这在事实上正巧给那些妄图制造社会混乱的人以口实，宣称住房公平协议不过是一纸空文。芝加哥市政当局的不作为，不仅是对“芝加哥自由运动”的断然否定，是向白人社会的反弹情绪大献殷勤，也是给早已民怨沸腾的黑人社会火上浇油。当时，我们在经过了一个多月的游行后，终于被告知可以来到谈判桌前。我们知道，住房问题错综复杂、千头万绪，妥协和谈判是解决问题的唯一途径。我们来了，我们坐下，我们开始谈判，我们取得了胜利。但是，将近七个月后，我们发现自己的计划被挫败。

我并不是说我们的行动彻底失败了。在芝加哥领导委员会中还有许多受人尊敬、待人真诚的体面人，他们仍然坚持信念。我恳求那些有责任心的敏锐人士能够认清现实，采取行动，努力挽回我们最初建立起来的信任。现在还为时不晚，即使遭遇了昨天的失败，也要努力尝试，将去年 8 月份的承诺初步付诸实现。住房公平协议 312
一定不能变成一张毫无意义的废纸。芝加哥若要获得新生，该协议就必须付诸实施。我们敞开心扉，等待着再次见证真正的诚信和决心，但是，我们也做好了准备，勇敢地揭露任何邪恶之举。所以，我最终认为，为了解决这个问题，我们很有必要举行一系列大规模示威游行。

回顾1966年，我们认为这是继往开来的一年。我们从佐治亚州、密西西比州和亚拉巴马州，来到了芝加哥，这一年对我们来讲，也具有重要的教育意义。南方基督教领袖大会与芝加哥当地优秀的民权领袖并肩作战，积极配合，体验了挫折与失败，也取得了积极的进展。我们意识到，北方面临着更加严峻的社会现实，从许多方面来看，这里比南方农村更加抗拒变革。

我们对芝加哥不曾抱有任何不切实际的幻想，坦率地讲，这里的任务比想象的还要艰巨。然而，总的来说，我们认为，南方基督教领袖大会与芝加哥广大良知力量的结合，是促发社会变革的基础。

> 我想起了芝加哥的一些青少年。他们有“特克斯”“普韦布洛”“山羊”“泰迪”一类的绰号，成长在黑人贫民窟，是遭到社会遗弃的一群人。他们曾组成“大头领”“罗马圣徒”“流浪者”之类的街头团伙或帮派，整日以打架斗殴为荣。在芝加哥西区贫民窟中我租下的公寓里，在一个个漫长而寒冷的夜晚，我与这些孩子交流，倾听他们的故事。
>
> 他们对世界的满腔仇恨，强烈地震撼了我的内心。有时，我也像他们一样感受到深深的失望，因为这些年轻人可能永远无法接受非暴力理念，不相信非暴力作为一种社会改革的工具是强大而有效的。这些孩子在迄今为止的人生旅程中，只知道生活就是一座充满暴力和堕落的疯人院。他们当中，有些人从来没有享受过家庭生活的美好，有些人已经有了犯罪记录，有些人从贫民窟学校辍学，没有工作，只好浪迹街头。
>
> 但是，就在今年，他们送给了我们所有人一份非暴力的礼物，这就是爱的礼物。芝加哥自由运动想要让“特克斯”这样的孩子明白：首先，他们的暴力在全副武装的国家警察面前根

本不堪一击，武力永远不是解决社会问题的方式；其次，我们向他们承诺，我们会用事实证明非暴力可以奏效。

这些贫民窟的年轻人完全有理由怀疑我们的承诺，但是， 313
去年冬天他们最终同意尝试一次非暴力的方式。紧接着，在 1966 年那个气氛紧张而漫长炎热的夏天，许多芝加哥青少年开始了第一次非暴力实践：穿越密西西比自由之行。这些曾经的街头混混坐满了一车又一车，参加游行活动。

我们这些有多年非暴力运动经验的人，对这些年轻人的举动并不是特别放心。在游行结束之前，他们遭到了催泪瓦斯的袭击。大家号召这些年轻人保护妇女和儿童，而他们没有任何武器，只能用自己的身体来抵挡。对他们来说，用这种方式来对抗暴力也许是不可思议，甚至是愚蠢可笑的。

但是，他们响应了号召，做得棒极了！他们在密西西比州学习了非暴力，回到芝加哥后，他们就可以把以非暴力对抗邪恶的美好经验，传授给其他人。

第29章

黑人权力

314 只要美国白人有信心消除社会的不公正与不人道，黑人就能继续坚持非暴力，坚持种族和睦友好。

1966年6月6日
詹姆斯·梅雷迪斯为了鼓励密西西比黑人参加投票而举行“反恐惧”游行，被一名狙击手打伤，金与其他民权运动领袖决定将詹姆斯·梅雷迪斯的游行继续下去。詹姆斯·梅雷迪斯曾于1962年结束了密西西比大学的种族隔离

6月16日
斯托克利·卡迈克尔（Stokely Carmichael）首次使用饱含争议的“黑人权力”（Black Power）这一口号

1966年6月，在一个星期一下午的大约3点钟，我正在亚特兰大总部主持南方基督教领袖大会的常规例会，忽然传来一个消息：“詹姆斯·梅雷迪斯遭到枪击！”整个房间瞬间陷入了沉寂。我们得知，詹姆斯·梅雷迪斯的穿越密西西比州自由之行刚刚开始，他就遭到了枪击，背部中枪。最早传来的消息说，梅雷迪斯已经去世，我们听闻后无比震惊。片刻后，沉默被打破了，房间的每个角落都爆发出愤怒的声讨声，大家完全忘了还在开会。这起枪击事件表明，在这个国家的很多地方，黑人的生命仍然一文不值，这个事实刺痛了大家。

待会议秩序恢复后，南方基督教领袖大会的领导者们立即决定，密西西比自由之行的抗议必须进行下去。我们认为，梅雷迪斯毕竟是单枪匹马地开始了他的“反恐惧”游行的，如果就此半途而废，密西西比的黑人是否会因此而更加胆小懦弱呢？这是否会对整个民权运动造成挫折，对非暴力思想形成打击？ 315

我们与孟菲斯（Memphis）通了几次话后了解到，早前有关梅雷迪斯已经死亡的消息有误，他很快就能康复。我们大家稍感欣慰，但仍然觉得从道义上讲，民权运动必须沿着梅雷迪斯已经开创的道路继续走下去。

第二天早上，我和几位同事一起出发前往孟菲斯。种族平等大会全国主席弗洛伊德·麦克西斯克（Floyd McKissick）也从纽约飞来亚特兰大，与我们会合后，一起前往孟菲斯。飞机着陆后，我们直奔市立医院探望梅雷迪斯。看到他在安心休养，我们都很高兴。我们对他的英勇举动表示了赞赏与感激，弗洛伊德和我向他表达了我们的共识：为了向全美国和全世界人民表明，黑人绝不会被极端主义白人的暴力恐怖吓倒，这个游行应该进行下去。我们意识到，梅雷迪斯一直独来独往，独自行动，他可能并不希望一大群人参与到这个游行中去。我们原以为要花很大力气去说服他，让他相信这一事件涉及整个民权运动。幸运的是，他马上理解了这一点，并且同意即使没有他的参与，我们也应该继续完成密西西比自由之行。接下来，我们讨论了这次行动的特点，以及相关的后勤支持等问题。我们还约定，每天都与他沟通我们做出的每一个决定。

我们正准备离开时，护士走进来说：“梅雷迪斯先生，大厅里有一位卡迈克尔先生，他想见你和金博士。他可以进来吗？”梅雷迪斯同意了。斯托克利·卡迈克尔和他的同事克利夫兰·塞勒斯（Cleveland Sellers）一走进来就与梅雷迪斯握手致意，表达了对此事的关注，以及对梅雷迪斯的钦佩之情，并带来了学生非暴力行动协调委员会的同事们的问候。大家简短交谈后，我们都觉得梅雷迪斯应该休息了，再谈下去他就太疲惫了。离开时，我们向他保证，我们会贯彻他的精神，将密西西比自由之行进行下去。我们约定，将以前所未有的力度去揭露密西西比州的种族主义罪恶，来激发起长期生活在剥削和压迫下的黑人的自尊心和人格尊严。

316 经过一个短会的交流后，弗洛伊德、斯托克利和我一致同意，这次游行将由种族平等大会、学生非暴力行动协调委员会和南方基督教领袖大会共同发起，还将向其他的民权组织发出邀请。大家还同意，我们要在全美范围内发出呼吁，争取广大民众的支持和参与。

一个小时后，我们就确定了人员分工情况，并决定将行动总部设立在位于孟菲斯的詹姆斯·劳森（James Lawson）牧师的教堂。完成这些工作后，我们一行人挤在 4 辆汽车里，前往 51 号公路的事发地点，詹姆斯·梅雷迪斯前一天就是在那里被枪击的。至此，詹姆斯·梅雷迪斯密西西比自由之行的第二阶段拉开了序幕。

“失望会催生绝望，绝望会产生愤恨”

天气炎热难当，我们步行在蜿蜒曲折的公路上。大家一边走一边辩论，各种疑问纷至沓来。

“我可不想再坚持什么非暴力了！”一个比较年轻的游行者嚷道。

“要是哪个该死的密西西比白人车把式敢动我一下，看我怎么收拾他！”另一个人喊道。

接着，大家讨论起了游行队伍的组成人员的问题。

“当然应该全是黑人参加，”有人这么说，“我们可不需要那些虚情假意的白人，或者什么自由主义者来参加我们的运动，这是我们自己的游行。”

每天下午，我们都会停下来唱一次《我们要战胜一切》。这是一首促人情操高尚的歌曲，热情洋溢，欢快响亮，力量绵长悠远。但是，当我们唱到那句“黑人和白人团结一致”时，许多人就闭嘴不唱了。后来，我问他们为什么不想唱这句歌词，他们反驳说：“现在是新时代了，我们不想再唱这些词了。实际上，这首歌我们就不该再唱了，不是‘我们要战胜一切’，而是‘我们要占领一切’。”

我听着这些愤懑的评论，感觉就像听着来自陌生国度的奇腔怪调。我很不习惯听到这种怨言，但是，我对此并不觉得意外。我知道，在一个社会里，如果政府的承诺永远是一纸空头支票，梦想永远可望而不可即，黑人受到欺压永远申诉无门，那么在这样的现实面前，非暴力思想终究会受到严重质疑。我了解，失望会催生绝望，绝望会产生愤恨，而愤恨必然导致盲目。怨恨让人失去判断力，无法辨别个别与整体的差别。当主流社会的一些成员，特别是当权者，抱着种族主义的态度，做出种族歧视的举动来，心怀愤恨的人就会把怨气撒向整个群体。 317

自由之行第一天结束后，我们返回了孟菲斯，投宿在一家黑人汽车旅馆，这是因为当时帐篷还没有落实，而在我们接下来几天的行程中，晚上都住在帐篷里。讨论在汽车旅馆里继续进行。我下定决心，要耐心劝说我的兄弟们坚守非暴力原则，因为这条原则是经过时间检验的。我刚一开口宣讲非暴力，马上就激起了一些来自防卫执事团[1]的朋友的反对。他们争辩说，自我防卫是很必要的，因此非暴力不应该成为参与游行的前提条件。他们的观点获得了种族平等大会和学生非暴力行动协调委员会中一些激进分子的拥护。

我竭力向他们说明，我不仅在理论上反对暴力，而且我能想象到的最不明智的灾难性事件，就是由于判断失误而导致密西西比州发生暴力冲突，因为我们既没有资源保障，也没有技术支持去以暴力取胜。并且，我敢断言，许多密西西比州的包括政府官员在内的白人，正巴不得我们转向暴力，这样就授他们以口实，来除掉某些参加游行的黑人。最后，我认为，自我防卫问题是没必要讨论的，几乎没有人认为，黑人个人受到攻击时不应该自卫。现在的问题不在于当他的家遇袭时他该不该用枪还击，而在于当他参与一个有组织的游行时，使用枪支在战术上是否明智。我认为，如果他们不高

---

[1] 防卫执事团（Deacons for Defense）是一个非洲裔美国人组织的自卫组织，于1964年11月成立于路易斯安那州，目的是保护民权活动家及其家人。该组织的活动受到白人、警察和三K党等团体的威胁。

举非暴力的旗帜，密西西比的不公正就得不到暴露，道德问题就会被掩盖。

318 接下来的问题是白人是否应该参与游行。斯托克利·卡迈克尔认为，应该弱化白人的参与程度，重点是号召黑人参与行动。房间里的其他人闻言，纷纷表示赞同。当斯托克利发言的时候，我回忆起了我们在南方各地一起工作的情景，我们曾那么欢天喜地地欢迎白人盟友加入到运动中来。那么，是什么原因导致了斯托克利思想的转变呢？

我猜测，他的心理变化在很大程度上与 1964 年夏天学生非暴力行动协调委员会在密西西比州的经历有关。当时，大批北方白人学生赶来援助这个种族主义肆虐的南方州。学生非暴力行动协调委员会的工作人员注意到，这些年轻的白人学生侃侃而谈，信心十足，能量强大，他们与那些最贫穷卑微的黑人站在一起，反倒更让黑人们自惭形秽。那个夏天的经历，可能让斯托克利和他的同事们在潜意识里认为，邀请白人加入的做法对黑人来讲并无益处，只会让他们更加自愧不如。当然，要解开这个心结，方法就是绝不放弃，不能为了黑人的存在感，就认为黑人只能与黑人合作。我们只有坚持不懈地尝试，不断地实践探索，坚持团结在一起，才能最终找到出路。

种族间的相互理解就如同生活本身一样，从来没有现成的东西摆在那里等着我们去发现，而是需要我们自己去创造。我们来到这个世俗的世界，能够看到的只有物质，但物质只是原材料，真正的生活需要我们用这些原材料去创造。富有创造性的幸福生活从来不是你发现的，而是你创造出来的。所以，黑人和白人携手合作，增进了解，这不是现成地摆在那里等着我们去发现的东西，而是需要我们通过接触交流，自己创造出来的。

沿着这个思路，我恳请与会者认识到将这次游行变成一次种族融合游行的意义。我说，我们的运动必须归于良知的指导，而不是局限于种族群体。我请他们回想一下那些曾在种族正义事业中遭受苦难、流血牺牲的白人，我认为，现在拒绝白人的参与，就意味着可耻地否定了他们为此做出的一切牺牲。

我最后说，我们此时面临的敌人空前强大，这要求我们比以往任何时候都更加团结，我将竭尽全力维护团结的局面。但是，如果此次游行不能公开申明奉行非暴力原则，并且由黑人与白人共同参与，那么出于良知考虑，我个人和南方基督教领袖大会都将退出游行。弗洛伊德和斯托克利讨论了几分钟，最后同意本次游行可以围绕着这些原则联合行动。第二天早上，我们举行了一次联合记者招待会，宣布这次游行奉行非暴力原则，我们欢迎白人参与游行。 319

> 现在我要重申，就像我一直所说的那样，我们中任何个人都没有能力改变密西西比，任何一个组织也都不能单凭自己的力量在密西西比完成这项工作。我一直坚信，只有所有人凝聚在一起，我们才可能改变密西西比的面貌。现在不是团体之间冲突争执的时候，也不是任何人争夺运动领导权的时机，在这场密西西比的战争中，我们都是领袖。你要知道，想要改变密西西比，我们必须齐心协力。我们面对的不是某个弱小势力，而是一个势力强大的政治王朝。从某种意义上说，我们现在就像代表真理的大卫，去反对代表不义的歌利亚[①]。我们可以改变密西西比。我坚信，如果我们团结一致，我们就一定能够实现这一点。

“黑人权力！”

时间一天天过去，讨论一直没有停止。只是我们经过沿途的每个城镇，都受到了当地民众的热烈欢迎，这往往会冲淡一些争论和

① 出自《圣经·旧约》。歌利亚是一位非利士人勇士，与年轻的大卫（未来的以色列国王）发生了一场著名的战斗。歌利亚连续四十天向以色列人讨战，以色列人非常害怕，大卫英勇应战。他手拿机弦，从溪水中挑选出五块光滑的石子来与歌利亚对阵，用机弦将石子击中歌利亚的额头，歌利亚倒地后，大卫拔出歌利亚的刀，割了他的头，将他杀死。

分歧的气氛。经过格纳达（Grenada）前往格林伍德（Greenwood）的路，我们大约走了十天，斯托克利越来越难以掩饰他渴望到达格林伍德的迫切心情。在1964年那个不平静的夏天，学生非暴力行动协调委员会在格林伍德进行了富有成效的工作，从这个意义上说，那里算得上是学生非暴力行动协调委员会的势力范围。

320 游行队伍快到格林伍德时，大批民众走出来欢迎我们，其中有老朋友也有新朋友。当晚，我们在一个城市公园中举行了一个盛大的群众集会。斯托克利登上讲台演讲，他大力抨击了密西西比州的种族歧视，听众群情激昂。然后，他宣布道："我们需要的是黑人权力。"学生非暴力行动协调委员会中有一个富有鼓动力的演说家，叫威利·里克斯（Willie Ricks）。他闻言跳上讲台，喊道："你们要什么？"人群怒吼："黑人权力！"里克斯一次又一次地高呼："你们要什么？"应答声越来越响亮："黑人权力！"气氛几乎到了白热化的程度。

就这样，格林伍德成了民权运动中"黑人权力"这一口号的诞生地。理查德·怀特和其他人原来曾经用过这个术语，但直到那一夜，它才首次作为民权运动的口号被正式提了出来。这个口号对长久以来遭受白人欺压、低人一等的黑人来讲，自然有着无与伦比的吸引力。

然而，我对使用这个口号持保留意见。我强烈感觉到，用这样的字眼做口号并不恰当，而且我看到它在游行参与者中造成了分裂。有那么一两天，那些支持"黑人权力"的人与那些支持"现在就要自由"的人展开了竞争，双方的演说家都拼命鼓动人群，让他们声嘶力竭地呼喊自己的口号，看谁的声音更响亮。

现在，我只相信具体的、切实的黑人权力。我不相信黑人分离主义，也不相信任何带有种族主义色彩的黑人权力。然而，如果黑人权力指的是为了实现我们公正合法的目标而去累积政治和经济权力，那么我们都会相信这样的权力，我认为，所有心怀善意的白人也都相信这样的权力。

> 黑人人口只占全美国总人口的10%，如果我对你们说，黑

> 人要依靠自己的力量获得自由，那么我就是愚不可及的。我们必须与心存良知的人们组成联盟。在美国，白人只有同情和理解了我们的事业，明白了种族隔离不仅侮辱了黑人也贬损了白人自己，黑人才能真正在密西西比和美国其他地方获得自由。如果我告诉你我们可以依靠暴力赢得自由，那么我就是在误导你。即便想一想也能知道，那是不切实际的。暴力革命一旦爆发，必然导致许多人无谓地丧命。当然，我愿意牺牲自己的生命，很多人也都准备好要献出生命。如果你对某个事业抱有坚定的信念，如果你全心全意信仰它，你就会心甘情愿为它而献出生命。即便如此，我也从来不主张无谓的牺牲。

我意识到队伍中的分歧正在不断扩大，于是邀请了斯托克利和弗洛伊德来开诚布公地讨论这个问题。第二天早上，我们三人带领各自的助手，在亚祖市（Yazoo City）的一个小天主教堂会面了。我整整花了五个小时的时间，想要说服他们不再使用“黑人权力”这个口号。我认为，一个领袖必须注意自己的言辞表达。每个词语都有它的指示意义，这个意义明确清晰，广为认可；同时，它还有一个隐含意义，也就是它所暗示的意义。虽然“黑人权力”这个词的法律含义清晰明了，但作为口号的“黑人权力”所蕴含的意义却容易引起误解。我提到，媒体报道已经给这个概念赋予了暴力的含义，而一些游行参与者的草率言论更加强化了这种印象。 *321*

斯托克利回答说，暴力还是非暴力无关紧要，真正重要的是黑人要积累起政治和经济资源，来获取权力。他说：“这个世界只尊重一样东西，那就是权力，我们必须不惜任何代价获得权力。”然后，他紧紧地盯着我说：“马丁，你我都知道，事实上，几乎所有美国的其他族裔都这样做，犹太裔、爱尔兰裔和意大利裔，他们都这么做，为什么我们不能?”

“这就是问题的关键，”我回答说，“没人听说过犹太裔公开高呼过‘犹太权力’，但是他们有权力。他们通过自身的团结、坚定的决心和创造性的努力，获得了权力。对爱尔兰裔和意大利裔来讲也是同样，这两个群体都没有使用‘爱尔兰权力’或‘意大利权力’这样的口号，但是，通过努力，他们都已经实现了这一目标。这正是我们应该采取的策略。”我接着说：“我们必须通过建设性的手段，来积累黑人的经济和政治权力，这种合法的权力才是我们所需要的。我们要努力建立黑人的种族自豪感，驳斥黑人生来邪恶、丑陋这些说法。要实现这个目标，我们必须依靠实际的行动，而不只是一句口号。”

322 斯托克利和弗洛伊德坚持认为，口号本身必不可少。“如果没有一个有号召力的口号，怎么能把人们团结到一起呢？难道工人运动没有口号吗？在我们争取自由的各种运动中，难道不是一直都有口号吗？我们现在需要一个新口号，只不过加上了‘黑人’二字而已。”

我承认我们需要口号，但是，我们为什么偏偏要选择这样一个引起盟友误解的口号呢？这个口号不仅把黑人孤立起来，而且让原本就心存偏见的白人找到了一个自我辩护的借口。如果没有这个口号，他们也许还会对自己的反黑人思想感到羞愧呢。

经过冗长的辩论，斯托克利和弗洛伊德仍然坚持自己的观点。斯托克利坦率地说：“马丁，我是特意决定在这次游行中提出这个口号的，其实就是想要在全国范围内激起一场讨论，并且迫使你支持‘黑人权力’这个口号。”

我听了这话忍不住笑了。“我以前就被利用过，”我对斯托克利说，“再多一次也无妨。”

会议结束时，南方基督教领袖大会成员仍然同意我的看法，认为“黑人权力”这个口号并不适宜，它只会把人们的注意力从控诉密西西比种族罪恶上转移开去。而种族平等大会和学生非暴力行动协调委员会的大多数成员，支持斯托克利和弗洛伊德的主张，坚持认为应该把这个口号在全美范围内推广。为了维护团结，最后我建议双方都做出让步，在接下来的游行中，我们既不高呼“黑人权力”的口号，也不用“现在就要自由”的口号。这样，无论是普通民众还是新闻界，都不会被这种明显的分歧搞糊涂，工作人员也不用相持不下了。最后，大家都同意了这一折中方案。

“失望的呐喊”

虽然游行队伍里不再有口号之争，但新闻界的讨论还在持续发酵。新闻报道的热点不再围绕着密西西比州的种族弊端，而是集中在民权运动中明显的意识形态分歧上。任何一次革命运动，都不可避免要经历团结一致的高潮期和内部分歧的低谷期。这场辩论只不过是正常的内部意见不一致，但是，新闻界一向喜欢小题大做，唯恐不把这个问题吵得尽人皆知。在他们看来，在每场戏剧性冲突中，都必须有一个主角和一个对抗角色，如果没有，他们就会制造一个出来。

因此，“黑人权力”成了全美范围内热议的一个专门术语。有 323
些人觉得这个口号让人心生厌恶，但另一些人觉得它充满了活力；有些人对它深恶痛绝，而另一些人认为它令人振奋；有些人说它饱含破坏性，另一些人却认为这个口号很有指导意义。由此可见，不同的人对“黑人权力”这个口号有着不同的理解，作为一个感情色彩浓厚的概念，它甚至可能对同一个人在不同的境遇下承载着不同的含义，所以，我们不可能在任何个人或组织的层面上定义其最终含义。我们必须超越任何个人喜好、华丽辞藻和大众媒体的歇斯底里，来诚实地评估这个口号的价值、意义，以及它所肩负的责任和义务。

首先，我们必须了解，“黑人权力”是表达失望的呐喊声。这一口号并非从某个哲学先知的头脑中凭空产生，而是从绝望和失望的伤口中诞生的。它沉淀着经年累月伤心痛苦的呼声。几个世纪以来，白人权力的阴影笼罩着黑人。许多黑人已经失去了对大多数白人的信心，因为就是白人一手遮天的权力使得黑人们两手空空。因此，在现实中，呼唤“黑人权力”，其实就是对不能给黑人带来任何利好的白人权力的反抗。

> 许多今天赞成“黑人权力”的年轻人，其实昨天还是黑人与白人合作，以及非暴力直接行动的忠实拥护者。他们拥有极大的牺牲和奉献精神，怀揣着对未来执着的信念，勇敢地在南方开展工作。他们即便身受拳打脚踢，也绝不以牙还牙；即便身陷阴暗肮脏、臭气熏天的监狱，也没有放弃为人的尊严。他

们坚定勇敢，蔑视危险，坚持以非暴力的方式直面南方各州的吉姆·克拉克和“公牛”·康纳之流，无情地揭露出美国政治机体中的种族主义的弊病。如果说他们是今天美国国土上愤怒的孩子，那么他们并非生性如此暴躁。这只是对绝望的回应，而这种绝望是因为当权者屡屡言而无信、顽固不化和懦弱无能，使得实现自由和平等变得遥遥无期。现在，斯托克利·卡迈克尔说非暴力方式解决不了问题，那是因为作为一个久经沙场的民权斗士，他目睹过白人种族主义者对黑人和白人民权战士犯下的种种暴力罪行，他也目睹了犯罪者如何逍遥法外。

更让他们倍感挫折的是，如果白人和黑人同样为了争取正义而献出生命，白人的牺牲往往会比黑人的牺牲得到更多的关注，引起更大的反响。当勇敢的黑人小伙儿吉米·李·杰克逊惨遭杀害，以及虔诚的一位论派[①]白人牧师詹姆斯·里布被殴打致死时，斯托克利和学生非暴力行动协调委员会的同事们与
324 我们一起，都在亚拉巴马州。他们记得，约翰逊总统给勇敢的里布夫人送花表示慰问，在他雄辩的演讲《我们必将胜利》(We shall Overcome) 中停了下来，提到一个人——詹姆斯·里布——为战斗捐躯了。不知怎的，总统忘了提吉米·李·杰克逊的名字，而他才是那个先牺牲的人。吉米的父母和姐妹也没有收到总统的花。学生们敏锐地觉察到了这一点。这并不是说他们认为詹姆斯·里布的死不值得痛惜，而是总统没有提到吉米·李·杰克逊的名字，这进一步加深了“美国白人认为黑人的生命微不足道、一文不值”这一印象。

“从毫无权力到拥有创造性的、积极的权力”

其次，从广义而积极的角度去看，“黑人权力”这个口号是呼

---

① 一位论派 (Unitarianism) 又称神体一位论、唯一神论、独一神论、独神主义等，是否认三位一体和基督神性的基督教派别。此派别强调上帝只有一位，并不接受传统基督教所宣扬的上帝由三个位格（即圣父、圣子和圣灵）组成的理论。

吁黑人们积聚政治和经济力量，以实现他们正当的合法目标。无人能否认，黑人迫切需要这种合法的权力。事实上，黑人所面临的最大问题之一就是缺乏权力。从南方的老种植园到北方的贫民窟，黑人们一直都无职无权，默默忍受奴役。他们被剥夺了决定自己生活和命运的权利，只能服从于白人权力机构的淫威以及偶尔异想天开的裁定。手握重权的那些人创造出种植园和贫民窟，目的就是控制那些无权的人，并且让他们永远无权。因此，改造贫民窟其实解决的就是一个权力问题，是要求权力变革的力量和竭力维持现状的力量之间的正面对抗。

如果理解正确的话，权力应当指实现目标的能力，是实现社会、政治或经济变革所需的力量。从这个意义上讲，为了实现爱与公正，权力不仅值得去争取，而且是必要的。历史最大的问题之一是，通常将爱与权力这两个概念完全对立起来，似乎爱就意味着对权力的放弃，权力则代表着对爱的否定。现在，我们需要正视的一个现实是，没有爱的权力，无情而残暴；而没有权力的爱，无力而脆弱。最好的权力，是用爱来落实公正的要求；最好的公正，是用爱来纠正任何与爱对立的做法。

权力本身没有任何实质性的错误。当前美国的问题是，权力分 325
配不均。这造成了美国黑人过去只能利用没有权力的爱和道德规劝，来追求他们的理想；而美国白人则通过缺乏爱和良知的权力，来达到他们的目标。这一状况的后果就是，一些极端主义分子鼓动黑人从白人手中夺取权力，而这泯灭良知、破坏性强的权力正是目前他们所深恶痛绝的。正是缺乏道德的权力和缺乏权力的道德之间的碰撞，构成了我们这个时代的重大危机。

“暂时的隔离是必要的”

我认为，在某些时候，为了实现种族融合的社会，暂时的隔离是必要的。我可以在此举几个例子。在南方，我看到过种族融合的学校，看到过种族融合的教师协会，通常一经融合，黑人随即失去了权力……我们不希望因为融合而失去权力，我们希望被融合到权力体制之内。

因此，我认为，实现政治意义上的种族一体化非常必要，在某些情况下，为了达到最终目的，隔离可以作为一种暂时的方法。我认为，这也是实现真正的种族融合社会的唯一途径。

1968年3月25日

黑人在争取种族平等的斗争中，必须实现从毫无权力到拥有创造性的、积极的权力的转变。从某种程度上讲，“黑人权力”这个口号主张提高黑人的政治意识，壮大黑人的政治力量，选举黑人担任关键职位，利用联盟投票机制营造宽松自由的政治氛围，最终实现对自由和人性尊严的追求。“黑人权力”是号召人们行动起来的一个积极的、合法的呼声。

“黑人权力”也旨在吁请汇集黑人财富，保障黑人经济安全。改善黑人的经济困境的最终答案，不仅在由A. 菲利普·伦道夫制定的“自由预算”——此规划相当于改善弱势群体处境的“马歇尔计划”——这个大规模的联邦财政规划中，而且，黑人也要为摆脱贫困的枷锁做出自身的努力。

326 最后，“黑人权力”呼唤的是人性的回归。经年累月以来，黑人一直被灌输教导说，他这个人一文不值，他的肤色代表了与生俱来的堕落，他的一生处处烙刻着卑微的印记，他的整个历史都浸满了污秽。几乎没有人意识到，奴隶制和种族隔离制度给黑人的精神和心灵，造成了怎样的累累伤痕！奴隶制肮脏贸易的前提就是，黑人是不配得到尊重的人，甚至是一件可以供人驱遣的物件。“黑人权力”认为，对那些以主子心态而非兄弟心态对待黑人的人而言，如果没有一股新生的力量去遏制他们，那么黑人就永远摆脱不了做奴隶的命运。

从心理上讲，“黑人权力”是对驯化完美奴隶的心理过程的一种反抗。虽然这种反抗往往导致消极而不切实际的行动，频繁引发冲动的言行，但我们必须看到这个口号在唤醒黑人的人性自觉、激发深层种族自豪感，以及热爱自身历史传统方面的积极作用。黑人必须重新认识自身价值和人性尊严。在一个仍然饱受压迫的社会中，他要站起来，树立起崇高的自我价值感，不再为自己身为黑人而感到羞耻。

对一个民族而言，如果他们几百年来一直接受着灌输，认为自己微不足道，那么，要在他们内心激发起人性的尊严感又谈何容易？即使是在语义学上，“黑色”的含义也倾向于丑陋污秽，有辱人格。在罗杰（Roget）的《同义词词典》（*Thesaurus*）中，120 个意含“黑色”的同义词中，至少有 60 个蕴含冒犯，比如“污点”“煤烟”“污垢”“恶魔”“脏话”这些词。而包含“白色”意义的 134 个同义词中，其含义全部是正面而积极的，比如“纯洁”“洁净”“贞洁”“清白”等。而一个“white lie”（善意的谎言）要好过一个“black lie”（昧良心的谎言），一个家庭里最没有出息的一员也被叫作“black sheep”（家族的败类），而不是“white sheep”。

我们的历史书几乎完全忽略了黑人在美国历史上做出的贡献， *327*
这不但加深了黑人的自卑感，而且强化了白人至上的时代氛围。无论是黑人还是白人，都很少有人知道这样一个事实：美国在争取从英国殖民统治下获得解放的斗争中，第一个为独立斗争流血牺牲的人是一名黑人船员，他叫克瑞斯普斯·阿塔卡斯（Crispus Attucks）。无论是黑人还是白人，几乎都忽视了这样一个事实：在美国成功完成第一例心脏手术的医生是一个黑人，他叫丹尼尔·黑尔·威廉姆斯（Daniel Hale Williams）。另外一位黑人医生查尔斯·德鲁（Charles Drew）在分离并大规模储存血浆的方法上，做出了很大贡献，这一贡献在第二次世界大战期间挽救了成千上万的生命，并为战后的医疗发展奠定了坚实的基础。事实上，许多黑人科学家和发明家的研究和创造，让美国人的生活更加丰富多彩，但他们却被我们的历史书忽略了。虽然有几本书曾提及乔治·华盛顿·卡弗[1]，因为在南方棉花王国地位岌岌可危的时候，他在农业方面的贡献极大地重振了南方的经济；但是，所有的书都忽略了诺伯特·李利厄（Norbert Rillieux）的贡献，他发明的蒸馏锅彻底改变了蔗糖的炼糖工序。又有多少人知道，目前资产数百万美元的联合制鞋机械公司（United Shoe Machinery Company）最初是在19世纪的一台简单的制鞋机的基础上发展起来的？而这台制鞋机是由荷属圭亚那的一个黑人发明的，他叫让·马泽利格尔（Jan Matzeliger）。还有，电动汽车专家格兰维尔·T. 伍兹（Granville T. Woods）的许多专利，在20世纪初极大地改进和发展了铁路交通状况，他难道不也是一位黑人吗？

黑人对美国音乐的贡献也会被人忘记，这实在令人奇怪。1965年，我的大儿子和女儿进入了亚特兰大的一所种族融合学校上学。几个月后，我和妻子受邀参加学校组织的一个名为“成就美国的音乐”的活动。那天晚上，随着活动的展开，我们欣赏了不同族裔的移民群体的民歌和音乐。我们确信，节目最后一定会以堪称美国音乐源头的黑人灵歌压轴。但是，我们想错了。事实上，所有的学生，包括我们自己的孩子，最后以演唱《迪克西》[2] 结束了晚会。

我们站起身离开大厅，我和妻子相视无言，心中的愤怒和讶异溢于言表。那天晚上在场的所有人，无论是白人还是黑人，无论是学生、家长还是所有的学校员工，都受到了另一种美国偏见的毒害：忽视黑人的存在，让他的存在看起来渺若尘芥，让他的贡献看
328 起来微不足道。那天晚上，我哭了。我为我的孩子和所有的黑人孩子而哭泣，因为他们被剥夺了了解他们祖先文化遗产的机会；我为

① 乔治·华盛顿·卡弗（George Washington Carver，1864—1943）是美国教育家、农业化学家、植物学家，是第一个进入艾奥瓦州立大学并取得农业硕士学位的非洲裔美国人。

② 《迪克西》（Dixie或者I Wish I Was in Dixie）是19世纪的一首美国民谣歌曲。该歌曲主要是对于南方乡土的歌颂。迪克西作为地域名词，通常指美国南部各州及该地区的人民，与指代美国北方人的洋基（Yankee）相对应。在美国南北战争时期，南方邦联将这首歌曲采纳为非正式的国歌，1861年2月18日，在杰弗逊·戴维斯的总统就职仪式上被当作国歌演奏。

所有的白人儿童而哭泣，因为他们每天接受的教育有失偏颇，觉得黑人只是美国社会中一个无关紧要的存在；我为所有的白人父母和教师而哭泣，因为他们被迫忽略了这样一个事实，即美国的文化和技术进步是所有人共同努力的结果。

“一句无法指导实际行动的口号”

尽管“黑人权力”这一口号蕴含着诸多的积极因素，能够与民权运动的某些宗旨相呼应，但是我认为，“黑人权力”的弱点在于它缺乏实质性内容和可操作的行动指导能力，因而不能成为民权运动的基本战略。

从表面上看，“黑人权力”是一句令人心动的口号，但究其实质，其根源在于一种认为黑人根本无法赢得胜利的虚无主义哲学。从根本上讲，它认为美国社会已经腐败堕落，罪孽深重，无可救药，根本没有希望从内部得到救赎。当然，这种想法情有可原，因为白人权力机构从来不曾真正致力于实现黑人的平等，并且秉持着一种关门闭户的顽固保守心态。但是，“黑人权力”这个口号仍然带着与生俱来的缺陷和问题，注定要失败。

在 20 世纪之前，几乎所有革命的源头都是希望和仇恨。而所谓的希望，表现为人们日益渴望实现自由与公正。印度圣雄甘地所领导的运动的与众不同之处在于，他的革命运动的基础是希望与爱，是希望与非暴力。从 1956 年的蒙哥马利抵制公共汽车运动到 1965 年的塞尔玛运动，美国的民权运动也体现出了这个革新特点。我们心怀希望，将传统革命的仇恨转化为积极的非暴力力量。对一般人而言，只要他们的希望转化为现实，就很少有人去质疑非暴力的效果；但是，一旦希望破灭，或者情况虽有改进但仍不尽如人意，或者他们看到更深重的贫困、更多的种族隔离学校以及更龌龊的贫民窟，绝望就会蔓延开来。

只是，革命虽然源于绝望情绪的爆发，却不能靠绝望情绪维持 *329*
下去。这就是“黑人权力”运动的最终无法解决的矛盾。“黑人权力”运动号称美国最具革命性的社会变革风潮，然而，它却拒绝了一个让革命之火熊熊不息的元素：永恒的希望之光。如果希望消亡了，一场革命就只能退化为一个毫无特征的闹剧，迅速被遗忘，于现实徒然无益。黑人不能把自己的命运托付给一个只在绝望中汲取营养的哲学，交给一句无法指导实际行动的口号。

我经常在亚特兰大的家里以及我在芝加哥的公寓里，与“黑人权力”的拥护者一边喝咖啡，一边展开辩论。他们热衷于为暴力和骚乱辩护。他们从来不会引用甘地的思想，也不会引用列夫·托尔斯泰的话，他们的圣经是弗朗茨·法农[①]所著的《大地上的受苦者》。这位来自马提尼克的黑人精神病学家曾前往阿尔及利亚，与“祖国解放阵线”（National Liberation Front）并肩斗争，反抗法国的殖民统治。这是一本很好的书，里面包含了许多深刻的见解。法农在书中声称，被压迫者的暴力倾向不但是心理健康的表现，而且在战略上也毫无瑕疵。因此，那些支持“黑人权力”运动的美国年轻黑人，意识到自己也是“大地上的受苦者”中的一分子，经常引用法农的思想，认为只有暴力才能带来自由。

但是，显而易见的事实是，在美国，黑人企图通过暴力手段推翻压迫者的做法是行不通的。我们不需要约翰逊总统告诉我们这一点，只要记住暴动的黑人只有对手人数的十分之一就够了。当然，我们也有过一些勇敢起义的兄弟，如丹马克·威瑟（Denmark Vesey）和奈特·特纳（Nat Turner），但是，他们的行动恰恰应该给我们敲响警钟，说明暴力叛乱从一开始就注定要失败。任何想要发动和领导暴乱的人，都应该实事求是地评估这一举动可能造成的伤亡。这是一场少数人面对武器精良、后备充足的大多数人的较量，是一场狂热的右翼分子求之不得的借机消灭成千上万黑人男女和儿

---

① 弗朗茨·法农（Frantz Fanon，1925—1961），法属马提尼克的作家、散文家、心理分析学家与革命家。他是20世纪研究非殖民化和殖民主义的精神病理学较有影响的思想家之一，也是近代最重要的黑人文化批评家之一。他从黑人的角度探索黑色非洲，并使得非洲研究真正受到西方学界的重视。他在阿尔及利亚完成了《大地上的受苦者》（*The Wretched of the Earth*），深度反映和探讨了阿尔及利亚人被法国殖民者剥削的痛苦。

童的战斗。

黑人们有时候认为，1965 年的瓦茨暴乱和其他城市发生的一 330
些骚乱，是争取公民权利的有效行动。但是，一旦你追问持有这种观点的人，这些举动到底取得了什么具体成果时，他们就结结巴巴无话可说了。这些暴乱充其量就是获得了一点额外的脱贫资金——这是那些受了惊吓的政府官员调拨给他们的，或者是政府多派来几辆洒水车，给贫民窟的孩子们降温。暴乱行动在任何方面，都不曾像有组织的抗议示威那样取得过实实在在的成果。

当让暴力倡导者说出哪种反抗方式有效时，他们的回答又显然不合逻辑。有时，他们会说推翻种族主义国家和地方政府。但是，他们没有看到，除非一个政府已经失去了武装部队的忠诚，失去了对军队的有效控制，否则试图以暴力推翻政府的国内革命，从来没有一例取得过成功。任何有头脑的人都知道，在美国绝对不会出现这种状况。

非暴力也是一种权力，但它是对权力正确而良性的使用。它富有建设性，既可以拯救黑人，又可以拯救白人。主张种族隔离制度的人其实是受到了一些非理性恐惧的控制，比如，害怕丧失经济特权，害怕社会地位改变，害怕不同种族间通婚，或者害怕不得不适应新情况。数不清的白人被这些恐惧折磨着，忧心忡忡，夜不能寐。于是，有些人选择逃避，无视种族关系的问题，对所涉事件也视而不见；另外一些人寄希望于法律操作，号召大规模抵制；还有一些人则采取卑鄙暴力的行为打击黑人兄弟，希望以此来消除内心的恐惧。然而，这些方法都根本不起作用！他们这么做，非但消除不了他们内心的恐惧，反而使他们在恐惧的泥沼中越陷越深。白人们必须通过自身的努力，通过教育和善意，通过寻找良知，通过直面种族融合这一事实，让自己从这种恐惧中脱身出来。同时，为了克服恐惧，白人也要借助于黑人运动对他产生的精神冲击，而这只有通过黑人坚持非暴力才能够实现，因为非暴力意味着强大而凌驾于一切的爱，也只有非暴力才能最终减轻白人社会的恐惧。

“一个真正的领袖不是一个追随共识的人”

有人问我：“现在暴力成为一种新的潮流，你不与时俱进，还坚持自己的非暴力观点，会不会失去黑人们的支持，变得落伍?”

331 我的回答永远不会变。我坚信，绝大多数黑人是反对暴力的，即使他们不反对，我也没有兴趣去做一个人云亦云的领袖。我不会按照盖洛普[1]民意调查来决定什么是对，什么是错。我猜想，在当时的德国，一定也有一些领袖坚决反对希特勒对犹太人所做的那些事情，但他们接受了民意调查的结果，发现反犹主义是普遍的趋势。于是，为了“与时俱进”，为了“不落伍”，这些人向迄今历史上最卑劣的邪恶势力屈服了。

总而言之，一个真正的领袖不是一个追随共识的人，而是一个长于斡旋、促成共识的人。即便所有的美国黑人都转而支持暴力，我仍将坚持自己孤独的声音，宣称那是错误的。这么说听起来似乎很傲慢，但我的本意只是说明，我立志做一个坚守信念的人，而不是一个随波逐流的人。有时候，一个人会在生活中寻觅到一个意义非凡的信念，对它爱若珍宝，能为它坚持斗争到最后一刻。我在非暴力思想中感受到的，就是这种信念。

> 我无法相信，上帝要我去憎恨。目睹过太多的暴力后，我已经厌倦了暴力。我在南方警察的脸上，也看到过太多的仇恨。我不想让曾经压迫过我的人，指导我该用什么方法去反抗。他们对我们使用暴力，用仇恨，用步枪，用手枪，我不会堕落到他们那种层次，我想要提升到一个更高的水平。我们所拥有的力量，是自制燃烧瓶所不具备的。

“黑人权力”运动最大的悖论之一是，它一直宣称不会效仿白人社会的价值观，但在倡导暴力这一问题上，它其实就模仿了最败

---

① 盖洛普（Gallup）是一家以调查为主营业务的全球著名的绩效管理咨询公司，于 1935 年由乔治·盖洛普所创立。

坏、最残酷、最野蛮的美国生活的价值观。美国黑人从来不是大屠杀的刽子手。他们不曾在主日学校谋杀过孩童，也没有把白人像果实一样吊在树上。他们从来不是帽兜蒙头的暴力滋事者，不会随意对人处以死刑，更不会随意把谁溺死在水里。

我关切的是黑人在美国实现完全的公民身份，然而，我也同样关注我们的道德的正直和灵魂的健康。因此，我坚决反对以任何恶意、仇恨和暴力的方法去获得自由，因为这就是压迫我们的人所采
取的方式。仇恨不仅伤害被憎恨的人，也挫伤仇恨者自己。仇恨就像 332
猖獗的癌症，不仅腐蚀一个人的性情，而且蚕食他的生命。我们内心的许多冲突都植根于仇恨，因此，精神科医生说：“或者爱，或者灭亡。”仇恨是一副重担，一旦背上就让人不堪重负。

人性总是在期待某些新的东西，而不只是盲目地效仿过去。如果我们真诚希望社会前进一步，如果我们有翻开一页新篇章的诚意，如果我们真心渴望人类焕发出一种新姿态，那么，我们就必须让人类远离漫长而凄凉的暴力黑夜。难道这个世界需要的新人不是主张非暴力的人吗？朗费罗（Longfellow）曾经说过：“这个世上的人若非砧板即为铁锤。”我们必须成为塑造新社会的铁锤，而不是听任旧时代摆布的砧板。这不仅会让我们成为新型人类，而且会赋予我们一种新的力量。这种力量并不是阿克顿勋爵[①]所说的权力导致腐败，或者绝对权力必定导致腐败。这种力量将是充满爱和正义的力量，能把黑暗的过去转变成光明的未来，能把我们从疲惫的绝望带到升腾的希望。这个黑暗绝望、罪孽深重的令人困惑的世界，正翘首期盼着这种新型的人类，这种新生的权力。

---

① 阿克顿勋爵（Lord Acton）全名约翰·爱默里克·爱德华·达尔伯格-阿克顿（John Emerich Edward Dalberg-Acton，1834—1902），常简称为阿克顿勋爵，英国历史学家、自由主义者。他对美国政治非常感兴趣。在美国南北战争期间，他完全支持美利坚邦联（即南方阵营）。他认为，在美利坚邦联里，州的权力高于中央集权政府；而所有历史都证明，中央集权必然导致暴政。他的态度使英国政府中的许多人转而支持南方。

第 30 章

越南战争

333 今天，美国的年轻人正在亚洲的丛林中战斗、杀戮和牺牲，而这场战争让整个国家民怨沸腾，莫衷一是。有人说，这些年轻人是在为民主献身，但是，作为他们盟友的那个西贡政权本身就是对民主的嘲弄，而美国黑人士兵自己都从来不曾体验过民主。

1965 年 8 月 12 日

金呼吁美国停止轰炸越南北部，敦促通过协商解决争端

1966 年 1 月 10 日

金支持佐治亚州当选参议员朱利安·邦德（Julian Bond）的反对战争的权利

5 月 29 日

金在接受“直面美国”（*Face the Nation*）电视采访时，敦促停止轰炸越南

1967 年 4 月 4 日

金在纽约的河畔教堂首次公开发表反对越南战争的演讲

自成年以来，我一直痛心疾首于人类把暴力和战争奉为解决争端的手段。我坚信，非暴力是一股富有创造性的力量，能够为我们赢得持久的和平与深刻的友爱。身为一名牧师，一名诺贝尔和平奖获得者，一个民权领袖，一个黑人，一个父亲，最重要的是，作为一个美国人，我的良知因此饱受煎熬。

在 1965 年夏秋时约翰逊总统宣布愿意谈判之后，我认为，所 334
有美国人都不该再去公开争论什么我们为何要在遥远的越南发动战争，我们要面对的关键问题应该是如何尽快结束战争，停止流血，回到和平谈判桌前。战争责任和道义问题固然重要，但这些问题此刻要暂且搁置，以免它们分散注意力，或者导致意见分歧。总统强烈呼吁谈判，通过举行和谈来结束杀戮与破坏，我们要支持、重视这个呼吁，并尽快将其落到实处。

在这一前提下，我的公开声明不仅谴责了各种形式的军国主义，而且将重点放在促成双方立即停止敌对行动上。我没有游行，没有示威，也没有号召集会。我在与总统，以及应总统之邀与联合国大使阿瑟·戈德伯格（Arthur Goldberg）的直接会面中，向他们发出吁请。1965 年 9 月，在与戈德伯格大使的会晤中，我提出，如果能与越南南方民族解放阵线（National Liberation Front）直接谈判，同意中华人民共和国加入联合国，停止轰炸越南北部，我们就可以大大加快通过谈判寻求和平的进程。

我的妻子和我一样关注和平事业。一段时间以来，我让她代表我参加有关和平问题的会议，而我自己则专注于民权问题。但是，随着时间的推移，失望一天天地代替了希望，我开始对政府满口承诺和平、行动上却逐步走向战争的无耻行为，感到非常痛苦，疑惑噬咬着我的良知。渐渐地，虽然局势发展还没有十分明朗，但我们已经看到了寻求和平的努力遭到失败，以武力解决争端的趋势越发显著。

我的朋友们——既有黑人也有白人，另外还有一些从来不把我当成朋友的人——并不赞成我把精力放在越南战争上。无论是黑人报纸还是一般媒体，在专栏和社论上都指出，小马丁·路德·金“力有不逮”了。而一些民权运动的同事、国会议员和我的教友也对我大加挞伐，因为我“没有全心全意专注于民权运动”。

这种局面让我十分痛苦，于是，我暂时放下工作两个月，想要
深入考虑一下这件事，其实也是为了完成一本书。我终于得到了一 335
个回顾和反思的机会。我思考了民权运动，思考了世界局势，也思

考了美国。

我听到一个声音对我说："马丁，你必须坚持下去，无论这意味着什么。"我没有意气用事，也没有草率做出决定。说实话，我也曾立场摇摆，苦苦自问是否应该这样做。

在此期间的一个晚上，我偶尔读到一篇文章，题目叫作《越南的孩子》(The Children of Vietnam)。读完文章后，我自言自语道："我不能再沉默了，这场战争不仅摧毁了美国的灵魂，而且毁灭了成千上万的越南儿童。"我认为，在人的一生中，总有一些时刻，你要下定决心表明自己的观点，没有任何人能够替你发声。

"我是一个语言的巨人，行动的矮子"

1967 年 2 月，苏联政府高层提出一项和平建议：美国军队停止轰炸越南北部，但不是停止轰炸越南全境。苏联以此作为坐在谈判桌旁的条件，美国政府对这个建议嗤之以鼻，我心中那细若游丝的和谈希望眼看就要断裂。最终，美国拒绝了提议，要求付诸军事行动。

回首往事，我承认，我并不是一夜之间就对美国政府失去了信心。我的信心像退潮的浪头一样，是一点一点地消失的。回想起美国政府的所作所为，我看到累积的一桩桩丑行，看到叠加的一件件非人道的罪恶，每一桩每一件都足以让人羞愧得无地自容。但可悲的事实是，我们的国家高谈阔论着和平，却一心追求军事上的胜利。在它那双和平的手套里面，藏着紧握的战争拳头。我感到羞愧难当，罪恶深重，无可逃遁，就如同当年德国民众在德国军队征服其他国家后的感受一样。无论对错，我已经沉默旁观得太久了。当我的国家上演着这出装腔作势的闹剧的时候，我充其量就是一个语言的巨人，行动的矮子。

过去，我经常强烈谴责那些对罪恶保持缄默或无所作为的人，
336 认为他们的沉默就是与种族压迫的邪恶势力同流合污。难道我不是一遍又一遍地重申，沉默的旁观者必须为"公牛"·康纳之流或者

杀害伯明翰教堂无辜孩子的凶手承担责任吗？面对罪恶时转过身去，实际上就是容忍罪恶，这难道不是我一贯宣称的吗？那些施行私刑的人、扣动扳机的人、挥舞赶牛棒或者打开高压水龙的人，都是以沉默者的名义犯下了这些罪行。因此，我必须站出来大声疾呼，唯有这样，我才能把自己的名字从落在越南北部或南部的炸弹和固体汽油弹上面抹去。时机已到，我必须与那些以和平的名义去烧杀作恶的人划清界限了，我早该这么做了。

更重要的是，我要回到布道讲坛上去，我要回到街头去，动员人们组织起来前去请愿。我要发挥我们悠久的革命精神，呼吁立即停止这场血腥的、不道德的可耻屠杀，大声疾呼人类应该在自取灭亡之前找到一个解决办法。为了救赎自己的灵魂，我必须竭尽所能。

我曾经在全美各地的贫民窟工作和生活过，每个月我都会跑上万英里，深入北方和南方的数十个黑人社区。基于与各行各业的黑人打交道的直接经验，我确信，社会上普遍对越南战争存在着幻灭感。原因在于：第一，他们反对一切战争；第二，他们认为越南战争在很大程度上转移了人们对民权问题的关注。这是我一贯的看法。黑人各界人士也敦促我来表达他们的担忧和失望，他们觉得，民权问题在尚未得到充分解决之前就已经不受重视，被人置诸脑后了。

可悲的是，美国政府虽然宣布要展开一场消除贫穷的战争，但实际上它只舍得布施一点毛毛细雨。这必然导致黑人们更深沉的绝望，黑人社会普遍充斥着浓重的悲观和不满情绪。我曾经住在芝加哥和克利夫兰的贫民窟，知道那里的人们受到的伤害，了解他们对政府的不信任和不满。事实上，美国的每一个城市都蹲坐在一个随时可能爆炸的火药桶上。

我打破了沉默，顺从内心的召唤，大声疾呼，呼吁美国停止在越南的破坏性战争。很多人质疑我所选择的道路是否明智。在他们看来，这个问题过于笼统而花哨：“你谈战争干什么，金博士？你为什么要和与我们意见不一致的人站在一起？”“你不要把和平与民 337

权混为一谈。”我知道他们担忧的是什么，但这样的问题正意味着询问者并不真正了解我，也不了解我的追求和使命，这让我感到更加悲哀。他们似乎忘了，在我成为民权运动领袖之前，我回应过上帝这位唯一的预言者的召唤。我回应了召唤，主的灵降临到我身上，涂油于我，让我去传布福音。在我牧师生涯的初期，我读到过使徒保罗的话：“不要效法这个世界，只要心意更新而变化。”从此，我下定决心，按照上帝给我的启示，只讲真话。无论有多少人不赞同我，我都决定要说实话。

> 亚拉巴马州蒙哥马利的德克斯特大道浸信会教会，是我开始牧师职业生涯的地方，我从那里一路走来，今晚来到这座圣所。
>
> 越南战争与美国国内的黑人反抗之间，存在着显而易见的联系。几年前，我们的斗争取得了令人瞩目的成就。“脱贫计划”看似给贫困者——无论是白人还是黑人——都带来了真正的脱贫希望。政府展开了一系列社会试验，到处都升腾着希望，新的序幕似乎正在拉开。但是，越南的局势越来越紧张，我眼看着“脱贫计划”被打乱，遭到搁置。政府执意要打仗，脱贫变成了政客手里的一个闲置的政治玩物。我知道，像越南战争这样的冒险就如同一个由恶魔控制着的吸管，只要它持续吸食着我们的人力、技术和资金，美国政府就不会在穷人的民生上投入必要的财力和精力。因此，我越来越把这场战争看作穷人的敌人，要予以坚决打击。
>
> 我清楚地意识到一个更加令人心痛的事实，一个比摧毁穷人的希望更加悲惨的现实，那就是他们的儿子、兄弟和丈夫们
> 338 都被派往战场，在那里，他们时刻面临着死亡。我们把那些在自己生活的社会中饱受压迫的年轻黑人们，送到 8 000 英里之外的东南亚，让他们去捍卫那里的自由；而这个所谓的自由，他们在自己家门口——佐治亚州东南部或者东哈莱姆区都不曾体验过！我们不断地从电视屏幕上看到充满讽刺意味的残酷画面：白人士兵与黑人士兵并肩作战，出生入死，最终为国捐躯；而事实上，他们的祖国却无法让他们坐在同一所学校里学

习。我们看着他们以近乎残酷的团结，焚烧着越南贫穷村庄里的小屋；而我们要意识到，在芝加哥，他们根本不可能居住在同一个住宅区里。面对穷人遭到如此无情的摆布，我怎能还缄口不言？……

我走在充满抵制和愤怒情绪的绝望的年轻人中间，告诉他们，燃烧瓶和步枪解决不了他们的问题。我深切同情他们的处境，更想向他们传输我的信念：非暴力行动可以促成最有意义的社会变革。但是，他们直截了当地问我："那么，越南战争是怎么回事？"他们说，难道我们国家不是正在大规模使用武力来解决问题，来实现自己的目的吗？他们的问题切中要害。我知道，如果我不先谈清楚当今世界最大的施暴者——我们的政府，我就根本没有权利去指责贫民窟中受压迫者的暴力行为。为了那些年轻的士兵，为了我们的政府，为了千千万万在我们的暴力下惊恐颤抖的人们，我不能再沉默了。

很明显，一个人只要稍微关心美国的道德与生命力，就不能不关注当前的战争。如果美国的灵魂彻底败坏而亡，那么尸检报告中一定有一个原因是"越南"。只要摧毁了全世界人类最深沉的希望，它的灵魂就永远救赎无望。因此，我们这些尚未被美国政府牵着鼻子走的人，就要奋起抗议，就要表达不同意见，这是为了国家的健康而发声。

如果对国家生命和精神健康的责任还不足以说明问题的话，那么 1964 年以后我的肩膀上多了另外一个使命。我无法忘记诺贝尔和平奖赋予我的使命，这个使命要求我为人类友好做出更多的努力。这个使命召唤我跳出国界的限制。

即便没有这个召唤，我也要投身于耶稣基督的事业。对我 339
而言，牧师职责与缔造和平之间的关系不言自明，所以，我很惊讶于有人竟然不明白我为什么要反对战争。难道他们不知道，福音是为了福泽所有人——无论他是共产主义者还是资本主义者，无论是他们的孩子还是我们的孩子，无论他是白人还是黑人，无论他是革命派还是保守派？难道他们忘了，身为牧师的我遵从的是深爱仇敌甚至为他们而献身的耶稣基督？作为一个忠诚于耶稣基督的牧师，我能对越共（Vietcong）或者卡斯特罗（Castro）们说些什么呢？难道我能用死亡去威胁他们吗？难道我非要与他们不共戴天不可吗？

最后，我想向你们说明的是我们能从蒙哥马利一路走到今天的原因。我要告诉所有人，简而言之，最有效的方法就是坚信自己和所有其他人一样，都是永生的上帝的儿子。这种儿子兼兄弟的使命感，会超越任何种族、国家或信仰的隔阂。因为我相信，我们的天父深深关切着他那些痛苦无助、遭到遗弃的孩子们。我今晚来到这里，就是来为他们说话的。我相信，我们拥有团结和忠诚的品格，我们肩负着责任和使命，这种忠诚比民族主义更加宽容与深刻，也超越了我们国家自定义的目标与立场。我们要为弱者说话，为默默无闻者说话，为国家的受害者说话，为那些所谓的“敌人”说话，因为没有任何出自人类之手的文件能证明这些人不配做我们的兄弟……

越南战争是美国精神沉疴的一个表征。如果我们继续无视这个发人深省的现实，我们周围就会组织起无数个“牧师与在俗教徒协会”[1]，这些组织会在我们的后代手中继承下去。他们会关心危地马拉和秘鲁，会关注泰国和柬埔寨，也会关怀莫桑比克和南非。如果美国的政治生活和政策不进行重大深远的改革，我们就会为这些名字以及更多其他的国家不断地举行游行示威。这样的想法可以带领我们超越越南，但却不会超越我们都是上帝之子的使命。

1957 年，一位敏锐的美国海外官员说，在他看来，美国
340 似乎站在了世界革命的错误的一边。在过去的 10 年中，我们
目睹了美国如何以一种镇压的态度，在委内瑞拉派驻了军事顾

---

① 牧师与在俗教徒协会（Clergy and Laymen Concerned Committee），1965 年由全国教会理事会组织成立，主要在纽约地区开展活动。1967 年，该组织与“结束越战动员委员会”协同组织了在白宫的示威游行。

问。维护当地社会稳定，保证美国的投资安全，这可以成为美国在危地马拉发动反革命军事行动的原因，也可以解释为什么美国直升机打击柬埔寨的游击队，为什么美国的汽油弹和绿色贝雷帽部队在秘鲁大肆镇压反政府武装。

想到这些，已故总统约翰·F. 肯尼迪的话又回响在我们耳边。5年前，他说："破坏和平变革的人必然导致暴力革命。"无论是有意选择还是无意为之，我们国家越来越充当起了这样的角色：为了保持特权以及海外投资的巨大利润，不惜破坏任何和平变革。我坚信，如果我们站在了世界革命的正确一边，那么美国必须实行的是一套迥然不同的革命价值观。我们必须快速地从一个"以物质为中心"的社会，切换到一个"以人为中心"的社会。当机器、电脑、利润和资产这些东西被遵奉得比人本身更加重要时，种族主义、极端唯物主义和军国主义这巨型三胞胎，就必然成为不可征服的力量。

价值观的真正革命，必将引导我们去质疑美国过去和当前政策的公平性和公正性。一方面，我们要做人生路上的好撒玛利亚人①，但这只能算得上是一个初级行动。总有一天，我们应该看到整个耶利哥之路发生翻天覆地的变化，行走在这条道路上的人，再也不会时时遭受殴打和抢劫，就如同阔步行走在人生的高速路上。真正的同情心不是仅仅向乞丐抛下一枚硬币，而是意识到产生乞丐的上层建筑需要改造。

价值观的真正革命，会让我们对社会巨大的贫富差距感到触目惊心。心怀义愤的我们要把目光投向海外，看到西方资本家在亚洲、非洲和南美洲投下巨资，而他们只关心赚取利润，

---

① "好撒玛利亚人"（Good Samaritan）是基督教文化中一个很著名的比喻，意指"好心人""见义勇为者"。它来源于路加福音第10章中耶稣讲的寓言：一个犹太人在前往耶利哥的路上被强盗打劫，受了重伤躺在路边，祭司和利未人路过但不闻不问，而一个撒玛利亚人路过，不顾隔阂动了慈心照应他，离开时还自己出钱把犹太人送进了旅店。该寓言对西方法律制度的影响是，许多国家制定了"好撒玛利亚人法"，用立法手段保护做好事的人。

却丝毫不顾及所在国家的社会进步。我们要对他们说:“这是不义。”要对与我们形成联盟的南美洲当地士绅说:“这是不义。”西方人处处好为人师、从不虚心向他人学习的轻侮傲慢,就是不义。

价值观的真正革命,会牵涉到世界秩序的构建,我们要对
341 战争说:“用这种方法解决争议,就是不义。”用固体汽油弹烧毁别人的家园,让国家救济住房中挤满孤儿和寡妇,向人性的静脉中注射仇恨恶毒的种子,从血腥的战场撤下来的人们肢体残缺、精神受损:这一切没有一样能够与智慧、正义和爱相互协调。一个国家如果年复一年地在军事行动上大把花钱却舍不得改善民生,那么这个国家就是在走向精神灭亡。

美国这个世界上最富有、最强大的国家,本来可以在这场价值观的革命中起到很好的领导作用。除非真的希望这个国家走向毁灭,否则没有什么能够阻止我们重新调整工作重心,把追求和平置于追求战争之前;没有什么能够阻止我们用伤痕累累的双手来重塑现状,直到营造出一种团结友爱的社会氛围……

变革的时代已经来临,全世界的人们都在奋力反抗旧制度的剥削和压迫。就在这伤痕累累的旧世界中,一个公正与平等的新世界正在孕育。在这片土地上,赤贫的人们正在以前所未有的姿态站立起来,深陷黑暗的人们看到了耀眼的光芒。我们西方国家必须支持这些革命。

然而,可悲的事实是,由于安逸、自满,由于对共产主义的病态恐惧,以及对不公正的现状的容忍,西方国家——这个曾经孕育了诸多当世革命精神的摇篮——现在成了主要的反革命势力。这让许多人觉得,只有马克思主义才具有真正的革命精神。因此,共产主义思想反衬出了我们的失败,失败于未能将民主真正实现,失败于未能将自己发起的革命贯彻下去。我们今天唯一的希望就在于,我们能够重拾革命精神,鼓起勇气面对一个处处怀有敌意的世界,宣称我们与贫穷、种族主义和军国主义永远势不两立。只有拥有这样强大的决心,我们才可

> 能勇敢挑战现状，向不义宣战，促成梦想的早日实现，“幽谷上升，高山下降，坎坷曲折之路成坦途”。
>
> 价值观的真正改变，归根结底指的是我们必须忠诚于普世价值而不局限于国界之囿。每个国家都必须将人类奉为一个整体，付之以压倒一切的忠诚，这样才能保存下各个社会中最美好的部分……
>
> 我们不能再犹豫不决了，我们必须马上行动。我们必须寻 342
> 找新的途径，为实现越南的和平以及争取整个发展中国家的公正而发声呐喊，因为他们与我们休戚相关。如果现在还不采取行动，那么我们必将被拖入一段漫长、黑暗而可耻的历史时期。簇拥聚集在那里的人，有权却没有同情心，有力却没有道德心，有势却没有远见卓识。
>
> 现在，就让我们行动起来吧。让我们再次投身于那漫长艰辛却充满美丽愿景的征程中，为建立一个新世界而努力。这是来自上帝之子的呼召，我们的弟兄正急切地等待着我们的回应。难道我们能说困难太大了吗？难道我们能告诉他们说斗争太艰苦了吗？难道我们能说美国军队阻止他们实现自我，但我们爱莫能助？还是相反，我们鼓励他们无论付出什么代价，都要对自己追求的事业坚守热诚、希望和团结？选择权掌握在我们手中，虽然我们宁可不要这个权利。但是，在人类历史这个关键时刻，我们必须做出选择。

我第一次明确表明反对越南战争的立场时，几乎招致全美所有报纸的批评。那是我生命中的一个低谷，我几乎没有勇气翻开报纸。批评风潮不仅来自白人，也来自黑人。记得有一天，一位记者对我说：“金博士，你不觉得你现在有必要改变一下立场吗？那么多人都在指责你，原来尊重你的人也可能因此就不再尊敬你了。我觉得，你的立场还可能影响到南方基督教领袖大会的资金状况，人们已经不再支持你们了。难道你不觉得你应该和政府政策保持一致吗？”这个问题问得很好，因为他问出了在这种情况下，我是应该首先考虑我的个人得失，还是应该把真理与正义放在第一位。

当面对某些情况时，懦弱的人问：“这么做安全吗？”患得患失的人问：“这么做明智吗？”虚荣的人问：“这么做会受人欢迎吗？”但是，有良知的人问：“这么做正确吗？”总有那么一刻，需要一个人采取既不安全也不明智，更谈不上受欢迎的立场，他必须这样做，因为良知告诉他这是正确的。

343 最能考验一个人的时刻，不是他诸事顺遂的时刻，而是他面临挑战、重大危机和备受争议的时刻。今天我做出这样的选择，就是出于这个理由，我相信，这也是南方基督教领袖大会应该做出的选择。也许有人会有不一样的选择，但是当我举起十字架时，我就意识到了它的深意。它不只是一个物件，不只是让你拿在手里把玩，或者佩戴在胸前。十字架是一件体现你的担当、要你为之付出牺牲的东西。十字架可能意味着牺牲你的人气，可能意味着断送你的政治生涯，可能意味着基金会失去捐赠，也可能意味着财务预算减少。但是，只要举起十字架，你就要勇敢承担这一切。这就是我选择的道路。无论前路如何，我都将一往无前。

有关我在越南战争上的立场，有一种流言认为，我是把民权运动与和平运动合二为一了，他们批评我犯了一个“严重的战术错误”。其实，我的主张并非如此。在一个官方公开决议中，我所在的组织——南方基督教领袖大会——和我都明确宣布，我们无意转移或减少投入在民权活动上的力度，在南方和芝加哥，我们近期都制订了内容丰富的活动计划。

我很痛心地看到，同为民权组织的全美有色人种协进会理事会和其他人一起，散布着这个毫无根据的流言。南方基督教领袖大会和我表达了对战争的看法，是想要提醒公众注意到战争对民权运动的破坏性影响。我们相信，这是不争的事实，也是为了争取平等斗争而必须指出的。面对全美有色人种协进会和其他人的指责，我请他们在这场战争正义与否的问题上直率地表明立场，而不是无中生有地制造事端。

我是一个牧师，也是一个民权领袖，我们战争策略的道德根基，对我来讲至关重要。我不相信我们国家充当国际警察的角色后，还能承担起正义、平等和民主的道德领袖的重任。在我从事民权运动的整个生涯中，我一直关注为所有人争取正义。例如，我强烈认为，我们不但要结束黑人的贫苦生活，也要改变穷苦白人的生活状况。同理，我一直坚持在全世界范围内伸张正义，因为正义是不分国界的。任何地方的不公正，都是对其他地方的公正的威胁。对一场非正义的战争，我决不会袖手旁观，而这么做丝毫不会影响我对民权运动的热情，这也正是数千万黑人和白人日复一日都在践行的。

“珍贵得值得你为之付出生命的东西”

今天我要在这里对你们说，在一生中，如果你从来没有遇到 344
什么珍贵得值得你为之付出生命的东西，那你就枉活了一辈子。你也许和我年纪相当，正好 38 岁。某一天，一个伟大机遇摆在你面前，召唤你为了那些伟大的原则、理想和事业而奋斗。但是，你拒绝了，因为你心里害怕；你拒绝了，因为你想活得长久。你害怕，因为你可能会失去工作，可能会招致批评，可能会失去拥护；或者，你害怕有人用刀捅你，用枪射击你，甚至炸了你家的房子。所以，你拒绝站出来。好吧，你可以延年益寿了，一直活到 90 岁，但是，你其实在 38 岁那年就死了，在那之后的日子，你就是行尸走肉。你的精神早已经死去。当你拒绝为正义挺身而出时，你已经死去。当你拒绝为真理彰显立场时，你已经死去。当你拒绝为公正拍案而起时，你已经死去……

不要以为你是在孤身奋战。如果需要，就勇敢地走向牢房，但是，你并非形单影只。你选择站在正义的一边，那么即使整个世界都误解你、批评你，你也并不孤单，因为我曾在某个地方读到：“与上帝站在一起，你就是大多数。”上帝自有办法把少数派变成多数派。就在今天，请与上帝同行，全心信仰他，行正确的事，他会与你同在，直到生命的最后一刻。是的，我看到电光闪耀，我听到雷声轰鸣，我感觉到罪恶肆意横行，试图征服我的灵魂。但是，我听到耶稣的声音说：继续战斗下去。他答应我，绝不抛下我一个人，绝不会弃我于不顾。不会，绝不会。不会，绝不会。

埃比尼泽浸信会教会布道

1967 年 11 月 5 日

越南战争严重地影响了整个世界的命运。它破坏了日内瓦公约，严重打击了联合国，加剧了洲际仇恨，更为严重的是，它激化了种族之间的仇恨。战争阻碍了美国国内的发展，使得广大的贫困人口清楚地看到，政府弃他们最紧迫的生活需求于不顾，而把大笔
345 金钱浪费在贪得无厌的军事行动上。这场战争极大地加强了美国的军事力量，促进了军事工业的发展，而这恰恰是艾森豪威尔总统曾对我们提出的严正警告。这场战争几乎彻底摧毁了越南，成千上万的美国青年和越南青年在战争中受伤致残，而全世界因此面临核战争的威胁。

约翰逊政府政治才能之缺乏，几乎到了令人吃惊的程度。由于政治家智慧的缺失，非理性的军国主义趁机抬头。肯尼迪总统是一个敢于承认错误的人，比如他在猪湾事件[①]后的表现。而约翰逊似乎无法在越南战争这个问题上，做出这种政治家的姿态。即便是他能够争取到大多数人的支持停止轰炸越南，他还是坚持错误。扔在

① 猪湾事件（Bay of Pigs Incident），又称吉隆滩事件，是指 1961 年 4 月 17 日，在美国中央情报局的协助下，逃亡美国的古巴人在古巴西南海岸的猪湾（又叫吉隆滩）向菲德尔·卡斯特罗领导的古巴革命政府发动的一次失败的入侵。对美国来说，这次未成功的进攻不但是一次军事上的失败，而且是一次政治上的失误。美国内外对这次进攻给予了强烈批评，刚上任 90 天的约翰·肯尼迪政府为此大失信誉，相反，卡斯特罗政权和古巴革命成果得到巩固。由于古巴担心美国再次进攻，开始与苏联靠近，最终导致了 1962 年的古巴导弹危机。

越南的炸弹，其实也在美国国内爆炸了，这些炸弹摧毁了美国成为一个受人爱戴的伟大国家的希望和可能。

当约翰逊总统向我咨询民权问题时，我一直秉持一种诚实坦率的态度。当他邀请我前往白宫时，我欣然前往。我清楚地向他表明，为什么我要反对越南战争。我与他进行过一次电话长谈，我明确表示了我会更加激烈地反对战争。我并不是把战争责任归咎于约翰逊总统一人，在我看来，这是一个集体错误。从某种意义上讲，我们是一步步地走向了越南战争，前前后后共有四位总统参与其中，所以，我不会把所有责任都推在约翰逊总统一个人身上。我关心的是如何结束这场噩梦般的战争，拯救我们的灵魂。

> 大概没有哪一位美国官员访问其他国家时，不被人丢石头、扔鸡蛋的。这是因为我们太傲慢自大了，我们忽略了正义和道德的要求。我不知道你们是怎么想的，但我希望自己能更加积极地投入其中。我希望自己是在服兵役的年龄，我希望自己不是牧师，不能免去服兵役的义务。但是，此时此地，我要告诉你们，我不会去越南打仗，我宁愿进监狱也不去打仗。我敢对联邦政府这么说，也敢对其他任何人这么说。他们可以像对待斯波克医生[①]那样对待我，也可以像对待我的好朋友、耶鲁大学牧师威廉·斯隆·科菲恩[②]那样对待我。他们随时可能给我定罪，因为我会坚持对年轻人说：如果你的良心告诉你，这场战争是错误的、不义的、令人反感的，那么请你不要去参战。你要跟随耶稣基督的道路。

---

① 本杰明·斯波克（Benjamin Spock，1903—1998）是一名美国儿科医生，著有畅销书《婴儿和儿童保健》。在 20 世纪 60 年代与 70 年代初期，斯波克是新左派和反越战运动的积极分子。

② 威廉·斯隆·科菲恩（William Sloan Coffin，1924—2006）是美国基督教牧师，和平活动家。在耶鲁大学担任牧师期间，他成为 20 世纪六七十年代的民权运动与和平运动的领袖。

第 31 章

贫民运动

346 我们身处的这个时代，要求我们对社会提出某些根本问题，要求我们对在人生道路上饱受苦难和伤痛的穷苦人伸出援助之手。但是，总有一天，我们必须追寻这个问题：如果一座社会制度的大厦催生了大批穷人，那么它是否一定不能重建和翻新？我们现在就置身于这样一个关头。

1967 年 5 月 22 日
在南方基督教领袖大会员工会议上，金呼吁彻底重新配置经济和政治权力
12 月 4 日
启动"贫民运动"（Poor People's Campaign）
1968 年 3 月 18 日
金在孟菲斯为环卫工人罢工发表讲话
3 月 28 日
金领导孟菲斯游行，遭到暴力镇压

1967 年 11 月，南方基督教领袖大会召开了自成立以来最重要的一次会议。在会上，我们深入讨论和分析了过去的工作，以及美国和我们自己所面临的挑战。会议结束时，我们形成了一个决议：南方基督教领袖大会将于 1968 年春天，组织全美的穷人前往华盛顿，要求美国政府解决他们的贫困问题，至少保障所有人的就业或收入。

以往艰难而痛苦的运动经验告诉我们，除非我们采取直接而戏 347
剧性的表达方式，否则政府根本不会主动行动，来解决任何涉及种族因素的问题。经过了赛尔玛运动，黑人的基本选举权才被写入了联邦法规。经过了伯明翰斗争，政府才取消了公共设施的种族隔离政策。现在，我们需要的就是发起一场新的塞尔玛或伯明翰运动，让黑人的经济困境引起各方面的重视，迫使政府采取行动改善状况。

我们要到华盛顿去，要求政府倾听民众的声音，如果政府不对此做出回应，我们就不会离开。即使运动遭到强行镇压，我们也会勇敢面对，因为这是我们的一贯做法。即使运动遭到蔑视或嘲讽，我们也不会退缩，因为这是美国穷人一贯受到的待遇。即使运动意味着入狱坐牢，我们也心甘情愿接受它，因为数以千万计的穷人早就被囚禁于剥削与歧视的牢笼中。但是，伴随着不断增强的信心，我们希望在华盛顿发起的这一行动能得到全美国人民的同情和理解，我们的运动能在华盛顿，同时也在其他地方，激发起更大范围的非暴力示威抗议活动。简而言之，我们计划以非暴力方式向美国政府请愿，敦促政府推行具体的改革措施，以实际行动消除贫困。

我们将正确引导黑人的愤怒和绝望情绪，将其转化为一次积极有效的、声势浩大的非暴力性群众集会，这个行动将在华盛顿和其他地区展开。同时，我们也向美国的广大青年——他们已经对这个物质至上的社会丧失了希望——发出呼吁，希望他们加入到这一场新华盛顿运动中来。除了黑人以外，我们还积极寻求其他族裔的贫民代表参加我们的行动，这其中包括印度裔、墨西哥裔、波多黎各裔、阿巴拉契亚裔等等。我们更欢迎所有心怀美好意愿的美国人的参与和援助。

我们决定到华盛顿去，使用一切合法的非暴力抗议手段，来推动我们的国家与政府展开一系列全新的社会改革、经济改革和政治改革。归根结底，南方基督教领袖大会之所以决定在华盛顿组织行动，是因为如果我们不行动，就相当于我们放弃了以非暴力和自由
为使命的组织责任。我们恪守这一使命，呼吁所有美国人加入我们 348

的华盛顿运动。我们要用这种富有创造性的方法去克服绝望和冷漠，让我们的国家无论在严冬境遇下还是在酷暑环境中，都能充满活力，健康发展。

“不依靠政府发善心的新策略”

联邦政府对待暴动的策略，就像是玩俄罗斯轮盘赌游戏，它已经押注在应付另一轮暴动热潮上。尽管连续两个夏天都发生了暴力冲突，但是政府没有认真纠正任何一次冲突的根源，激起愤怒和骚乱怒火的悲惨状况没有一丁点儿改善。穷人失业、住房条件恶劣、歧视性教育环境、黑人贫民窟犯罪等，国会和政府部门对这些问题的解决措施仍然是拆东墙补西墙，马马虎虎。

然而，仅仅在几年前，通过非暴力运动，我们看到了一些明显的进步，虽然影响仍非常有限。一年年地，一个富有道德感而充满活力的黑人形象树立起来了。当前不可回避的事实是，在近两年里，曾经主导过民权运动的非暴力战略一直未能发挥出其应有的变革作用。非暴力思想之所以能在南方取得卓著成果，是因为它粉碎了那些狂热的种族隔离分子在肉体上压迫黑人的机会。非暴力直接行动组织黑人走上街头，积极抗议，它使统治者的枪口喑哑了，因为即便是那些种族隔离分子也无法在光天化日之下，对手无寸铁的妇女、儿童开枪。这就是为什么在南方 10 年的抗议活动中，死亡的人数还不及北方暴动 10 天里的多……

我同意总统全美国内问题顾问委员会（President’s National Advisory Commission on Civil Disorders）主席的看法，即美国正在分裂成两个敌对的阵营，而造成这种分裂的主要破坏原因是白人种族主义。我们当前的首要任务是，采取有效手段来迫使国会采取坚决行动，但强有力的行动并不意味着暴力。

现在是重新回归群众性非暴力抗议的时候了。因此，我们正规划于今年春季和夏季开展一系列示威游行，而这一运动将开始于华盛顿。本次运动计划由黑人和白人共同参与，目的是为所有穷人争取利益。

“希望的见证”

美国政府只有在黑人忍无可忍地爆发之后，才会对他们的问题稍做关心。当前局势面临着战争、通货膨胀、城市衰落、白人强烈抵制社会变革，以及暴力气氛蔓延等因素，美国政府迫不得已着手解决种族关系和贫困问题，但可悲的是，政府对此还没有做好准备。原本各自孤立的社会问题，现在已经酝酿成了一场错综复杂的社会危机。 *349*

美国黑人起来造反，我对此并不感到痛心。我认为，这只是时间早晚的问题，而且我们对此也充满期待。如果黑人们不组织发起大规模的骚动，那么美国政府仍会继续采取一贯的拖延和回避做法。黑人已经与过去的消极被动决裂，不再忍气吞声。在黑人生活于美国这片土地的漫长历史中，除了在重建时期①，他们从来不曾像今天这样，展现过勇气和创造力去争取自由。光明的日子即将到来，这一历程必然要经历苦难，但我们将勇敢面对。

1968 年

“想方设法给国会和总统施加压力”

我们基于以往的经验得知，只有发动一场运动，号召那些心怀

---

① 美国重建时期（Reconstruction Era）在美国历史上特指 1865—1877 年这一时期。南方邦联与奴隶制度一并遭到摧毁后，美国政府试图解决南北战争遗留下来的问题，“重建”提出了南方分离各州如何重返联邦、南方邦联领导人的公民地位，以及黑人自由民的法律地位等问题，引起了激烈的争论。到了 19 世纪 70 年代晚期，“重建”仍未能将黑人平等问题整合到国家法律、政治、经济和社会体系之中。

善意的人参与进来，想方设法给国会和总统施加压力，他们才会有所行动，因为这意味着国会的同盟发生了分化。其实，美国国会在本质上仍是个南方国会，是一个以南方联盟为主导、以农村为主体的国会。南方人担任着各种委员会的主席，但凡有可能，他们就会千方百计阻碍任何改革，此外，他们还网罗到了大批中西部右翼分子或北方共和党人的支持。

因此，我们这次的运动必须声势浩大，不同凡响，具有足够的道德感召力，这样才能把心怀善意的教会、工人、自由主义者、知识分子、学生以及广大穷人团结在一起，对国会议员们形成压力，让他们再也无法回避我们的诉求。

我们计划重点突出贫民的整体经济状况。为了吸引国会的关
350 注，我们需要做很多工作。早期的示威活动更多地着眼于教育目的，向美国人民揭露这个问题的性质和关键，也就是黑人在贫民窟中的悲惨境遇。如果此举没有得到国会的响应，我们就会扩大行动范围。坦白地说，我们已经感觉到，国会不可能即刻回应，我们了解他们在这个问题上的顽固态度，也知道美国的财力和精力都被倾注到了越南战场，而不是解决国内问题上，所以，我们根本没指望在两三个星期内打动国会。但是，我们确实认为，从华盛顿开始行动，集中给国会和政府部门施加压力，能够达到教育的目的。

我们把这次抗议示威定性为“为了工作和收入”而行动，因为我们认为，经济问题是黑人和贫民面临的最重要的问题。黑人社区出现了毋庸置疑的经济萧条，只不过黑人大量失业只被称为社会问题，只有白人大量失业才会被定性为经济萧条。

我们计划先在华盛顿周边开始活动，随着运动的展开，人们自然会想到前往华盛顿。有人可能会骑着骡子去华盛顿，有人可能会坐着骡拉车前往华盛顿。我们也将组织一个骡子队前往华盛顿，这样南方人也能赶来参加运动了。密西西比州的人与亚拉巴马州的人会合，然后亚拉巴马州串联上佐治亚州，佐治亚州串联上南卡罗来纳州，南卡罗来纳州串联上北卡罗来纳州，最后，大家到达华盛顿。其他人从芝加哥、底特律、克利夫兰或密尔沃基出发，还有人

从波士顿、纽约、费城、巴尔的摩出发，所有人都向华盛顿进军。

我们要把贫困人口的问题，昭示在这个人类历史上最富有的国家的政府所在地。如果我们的政府机构拒不承认它对贫困人口的亏欠，它就公然违背了对公民做出的保障其“生命权、自由权与追求幸福的权利”的承诺。如果我们的社会做不到这一点，那么我担心，在不久的将来，种族主义会如顽疾一样将我们引向死地。

美国人民感染了种族主义病毒，这很危险；而相当矛盾的是，351
他们也深受民主主义理想的影响，而这就是希望。他们虽然犯下错误，但也拥有正确行事的潜力。然而，他们既没有新千年新开端来修正错误，也不能继续埋头走老路。其实，他们迫不得已要开创的未来也并没有那么难以接受，因为这可以修正国家的罪恶。结束贫困，消除偏见，释放横遭压抑的良知，争取公正平等且充满创造力的明天，所有这些都称得上是美国的理想。

我们通过声势浩大的非暴力行动表达诉求，这既避免了一场全国性的灾难，也创造了不同阶级和种族间和谐相处的新型精神。我们将在美国历史上，谱写出一段光芒四射的道德篇章。在这个充满苦难的时刻，每个人都要接受审判，但是我们仍有机会励精图治，迎接未来。

> 我们有能力改变美国，有能力给基督教灌输一股新的活力。我们要让那些对教会失去信心的年轻人看到，耶稣是一个认真的人，他禀赋神的光芒，却为世间人处理杂事，关心普通人的事情。他关心人们的温饱问题，很久以前就发起了“面包篮子行动”。他发起了第一次静坐运动。他是历史上最伟大的革命者。当我们发起抗议运动时，有人评价说，我们是从这儿或从那儿得到了灵感，现在让他们去看看我们的灵感源泉到底是什么吧。
>
> 几年前，当我还是大学生的时候，我读过《资本论》和《共产党宣言》。后来，世界上的许多革命运动都源于马克思所论及的思想。
>
> 基督教的一大悲哀是，它没有意识到自身具有的革命性。

其实，你不一定非要到卡尔·马克思那里去学习如何成为一个革命者不可。我就不曾到卡尔·马克思那里寻求灵感，我是从一个名叫耶稣的人那里得到了启示。他是一名来自加利利的圣徒，他说他的使命是医治破碎的心，解救穷人的困境。就是这些话给了我们灵感。我们要向整个世界传递这个信息，我们可以改变世界，我们可以改变这个国家。

“孟菲斯的伟大运动”

352 1968 年 3 月，我在一个星期内做了大约 35 次演讲。我星期四从密歇根州的格罗斯·波因特市（Grosse Point）出发，星期五在底特律发表了 4 次演讲，星期六前往洛杉矶做了 5 次演讲，星期天在洛杉矶的 3 座教堂里布道，然后从那里飞往孟菲斯。

决心

今天，我在这里只想说，你应该下定决心，无论是在思想上还是在生活中，都要时刻记住那些穷苦人……从某种意义上说，我们每个人都是穷人，但有些人比我们更加穷困，他们一无所有。我希望我的孩子能尽早了解这种情况，所以一有机会，我就会向他们传输这种思想。每当我们坐在桌旁，就像我们今早晨祈一样，我就情不自禁地对上帝说：“上帝，请帮助我们，我们坐在这里，意识到还有很多人不如我们幸运，请让我们记住他们，无论我们身处何处。”然后，我对孩子们说：“我要去工作，尽我所能让你们得到良好的教育。我希望你们记住，还有千千万万个上帝的孩子上不起学。我不希望你们觉得自己比他们聪明，只有他们都得到了充分的发展，你自己才能得到充分的发展。”

选自 1968 年 1 月 7 日的布道稿

我到了孟菲斯后，对一同前来的拉尔夫·阿伯纳西说："他们在孟菲斯确实组织了一场伟大的运动啊。"当时孟菲斯的局势是，市政当局拒绝公平对待环卫工人，因而1 300名环卫工人组织罢工，抗议孟菲斯当局对他们的不公正待遇。他们在罢工中展示出的精神，正是我们国家其他地方所需要的。他们彰显出我们能够团结一致，揭示出我们披着同一件命运的外衣，如果一个黑人受苦，如果一个黑人倒下，那么我们大家都要受难。黑人有产者必须与黑人无产者携起手来，还要与心怀善意的人联合起来。他们要与遭受拒绝、伤害和剥削的兄弟们，同呼吸，共命运。总有一天，我们的社会会意识到，社会想要存在下去，我们就要尊重这些环卫工人，因为归根结底，这些为我们打扫垃圾的人与医生们同样重要。如果环卫工人不工作，那么疾病瘟疫势必肆虐蔓延。所有劳动者都值得我们尊敬。

> 现在，我想对你们这些正在罢工的人说几句话。你们的罢 353
> 工已经持续几天了，但是，请不要失望，没有付出就没有收获。现在你们要做的就是继续团结在一起，坚持斗争到最后，直到你们所有的要求都得到满足。你们要说："没人能让我们回头。"你们要让整个世界知道，除了要求工资待遇和安全保障之外，你们还要获得被组织起来的权利，获得被认可的权利。
>
> 只有团结在一起，我们才能赢得更多。这是我们获得权力的途径。权力是实现目标的能力，权力是促成变革的能力，我们需要权力。我希望你们能够坚持下去，直到原本想说"不"的洛布（Loeb）市长一班人不得不说"是"。
>
> 当前的另一个问题是，不给对方施加压力就不会得到你想要的。不要听那些劝你回去上班的人的话，如果他们用家长式的语气对你说："现在你是我的人，我会给你主持公道，你只要回去工作就好了。"不要听他们的。一定要等到你们的要求得到满足后，再回去工作。永远不要忘记，自由从来都不是压迫者主动给予的，自由从来都是被压迫者自己争取来的。自由

从来都不是一顿丰盛的大餐，由权力机构和白人当权者装在银盘子里捧到你的面前，而黑人们只要准备好胃口就好。要赢得平等的待遇，要获得公平的薪酬，我们就要为之努力……

你们知道，耶稣曾用一个精妙的寓言来提醒我们，一个看不到贫困的人最终会下地狱。有一个叫拉撒路（Lazarus）的人每天都到一个财主的门口乞讨生活之需，但是财主不闻不问，结果他下了地狱。那个寓言并不是说，财主下地狱是因为他很有钱。耶稣并没有普遍性地控诉所有的富人。确实，有一个故事曾讲到，一天，一位年轻富有的统治者来找耶稣，来寻
354 求长生不老的秘诀，耶稣建议他卖掉所有的东西。但是，这个故事是耶稣根据这个人的实际情况给出的诊断，并非针对所有人。如果你深入理解了这个寓言的象征意义，你就能记得那一段发生在天堂和地狱之间的对话。对话的一端是天堂的亚伯拉罕（Abraham），另一端是地狱里的财主。这段对话并不是发生在天堂里的穷汉和地狱里的富翁之间，而是地狱里的一个小富翁与天堂里的一个大富翁之间的对话。这个财主是一个富人，他的财富本可以让他弥补自己和他的兄弟拉撒路之间的鸿沟。但是，他还是下了地狱，是因为他对拉撒路视而不见。财主下了地狱，是因为他听任自己的生活方式与终极目标渐行渐远。财主下了地狱，是因为他试图阻碍反对贫困的战争。

今天我想要告诉你们的是，如果美国不把财富花在拯救穷人上，那么美国也要下地狱。如果美国舍不得在消除贫困上花费财富和资源，让上帝所有的孩子都有饭吃有衣穿，那么美国也要下地狱。多少年多少代之后，我似乎听到美国的历史学家宣称："我们修建起了摩天大楼，架起了宏伟的跨海大桥，我们的太空飞船穿越云层在宇宙间翱翔，我们的航海潜艇遨游在海洋深处。"然而，我似乎也听到宇宙间的上帝说："即使你取得了这些辉煌成就，我依然饥肠辘辘，你没有让我吃饱。我依然无衣蔽体，你没有给我温暖。我的子民的孩子们仍然没有经济保障，你没有提供给他们幸福。所以你不能名列伟大国家之

中。”这就是对美国的控告。就是这同一个声音在对孟菲斯市的市长一班人说：“你这样对待我最卑微的孩子，就如同这样对待我本人。”

……天天生活在死亡威胁的阴影之下，我有时会感到气馁。时时面对指责和批评，尤其是被自己人苛责，我有时会感到失望。常常不得不忍受迎面袭来的逆境寒风，沮丧失意地结束一天的工作，我有时确实会感到绝望，觉得自己的工作是徒劳的。

但是，圣灵马上让我重获勇气。基列的膏药①可以平复创 *355*
伤，如果我们心中秉持着这个信念，我们定将重建孟菲斯，定将迎来这样的一天：幽谷上升，高山下降，坎坷曲折之路成坦途，圣光播洒，满照人间。

---

① 基列的膏药（balm in Gilead）这个典故出自《旧约·耶利米书》：“在基列岂没有乳香呢？在那里岂没有医生呢？我百姓为何不得痊愈呢？”“乳香”即用于疗伤的香脂油，也可译为“膏药”。基列的膏药喻指可以治愈罪人的精神良药，被认为预表了通过耶稣基督得救。

第 32 章

未竟的理想

356 **1968 年 4 月 3 日**

金在位于孟菲斯的主教查尔斯·J. 梅森会堂（Bishop Charles J. Mason Temple）发表最后一次演讲

4 月 4 日

金在洛林汽车旅馆（Loraine Motel）遇刺

我想，人生最大的痛苦之一莫过于不断努力而目标却永远无法实现。我们不得不一直如此追寻。因此，我们就像大卫王一样，发现自己要频频面对梦想无法实现的现实。

生活本身就承载着一系列破碎的梦想。圣雄甘地年复一年地为印度人民争取独立，鞠躬尽瘁。但是，他最后遇刺身亡，带着一颗破碎的心离开人间，因为他梦想统一的国家终究因为印度教徒和穆斯林的纷争，分裂为印度和巴基斯坦。

伍德罗·威尔逊总统[1]梦想建立一个国际联盟，但至死都没有看到这个梦想成为现实。

有一天，使徒保罗谈到想要去西班牙。保罗最大的梦想就

---

① 伍德罗·威尔逊（Woodrow Wilson，1956—1924）1912 年当选为美国第 28 任总统。在第二任期内，他十分关注第一次世界大战的战后问题。威尔逊亲自主导对德交涉和协定停火，1919 年赴巴黎筹建国际联盟（League of Nations）以及拟定《凡尔赛条约》。由于他对创建国际联盟的贡献，他于 1920 年被授予 1919 年度的诺贝尔和平奖。他在与由共和党控制的参议院围绕着美国加入国际联盟一事进行激烈斗争时，因为中风而昏倒。由于拒绝妥协，威尔逊最终未能使美国加入国际联盟的提案获得通过。

是前往西班牙传布福音，但是，他最终没有去成西班牙，而是死在了罗马的一间牢房里。这就是人生。

我们有多少前辈曾歌唱自由。他们梦想着有一天能够摆脱种族压迫的束缚，结束不公正的漫漫长夜。他们经常唱着： 357
“没有人了解我的忧伤，只有耶稣基督知晓。”他们为着梦想而奋斗，希求一个更美好的明天。他们唱道：“苦难终将过去，我心充满愉悦，很快，很快，我就要卸下所有的重担。”他们这样歌唱，因为心中的这个梦想无比强大。然而，无数人在这个梦想未竟的时候就已离开这个世界。

每个人都在用自己的方式建造着圣殿。阻力总是存在，有时让人灰心丧气，有时又让人体验破灭。我们中的一些人正在努力建造一座和平的圣殿。我们反对战争，我们抗议游行，但是，这似乎是以头撞墙，所有的努力都是徒劳。你要去建造一座和平的圣殿，但却形单影只，频频受挫，迷惘困惑。

嗯，这就是人生。而令人欣慰的是，我听到从时间长廊的另一头传来一个声音：“它也许今天无法实现，也许明天无法实现，但重要的是，它在你的心中。重要的是，你一直在努力。”你也许看不到梦想的实现，也许梦想根本就无法实现，但是，你有将其变为现实的愿望，这就很好。它在你的心中，这就很好。

现在，我来谈谈另外一点。无论你何时想要建造一座圣殿，无论它会是什么样子，你都要面对这样一个事实：这个世界存在着善恶之争。有关这种善恶之争，印度教将其称为幻想与现实之争，柏拉图哲学将其称为灵魂与身体之争，古老的宗教琐罗亚斯德教[①]将其称为光明善神与黑暗恶神之争，传统的

---

① 琐罗亚斯德教（Zoroastrianism）是伊斯兰教诞生之前在中东和西亚地区最具影响力的宗教，是古代波斯帝国的国教。因信徒在火前祷告而又得名“拜火教”。琐罗亚斯德教的思想属西方理论定义下的二元论。根据教义，阿胡拉·马兹达是代表光明的善神，阿里曼则是代表黑暗的恶神，善恶之间长期进行反复的斗争。善神阿胡拉·马兹达从光明中产生，恶神阿里曼则隐藏在黑暗中。

犹太教和基督教将其称为上帝与撒旦之争。无论你把它叫作什么，宇宙间总是存在着善恶之争。

现在，这种冲突不仅构建着宇宙的外部世界，而且营造着我们的生命。心理学家试图用自己的方法来解释，因而产生了各种各样的理论。西格蒙德·弗洛伊德（Sigmund Freud）曾经说过，这种斗争存在于他所谓的本我与超我之间。有些人觉得这是上帝与人类之间的斗争。这种斗争上演在我们每个人的内心深处，这是一场内战。无论你是谁，无论你住在哪里，你的生命中都会发生这样一种斗争。每每你欲向善，内心却总有
358 一股力量拉扯着你，让你向恶。这种斗争会贯穿你的一生。每每你想去爱，内心的力量却总是阻止你，让你去恨。每每你想表现仁爱，与人为善，内心的力量却总是将你拉向嫉妒，让你恶意诽谤。你的内心就经历着这样一种斗争。按照心理学家或精神学家的说法，我们每个人都罹患了精神分裂症。时不时地，我们都能感觉到自己心中住着一个海德先生和一个杰基尔医生①。最后，我们只好与拉丁诗人奥维德（Ovid）一起呼喊："我看见更美好的生命，我礼赞它，但我的所作所为全是邪恶。"或者，我们必须得认同柏拉图的观点：人性好比驾驭着两匹任性马儿的车夫，两匹马儿朝着不同的方向奔跑。或者，我们不得不同意圣奥古斯丁在《忏悔录》中所说："主啊，请让我纯洁，但不是现在。"或者，我们就像使徒保罗所说的那样："我该行善，但我没有；不该做恶，但我做了。"或者，我们该同意歌德（Goethe）的话："我的内心既装得下绅士，也

---

① 出自小说《化身博士》或译《变身怪医》（*Strange Case of Dr. Jekyll and Mr. Hyde*），作者是苏格兰作家罗伯特·路易斯·史蒂文森（Robert Louis Stevenson）。故事讲述了亨利·杰基尔医生喝了自己配制的药剂，分裂出人格邪恶的海德先生的故事。杰基尔医生是一位体面绅士，因抵挡不了天性中的邪恶、狂野因素的怂恿而发明了一种药剂，可以将平时被压抑在虚伪表象下的邪恶心性毫无保留地展露出来。因此，原本在大众眼中不遗余力地行善的杰基尔医生，一旦喝下药水，就会成为邪恶、毫无人性且人人憎恶的猥鄙男子海德先生。后来，杰基尔因控制不了自己内心的恶魔（海德）而自尽。后来 Jekyll and Hyde 一词成为心理学双重人格中"通常善良，时而极端邪恶"的代称。

容得下流氓。”人性的核心就是一种抗争。无论何时，只要我们怀揣梦想，想要建设自己的圣殿，我们就必须承认这一点。

在最后的审判中，上帝并不是依据我们生活中的个别事件或某个错误来评判我们，他要看我们整个人生的取向。在最后的审判中，上帝知道他的孩子心性脆弱，意志不够坚定。在最后的审判中，上帝要的是一颗向善的心。

现在，我想问你们每个人的问题是：你的心向善吗？如果不是，那么今天就改正吧，让上帝帮助你矫正它的偏颇，让别人谈到你时可以说：“他可能没有达到至善的高度，或许没有实现所有的梦想，但他尝试了。”试想一下，如果你得到了这样的评价：“他尽力去当一个好人。他努力当一个公正的人。他努力当一个诚实的人。他心地纯正。”这难道称不上快事一桩吗？我听到一个穿越时空的声音对我说：“我悦纳你。你接受了我的恩典，因为它在你心中。太好了，它在你心中。”

我虽然不了解你，但我可以为你做见证。你不必逢人就说马丁·路德·金是一个圣人，哦，不。我想告诉你，今天早上站在这里，我和上帝其他的孩子一样，都是罪人。但是，我想 *359* 当一个好人。我希望某一天我能听到一个声音对我说：“我悦纳你，祝福你，因为你努力过了。太好了，它在你心中。”

“我已经站在高山之巅”

假如我站在时间的开端，纵横整个人类的历史，从过去直到今天，全能的上帝问我：“马丁·路德·金，你希望生活在哪个历史时期？”我的思绪飞向埃及，在那里，我看到上帝的子民离开黑暗的地牢，开始了悲壮的跋涉，穿越红海，跨过荒野，走向上帝的应许之地。尽管这是一个辉煌的时刻，但是，我不会留在那里。

我继续前进，来到了希腊，我的心思飞向奥林匹斯山。我看到柏拉图、亚里士多德、苏格拉底、欧里庇得斯（Euripides）和阿里斯托芬（Aristophanes）聚集在帕特农神庙周围，我驻足聆听他们的讨论，因为他们正谈论着现实中伟大而永恒的话题。但是，我不会留在那里。

我会前去罗马帝国，领略一下它的鼎盛时期，观察历代国王和统治者如何扩疆拓土。但是，我不会留在那里。

我甚至会造访文艺复兴时期，浏览文艺复兴为人类文化和审美生活所做出的贡献。但是，我不会留在那里。

我甚至想要拜访那个我追随其名字的人的安息地，瞻仰马丁·路德把他的95篇论纲贴在维滕贝格教堂的大门上。但是，我不会留在那里。

我想要前往1863年，目睹一个名叫亚伯拉罕·林肯的总统，从摇摆不定到最终下定决心，签署了解放宣言。但是，我不会留在那里。

我希望前往20世纪30年代早期，看看那个因为国家走向没落而忧心忡忡的人，他喊出了："除了恐惧本身，我们无所畏惧!"① 但是，我不会留在那里。

360 出人意料地，我转身对上帝说道："如果您准许我在20世纪下半叶生活几年，我将感激不尽。"

很奇怪，我会提出这样的要求，因为这个世界一团糟。国家有难，危机处处，乱象丛生。这个要求确实不可思议。然而，我知道，从某种意义上讲，只有夜空彻底黑暗，你才能够看得见星星。我看到了上帝在20世纪的这个时期做工。我们身处的世界发生着变化，人民群众正在崛起。他们在各处集会，可能是在南非的约翰内斯堡、肯尼亚的内罗毕、加纳的阿克拉，也可能是在美国的纽约、佐治亚州的亚特兰大、密西西比州的杰克逊或者田纳西州的孟菲斯，无论在哪里集会，他们的呼声都是一样的："我们要自由!"

我希望生活在这个时代的另外一个原因是，为情势所迫，

① 语出美国总统富兰克林·罗斯福的总统就职典礼演讲。

我们不得不着手解决一些历史上长期遗留下来的问题。为了生存下去，我们必须解决这些问题。多年以来，人们一直谈论着战争与和平，但是现在，这不再仅仅是一个口头谈谈的问题了。它不再是暴力还是非暴力的问题，而是非暴力还是灭亡的问题。这就是我们今天所面临的状况。

在人权革命中，如果不立刻有所作为，采取行动，将有色人种从他们长期身陷的贫穷、伤痛和歧视中拯救出来，这个世界就注定走向毁灭。我很高兴，上帝允许我生活在这个时代，见证时代的巨变。我很欣慰，上帝允许我来到孟菲斯。

我还记得那样的日子，那些拉尔夫经常说的“黑人们只是上蹿下跳，充当跳梁小丑”的日子。但是，那样的日子已经一去不复返了。我们现在要有所作为，下定决心在上帝的国度中获得属于自己的位置。这就是我们要做的。我们不会陷入消极的抗争，也不会参与无谓的辩论。我们宣称，我们下决心争取做一个真正的人，我们下决心要成为人。我们高呼，我们是上帝的孩子。如果我们是上帝的孩子，我们就不必按照别人的旨意生活。

这一切对当前这个伟大的历史时期而言意味着什么？它意
味着我们要团结起来。我们必须团结起来，同心协力。你知道 *361*
吗，每当法老动心思要延长埃及的奴隶制度时，他最喜欢的手段是什么？他鼓动奴隶们相互争斗。而每当奴隶们团结在一起时，法老的统治就出现了麻烦，他再也不能让奴隶们安于奴隶制度了。奴隶们齐心协力，这就是摆脱奴隶制度的开端。现在，就让我们保持团结吧。

大棒和暴力阻挡不了我们。我们擅长运用非暴力运动的方式解除警察的武装，他们对此不知如何应对。这种现象频频上演。我记得，我们在亚拉巴马州的伯明翰市组织了一次规模浩大的游行。我们每天都从第十六街浸信会教堂出发，成百上千人走上街头，“公牛”·康纳让警察带来警犬，他们也确实带来了。但是，即使面对警犬我们也在高唱：“没有人能让我们回头。”康纳又下令说道：“打开高压水龙。”就像我以前告诉你们的那样，康纳不懂历史，他只了解一些物理知识，无法理解我们表现出的超物理的力量。有一种火，是无法用水扑灭的，这是事实。我们面向高压水龙走去。我们了解水，浸信会教徒或其他教派都要以水洗礼，卫理公会或其他人也都接受过洒水礼——我们对水并不陌生。水，阻挡不了我们。

我们面向警犬走去，我们直视它们；我们面向高压水龙走去，我们直视它们。我们一边行进一边高唱：“在我头顶，自由在飘扬。”然后，我们被扔进囚车，有时车里挤得就像一听沙丁鱼罐头。我们被装上车后，康纳一声令下：“把他们带走！”而我们在囚车里继续高唱：“我们要战胜一切。”我们时不时就会被捕入狱，但是我们看到，狱警从窗子外面观察我们，被我们的祈祷和歌声感动。我们确实拥有一股“公牛”·康纳所无法理解的力量，最终我们把他变成了一头“阉公牛”，赢得了伯明翰斗争的胜利。

我们要把这场斗争坚持到底，没有什么比停止孟菲斯目前的斗争更加可悲的事情了。我们必须认清这种形势。当我们游行示威时，你必须在场参与，即便这意味着失去工作，意味着
362 不能返回学校，你也要在场。想想你的弟兄们吧，你也许不想参加罢工，但是不要忘记，我们一损俱损一荣俱荣。我们要培养一种无私精神，也许这很危险。

有一天，一个人来见耶稣，他想要与耶稣讨论几个重要的人生问题。他想耍个花招，表明自己比耶稣更有智慧，想让耶稣威信扫地。要回答他的那个问题，很容易让人陷入哲学和神学的宏辩之中，但是，耶稣马上把这个问题从玄虚的辩论中拉回来，将其落实在发生在耶路撒冷和耶利哥之间路上的那个故事中。他讲，一个人遭了盗贼抢劫，躺在路边。你们应该记得，一个利未人和一个祭司经过，但是他们并没有伸手援助。最后，一个外族人路过，他从坐骑上下来，本不打算施予同情，但是他俯下身去，帮助了那个需要帮助的人。耶稣总结

说，这就是一个好人，一个伟大的人，因为他能设身处地为他人着想，把“我”投射到“你”，关心他的兄弟。

现在让我们发挥想象力，来设想一下为什么那个利未人和祭司没有停下来救人。也许有人会说，他们正忙着赶路去参加一个教会集会或者一个牧师会议，他们必须尽快赶到耶路撒冷，否则就迟到了。也许有人会猜想，或许有那么一个教义规定，在举行宗教仪式前的 24 个小时内不能触摸任何人体。偶尔，还有人会想到，也许他们既没有赶去耶路撒冷，也没有赶去耶利哥，而是组织了一个耶利哥道路安全改善协会。这确实很有可能。或许他们认为最好从根本上解决问题，而不是把精力花费在处理个案事件上。

但是，我想要告诉你们我的推理：或许这些人心里很害怕。你们知道，耶利哥的道路总是危机四伏。我记得我和金太太第一次前往耶路撒冷时，我们租了一辆汽车，从耶路撒冷驱车前往耶利哥。走在这条路上，我对妻子说：“我终于明白了为什么耶稣把这条路作为他的故事的场景。”这条路蜿蜒曲折，地势非常有利于搞伏击。你的出发地耶路撒冷大约高于海平面 1 200 英里，不，是 1 200 英尺。但是，沿路前往耶利哥，大约十五或二十分钟之后，你就已经位于海平面以下 2 200 英尺了。这条路确实很危险，在耶稣时代，它就被称为“血腥隘 363
口”。很有可能，那个祭司和利未人看见了躺在地上的人，但不确定劫匪是否还在附近；或者，他们可能认为躺在地上的人只是假装遭到抢劫受了伤，目的是把他们吸引过去，从而轻而易举地抓住他们。因此，祭司和利未人想到的第一个问题应该是：“如果我停下来救人，我会怎么样？”

而随后到来的好心的撒玛利亚人，他想到的问题正好相反：“如果我不停下来救人，他会怎么样？”

这就是你们今晚要面对的问题。不要问：“如果我停下来帮助这些环卫工人，那我的工作怎么办？”也不要问：“如果我停下来帮助这些环卫工人，那我的牧师生涯怎么办？我可是为它付出了所有的时间和精力。”现在，你们要问的问题不是：“如果我停下来帮助这个需要帮助的人，我会怎样？”而应该是：“如果我不停下来帮助这些环卫工人，他们会怎么样？”这才是问题所在。

现在，就让我们做好更加充分的准备，行动起来吧。在这充满挑战与抗争的时代里，让我们勇敢前行，敦促美国成为它理应成为的样子。让美国成为一个更好的国家，机会就在我们手中！我要再次感谢上帝，此刻让我和你们站在一起。

你们知道，几年前，我曾经在纽约市签售我的第一本书。当时，一个精神不正常的黑人妇女走了过来，我只听她问道：“你是马丁·路德·金吗？”我一边低头写字一边答道：“是的。”

紧接着，我感到有什么东西刺入了我的胸口，未及反应，我就被这个女人刺伤了。我被紧急送往哈勒姆医院。那是一个昏暗的星期六的下午。X光图像显示出，那把刀已经刺穿了我的胸部，刀尖已经碰到了我的主动脉。如果主动脉被刺穿，我
364 就会出血不止，最后被自己的血淹死。第二天早上的《纽约时报》报道说，如果我当时打了个喷嚏，我也许就死掉了。

大约四天后，我能坐在轮椅上在医院里活动了。医生已经通过开胸手术，将我体内的刀片取了出来。他们也允许我阅读那些从全美和世界各地寄来的慰问信，我读了一些信，其中的一封我永生难忘。总统和副总统给我发来一封电报，但内容我已经不记得了。纽约州的州长来医院探望过我，还给我写了一封信，但是我也忘了写了什么。

但那封来自一个小女孩的信我却记得清清楚楚。她是怀特普莱恩斯中学的一名学生。她在信中只是简单写道：“亲爱的金博士，我是怀特普莱恩斯中学九年级的学生。尽管没什么，我还是想提一下，我是一个白人女孩。我在报纸上读到你遭遇的不幸和痛苦，我听说，如果你当时打个喷嚏也许就死掉了。我只是想写信告诉你，我真高兴你没有打喷嚏。”

我也想说，我真高兴自己没有打喷嚏。如果我当时打了一

个喷嚏，我就看不到 1960 年学生们在南方开展的“午餐柜台”静坐运动了。我知道，他们虽然只是坐在那里，但他们其实撑起了美国梦中最美好的部分，他们让整个国家重饮民主的甘泉，这是由那些起草独立宣言和美国宪法的国父们深挖出来的。

如果我当时打了一个喷嚏，我就看不到 1961 年我们的“自由乘车者”运动了，这个运动结束了州际旅行中的种族隔离。

如果我当时打了一个喷嚏，我就看不到 1962 年佐治亚州奥尔巴尼的黑人决定挺直腰板做人了。人只有挺直腰板，才能有所作为，因为除非自己弯下腰，否则别人骑不到你的头上。

如果我当时打了一个喷嚏，我就看不到 1963 年亚拉巴马州伯明翰的黑人激发起国家的良知，最终催生民权法案了。

如果我当时打了一个喷嚏，我就没有机会在 1963 年 8 月告诉美国人我有过一个梦想了。

如果我当时打了一个喷嚏，我就看不到亚拉巴马州塞尔玛 365
市那场声势浩大的运动了。

如果我当时打了一个喷嚏，我就不能来到孟菲斯，看到这些受苦受难的兄弟姐妹们团结在一起的场面了。我真高兴，我没有打喷嚏。

今天早上，我们一行 6 人乘坐飞机离开亚特兰大。飞行员在广播里说：“很抱歉，我们要延迟起飞。但是，马丁·路德·金博士搭乘此次航班，为了确保安全，我们必须仔细检查所有的行李，也要确保飞机操作系统完全正常。这架飞机昨天整个晚上都有人严密保护。”

这样我才到达了孟菲斯。人们也谈到过各种威胁，或者论及某些心怀不善的白人兄弟可能对我图谋不轨。

好吧，我不知道会发生什么，前方的道路并不平坦。但是，这些对我来说真的不重要，因为我已经站在高山之巅。我不在乎这些。当然，我和其他所有人一样，希望能够长命百岁，长寿毕竟值得向往。但是，我现在关心的不是这个，我只在意依照上帝的旨意行事。他将我送至高山之巅，在那里我放眼四望，看到了他的应许之地。也许，我无法和你们一同到达那里，但是就在今晚，我想让你们知道，我们作为一个民族将进入那应许之地。今晚，我很快乐，不担忧任何事，不恐惧任何人。我已看到了上帝降临的荣耀。

“为正义摇旗呐喊”

我想，每个人都时不时地会想到生命最后的共同归宿，也就是我们所说的死亡，这是个现实问题。我们大家都想过这个问题，我也时常会想到自己的死，想到自己的葬礼。每每想起这些，我并不觉得怎样伤感。我时常扪心自问：“我希望人们怎样评价我呢?”今天，我就要告诉你们我所希望的。

我希望那一天有人说，小马丁·路德·金将他的一生奉献给了他人。

366 我希望那一天有人说，小马丁·路德·金努力去爱过每一个人。

我希望那一天有人说，在战争问题上，我努力做了正确的事。

我希望那一天有人说，我已经尽力让食不果腹的人有饭吃。

我希望那一天有人说，我确曾努力让衣不蔽体的人有衣穿。

我希望那一天有人说，我一生都试图去探望过那些被囚狱中的人。

我希望那一天有人说，我曾努力去爱，为全人类奉献了自己。

是的，如果你认为我是一个鼓手，那么请申明，我是在为公正摇旗呐喊，我是在为和平摇旗呐喊，我是在为正义摇旗呐喊。任何其他肤浅表面之事都无关紧要。我身后没有留下金钱，也没有留下任何奢侈品，我只想留下一个奉献过的生命。这就是我想要说的。

如果我能帮助到身边的人，如果我能用一句话或一首歌让人们感到快乐，如果我能告诉某些人他的道路是错误的，那么我就没有虚度此生。如果我切实履行了一个基督徒的职责，如果我给这个世界带来了救赎，如果我传播了上帝的福音，那么我就没有虚度此生。

编者致谢

367 《马丁·路德·金自传》这部书是我与金的家人展开协商讨论的产物。为了增强普通民众对马丁·路德·金的生活及思想的了解，我在 1992 年向金的家人谈及了这些想法。身为“马丁·路德·金博士文稿项目”的总负责人，我意识到，虽然现存大量有关马丁·路德·金的文献，但这些文献的读者对象一般只局限于那些能够查询档案的学者。尽管“马丁·路德·金博士文稿项目”计划出版的 14 卷本《马丁·路德·金文集》是为了让这些材料更易于索引和应用，但这是一个尚需时日的长期工程，无法在几年内一蹴而就。从另一个角度看，“马丁·路德·金博士文稿项目”的主要目的是为将来研究马丁·路德·金及其时代的学者提供必要的文献基础，故而所收录的文稿和公开演讲都附有评注，而这种编纂形式会更加吸引专门研究者而非一般读者；并且，“马丁·路德·金博士文稿项目”所揭示的许多重要内容，也并非广为金学研究圈子以外的人所熟知。因此，我邀请金的家人和我共同寻找一种适合普通大众的新颖方式，以把这个项目的研究成果呈现给普通民众。

讨论的第一个成果就是拍摄一部纪实性戏剧《马丁·路德·金之路》（*Passages of Martin Luther King*）。在斯坦福大学戏剧学教授维克多·里奥·沃克（Victor Leo Walker）博士和斯坦福大学本科研究人员希瑟·威廉姆斯（Heather Williams）的帮助下，我尝试着用马丁·路德·金自己以及那些最了解他的人的口吻来讲述金的故事。在斯坦福大学进行了数次排演后，该剧终于在 1993 年 4 月由斯坦福大学戏剧学院完成。该剧的修订版分别于 1996 年 1 月和 1998 年在达特茅斯学院（Dartmouth College）和华盛顿大学（University of Washington）上演。我对所有参与演出的人员深表

感谢，他们的奉献加深了我对马丁·路德·金的文献资料的熟悉程度，并为这部讲述金的一生的综合性自传奠定了基础。 368

1995年，德克斯特·金出任马丁·路德·金研究中心的主席兼首席执行官，不久，我就发现我们都有志于通过多种媒体来传播金的思想。德克斯特·金先生与知识产权管理委员会主席兼首席执行官、金文学遗产项目负责人菲利普·琼斯（Philip Jones）联合，与华纳书业（Warner Books）建立了合作伙伴关系，以期共同提高公众对金的思想和成就的认识。我很高兴有机会与德克斯特和菲利普密切合作，来实现我们的共同目标，其中就包括该书的出版。在该书成书的每个阶段，我都得到了他们不可或缺的支持和建议。他们的精力和热情非常富有感染力。

自该书立项以来，我的代理人桑德拉·迪克斯特拉（Sandra Dijkstra）一直给我提供着强有力的支持和鼓励。她专业技能高超，业务干练，为我处理了大量财务和合同事宜，使我得以专心于学术研究。我尤其想借此机会，感谢我原来的一个学生丽贝卡·洛文（Rebecca Lowen），她现在就职于桑德拉·迪克斯特拉作者代理公司。

在该书合同签署之前，我就已经着手于从成千上万的有关金的材料中，筛选出金自传所需的原始材料。我最初的研究助理是詹妮弗·马库斯（Jennifer Marcus），她做事专心，富有才华，帮助我完成了有关自传的最初的内容介绍。她在斯坦福大学本科学习阶段的大部分时间，都参与到了这个项目之中。

我正式同意在一年多一点的时间内完成《马丁·路德·金自传》的编著后，兰迪·盖勒曼·蒙特-雷诺德（Randy Gellerman Mont-Reynaud）成为这本书的研究负责人。兰迪阅读了成千上万份文件，听取了数百个录音材料，确定出哪些内容可以被纳入自传之中，并将这些文稿按照时间顺序初步编排起来。这项工作繁复而枯燥，但是她却投入了极大的精力和热情，这是从事学术工作必不可少的一种品质。

《马丁·路德·金自传》的完成也要归功于“马丁·路德·金

369 博士文稿项目”的各类人员的积极参与。特别需要提及的是管理编辑和档案保管员苏珊·卡森（Susan Carson），她对项目数据库中的超过两万份在册文献了如指掌，熟悉程度无人能及。在原稿准备的最后阶段，她和研究员艾琳·伍德（Erin Wood）为修订稿提供了宝贵的建议，监督查找适当的附加文件，并核查了原稿的准确性。

“马丁·路德·金博士文稿项目”的其他工作人员，也对本书做出了贡献。我要特别感谢艾德丽安·克莱（Adrienne Clay）、凯瑞·泰勒（Kerry Taylor）和伊丽莎白·贝兹（Elizabeth Baez），他们除了承担文稿项目中的文献编辑工作之外，也自愿阅读本书的章节，并提出了必要的改进建议。我的助手维基·布鲁克斯（Vicki Brooks）不仅帮助我校阅文稿，而且将我的工作安排得井井有条。芭芭拉·伊菲卡（Barbara Ifejika）在文稿的最后阶段主动提供帮助。

许多本科生和研究生也以不同的方式，为这本书的发表做出了贡献。以下这些人员通过马丁·路德·金研究基金会暑期实习项目，对这本书的出版做出了重大贡献：加利福尼亚大学圣克鲁斯分校的特尼莎·阿姆斯特朗（Tenisha Armstrong）、加利福尼亚大学洛杉矶分校的布兰迪·布里默（Brandi Brimmer）、美国大学的乔伊·克林斯格尔斯（Joy Clinkscales）、康奈尔大学的安德鲁·戴维森（Andrew Davidson）、布朗大学的朱利安·戴维斯（Julian Davis）、耶鲁大学的拉桑·杜瓦尔（Rashann Duvall）、麦克拉斯特学院的帕特里克·瓜拉希（Patrick Guarasci）、布朗大学的丽莎·马雷（Lisa Marley）和斯佩尔曼学院的玛丽亚-特蕾莎·罗宾逊（Maria-Theresa Robinson）。斯坦福大学的一些学生也提供了帮助，他们是：斯蒂芬妮·白卡-德兰西（Stephanie Baca-Delancey）、乔·克里斯皮诺（Joe Crespino）、艾尔莎·克鲁斯-皮尔森（Elsa Cruz-Pearson）、南希·法哈里（Nancy Farghalli）、汉娜·哈迪（Hanan Hardy）、刘绍三（Shaw-San Liu，音译）、奈拉·莫斯莱（Naila Moseley）、梅根·汤普金斯（Megan Thompkins）和阿里·

扎伊迪（Ali Zaidi）。

我还要对以下几位的协助表示感谢：杰夫·施拉姆（Jeff Shram）、盖尔·韦斯特尔加德（Gail Westergard）和克里斯托弗·卡森（Christopher Carson）。

还有几个人在本书的编著阶段也提供了非常有益的建议。华纳图书公司的编辑里克·霍根（Rick Horgan）在草稿的不同阶段，都给我们提出了很有价值、富有技巧的建议。我非常感激加利福尼亚大学伯克利分校的坎迪斯·福尔克（Candace Falk）和华盛顿大学塔科马分校的迈克尔·霍尼（Michael Honey），他们对本书提出的建设性批评，让我受益匪浅。我特别要致谢柯丽塔·斯科特·金夫人，她不辞辛苦地阅读稿件，给本书提供了很多非她莫属的融情 370
入理的解读。

最后，我要感谢马丁·路德·金本人的卓越远见。他在生前创作并遗留下了大量的自传材料，本书即以此成书。

本书另附资料注释和索引，可在中国人民大学出版社官网（http：//www.crup.com.cn）下载，在搜索栏中输入书名即可查询。

The Autobiography of Martin Luther King, Jr. edited by Clayborne Carson

图书在版编目（CIP）数据

马丁·路德·金自传/（美）克莱伯恩·卡森（Clayborne Carson）编著；徐菡译．—北京：中国人民大学出版社，2020.4

ISBN 978-7-300-27968-8

Ⅰ．①马… Ⅱ．①克… ②徐… Ⅲ．①金（King，Martin Luther 1929—1968）-自传 Ⅳ．①K837.127＝533

中国版本图书馆 CIP 数据核字（2020）第 035783 号

马丁·路德·金自传

［美］克莱伯恩·卡森（Clayborne Carson）/编著

徐 菡/译

Mading Lude Jin Zizhuan

出版发行	中国人民大学出版社		
社　　址	北京中关村大街 31 号	**邮政编码**	100080
电　　话	010－62511242（总编室）		010－62511770（质管部）
	010－82501766（邮购部）		010－62514148（门市部）
	010－62515195（发行公司）		010－62515275（盗版举报）
网　　址	http：//www.crup.com.cn		
经　　销	新华书店		
印　　刷	涿州市星河印刷有限公司		
规　　格	148 mm×210 mm　32 开本	**版　　次**	2020 年 4 月第 1 版
印　　张	12.125 插页 8	**印　　次**	2020 年 6 月第 2 次印刷
字　　数	331 000	**定　　价**	59.00 元